ESG 공간자산
경제학

불평등 해소 혁신

ESG 공간자산 경제학

Innovation for inequality resolving
ESG Spatial Asset Economics

박운선 Woonseon Park 저자

PYRAMID POWER 건축물

좋은땅

프롤로그

　공간자산 불평등은 현대 사회가 직면한 가장 복합적이고 시급한 문제 중 하나로, 경제적 불평등, 사회적 갈등, 그리고 환경적 지속가능성 저하와 밀접하게 연결되어 있다. 공간자산은 단순히 물리적 토지나 건물을 넘어, 사람들이 경제적 기회를 얻고, 사회적 관계를 형성하며, 삶의 질을 유지하는 데 필요한 모든 자원을 포함한다. 그러나 이러한 자산이 특정 계층과 지역에 집중되고, 다른 계층과 지역은 배제되면서 불평등이 심화되고 있다. 이 책은 공간자산 불평등이라는 주제를 중심으로, 이를 해결하기 위한 경제학적 접근과 정책적 대안을 탐구한다.

　현대 사회에서 공간자산 불평등이 중요한 이유는 단순히 경제적 문제를 넘어선 광범위한 영향을 미치기 때문이다. 첫째, 공간자산 불평등은 경제적 기회의 불균형을 초래한다. 특정 지역에 자원이 집중되면 그 지역 주민들은 더 나은 교육, 의료, 일자리 기회를 누릴 수 있는 반면, 소외된 지역 주민들은 이러한 기본적인 권리에서 배제된다. 이는 세대 간 자산 축적의 기회를 제한하고, 사회 이동성을 저해하며, 장기적으로 경제 성장을 둔화시킨다. 둘째, 공간자산 불평등은 사회적 갈등과 분열을 초래한다. 특정 계층이 자원을 독점하면, 다른 계층은 상대적 박탈감을 느끼고 이는 사회적 갈등으로 이어질 수 있다. 셋째, 공간자산 불평등은 환경적 지속가능성을 저해한다. 무분별한 개발과 투기는 자연 생태계를 파괴하고 자원을 고갈시키며, 이는 기후변화와 같은 글로벌 문제를 악화시킨다.

　이 책의 핵심적인 질문은 다음과 같다: 우리는 어떻게 공간자산 불평등을 완화하고 지속가능한 발전을 도모할 수 있는가? 이를 위해 책은 여러 가지 경제학적 원칙과 정책 대안을 제시한다. 첫째, 공공정책의 역할을 강조한다. 정부는 공공임대주택 공급 확대,

공공서비스 접근성 강화, 녹지 공간 보존 등 다양한 정책을 통해 자원의 공정한 배분을 촉진할 수 있다. 둘째, 민관 협력의 중요성을 논의한다. 민간기업은 기술과 자본을 제공하며 혁신적인 솔루션 개발에 기여할 수 있다. 셋째, 디지털 기술의 활용 가능성을 탐구한다. AI와 빅데이터 기술은 대규모 데이터를 처리하고 분석하여 공간자산 분포와 접근성을 실시간으로 모니터링하고 최적화할 수 있는 도구를 제공한다. 넷째, 국제 협력의 필요성을 강조한다. 빈부격차 문제는 글로벌 차원에서 상호 연결된 경제적 요인에 의해 영향을 받으므로 국제기구와의 협력과 다자간 협력이 필요하다.

그러나 이 책은 단순히 해결책만을 제시하는 데 그치지 않는다. 독자들에게 근본적인 질문을 던진다: 우리는 왜 공간자산 불평등 문제를 해결해야 하는가? 그리고 이를 해결하기 위해 개인과 사회는 어떤 역할을 해야 하는가? 이 질문들은 독자가 단순히 문제를 이해하는 것을 넘어, 행동으로 옮길 수 있도록 유도한다.

책의 마지막 부분에서는 독자가 스스로 답을 찾을 수 있도록 다양한 사례와 데이터를 제공하며, 이를 통해 독자가 자신의 관점에서 문제를 분석하고 해결책을 모색할 수 있도록 돕는다. 예를 들어, 싱가포르의 공공주택 정책이나 독일의 에너지 전환 정책과 같은 성공 사례는 독자들에게 실질적인 영감을 제공하며, 이러한 사례를 통해 각국이 어떻게 자신만의 방식으로 공간자산 불평등 문제를 해결했는지 보여 준다.

결론적으로 이 책은 단순히 학문적인 논의를 넘어선 실질적인 가치를 제공한다. 공간자산 불평등이라는 주제는 현대 사회가 직면한 가장 복잡한 문제 중 하나이며, 이를 해결하기 위해서는 다차원적인 접근이 필요하다. 이 책은 독자가 이러한 문제를 깊이 이해하고, 이를 해결하기 위한 구체적인 방안을 모색할 수 있도록 돕는다. 이제 독자는 이 질문에 답할 준비가 되었는가? 우리가 더 나은 공간의 미래를 만들기 위해 어떤 역할을 할 수 있을지 함께 고민해 보자.

경계를 허무는 불평등 해소 혁신
『ESG 공간자산 경제학』을 읽는 독자에게

『ESG 공간자산 경제학』 불평등 해소는 우리가 살아가는 도시와 지역, 그리고 그 안에 숨겨진 '공간자산'의 가치를 새롭게 조명하는 책입니다. 이 책은 단순히 부동산이나 토지, 건물의 경제적 가치만을 논하는 것이 아니라, 공간이 사회적 기회와 환경적 지속가능성, 그리고 세대 간 공정성에 어떤 영향을 미치는지 깊이 있게 탐구합니다. 공간자산이 특정 계층과 지역에 집중될 때, 사회 전체의 불평등이 어떻게 심화되는지, 그리고 이러한 경계를 어떻게 허물고 모두가 함께 성장하는 길을 만들 수 있는지에 대한 실천적 해법을 제시합니다.

이 책이 독자에게 주는 가장 큰 메시지는 '공간의 경계를 허물자'는 것입니다. 물리적 경계, 계층의 경계, 행정의 경계, 그리고 사고의 경계까지, 우리가 일상에서 당연하게 여겨온 모든 경계가 불평등의 원인이자, 동시에 혁신의 출발점이 될 수 있음을 강조합니다. 책은 공간자산을 둘러싼 다양한 이해관계자—정부, 기업, 시민, 학계—가 어떻게 협력하고, 디지털 기술을 활용해 투명하고 공정한 자산 배분을 실현할 수 있는지 구체적인 전략을 통해 보여줍니다.

불평등 해소를 위한 이 책의 활용법은 명확합니다. 첫째, 공간자산 불평등의 원인과 현상을 객관적 데이터와 사례를 통해 진단할 수 있습니다. 둘째, 정책결정자와 실무자에게는 부문간 조정, 중앙-지방 협력, 민관학 거버넌스 등 실제 적용 가능한 통합적 정책 프레임을 제공합니다. 셋째, 기업과 시민에게는 ESG 원칙에 따라 공간자산을 활용하고, 사회적 책임과 혁신적 비즈니스 모델을 설계할 수 있는 실천적 가이드를 제시합니다. 넷째, 디지털 기술과 데이터 기반 의사결정의 중요성을 강조하여, 미래의 도시와 지역이 나아가야 할 방향을 구체적으로 제안합니다. 마지막으로, 독자 스스로 자신이 속한 공간과 공동체에서 어떤 변화를 만들 수 있을지 질문을 던지고, 행동할 수 있도록 동기를 부여합니다.

경계를 허무는 공간자산 전략 - 5대 혁신 요약

1. ESG 통합 전략

환경(E), 사회(S), 지배구조(G)의 세 축을 공간자산 관리에 통합하여, 불평등 해소와 지속가능성을 동시에 추구합니다. ESG 원칙을 실질적 의사결정과 투자, 정책에 반영함으로써 공간의 공공성과 사회적 책임을 강화합니다.

2. 디지털 기반 혁신

AI, 빅데이터, IoT 등 디지털 기술을 활용해 공간자산의 분포와 이용 현황을 실시간으로 분석하고, 투명하고 효율적인 자원 배분을 실현합니다. 데이터 기반 의사결정은 불평등의 사각지대를 줄이고, 시민 모두가 공간의 혜택을 누릴 수 있도록 만듭니다.

3. 민관학 협력 플랫폼 구축

정부, 기업, 시민사회, 학계가 함께 참여하는 협력 플랫폼을 통해, 공간자산 정책의 설계·실행·평가 전 과정에서 다양한 의견을 반영합니다. 이러한 거버넌스는 정책의 실효성과 수용성을 높이고, 혁신의 지속가능성을 보장합니다.

4. 포용적 공간복지와 사회적 가치 창출

저소득층, 취약계층, 소외지역 등 공간적 약자에게 공공임대주택, 교육·의료 인프라,

녹지 공간 등 기본적 공간복지를 보장합니다. 사회적 경제와 지역공동체의 역량을 활용해 공간자산이 모두의 성장과 상생의 토대가 되도록 합니다.

5. 글로벌·장기적 시각의 전략적 확산

국내외 성공사례(예: 싱가포르, 독일 루르, 스웨덴 스톡홀름 등)를 벤치마킹하고, 국제협력 네트워크를 구축하여 장기적이고 체계적으로 혁신을 확산합니다. 미래세대까지 고려한 지속가능한 공간자산 생태계를 설계합니다.

『ESG 공간자산 경제학』 불평등 해소는 단순한 이론서가 아니라, 독자 각자가 자신의 삶과 지역에서 실천할 수 있는 '경계를 허무는 혁신 전략'의 청사진입니다.

이 책을 통해 우리는 공간의 경계를 넘어, 모두가 함께 성장하고 상생하는 더 나은 미래를 만들어갈 수 있습니다.

이제, 당신의 공간에서부터 변화가 시작됩니다.

목 차

프롤로그 ·· 04
경계를 허무는 불평등 해소 혁신 『ESG 공간자산 경제학』을 읽는 독자에게 ········ 06

제1부 자산선택이론과 빈곤의 구조적 이해

1장 자산선택이론의 기본 프레임워크 ···································· 18
    1.1 자산선택의 이론적 기초와 발전과정 ································· 18
    1.2 자산선택 메커니즘과 사회경제적 함의 ······························· 20
    1.3 현대사회에서의 자산선택 패러다임 변화 ·························· 21

2장 자산빈곤의 원인과 메커니즘 ·· 24
    2.1 자산빈곤의 개념과 측정방법론 ·· 24
    2.2 자산빈곤의 구조적 원인분석 ·· 26
    2.3 자산빈곤의 세대 간 전이와 사회적 영향 ·························· 27

3장 자산격차의 현황과 측정 ·· 30
    3.1 글로벌 자산격차 실태와 추이 ·· 30
    3.2 국가별 자산격차 비교분석 ··· 32
    3.3 자산격차의 사회경제적 영향평가 ···································· 34

제2부 자산기반 능력배양의 이론과 실천

4장 자산기반 능력배양의 이론적 기초 ·································· 38
    4.1 능력배양 접근법의 개념과 특징 ······································· 38

        4.2 자산기반 능력배양의 핵심요소 ···································· 40

        4.3 능력배양과 자산축적의 상호작용 ································ 42

5장   **능력배양 프로그램의 설계와 실행** ·································· 45

        5.1 자산형성 지원 프로그램 개발 ····································· 45

        5.2 금융역량 강화 교육체계 구축 ····································· 48

        5.3 직업능력 개발과 소득증대 연계 ·································· 50

6장   **제도적 지원체계 구축** ·· 53

        6.1 법적·제도적 기반 조성 ·· 53

        6.2 재정·금융 지원체계 설계 ·· 56

        6.3 민관협력 네트워크 구축 ··· 59

제3부   포용적 생계복원 전략과 실천과제

7장   **포용적 생계복원의 개념과 접근법** ································· 64

        7.1 생계복원의 이론적 프레임워크 ··································· 64

        7.2 포용성의 개념과 측정지표 ·· 68

        7.3 지속가능한 생계복원 모델 ·· 71

8장   **생계복원 프로그램의 설계** ·· 74

        8.1 대상별 맞춤형 프로그램 개발 ····································· 74

        8.2 단계별 복원전략 수립 ··· 77

        8.3 성과평가 체계 구축 ·· 80

9장   **지역사회 기반 생계복원** ··· 84

        9.1 지역자산 활용전략 ·· 84

        9.2 공동체 기반 상호부조 체계 ······································· 87

        9.3 지역순환경제 구축방안 ·· 90

제4부 공간자산 불평등의 5대 프론티어와 AI 융합

10장 공간자산 불평등, 새로운 도전의 지형도 ········· 94
    10.1 토지, 건물, 금융, 도시, 기후변화로 본 공간자산 불평등 ········· 94
    10.2 공간자산 불평등 메커니즘의 작동방식과 사회적 영향 ········· 97
    10.3 공간자산 불평등 연구의 학제적 프레임과 방법론 융합 ········· 100

11장 토지와 부동산 불평등의 AI 기반 혁신 ········· 103
    11.1 토지분배 불균형과 부동산자산 격차의 심화 ········· 103
    11.2 공간 빅데이터와 AI 기반 토지가치 평가 혁신 ········· 106
    11.3 공정한 토지정책을 위한 AI 시뮬레이션과 최적화 ········· 109

12장 건물자산 불평등과 AI 기반 건물관리 ········· 113
    12.1 건물자산의 소유 편중과 관리 격차 문제 ········· 113
    12.2 지능형 건물관리와 AI 기반 자산 가치제고 전략 ········· 116
    12.3 공정한 건물 접근성 보장을 위한 AI 기술 활용 ········· 119

13장 공간 금융불평등과 AI 기반 금융 포용 ········· 124
    13.1 공간 금융소외와 자산불평등의 상관성 ········· 124
    13.2 AI 기반 공간금융 혁신과 자산불평등 완화방안 ········· 127
    13.3 P2P 공간금융과 자산중개 플랫폼의 발전 ········· 130

14장 도시공간 불평등과 AI 기반 공간 혁신 ········· 134
    14.1 도시공간구조와 자산불평등의 상호작용 ········· 134
    14.2 스마트도시와 AI 기반 공간자산 관리 최적화 ········· 137
    14.3 공간 어메니티 자본과 가치 재분배의 과제 ········· 140

15장 기후변화의 공간 불평등과 AI 기반 적응 ········· 144
    15.1 기후변화의 불균등한 공간 영향과 취약계층 ········· 144
    15.2 기후 리스크 예측을 위한 AI 시나리오 분석 ········· 147
    15.3 공정한 기후 적응 지원을 위한 AI 의사결정 ········· 150

제5부 공간자산 불평등의 지속가능성과 ESG 전략

- 16장 토지자산 불평등과 ESG 기반 국토계획 ·················· 156
  - 16.1 토지 투기와 난개발에 따른 지속가능성 훼손 ·················· 156
  - 16.2 토지자원의 ESG 관점 관리와 활용 혁신방안 ·················· 159
  - 16.3 공정한 토지 이용을 위한 ESG 계획 수단과 과제 ·················· 162

- 17장 건물자산의 ESG 전환과 에너지 불평등 해소 ·················· 166
  - 17.1 건물부문 온실가스 배출과 에너지빈곤 문제 ·················· 166
  - 17.2 제로에너지 건물과 그린 리모델링 ESG 전략 ·················· 169
  - 17.3 공정한 에너지 전환을 위한 건물자산 관리 방안 ·················· 172

- 18장 공간금융의 ESG 혁신과 사회책임투자 활성화 ·················· 176
  - 18.1 공간금융의 투기화와 지속가능성의 위기 ·················· 176
  - 18.2 책임 있는 공간투자를 위한 ESG 금융 프레임 ·················· 179
  - 18.3 사회주택 공급과 지역개발을 위한 임팩트 투자 ·················· 182

- 19장 포용도시와 공간 ESG 뉴딜의 실천과제 ·················· 186
  - 19.1 도시재생과 젠트리피케이션의 불평등 딜레마 ·················· 186
  - 19.2 공간포용 실현을 위한 도시 ESG 평가체계 ·················· 189
  - 19.3 지역자산 선순환과 도시재생을 위한 ESG 뉴딜 ·················· 192

- 20장 기후정의 구현과 ESG 기반 공간 기후 행동 ·················· 196
  - 20.1 공간 기후불평등의 심화와 취약계층 보호 필요성 ·················· 196
  - 20.2 탄소중립 도시계획과 ESG 기반 공간관리 혁신 ·················· 199
  - 20.3 기후 어댑테이션과 공간 기후복지 거버넌스 ·················· 202

제6부　공간자산 가치의 재발견과 불평등 해법

21장　공간 가치평가의 패러다임 전환과 AI·ESG 융합 ·············· 208
　21.1 전통적 공간가치 평가의 한계와 불평등 과제 ················ 208
　21.2 공간 가치의 총체적 재발견을 위한 AI 활용방안 ············· 211
　21.3 ESG 반영한 공간가치 평가로의 전환과 정책과제 ············ 214

22장　공정한 공간자산 분배와 포용적 접근성 혁신················ 218
　22.1 공공자산 활용과 국공유지 확대를 통한 재분배 ·············· 218
　22.2 공간복지 강화를 위한 민관협력과 거버넌스 ················ 221
　22.3 공정한 공간 이동권 보장과 보편적 접근성 확보 ············· 224

23장　공간자산 선순환을 위한 제도와 규제 개선방안 ············· 228
　23.1 불로소득 환수와 개발이익 공유제의 재설계 ················ 228
　23.2 공간계획-금융-재정의 연계와 통합적 관리 ················ 232
　23.3 공정한 공간 이용을 위한 공적규제 강화 방안 ··············· 235

제7부　빈부격차 모니터링 시스템 구축

24장　빈부격차 모니터링 시스템 구축···························· 240
　24.1 시스템 구축의 기본원칙 ··································· 240
　24.2 핵심지표 선정과 측정방법 ································ 243
　24.3 데이터 수집·분석 체계 ··································· 246

25장　실시간 모니터링 체계 운영 ······························· 250
　25.1 자산빈곤 조기경보 시스템 ································ 250
　25.2 능력배양 프로그램 효과성 평가 ··························· 253
　25.3 생계복원 진행상황 추적 ·································· 256

26장	정책환류 시스템 구축	260
	26.1 모니터링 결과의 정책반영	260
	26.2 제도개선 환류체계	263
	26.3 이해관계자 참여 거버넌스	266

제8부 통합적 접근과 미래전략

27장	정책통합과 조정체계	272
	27.1 부문 간 정책조정 메커니즘	272
	27.2 중앙-지방정부 협력체계	275
	27.3 국제협력 네트워크 구축	278
28장	지속가능성 확보방안	282
	28.1 재정적 지속가능성	282
	28.2 제도적 지속가능성	285
	28.3 사회적 지속가능성	288
29장	포용적 공간자산 관리를 위한 미래전략	292
	29.1 장기 비전과 단계적 접근	292
	29.2 선도사업 발굴과 시범운영	295
	29.3 민관학 협력 플랫폼 구축	298
30장	지속가능한 공간자산 관리를 위한 대전환	302
	30.1 공간자산 불평등 해소를 위한 종합적 정책방향	302
	30.2 혁신적 공간관리를 위한 정책 통합과 민관 협력	305
	30.3 더 나은 공간의 미래, 포용과 상생의 공간 만들기	309

| 제9부 | **공간문화자산 연구논문 모델 개발(불평등 & 해소)** |

31장 공간문화자산 불평등 해소를 위한 연구 ································ 314
    31.1. 서론 ··· 314
    31.2. 본론 ··· 333
    31.3. 결론 (시사점) 향후 연구 방향 ··· 347

에필로그 ·· 357
참고문헌 ·· 360
외국어 용어 정의(알파벳 순서) ··· 365

| 제1부 |

자산선택이론과 빈곤의 구조적 이해

1장
자산선택이론의 기본 프레임워크

2장
자산빈곤의 원인과 메커니즘

3장
자산격차의 현황과 측정

1장

자산선택이론의 기본 프레임워크

자산선택이론의 혁신과 지속가능성 전략

1.1 자산선택의 이론적 기초와 발전과정

자산선택이론은 현대 금융경제학의 핵심 이론으로서, 불확실성 하에서 경제주체들의 최적 자산배분 의사결정을 설명하는 이론적 프레임워크이다. 이 이론의 발전과정은 크게 세 단계로 구분되며, 각 단계마다 혁신적인 이론적 진보가 이루어져 왔다.

첫 번째 단계는 1950년대 Markowitz의 현대 포트폴리오 이론의 등장이다. Markowitz는 위험과 수익의 상충관계(trade-off)를 수학적으로 정립하고, 분산투자를 통한 위험감소 효과를 체계화했다. 이는 자산선택의 과학적 접근을 가능하게 한 획기적인 발전이었으며, 이후 자산관리의 기본 원칙으로 자리 잡았다.

두 번째 단계는 1960년대 Sharpe, Lintner, Mossin 등이 개발한 자본자산가격결정모형(CAPM)의 도입이다. CAPM은 시장균형 상태에서 개별 자산의 기대수익률이 체계적 위험(베타)에 의해 결정된다는 이론으로, 자산가격 결정의 표준모형이 되었다. 이 모형은 단순성과 직관성으로 인해 실무에서도 광범위하게 활용되고 있다.

세 번째 단계는 1970년대 이후 행동경제학의 등장과 함께 시작된 전통적 자산선택이론의 수정·보완이다. Kahneman과 Tversky의 전망이론은 인간의 비합리적 의사결정 패턴을 설명하며, 위험에 대한 태도가 이익과 손실 영역에서 비대칭적임을 보여 주었다. 이는 전통적 기대효용이론의 한계를 지적하고 보다 현실적인 의사결정 모형의 필요성을 제기했다.

2000년대 이후에는 디지털 기술의 발전과 함께 자산선택이론의 새로운 진화가 이루어지고 있다. 빅데이터와 AI 기술을 활용한 알고리즘 트레이딩, 로보어드바이저 등이 등장하면서 자산선택의 자동화·개인화가 가속화되고 있다. 이는 전통적인 자산선택이론에 새로운 도전과제를 제시하고 있다.

ESG 투자의 부상은 자산선택이론의 또 다른 혁신을 요구하고 있다. 전통적인 위험-수익 분석에 환경·사회·지배구조 요소를 통합하는 새로운 이론적 프레임워크의 개발이 진행되고 있다. 이는 지속가능성과 사회적 책임이 자산선택의 중요한 기준으로 부상하고 있음을 보여 준다.

자산선택이론의 실무적 적용도 진화하고 있다. 전통적인 기관투자자 중심의 자산관리에서 개인투자자를 위한 맞춤형 솔루션으로 확대되고 있으며, 핀테크의 발전으로 접근성과 편의성이 크게 향상되고 있다.

최근에는 공간자산에 대한 자산선택이론의 적용이 주목받고 있다. 부동산, 인프라 등 공간자산의 특성을 고려한 이론적 프레임워크가 개발되고 있으며, 특히 도시화와 기후변화가 공간자산 가치에 미치는 영향에 대한 연구가 활발히 진행되고 있다.

자산선택이론은 금융포용성 제고를 위한 이론적 기반도 제공하고 있다. 취약계층의 자산형성을 지원하기 위한 행동경제학적 접근, 디지털 금융의 활용, 사회적 금융의 발전 등이 이루어지고 있다.

미래의 자산선택이론은 기술혁신, 지속가능성, 사회적 책임이라는 세 가지 축을 중심으로 발전할 것으로 전망된다. AI와 빅데이터의 활용, ESG 요소의 통합, 포용적 금융의 실현이 주요 연구과제가 될 것이다.

1.2 자산선택 메커니즘과 사회경제적 함의

자산선택 메커니즘은 개인과 기관이 불확실성 하에서 최적의 자산 포트폴리오를 구성하는 의사결정 과정을 의미한다. 이는 단순한 투자결정을 넘어 광범위한 사회경제적 영향을 미치는 복잡한 시스템으로 작동하고 있다.

자산선택의 기본 메커니즘은 위험-수익 상충관계(risk-return trade-off)를 중심으로 작동한다. 투자자들은 자신의 위험선호도와 투자목적에 따라 다양한 자산을 조합하여 포트폴리오를 구성하며, 이 과정에서 분산투자를 통한 위험관리가 핵심적인 역할을 한다. 특히 현대 금융시장에서는 파생상품과 같은 복잡한 금융상품의 등장으로 위험관리 방식이 더욱 정교화되고 있다.

정보의 비대칭성은 자산선택 메커니즘에 중요한 영향을 미치는 요인이다. 시장참여자들 간의 정보격차는 비효율적인 자산배분을 초래할 수 있으며, 이는 특히 금융소외계층에게 불리하게 작용한다. 디지털 기술의 발전으로 정보접근성이 향상되고 있지만, 정보처리 능력의 격차는 여전히 중요한 문제로 남아 있다.

행동경제학적 관점에서 보면, 자산선택은 완전히 합리적이지 않은 방식으로 이루어지는 경우가 많다. 심리적 편향, 감정적 요인, 사회적 영향 등이 의사결정에 영향을 미치며, 이는 때때로 최적화된 자산배분을 저해하는 요인이 된다. 특히 위험회피 성향의 비대칭성, 손실회피 경향, 후회회피 성향 등이 중요한 영향을 미친다.

자산선택의 사회경제적 함의는 매우 광범위하다. 첫째, 자산불평등의 심화나 완화에 직접적인 영향을 미친다. 자산선택의 기회와 능력의 차이는 부의 양극화를 가속화할 수 있으며, 이는 사회적 갈등의 원인이 될 수 있다.

둘째, 경제의 효율성과 안정성에 영향을 미친다. 효율적인 자산선택은 자원의 최적배분을 통해 경제성장에 기여하지만, 비효율적인 자산선택은 거품형성이나 금융위기의 원인이 될 수 있다.

셋째, 세대 간 형평성 문제와 연결된다. 현세대의 자산선택이 미래세대의 기회와 부담에 영향을 미치며, 이는 특히 연금제도나 주택시장에서 중요한 이슈가 된다.

디지털 전환은 자산선택 메커니즘에 근본적인 변화를 가져오고 있다. AI와 빅데이터를 활용한 자동화된 투자결정, 로보어드바이저의 확산, 블록체인 기반의 새로운 자산유형 등장 등이 주요한 변화이다.

ESG 요소의 부상은 자산선택의 새로운 기준을 제시하고 있다. 환경적 지속가능성, 사회적 책임, 지배구조의 투명성 등이 투자결정의 중요한 고려사항으로 자리 잡고 있으며, 이는 자산선택의 패러다임 변화를 이끌고 있다.

금융포용성 제고를 위한 정책적 노력도 자산선택 메커니즘의 변화를 촉진하고 있다. 취약계층의 자산형성 지원, 금융교육 강화, 디지털 금융서비스 접근성 개선 등이 추진되고 있다.

미래의 자산선택 메커니즘은 기술혁신, 지속가능성, 사회적 책임이라는 세 가지 축을 중심으로 발전할 것으로 전망된다. 특히 공간자산과 관련하여 새로운 형태의 자산선택 모델이 등장할 것으로 예상된다.

1.3 현대사회에서의 자산선택 패러다임 변화

현대사회에서 자산선택의 패러다임은 급격한 변화를 겪고 있다. 디지털 전환, ESG 중심의 투자철학 확산, 그리고 새로운 형태의 자산 출현 등이 이러한 변화를 주도하고 있다. 이는 전통적인 자산선택이론과 실무에 근본적인 도전을 제기하고 있다.

디지털 기술의 발전은 자산선택의 방식을 혁신적으로 변화시키고 있다. AI와 빅데이터 기술을 활용한 알고리즘 트레이딩이 보편화되고 있으며, 로보어드바이저를 통한 자동화된 자산관리 서비스가 확산되고 있다. 이러한 변화는 자산선택의 효율성과 접근성을 높이는 동시에, 새로운 형태의 위험과 불평등을 야기할 수 있다.

ESG 투자의 부상은 자산선택의 기준을 근본적으로 변화시키고 있다. 환경적 지속가능성, 사회적 책임, 지배구조의 투명성이 투자결정의 핵심 요소로 부상하면서, 전통적인 위험-수익 분석 프레임워크가 확장되고 있다. 특히 기후변화 대응과 사회적 가치 창출이 중요한 투자 기준으로 자리 잡고 있다.

새로운 형태의 자산이 지속적으로 등장하고 있다. 암호화폐, NFT(Non-Fungible Token), 메타버스 부동산 등 디지털 자산의 출현은 자산의 개념과 가치평가 방식에 근본적인 변화를 가져오고 있다. 이러한 새로운 자산들은 전통적인 자산선택이론의 적용 범위를 넘어서는 특성을 보이고 있다.

공유경제의 확산은 자산 소유와 이용에 대한 인식을 변화시키고 있다. 소유보다는 접근과 이용을 중시하는 경향이 강화되면서, 자산선택의 목적과 방식이 다양화되고 있다. 특히 밀레니얼 세대와 Z세대를 중심으로 이러한 변화가 두드러지게 나타나고 있다.

금융민주화의 진전은 자산선택의 대중화를 촉진하고 있다. 핀테크의 발전으로 소액투자가 용이해지고, P2P 금융이 활성화되면서 일반 대중의 자산선택 기회가 확대되고 있다. 이는 금융포용성 제고에 기여하는 동시에, 새로운 형태의 위험관리 필요성을 제기하고 있다.

글로벌화의 심화는 자산선택의 공간적 범위를 확장시키고 있다. 국경을 넘는 자산거래가 일상화되면서, 글로벌 분산투자의 중요성이 커지고 있다. 동시에 지정학적 리스크와 문화적 차이에 대한 고려도 중요해지고 있다.

인구구조의 변화도 자산선택 패러다임에 영향을 미치고 있다. 고령화 사회의 진전으로 노후소득 보장을 위한 장기적 자산관리의 중요성이 커지고 있으며, 세대 간 자산이전과 관련된 이슈도 부각되고 있다.

불확실성의 증가는 자산선택의 복잡성을 높이고 있다. 기후변화, 팬데믹, 기술혁신

등 예측하기 어려운 변화들이 자산가치에 미치는 영향이 커지면서, 새로운 형태의 위험관리 전략이 요구되고 있다.

사회적 가치의 중요성 증가는 임팩트 투자의 확산을 촉진하고 있다. 재무적 수익과 함께 사회적 영향을 고려하는 투자 방식이 확산되면서, 자산선택의 목적이 다원화되고 있다.

이러한 변화들은 자산선택이론과 실무의 혁신을 요구하고 있다. 전통적인 포트폴리오 이론의 확장, 새로운 위험관리 기법의 개발, 다차원적 가치평가 모델의 구축 등이 필요하다.

미래의 자산선택은 더욱 복잡하고 다차원적인 의사결정 과정이 될 것으로 전망된다. 기술혁신, 지속가능성, 사회적 책임이라는 세 가지 축을 중심으로 새로운 패러다임이 형성될 것으로 예상된다.

특히 공간자산과 관련하여, 디지털 전환과 ESG 가치의 통합이 중요한 과제로 대두될 것이다. 스마트시티, 제로에너지 건축, 공유주택 등 새로운 형태의 공간자산이 등장하면서, 이에 대한 가치평가와 투자전략의 혁신이 필요할 것이다.

2장

자산빈곤의 원인과 메커니즘

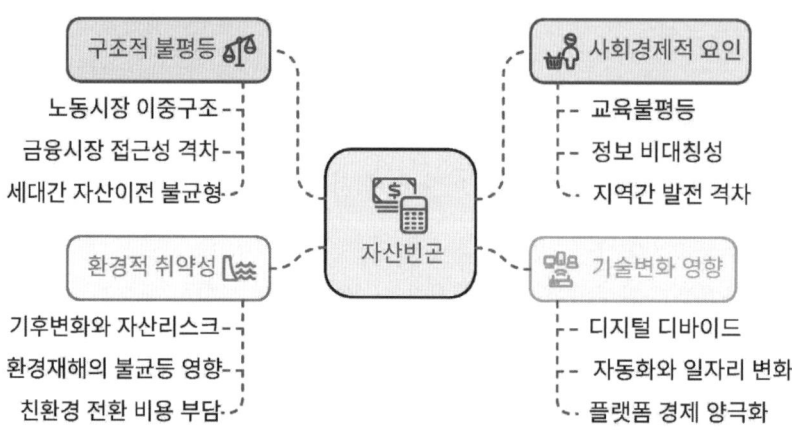

자산빈곤의 원인과 메커니즘

2.1 자산빈곤의 개념과 측정방법론

자산빈곤은 개인이나 가구가 기본적인 생활수준을 유지하기 위한 충분한 자산을 보유하지 못한 상태를 의미한다. 이는 단순한 소득빈곤과는 구별되는 개념으로, 경제적 충격에 대한 대응능력과 장기적인 생활안정성의 측면에서 더욱 근본적인 의미를 갖는다.

자산빈곤의 개념은 크게 세 가지 차원에서 정의될 수 있다. 첫째, 절대적 자산빈곤으로, 최소한의 생활유지에 필요한 자산수준에 미치지 못하는 상태를 의미한다. 둘째, 상대적 자산빈곤으로, 사회의 중위자산 대비 일정 비율 이하의 자산을 보유한 상태를 말한다. 셋째, 다차원적 자산빈곤으로, 금융자산, 실물자산, 인적자산 등 다양한 형태의 자산결핍을 종합적으로 고려한다.

자산빈곤의 측정방법론은 지속적으로 발전하고 있다. 전통적인 측정방법은 순자산(총자산-총부채) 기준을 주로 사용했으나, 최근에는 더욱 정교한 방법론들이 개발되고 있다. 특히 자산의 유동성, 위험도, 접근성 등 질적 측면을 고려한 측정방법이 주목받고 있다.

자산빈곤선의 설정은 측정의 핵심적인 요소이다. 절대적 기준으로는 최저생계비의 일정 배수나 기본적 자산수요를 기준으로 설정하며, 상대적 기준으로는 중위자산의 50% 또는 40% 등이 일반적으로 사용된다. 최근에는 지역별, 가구 특성별로 차별화된 자산빈곤선 적용의 필요성이 제기되고 있다.

다차원적 자산빈곤 지표의 개발도 활발히 이루어지고 있다. 금융자산, 주택자산, 연금자산, 인적자산 등 다양한 자산유형을 포괄하는 종합지표가 개발되고 있으며, 각 자산유형의 특성과 중요도를 반영한 가중치 부여 방식도 연구되고 있다.

자산빈곤의 동태적 측정도 중요한 연구주제이다. 자산빈곤의 지속기간, 진입과 탈출 패턴, 세대 간 전이 등을 분석하기 위한 종단적 측정방법이 발전하고 있다. 특히 패널데이터를 활용한 분석이 증가하고 있다.

디지털 기술의 발전은 자산빈곤 측정의 새로운 가능성을 제시하고 있다. 빅데이터와 AI를 활용한 실시간 모니터링, 미시적 수준의 자산상태 추적, 예측모델 개발 등이 가능해지고 있다.

공간자산의 측면에서는 주거빈곤, 환경빈곤 등 새로운 형태의 자산빈곤 개념이 등장하고 있다. 이는 물리적 공간에 대한 접근성과 질적 수준을 포함하는 포괄적인 측정방법론을 요구한다.

국제비교를 위한 표준화된 측정방법론 개발도 중요한 과제이다. 국가별로 상이한 자산개념과 측정방식을 조정하고, 구매력 차이를 고려한 비교 가능한 지표개발이 필요하다.

ESG 관점에서의 자산빈곤 측정도 새롭게 부각되고 있다. 환경적 지속가능성, 사회적 책임, 거버넌스 측면에서의 자산결핍을 측정하는 방법론이 개발되고 있다.

정책적 활용을 위한 실용적 측정방법론도 중요하다. 정책대상 선정, 지원수준 결정, 효과성 평가 등에 활용할 수 있는 객관적이고 실용적인 측정도구의 개발이 필요하다.

미래의 자산빈곤 측정은 더욱 정교하고 포괄적인 방향으로 발전할 것으로 전망된다. 특히 디지털 전환, 기후변화, 인구구조 변화 등 새로운 도전과제에 대응할 수 있는 측정방법론의 개발이 요구된다.

2.2 자산빈곤의 구조적 원인분석

자산빈곤의 구조적 원인은 복합적이고 다층적인 특성을 가지고 있다. 이는 경제적, 사회적, 제도적 요인들이 상호작용하면서 형성되는 구조적 문제로, 단순한 개인의 선택이나 노력만으로는 해결하기 어려운 특성을 지닌다.

노동시장의 구조적 불안정성은 자산빈곤의 핵심적 원인이다. 비정규직의 증가, 임금격차의 확대, 일자리 양극화 등은 안정적인 소득흐름을 저해하고, 이는 자산형성의 기회를 제한한다. 특히 플랫폼 노동, 긱 워커(단기 전문 노동자) 이코노미의 확산으로 인한 고용불안정성은 새로운 형태의 자산빈곤 위험을 야기하고 있다.

금융시장의 구조적 배제도 중요한 원인으로 작용한다. 신용접근성의 제약, 금융서비스의 차별적 제공, 금융교육 기회의 부족 등은 저소득층의 자산형성을 어렵게 만든다. 특히 디지털 금융의 확산 과정에서 나타나는 디지털 디바이드는 금융배제를 심화시키는 요인이 되고 있다.

교육불평등은 자산빈곤의 세대 간 전이를 촉진하는 구조적 요인이다. 교육기회의 격차, 사교육비 부담, 교육의 질적 차이 등은 인적자본 형성의 불평등으로 이어지며, 이는 미래의 소득창출 능력과 자산형성 기회에 직접적인 영향을 미친다.

주택시장의 구조적 문제도 자산빈곤을 심화시키는 요인이다. 주택가격의 지속적 상승, 임대료 부담 증가, 주거불안정성 심화 등은 저소득층의 자산형성을 저해하고, 주거비 부담을 가중시킨다. 특히 청년세대의 주택시장 진입장벽은 새로운 형태의 자산불평등을 야기하고 있다.

사회보장제도의 한계도 구조적 원인으로 지적된다. 소득중심의 복지정책, 자산형성 지원프로그램의 부족, 노후소득보장체계의 미흡 등은 취약계층의 자산축적을 어렵게 만든다. 특히 공적연금의 불충분성은 노년기 자산빈곤의 주요 원인이 되고 있다.

세대 간 자산이전의 불평등도 중요한 구조적 요인이다. 부모세대의 자산규모가 자녀세대의 출발선을 결정하는 현상이 심화되면서, 자산빈곤의 대물림 현상이 강화되고 있다. 특히 상속과 증여를 통한 자산이전은 계층 간 격차를 확대하는 요인으로 작용한다.

기술변화와 산업구조 전환도 새로운 형태의 자산빈곤을 야기하고 있다. 디지털 전환, 자동화의 확산, 산업구조의 재편 등은 노동시장의 불안정성을 높이고, 새로운 형태의 경제적 취약성을 만들어내고 있다.

기후변화와 환경문제도 자산빈곤의 구조적 원인으로 부상하고 있다. 환경재해의 증가, 에너지 비용 상승, 환경규제 강화 등은 취약계층에게 더 큰 부담으로 작용하며, 이는 자산형성의 새로운 장애요인이 되고 있다.

공간불평등의 심화도 자산빈곤의 구조적 원인이다. 지역 간 발전격차, 도시-농촌 격차, 주거지 분리 등은 자산형성 기회의 지역적 불균형을 초래하고 있다. 특히 공공서비스와 인프라의 차별적 분포는 지역 간 자산격차를 확대하는 요인이 된다.

제도적 차별과 배제도 구조적 원인으로 작용한다. 성별, 연령, 인종, 장애 등에 따른 차별은 특정 집단의 자산형성 기회를 제한하고, 이는 자산빈곤의 집중화로 이어진다.

이러한 구조적 원인들은 상호 연관되어 복합적인 영향을 미치며, 이는 자산빈곤 문제의 해결을 더욱 어렵게 만든다. 따라서 자산빈곤 해소를 위해서는 이러한 구조적 원인들에 대한 종합적이고 체계적인 접근이 필요하다.

2.3 자산빈곤의 세대 간 전이와 사회적 영향

자산빈곤의 세대 간 전이는 현대 사회의 가장 심각한 사회경제적 문제 중 하나로 부상하고 있다. 이는 단순한 경제적 불평등을 넘어 사회이동성의 저하, 기회의 불평등, 사회통합의 약화 등 광범위한 사회적 영향을 미치고 있다.

세대 간 전이의 메커니즘은 다양한 경로를 통해 작동한다. 첫째, 직접적인 자산이전 경로로, 상속과 증여를 통한 부의 대물림이 이루어진다. 부모세대의 자산규모가 자녀세대의 초기 자산형성에 결정적인 영향을 미치며, 이는 출발선의 불평등을 야기한다.

교육투자의 격차는 세대 간 전이의 핵심적인 경로이다. 자산빈곤 가구는 자녀교육에 대한 투자가 제한적일 수밖에 없으며, 이는 인적자본 형성의 격차로 이어진다. 특히 조기교육과 사교육 기회의 차이는 장기적인 영향을 미치게 된다.

주거환경의 차이도 중요한 전이 경로이다. 주거불안정성, 열악한 주거환경, 교육·문화 인프라에 대한 접근성 제약 등은 자녀세대의 발달과 성장에 부정적 영향을 미친다. 특히 아동기의 주거환경은 미래의 사회경제적 지위에 장기적 영향을 미친다.

사회문화적 자본의 전이도 주목해야 할 경로이다. 네트워크, 문화적 경험, 사회적 기술 등 비물질적 자산의 차이는 자녀세대의 기회구조에 영향을 미친다. 이는 직업선택, 결혼, 사회적 관계형성 등 다양한 영역에서 작용한다.

자산빈곤의 세대 간 전이는 다양한 사회적 영향을 초래한다. 첫째, 사회이동성의 저하이다. 자산빈곤의 대물림은 계층상승의 기회를 제한하고, 사회의 역동성을 약화시킨다. 이는 '기회의 평등'이라는 사회적 가치를 훼손하는 결과를 가져온다.

둘째, 사회통합의 약화이다. 자산격차의 고착화는 계층 간 분절화를 심화시키고, 사회적 갈등을 증폭시킨다. 특히 청년세대의 좌절감과 박탈감은 세대 간 갈등의 원인이 되고 있다.

셋째, 경제적 효율성의 저하이다. 자산빈곤의 세대 간 전이는 인적자원의 효율적 배분을 저해하고, 사회전체의 생산성 향상을 제약한다. 특히 혁신과 창업의 기회가 제한되는 문제가 발생한다.

넷째, 복지수요의 증가이다. 자산빈곤의 대물림은 공적부조에 대한 의존도를 높이고, 사회보장제도의 재정적 부담을 가중시킨다. 이는 장기적으로 복지국가의 지속가능성을 위협하는 요인이 된다.

디지털 전환 시대의 새로운 도전도 주목해야 한다. 디지털 리터러시의 격차, 온라인 교육기회의 차이, 디지털 자산에 대한 접근성 격차 등은 새로운 형태의 세대 간 전이를 야기할 수 있다.

기후변화와 환경문제도 세대 간 전이의 새로운 차원을 제시한다. 환경적 취약성, 기후적응 능력의 차이, 친환경 전환 비용의 부담 등은 자산빈곤의 세대 간 전이를 더욱 복잡하게 만들고 있다.

이러한 문제에 대응하기 위해서는 종합적인 정책적 접근이 필요하다. 자산형성 지원 프로그램의 강화, 교육기회의 평등화, 주거안정성 제고, 사회안전망 확충 등 다차원적 정책수단이 요구된다.

특히 예방적 접근의 중요성이 강조된다. 조기개입을 통한 인적자본 형성 지원, 청년층 자산형성 기회 확대, 세대 간 자산이전의 공정성 제고 등이 핵심과제가 될 것이다.

3장

자산격차의 현황과 측정

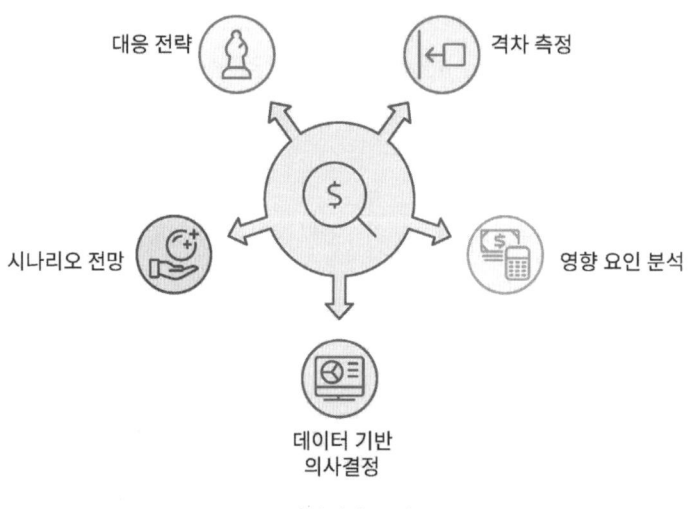

3.1 글로벌 자산격차 실태와 추이

글로벌 자산격차는 21세기 들어 더욱 심화되고 있으며, 이는 전 세계적인 사회경제적 불안정성의 주요 원인으로 지목되고 있다. 특히 코로나19 팬데믹 이후 이러한 격차는 더욱 가속화되는 양상을 보이고 있다.

세계적 자산불평등의 현황을 살펴보면, 상위 1%가 전 세계 자산의 절반 이상을 보유하고 있는 것으로 나타난다. 이러한 집중도는 지속적으로 증가하는 추세이며, 특히 금융자산과 부동산 자산의 집중이 두드러진다. 디지털 경제의 발전은 이러한 자산집중을 더욱 가속화하는 경향을 보인다.

지역별 자산격차도 주목할 만한 현상이다. 선진국과 개발도상국 간의 자산격차는 여전히 크며, 특히 아프리카와 남아시아 지역의 자산빈곤이 심각한 수준이다. 이러한 지역 간 격차는 글로벌 금융시스템의 구조적 불균형, 국제무역의 불공정성, 기술격차 등 다양한 요인에 기인한다.

금융자산의 글로벌 분포를 보면, 선진국 중심의 집중현상이 뚜렷하다. 글로벌 금융센터들이 위치한 국가들에서 금융자산의 집중도가 높게 나타나며, 이는 국제금융시스템의 구조적 특성을 반영한다. 특히 디지털 금융의 발전은 이러한 집중을 더욱 강화하는 경향이 있다.

부동산 자산의 경우, 도시화와 글로벌 부동산 투자의 증가로 인해 주요 도시들을 중심으로 자산가치가 급증하고 있다. 이는 도시 내 주거불평등을 심화시키는 동시에, 국가 간, 지역 간 자산격차를 확대하는 요인이 되고 있다.

디지털 자산의 등장은 새로운 형태의 글로벌 자산격차를 만들어 내고 있다. 암호화폐, NFT 등 새로운 형태의 디지털 자산은 초기 진입자와 기술적 우위를 가진 집단에게 유리한 구조를 만들어 내고 있다.

세대 간 자산격차의 글로벌 양상도 주목할 만하다. 밀레니얼 세대와 Z세대는 이전 세대에 비해 자산형성의 기회가 제한되는 경향을 보이며, 이는 전 세계적으로 공통된 현상으로 나타나고 있다.

기후변화와 환경문제는 글로벌 자산격차에 새로운 차원을 추가하고 있다. 환경적 취약성이 높은 지역과 국가들은 자산가치의 하락 위험에 더 많이 노출되어 있으며, 이는 글로벌 불평등을 심화시키는 요인이 되고 있다.

글로벌 자산격차의 동태적 변화도 주목할 필요가 있다. 신흥국의 경제성장, 글로벌 가치사슬의 재편, 기술혁신 등은 자산분포의 변화를 가져올 수 있는 잠재적 요인들이다.

코로나19 팬데믹의 영향은 특히 주목할 만하다. 팬데믹 기간 동안 금융자산 보유자들의 자산가치는 크게 증가한 반면, 취약계층의 경제적 어려움은 심화되었다. 이는 글로벌 자산격차를 더욱 확대시키는 결과를 가져왔다.

이러한 글로벌 자산격차에 대응하기 위해서는 국제적 협력이 필수적이다. 국제조세 체계의 개혁, 글로벌 금융규제의 강화, 개발협력의 확대 등 다차원적 접근이 요구된다.

특히 디지털 경제 시대의 새로운 도전과제들에 대한 국제적 대응이 중요하다. 디지털 플랫폼의 독점화 방지, 디지털 격차 해소, 새로운 형태의 자산에 대한 규제체계 구축 등이 핵심과제가 될 것이다.

3.2 국가별 자산격차 비교분석

국가별 자산격차는 각국의 경제구조, 제도적 특성, 사회문화적 배경에 따라 다양한 양상을 보이고 있다. 이러한 차이는 정책적 시사점을 도출하는데 중요한 기초자료가 되고 있다.

선진국의 자산격차 현황을 살펴보면, 미국은 가장 높은 수준의 자산불평등을 보이고 있다. 상위 1%가 전체 자산의 약 40%를 보유하고 있으며, 이러한 집중도는 지속적으로 증가하는 추세이다. 특히 기술기업 중심의 경제구조와 금융시장의 발달이 자산집중을 가속화하는 요인으로 작용하고 있다.

유럽 국가들의 경우, 상대적으로 낮은 수준의 자산격차를 보이고 있다. 특히 북유럽 국가들은 강력한 복지제도와 누진적 조세체계를 통해 자산불평등을 완화하고 있다. 그러나 최근에는 이들 국가에서도 자산격차가 확대되는 추세가 관찰되고 있다.

일본의 경우, 장기적인 경제침체에도 불구하고 상대적으로 안정적인 자산분포를 유지하고 있다. 이는 평생고용 문화, 상속세제의 엄격한 적용, 부동산가격의 안정화 등이 영향을 미친 것으로 분석된다.

신흥국들의 자산격차는 더욱 복잡한 양상을 보인다. 중국의 경우, 급속한 경제성장 과정에서 자산격차가 크게 확대되었다. 특히 도시-농촌 간 격차, 연해-내륙 간 격차가 두드러지며, 부동산 시장의 급성장이 자산불평등을 심화시키는 주요 요인이 되고 있다.

인도는 전통적인 계급구조와 현대적 경제발전이 중첩되면서 복잡한 자산불평등 구조를 보이고 있다. 특히 교육기회의 격차, 직업선택의 제한, 금융접근성의 차이 등이 자산격차를 확대하는 요인으로 작용하고 있다.

브라질, 남아프리카공화국 등 자원부국들의 경우, 자원수익의 불균등한 분배가 자산격차의 주요 원인이 되고 있다. 이들 국가에서는 역사적 유산과 구조적 불평등이 결합되어 높은 수준의 자산격차가 지속되고 있다.

국가별 자산격차의 특징적 패턴도 관찰된다. 첫째, 금융시장이 발달한 국가들에서는 금융자산의 집중도가 높게 나타난다. 둘째, 부동산 중심의 경제구조를 가진 국가들에서는 부동산자산의 격차가 두드러진다. 셋째, 복지국가에서는 공적연금 등 사회보장자산의 역할이 중요하게 나타난다.

세대 간 자산격차의 국가별 차이도 주목할 만하다. 일부 국가에서는 청년세대의 자산형성이 특히 어려운 것으로 나타나며, 이는 주택시장 구조, 노동시장 여건, 교육비 부담 등과 밀접한 관련이 있다.

디지털 전환에 따른 자산격차의 양상도 국가별로 차이를 보인다. 디지털 인프라가 발달한 국가들에서는 새로운 형태의 디지털 자산이 중요한 부의 원천으로 부상하고 있다.

정책대응의 측면에서도 국가별 차이가 뚜렷하다. 일부 국가들은 적극적인 재분배 정책을 통해 자산격차 완화를 추구하는 반면, 다른 국가들은 시장 중심의 접근을 선호한다.

국가별 비교분석의 시사점은 다음과 같다. 첫째, 제도적 환경이 자산격차에 중요한 영향을 미친다. 둘째, 정책적 개입의 효과성은 국가별 맥락에 따라 다르게 나타난다. 셋째, 글로벌화의 영향으로 국가 간 자산격차 패턴이 수렴하는 경향도 관찰된다.

향후 연구과제로는 첫째, 국가 간 비교 가능한 데이터의 구축, 둘째, 정책효과의 엄밀한 평가, 셋째, 새로운 형태의 자산에 대한 분석 등이 제시될 수 있다.

3.3 자산격차의 사회경제적 영향평가

자산격차의 사회경제적 영향은 매우 광범위하고 복합적인 특성을 가지며, 이는 사회 전반의 지속가능성에 중대한 도전을 제기하고 있다. 이러한 영향을 체계적으로 평가하고 분석하는 것은 효과적인 정책 대응을 위한 필수적인 과제이다.

경제적 영향의 측면에서, 자산격차는 경제성장과 효율성에 부정적 영향을 미친다. 첫째, 소비의 양극화를 초래하여 내수시장의 안정적 성장을 저해한다. 자산빈곤층의 소비제약은 총수요를 위축시키고, 이는 경제전반의 성장동력을 약화시키는 요인이 된다.

투자와 혁신 측면에서도 부정적 영향이 나타난다. 자산격차는 위험감수 능력의 차이를 만들어 내며, 이는 혁신적 투자와 창업활동을 제약하는 요인이 된다. 특히 청년층의 창업과 혁신활동이 위축되는 현상이 두드러진다.

노동시장에 미치는 영향도 중요하다. 자산격차는 직업선택의 자유를 제한하고, 인적자본 투자의 격차를 만들어 낸다. 이는 노동시장의 효율성을 저해하고, 생산성 향상을 제약하는 요인이 된다.

사회적 영향의 측면에서, 자산격차는 사회통합을 저해하는 핵심 요인으로 작용한다. 계층 간 분절화가 심화되고, 사회적 이동성이 저하되면서 사회적 갈등이 증폭되는 현상이 나타난다.

교육기회의 불평등은 자산격차의 가장 심각한 사회적 영향 중 하나이다. 교육투자의 격차는 인적자본 형성의 차이를 만들어 내고, 이는 다시 다음 세대의 자산격차로 이어지는 악순환을 형성한다.

건강불평등도 주목할 만한 영향이다. 자산격차는 의료서비스 접근성, 생활환경의 질, 건강관리 능력 등에서 차이를 만들어 내며, 이는 기대수명과 삶의 질의 격차로 이어진다.

정치적 영향도 간과할 수 없다. 자산격차는 정치적 영향력의 불균형을 초래하며, 이는 민주주의의 질적 저하로 이어질 수 있다. 특히 정책결정 과정에서 자산빈곤층의 이해관계가 충분히 반영되지 못하는 문제가 발생한다.

환경적 영향의 측면에서, 자산격차는 환경부정의(environmental injustice)를 심화시키는 요인이 된다. 환경위험의 불균등한 분포, 기후변화 적응능력의 차이, 친환경 전환 비용의 불균등한 부담 등이 주요한 문제로 대두된다.

세대 간 영향도 중요한 평가 대상이다. 현세대의 자산격차는 다음 세대의 기회구조에 영향을 미치며, 이는 세대 간 형평성 문제를 야기한다. 특히 청년세대의 자산형성 기회 제약은 심각한 사회문제로 부상하고 있다.

도시공간에 미치는 영향도 주목할 만하다. 자산격차는 주거지 분리, 도시 인프라의 불균등한 분포, 공공서비스 접근성의 차이 등을 통해 도시공간의 분절화를 심화시킨다.

금융시스템의 안정성에도 영향을 미친다. 자산격차의 심화는 금융시장의 변동성을 높이고, 시스템 리스크를 증가시키는 요인이 될 수 있다. 특히 부동산 시장의 불안정성이 중요한 문제로 대두된다.

이러한 다양한 영향들은 상호 연관되어 복합적인 효과를 만들어 낸다. 따라서 자산격차의 영향평가는 통합적이고 장기적인 관점에서 이루어져야 한다.

정책적 시사점으로는 첫째, 예방적 접근의 중요성, 둘째, 다차원적 정책수단의 필요성, 셋째, 장기적 관점의 평가체계 구축 등이 제시될 수 있다.

| 제2부 |

자산기반 능력배양의 이론과 실천

4장
자산기반 능력배양의 이론적 기초

5장
능력배양 프로그램의 설계와 실행

6장
제도적 지원체계 구축

4장

자산기반 능력배양의 이론적 기초

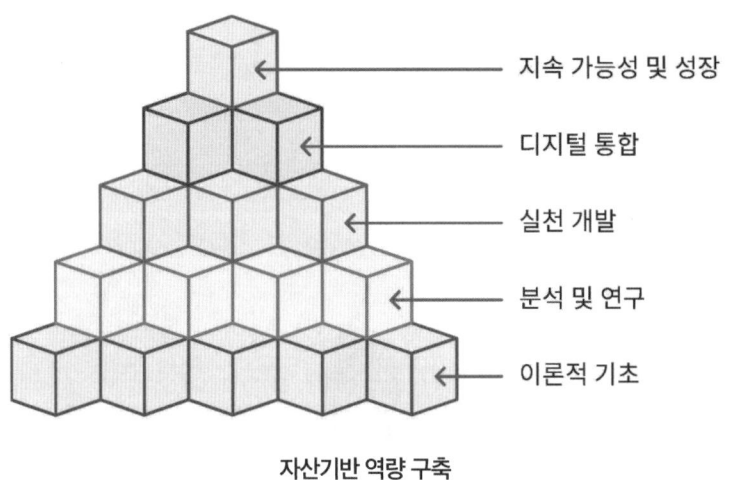

자산기반 역량 구축

4.1 능력배양 접근법의 개념과 특징

능력배양 접근법(Capability Approach)은 아마르티아 센(Amartya Sen)의 이론을 기반으로, 개인의 실질적 자유와 기회의 확장을 통한 삶의 질 향상을 추구하는 포괄적인 발전 패러다임이다. 이는 단순한 소득이나 자산의 증가를 넘어, 개인이 가치 있게 여기는 삶을 실현할 수 있는 실질적 능력의 향상에 초점을 맞춘다.

능력배양 접근법의 핵심 개념은 '기능(functioning)'과 '역량(capability)'이다. 기능은 개인이 실제로 할 수 있고 될 수 있는 것들을 의미하며, 역량은 이러한 기능들의 조합 중에서 선택할 수 있는 실질적 자유를 의미한다. 이러한 개념적 구분은 형식적 기회와 실질적 기회의 차이를 명확히 하는데 기여한다.

자산형성의 맥락에서 능력배양 접근법은 특별한 의미를 갖는다. 단순한 자산의 보유나 축적을 넘어, 자산을 효과적으로 관리하고 활용할 수 있는 능력의 개발이 중요하다는 점을 강조한다. 이는 금융이해력, 자산관리 능력, 경제적 의사결정 능력 등 복합적 역량의 향상을 포함한다.

능력배양 접근법의 첫 번째 특징은 다차원성이다. 소득, 교육, 건강, 사회참여 등 다양한 차원에서의 능력 향상이 통합적으로 고려된다. 특히 자산형성과 관련하여 금융능력, 직업능력, 기술능력 등 다양한 차원의 능력이 상호 연관되어 있음을 강조한다.

두 번째 특징은 자율성과 선택의 중요성이다. 개인이 자신의 가치와 선호에 따라 다양한 선택지 중에서 자유롭게 선택할 수 있는 능력을 강조한다. 이는 획일적인 프로그램이 아닌, 개인의 상황과 필요에 맞춘 맞춤형 접근의 필요성을 시사한다.

세 번째 특징은 과정의 중요성이다. 능력배양은 단순한 결과가 아닌, 지속적인 학습과 성장의 과정으로 이해된다. 이는 장기적이고 지속가능한 자산형성을 위한 기반이 된다.

디지털 시대의 능력배양은 새로운 차원을 추가한다. 디지털 리터러시, 온라인 금융서비스 활용능력, 데이터 분석능력 등이 중요한 역량으로 부상하고 있다. 이는 전통적인 능력배양 접근법의 확장을 요구한다.

환경적 지속가능성과 관련된 능력도 중요해지고 있다. 기후변화 적응능력, 친환경 생활실천 능력, 지속가능한 소비능력 등이 새로운 역량으로 강조되고 있다.

사회적 관계와 네트워크 형성 능력도 주목받고 있다. 공동체 참여, 사회적 자본 형성, 협력적 문제해결 능력 등이 중요한 역량으로 인식되고 있다.

능력배양 접근법의 실천적 함의는 다음과 같다. 첫째, 교육과 훈련 프로그램은 실질적 역량 향상에 초점을 맞추어야 한다. 둘째, 개인의 자율성과 선택권이 보장되어야 한다. 셋째, 지속적인 학습과 성장을 지원하는 체계가 필요하다.

정책적 시사점으로는 첫째, 통합적 지원체계의 구축, 둘째, 맞춤형 프로그램의 개발, 셋째, 장기적 관점의 성과평가 등이 제시될 수 있다.

미래 전망과 관련하여, 능력배양 접근법은 더욱 중요해질 것으로 예상된다. 기술변화의 가속화, 불확실성의 증가, 지속가능성의 요구 등은 개인의 적응능력과 역량 향상의 중요성을 더욱 부각시킬 것이다.

4.2 자산기반 능력배양의 핵심요소

자산기반 능력배양(Asset-based Capability Building)은 개인과 공동체의 지속가능한 발전을 위한 통합적 접근법으로, 자산형성과 능력개발을 유기적으로 결합하는 전략이다. 이 접근법의 핵심요소들은 상호 연계되어 시너지 효과를 창출하며, 포용적 성장의 기반을 제공한다.

금융역량(Financial Capability)은 가장 기본적인 핵심요소이다. 이는 단순한 금융지식을 넘어 실제적인 금융행동과 태도의 변화를 포함한다. 구체적으로는 예산관리, 저축 습관 형성, 투자의사결정, 위험관리 능력 등이 포함된다. 특히 디지털 금융환경에서의 적응능력이 중요해지고 있으며, 이는 온라인 뱅킹, 모바일 결제, 디지털 자산관리 등의 능력을 포함한다.

직업능력(Occupational Capability)은 지속가능한 소득창출의 기반이 되는 핵심요소이다. 이는 전문적 직무능력, 창업능력, 경력개발 능력 등을 포함한다. 4차 산업혁명 시대에는 특히 디지털 기술역량, 문제해결능력, 창의성 등이 중요한 직업능력으로 부각되고 있다.

자산관리능력(Asset Management Capability)은 보유자산의 효율적 운용과 가치증대를 위한 핵심요소이다. 이는 부동산 관리, 포트폴리오 관리, 절세전략 수립 등의 능력을 포함한다. ESG 투자의 부상으로 지속가능성을 고려한 자산관리 능력의 중요성이 증가하고 있다.

네트워크 형성능력(Networking Capability)은 사회적 자본 구축을 위한 핵심요소이다. 이는 인적 네트워크 구축, 정보교류, 협력관계 형성 등의 능력을 포함한다. 특히 디지털 플랫폼을 활용한 네트워킹 능력이 중요해지고 있다.

위험관리능력(Risk Management Capability)은 불확실성에 대응하기 위한 핵심요소이다. 이는 리스크 식별, 평가, 대응전략 수립 등의 능력을 포함한다. 기후변화, 팬데믹 등 새로운 형태의 위험에 대한 대응능력이 특히 중요해지고 있다.

의사결정능력(Decision-making Capability)은 복잡한 상황에서의 합리적 선택을 위한 핵심요소이다. 이는 정보분석, 대안평가, 판단력 등을 포함한다. 빅데이터와 AI 시대에는 데이터 기반의 의사결정 능력이 특히 중요해지고 있다.

학습능력(Learning Capability)은 지속적인 성장과 적응을 위한 핵심요소이다. 이는 자기주도학습, 평생학습, 경험학습 등의 능력을 포함한다. 급변하는 환경에서 새로운 지식과 기술을 습득하는 능력이 더욱 중요해지고 있다.

디지털 리터러시(Digital Literacy)는 현대사회에서 필수적인 핵심요소이다. 이는 디지털 기술 활용, 온라인 정보 평가, 사이버 보안 인식 등을 포함한다. 디지털 전환의 가속화로 이러한 능력의 중요성이 더욱 증가하고 있다.

지속가능성 인식(Sustainability Awareness)은 미래지향적 자산관리를 위한 핵심요소이다. 이는 환경영향 이해, 사회적 책임 인식, ESG 가치 평가 등을 포함한다. 기후위기 시대에 이러한 능력의 중요성이 더욱 부각되고 있다.

이러한 핵심요소들의 효과적인 개발을 위해서는 다음과 같은 접근이 필요하다:

- 통합적 교육프로그램 개발: 각 요소들이 유기적으로 연계된 교육과정 설계
- 실천중심 학습방법 도입: 실제 상황에서의 경험학습 강화
- 맞춤형 지원체계 구축: 개인의 상황과 필요에 맞는 지원 제공
- 지속적 모니터링과 평가: 능력향상 정도의 정기적 평가와 피드백

미래 전망과 관련하여, 자산기반 능력배양의 핵심요소들은 더욱 다양화되고 복잡해질 것으로 예상된다. 특히 다음과 같은 변화가 예상된다:

- AI와의 협업능력 강화
- 메타버스 환경에서의 자산관리 능력 필요
- 기후변화 대응능력의 중요성 증가
- 글로벌 역량의 필요성 증대

4.3 능력배양과 자산축적의 상호작용

능력배양과 자산축적은 상호보완적이며, 선순환 구조를 형성할 수 있는 중요한 관계를 가진다. 능력배양은 자산축적의 기반을 제공하며, 축적된 자산은 다시 능력배양을 촉진하는 자원으로 활용된다. 이러한 상호작용은 개인과 공동체의 경제적 안정성과 지속가능성을 강화하는 데 핵심적인 역할을 한다.

능력배양이 자산축적에 미치는 첫 번째 영향은 자산형성의 기회를 확대한다는 점이다. 금융역량, 직업능력, 의사결정 능력 등 다양한 역량이 향상되면 개인은 보다 효과적으로 자산을 관리하고 축적할 수 있게 된다. 예를 들어, 금융이해력이 높은 사람은 저축 계획을 세우고, 투자위험을 관리하며, 장기적인 재무목표를 달성할 가능성이 높아진다.

두 번째로, 능력배양은 자산관리의 효율성을 높인다. 자산관리 능력이 향상되면 보유 자산의 가치를 극대화하고, 불필요한 손실을 줄일 수 있다. 예를 들어, 부동산 관리 능력이 높은 사람은 주택 유지보수와 임대 관리를 효율적으로 수행하여 부동산 가치를 유지하거나 상승시킬 수 있다.

세 번째로, 능력배양은 자산활용의 생산성을 증대시킨다. 축적된 자산이 단순히 보유되는 데 그치지 않고, 새로운 소득창출이나 기회확대로 이어질 수 있도록 하는 것이 중요하다. 예를 들어, 창업능력을 갖춘 사람은 축적된 자본을 활용하여 사업을 시작하고, 이를 통해 추가적인 부가가치를 창출할 수 있다.

반대로, 자산축적은 능력배양을 지원하는 중요한 자원이 된다. 첫째, 축적된 자산은 교육과 훈련에 투자할 수 있는 재원을 제공한다. 이는 개인이 새로운 기술과 지식을 습득하여 자신의 역량을 강화하는 데 기여한다. 예를 들어, 재정적으로 안정된 가구는 자녀의 고등교육이나 전문훈련에 더 많은 투자를 할 수 있다.

둘째, 축적된 자산은 경제적 안정성을 제공하여 위험을 감수할 수 있는 여유를 만든다. 이는 개인이 새로운 도전과 기회를 추구하는 데 중요한 기반이 된다. 예를 들어, 일정 수준의 저축이 있는 사람은 직업 전환이나 창업과 같은 위험이 따르는 결정을 내릴 때 더 큰 자신감을 가질 수 있다.

셋째, 축적된 자산은 네트워크 형성과 사회적 참여를 촉진한다. 경제적으로 안정된 개인은 사회적 활동에 더 적극적으로 참여할 수 있으며, 이는 사회적 자본 형성과 협력관계 구축으로 이어진다. 이러한 네트워크는 다시 새로운 기회와 정보를 제공하여 추가적인 자산축적을 가능하게 한다.

능력배양과 자산축적 간의 상호작용은 특정 조건에서 더욱 강화될 수 있다. 첫째, 정책적 지원이 중요한 촉진 요인으로 작용한다. 정부와 민간이 협력하여 금융교육 프로그램, 직업훈련 지원, 창업지원금 등을 제공하면 이러한 선순환 구조가 더욱 강화된다.

둘째, 디지털 기술의 활용이 상호작용을 증폭시킬 수 있다. 디지털 플랫폼을 통해 금융서비스 접근성을 높이고, 온라인 교육과 훈련 프로그램을 제공함으로써 능력배양과 자산축적 간의 연결고리를 강화할 수 있다.

셋째, 사회적 환경도 중요한 역할을 한다. 포용적인 사회구조와 협력적인 공동체 문화는 능력배양과 자산축적 간의 긍정적인 상호작용을 촉진한다. 예를 들어, 지역사회 기반의 상호부조 체계는 개인의 역량 개발과 경제적 안정성을 동시에 지원한다.

그러나 이러한 상호작용에는 몇 가지 도전 과제도 존재한다. 첫째, 초기 단계에서의 격차 해소가 중요하다. 능력이 부족하거나 초기 자본이 없는 개인은 이 선순환 구조에 진입하기 어려울 수 있다.

둘째, 불평등한 환경에서는 상호작용이 왜곡될 가능성이 있다. 특정 계층만이 능력배양과 자산축적의 혜택을 누리게 되면 불평등이 심화될 위험이 있다.

셋째, 외부 충격에 대한 취약성도 문제로 지적된다. 경제위기나 팬데믹 같은 외부 요인은 선순환 구조를 단절시키고 역효과를 초래할 수 있다.

미래 전망에서 능력배양과 자산축적 간의 상호작용은 더욱 중요해질 것으로 보인다. 특히 기술혁신과 디지털 전환 시대에는 새로운 형태의 역량 개발과 디지털 자산 축적이 주요 과제로 부상할 것이다.

이를 위해 정책적으로는 통합적인 지원체계 구축이 필요하며, 기술적으로는 디지털 접근성을 확대하고 교육 콘텐츠를 다양화해야 한다. 또한 사회적으로는 포용성과 형평성을 강화하여 모든 계층이 이 선순환 구조에 참여할 수 있도록 해야 한다.

5장

능력배양 프로그램의 설계와 실행

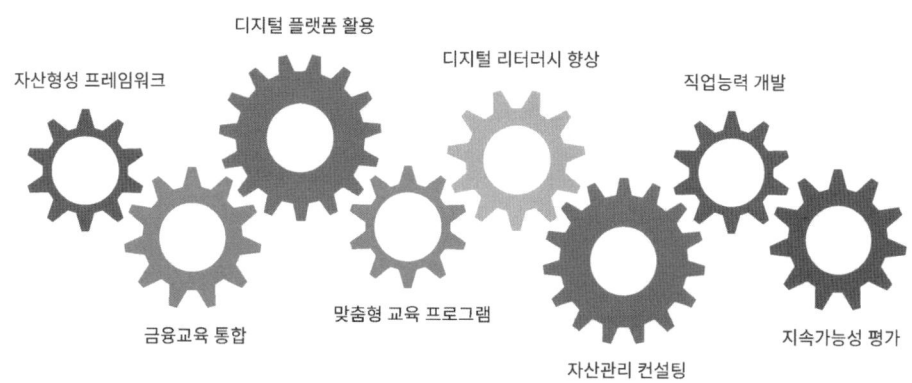

5.1 자산형성 지원 프로그램 개발

자산형성 지원 프로그램은 개인과 가구가 자산을 축적하고 이를 통해 경제적 안정성과 지속가능성을 확보할 수 있도록 돕는 정책적 도구이다. 이러한 프로그램은 단순히 소득을 보조하는 것을 넘어, 개인의 자산축적 능력을 강화하고 장기적인 경제적 자립을 도모한다는 점에서 중요한 의미를 가진다.

자산형성 지원 프로그램의 핵심 목표는 자산축적의 기회를 확대하는 것이다. 이는 특히 저소득층과 취약계층에게 중요한데, 이들은 초기 자본이 부족하거나 금융시장에 접근할 수 있는 기회가 제한되어 있기 때문이다. 이러한 프로그램은 저축장려금, 매칭펀드, 조건부 현금이전 등 다양한 형태로 설계될 수 있다.

첫 번째로, 저축장려금 프로그램은 개인의 저축을 촉진하기 위한 대표적인 정책수단이다. 정부나 민간기관이 일정 비율의 저축액에 대해 추가적인 장려금을 제공함으로써 저축동기를 강화한다. 예를 들어, 미국의 IDA(Individual Development Account) 프로그램은 저소득층이 교육, 주택구입, 창업 등을 위해 저축할 경우 매칭펀드를 제공하여 자산형성을 지원한다.

두 번째로, 조건부 현금이전 프로그램은 특정 조건을 충족할 경우 현금을 지급하는 방식으로 설계된다. 이는 단순한 소득지원에서 벗어나 자산형성과 연계된 행동을 유도하는 데 초점을 맞춘다. 예를 들어, 브라질의 Bolsa Familia 프로그램은 아동교육과 건강검진 참여를 조건으로 현금을 지급하며, 이를 통해 장기적인 인적자본 형성과 자산축적을 도모한다.

세 번째로, 주택저축 지원 프로그램은 주거안정을 위한 자산형성 지원의 중요한 사례이다. 정부가 주택구입이나 임대보증금을 위한 저축계좌에 매칭펀드를 제공하거나 세제혜택을 부여함으로써 주거비용 부담을 완화하고 자산형성을 촉진한다. 싱가포르의 중앙공적기금(CPF)은 이러한 주택저축 지원의 성공적인 사례로 꼽힌다.

네 번째로, 청년층을 대상으로 한 자산형성 지원 프로그램도 주목받고 있다. 청년층은 초기 자본 축적이 어려운 계층으로, 이들을 위한 맞춤형 정책이 중요하다. 예를 들어, 한국의 청년내일채움공제는 청년 근로자가 일정 기간 동안 근속할 경우 정부와 기업이 함께 적립금을 제공하여 초기 자본 축적을 지원한다.

다섯 번째로, 디지털 금융환경에 적합한 새로운 형태의 자산형성 지원 프로그램도 등장하고 있다. 온라인 플랫폼을 활용한 소액저축 프로그램이나 블록체인 기반의 스마트계약을 활용한 매칭펀드 제공 등이 그 예이다. 이는 디지털 접근성을 높이고 효율성을 강화하는 데 기여한다.

자산형성 지원 프로그램의 설계에서는 몇 가지 중요한 원칙이 고려되어야 한다. 첫째, 포괄성과 형평성이 중요하다. 모든 계층이 참여할 수 있도록 프로그램 설계가 이루어져야 하며, 특히 취약계층에게 더 많은 혜택이 돌아갈 수 있는 구조가 필요하다.

둘째, 지속가능성이 강조되어야 한다. 단기적인 성과에 그치지 않고 장기적으로 개인과 가구가 독립적으로 자산을 축적할 수 있는 기반을 마련해야 한다.

셋째, 맞춤형 접근이 필요하다. 대상자의 연령, 소득수준, 지역적 특성 등을 고려하여 다양한 형태의 프로그램이 설계되어야 한다.

넷째, 디지털 기술의 활용이 중요하다. 빅데이터와 AI를 활용하여 대상자의 특성과 필요를 분석하고, 효율적으로 지원할 수 있는 방안을 마련해야 한다.

다섯째, 성과평가 체계가 구축되어야 한다. 프로그램의 효과성을 정기적으로 평가하고 개선점을 도출하는 체계적인 관리가 필요하다.

자산형성 지원 프로그램은 사회경제적 영향을 통해 긍정적인 변화를 가져올 수 있다. 첫째, 경제적 안정성을 강화한다. 개인과 가구가 예상치 못한 경제적 충격에 대처할 수 있는 능력을 갖추게 된다.

둘째, 사회통합을 촉진한다. 자산격차를 완화하고 취약계층의 경제적 참여를 확대함으로써 사회적 갈등을 줄이고 통합을 강화한다.

셋째, 경제성장을 촉진한다. 축적된 자산은 소비와 투자로 이어져 경제활동을 활성화시키는 데 기여한다.

넷째, 세대 간 형평성을 제고한다. 초기 자본 축적 기회를 제공함으로써 세대 간 불평등을 완화하고 사회 이동성을 높인다.

미래 전망에서 자산형성 지원 프로그램은 더욱 다양화되고 혁신적인 방향으로 발전할 것으로 예상된다. 특히 디지털 전환과 ESG 가치 확산에 따라 새로운 형태의 프로그램이 등장할 가능성이 크다.

이를 위해 정책적으로는 통합적인 지원체계를 구축하고 기술적으로는 디지털 플랫폼과 연계된 혁신적인 방안을 모색해야 한다. 또한 사회적으로는 포용성과 형평성을 강화하여 모든 계층이 혜택을 받을 수 있도록 해야 할 것이다.

5.2 금융역량 강화 교육체계 구축

금융역량 강화는 자산형성의 핵심 기반으로, 개인과 가구가 재무적 안정성을 확보하고 장기적으로 자산을 축적할 수 있도록 돕는 중요한 요소이다. 금융역량은 단순히 금융지식을 넘어, 금융행동과 태도의 변화를 포함하는 포괄적인 개념으로 이해된다. 이를 효과적으로 지원하기 위해 체계적인 금융역량 강화 교육체계가 필요하다.

금융역량의 구성요소는 크게 세 가지로 나눌 수 있다. 첫째, 금융지식(Financial Knowledge)이다. 이는 재무관리, 투자, 대출, 보험 등 다양한 금융상품과 서비스에 대한 이해를 포함한다. 둘째, 금융기술(Financial Skills)이다. 이는 예산관리, 저축계획 수립, 리스크 평가 등 실질적인 기술을 포함한다. 셋째, 금융태도(Financial Attitude)이다. 이는 재무적 목표 설정, 장기적 관점의 중요성 인식, 충동적 소비 억제 등 긍정적인 태도를 포함한다.

금융역량 강화 교육체계는 이러한 구성요소들을 통합적으로 다룰 수 있도록 설계되어야 한다. 첫 번째로, 교육대상의 특성과 필요에 맞춘 맞춤형 교육이 중요하다. 예를 들어, 청소년에게는 기본적인 금융지식을 중심으로 한 기초교육이 필요하며, 성인에게는 실질적인 자산관리 기술과 투자전략을 다루는 심화교육이 요구된다.

두 번째로, 교육내용은 실용적이고 실천 가능한 방식으로 구성되어야 한다. 이론 중심의 강의보다는 사례기반 학습, 시뮬레이션, 워크숍 등을 통해 학습자가 실제 상황에서 적용할 수 있는 능력을 배양해야 한다.

세 번째로, 디지털 환경에 적합한 교육방식이 중요하다. 온라인 강의, 모바일 애플리케이션, 게임 기반 학습 등 디지털 기술을 활용한 접근법은 학습자의 접근성을 높이고 학습효과를 극대화할 수 있다.

네 번째로, 지속적 학습을 지원하는 체계가 필요하다. 금융역량은 일회성 교육으로 끝나는 것이 아니라 지속적으로 업데이트되고 강화되어야 한다. 이를 위해 정기적인 워크숍, 온라인 학습 플랫폼, 멘토링 프로그램 등이 제공될 수 있다.

다섯 번째로, 평가와 피드백 체계가 중요하다. 학습자의 금융역량 향상 정도를 정기적으로 평가하고 개선점을 제시하는 체계가 구축되어야 한다. 이는 교육효과를 극대화하고 지속적인 동기를 부여하는 데 기여한다.

금융역량 강화 교육체계는 다양한 사회경제적 영향을 미칠 수 있다.

첫째, 개인의 재무적 안정성을 강화한다. 이는 예상치 못한 경제적 충격에 대한 대응능력을 높이고 장기적인 자산축적을 가능하게 한다.

둘째, 사회통합을 촉진한다. 금융역량의 격차를 줄임으로써 자산불평등을 완화하고 사회적 갈등을 줄이는 데 기여할 수 있다.

셋째, 경제성장을 촉진한다. 금융역량이 높은 개인은 소비와 투자에서 보다 합리적인 결정을 내릴 가능성이 높으며, 이는 경제활동의 활성화로 이어질 수 있다.

넷째, 세대 간 형평성을 제고한다. 청소년과 청년층에게 금융역량 강화를 지원함으로써 초기 자산형성 기회를 확대하고 세대 간 불평등을 완화할 수 있다.

다섯 번째로, 금융포용성을 확대한다. 특히 취약계층에게 금융서비스 접근성과 활용능력을 제공함으로써 경제적 참여를 촉진할 수 있다.

미래 전망에서 금융역량 강화 교육체계는 더욱 혁신적이고 포괄적인 방향으로 발전할 것으로 예상된다. 특히 디지털 전환과 ESG 가치 확산에 따라 새로운 형태의 교육 콘텐츠와 방식이 등장할 가능성이 크다.

디지털 기술은 금융교육의 접근성과 효율성을 극대화할 수 있는 중요한 도구이다. 빅데이터와 AI를 활용한 맞춤형 교육 콘텐츠 제공, 가상현실(VR)과 증강현실(AR)을 활용한 몰입형 학습환경 구축 등이 그 예이다.

또한 ESG 관점에서 지속가능한 재무관리와 투자에 대한 교육이 강조될 것이다. 이는 환경적 지속가능성, 사회적 책임, 지배구조 투명성을 고려한 의사결정 능력을 배양하는 데 초점을 맞출 것이다.

정책적으로는 공공과 민간의 협력을 통해 통합적인 금융교육 체계를 구축해야 한다. 학교교육과 연계된 청소년 대상 프로그램, 직장인을 위한 평생학습 프로그램, 취약계층을 위한 맞춤형 지원 등이 포함될 수 있다.

사회적으로는 포용성과 형평성을 강화하여 모든 계층이 혜택을 받을 수 있도록 해야 한다. 특히 디지털 격차 해소와 접근성 확대가 중요한 과제가 될 것이다.

결론적으로 금융역량 강화 교육체계는 개인과 사회의 경제적 안정성과 지속가능성을 높이는 데 필수적인 도구이다. 이를 위해 혁신적인 접근법과 통합적인 지원체계를 통해 모든 계층이 참여할 수 있는 환경을 조성해야 할 것이다.

5.3 직업능력 개발과 소득증대 연계

직업능력 개발은 개인의 경제적 자립과 소득증대를 위한 핵심적인 전략으로, 자산형성의 기반을 강화하는 데 중요한 역할을 한다. 특히 4차 산업혁명 시대와 디지털 전환이 가속화되는 현대사회에서 직업능력 개발은 개인과 사회의 지속가능한 발전을 위한 필수적인 요소로 부각되고 있다. 이를 효과적으로 지원하기 위해서는 직업능력 개발과 소득증대를 유기적으로 연계하는 통합적 접근이 필요하다.

직업능력 개발의 핵심 구성요소는 크게 세 가지로 나눌 수 있다. 첫째, 기술역량(Technical Skills)이다. 이는 특정 직무나 산업에 필요한 전문적 기술을 의미하며, 예를 들어 코딩, 데이터 분석, 기계설계 등이 포함된다. 둘째, 소프트스킬(Soft Skills)이다. 이는 의사소통, 문제해결, 팀워크 등 직무수행에 필요한 비기술적 역량을 포함한다. 셋째, 적응능력(Adaptability)이다. 이는 변화하는 환경에 유연하게 대응하고 새로운 기술과 지식을 습득하는 능력을 포함한다.

직업능력 개발은 개인의 소득증대와 직접적으로 연결된다. 첫 번째로, 전문기술의 습득은 고소득 직업으로의 진입 가능성을 높인다. 예를 들어, IT 기술이나 의료기술 등 고부가가치 산업에서 요구되는 전문기술을 보유한 개인은 노동시장에서 높은 경쟁력을 가지며, 이는 소득증대로 이어진다.

두 번째로, 소프트스킬의 강화는 경력개발과 승진 가능성을 높인다. 조직 내에서 의사소통 능력이나 리더십 역량이 뛰어난 개인은 관리자나 리더로 발탁될 가능성이 높으며, 이는 장기적으로 소득증대에 기여한다.

세 번째로, 적응능력은 노동시장 변화에 따른 실업 위험을 줄이고 안정적인 소득흐름을 유지하는 데 기여한다. 특히 디지털 전환과 자동화가 가속화되는 환경에서는 새로운 기술과 지식을 빠르게 습득할 수 있는 능력이 중요하다.

직업능력 개발과 소득증대를 연계하기 위해서는 몇 가지 중요한 전략이 필요하다. 첫째, 맞춤형 교육훈련 프로그램이 필요하다. 개인의 직무경험, 기술수준, 경력목표 등을 고려하여 맞춤형 교육과정을 설계하고 제공해야 한다.

둘째, 산업과 연계된 훈련체계가 중요하다. 기업과 교육기관 간의 협력을 통해 실제 산업현장에서 요구되는 기술과 역량을 반영한 훈련프로그램을 개발해야 한다. 예를 들어, 독일의 이중교육제도(Dual System)는 학교교육과 기업훈련을 결합하여 실질적인 직업능력을 배양하는 성공적인 사례로 꼽힌다.

셋째, 디지털 학습환경의 구축이 필요하다. 온라인 강의, 가상현실(VR) 기반 훈련, 모바일 학습 애플리케이션 등 디지털 기술을 활용한 학습환경은 접근성과 효율성을 동시에 제공한다.

넷째, 지속적인 경력개발 지원체계가 중요하다. 직업능력 개발은 일회성 교육으로 끝나는 것이 아니라 지속적인 학습과 성장의 과정이어야 한다. 이를 위해 멘토링 프로그램, 경력컨설팅 서비스, 평생학습 플랫폼 등이 제공될 수 있다.

다섯째, 성과평가 체계를 통해 훈련효과를 정기적으로 평가하고 개선점을 도출해야 한다. 이는 교육훈련 프로그램의 품질을 높이고 참여자의 동기를 강화하는 데 기여한다.

직업능력 개발과 소득증대는 사회경제적 측면에서도 긍정적인 영향을 미친다. 첫째, 노동시장의 효율성을 높인다. 적합한 기술과 역량을 가진 노동자가 적재적소에 배치됨으로써 생산성이 향상된다.

둘째, 경제성장을 촉진한다. 고숙련 노동자의 증가는 고부가가치 산업의 발전으로 이어지며, 이는 국가경제 전체의 성장동력을 강화한다.

셋째, 사회통합을 촉진한다. 취약계층에게 직업훈련 기회를 제공함으로써 경제적 참여를 확대하고 자산불평등을 완화할 수 있다.

넷째, 세대 간 형평성을 제고한다. 청년층에게 초기 경력개발 기회를 제공함으로써 세대 간 경제적 격차를 줄이고 사회 이동성을 높일 수 있다.

미래 전망에서 직업능력 개발은 더욱 중요해질 것으로 예상된다. 특히 디지털 전환 시대에는 새로운 형태의 기술역량이 요구되며, 이에 따라 교육훈련 체계도 변화할 것이다.

디지털 기술은 직업능력 개발의 접근성과 효율성을 극대화할 수 있는 중요한 도구이다. 빅데이터와 AI를 활용한 맞춤형 훈련 콘텐츠 제공, 가상현실(VR) 기반 시뮬레이션 훈련 등이 그 예이다.

또한 ESG 가치 확산에 따라 지속가능한 경영과 친환경 산업에서 요구되는 새로운 역량도 강조될 것이다. 이는 환경문제 해결이나 사회적 책임 이행에 기여할 수 있는 인재 양성으로 이어질 것이다.

정책적으로는 공공과 민간의 협력을 통해 통합적인 직업훈련 체계를 구축해야 한다. 학교교육과 연계된 청소년 대상 프로그램, 성인을 위한 평생학습 지원체계 등이 포함될 수 있다.

사회적으로는 포용성과 형평성을 강화하여 모든 계층이 혜택을 받을 수 있도록 해야 한다. 특히 취약계층에게는 추가적인 지원이 필요하며, 이를 통해 경제적 참여와 자립을 촉진해야 한다.

결론적으로 직업능력 개발은 개인과 사회 모두에게 긍정적인 영향을 미치는 중요한 전략이다. 이를 위해 혁신적인 접근법과 통합적인 지원체계를 통해 모든 계층이 참여할 수 있는 환경을 조성해야 할 것이다.

6장

제도적 지원체계 구축

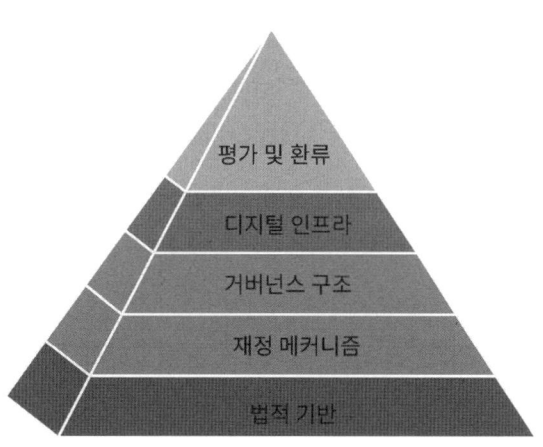

제도적 지원 체계 계층

6.1 법적·제도적 기반 조성

법적·제도적 기반은 자산형성과 경제적 안정성을 지원하는 데 필수적인 역할을 한다. 이는 개인과 가구가 자산을 축적하고, 이를 통해 지속가능한 경제적 자립을 이루는 과정을 체계적으로 뒷받침한다. 특히 자산불평등의 심화와 금융소외 문제를 해결하기 위해서는 법적·제도적 기반이 강력하게 구축되어야 한다.

법적·제도적 기반 조성의 첫 번째 핵심 요소는 자산형성을 촉진하는 법률과 규제의 정비이다. 이는 금융시장 접근성을 확대하고 공정한 거래를 보장하며, 개인과 기업이 자산을 안전하게 축적할 수 있는 환경을 조성한다. 예를 들어, 금융소비자 보호법은 금융서비스 이용 과정에서 발생할 수 있는 불공정 행위를 방지하고, 소비자의 권리를 보호하는 데 중요한 역할을 한다.

두 번째로, 조세제도의 개혁이 필요하다. 누진세 구조를 강화하여 고소득층의 부의 집중을 완화하고, 저소득층에게는 세제혜택을 제공함으로써 자산형성 기회를 확대할 수 있다. 특히 상속세와 증여세 제도를 통해 세대 간 자산불평등을 완화하는 것이 중요하다. 예를 들어, 프랑스와 독일은 상속세를 통해 부의 대물림을 억제하고 공공재원으로 활용하는 정책을 시행하고 있다.

세 번째로, 공공자산 관리체계의 강화가 필요하다. 국공유지, 공공임대주택 등 공공자산의 효율적 관리와 활용은 자산불평등 완화에 중요한 역할을 한다. 특히 공공임대주택 공급 확대는 주거안정을 통해 자산형성의 기반을 제공한다. 싱가포르의 중앙공적기금(CPF)을 활용한 공공주택 정책은 이러한 접근의 성공 사례로 꼽힌다.

네 번째로, 금융포용성을 확대하기 위한 제도적 장치가 필요하다. 디지털 금융서비스 접근성을 높이고, 소액대출이나 소액저축 프로그램 등을 통해 취약계층이 금융시장에 참여할 수 있도록 지원해야 한다. 인도의 JAM(Jan Dhan-Aadhaar-Mobile) 트리니티는 디지털 기술을 활용하여 금융포용성을 극대화한 대표적인 사례이다.

다섯 번째로, 노동시장 제도의 개선이 중요하다. 안정적인 고용환경과 적정한 임금수준은 자산형성의 기본 조건이다. 이를 위해 최저임금제 강화, 비정규직 보호, 직업훈련 지원 등이 필요하다. 독일의 하르츠 개혁(Hartz Reforms)은 노동시장 유연성과 고용안정을 동시에 추구한 성공적인 사례로 평가받고 있다.

여섯 번째로, 사회보장제도의 확충이 필요하다. 공적연금, 건강보험, 실업보험 등 사회보장제도는 경제적 충격에 대한 안전망 역할을 하며, 자산축적 과정에서의 리스크를 완화한다. 스웨덴의 복지국가는 이러한 사회보장제도를 통해 높은 수준의 경제안정성을 유지하고 있다.

일곱 번째로, 교육과 훈련 지원체계의 강화가 중요하다. 교육기회의 평등성과 질적 향상은 인적자본 형성을 통해 장기적인 자산축적에 기여한다. 특히 직업교육과 평생학습 체계를 강화하여 노동시장에서 요구되는 역량을 지속적으로 개발할 수 있도록 해야 한다.

여덟 번째로, 디지털 전환 시대에 맞는 법적·제도적 기반이 필요하다. 디지털 금융서비스 규제, 데이터 보호법 강화, 사이버 보안 체계 구축 등은 디지털 환경에서의 자산형성을 지원하는 데 필수적인 요소이다.

아홉 번째로, 지역사회의 참여와 협력을 촉진하는 제도가 필요하다. 지역자산 관리와 공동체 기반 상호부조 체계를 활성화하여 지역 내 자원과 기회를 효과적으로 활용할 수 있도록 해야 한다.

열 번째로, 지속가능성과 ESG 원칙을 반영한 제도 설계가 중요하다. 환경적으로 지속가능한 투자와 사회적으로 책임 있는 경영을 촉진하는 법률과 규제를 통해 장기적인 경제 안정성과 사회 통합을 도모할 수 있다.

법적·제도적 기반 조성은 다음과 같은 사회경제적 효과를 가져올 수 있다:

- 자산불평등 완화: 공정한 제도를 통해 부의 집중을 억제하고 취약계층의 자산형성 기회를 확대할 수 있다.
- 경제 안정성 강화: 금융시장 안정화와 노동시장 개선 등을 통해 경제 전반의 안정성을 높일 수 있다.
- 사회통합 촉진: 포용적인 제도를 통해 계층 간 갈등을 줄이고 사회 통합을 강화할 수 있다.
- 경제성장 촉진: 공정한 경쟁 환경과 혁신 촉진 제도를 통해 경제활동과 생산성을 높일 수 있다.

미래 전망에서 법적·제도적 기반 조성은 더욱 중요해질 것이다. 특히 디지털 전환과 글로벌화가 가속화됨에 따라 새로운 형태의 규제와 제도가 요구될 것이다.

이를 위해 정책적으로는 통합적인 법률체계 구축과 국제협력이 필요하며, 기술적으로는 데이터 기반 의사결정 체계와 디지털 플랫폼 활용이 강조될 것이다. 또한 사회적으로는 포용성과 형평성을 강화하여 모든 계층이 법적·제도적 혜택을 누릴 수 있도록 해야 한다.

결론적으로 법적·제도적 기반 조성은 개인과 사회 모두에게 긍정적인 영향을 미치는 중요한 전략이다. 이를 위해 혁신적인 접근법과 통합적인 지원체계를 통해 모든 계층이 참여할 수 있는 환경을 조성해야 할 것이다.

6.2 재정·금융 지원체계 설계

재정·금융 지원체계는 자산형성과 경제적 안정성을 뒷받침하는 중요한 정책적 도구로, 개인과 가구가 자산을 축적하고 이를 통해 지속가능한 경제활동을 영위할 수 있도록 돕는다. 특히 자산불평등 해소와 금융포용성 확대를 위해서는 체계적이고 통합적인 재정·금융 지원체계의 설계가 필수적이다.

재정 지원체계는 공공부문이 자산형성과 경제적 안정성을 지원하기 위해 제공하는 다양한 형태의 재정적 인센티브와 보조금을 포함한다. 첫 번째로, 저소득층을 위한 직접적인 재정지원이 필요하다. 조건부 현금이전 프로그램, 소득보조금, 주거비 지원 등이 그 예이다. 이러한 프로그램은 기본적인 생활안정을 제공함으로써 자산축적의 기반을 마련한다.

두 번째로, 세제혜택을 통한 간접지원이 중요하다. 저축장려를 위한 세액공제, 주택구입에 대한 세제혜택, 연금저축에 대한 세제우대 등은 개인의 자산형성을 촉진하는 효과적인 수단이다. 예를 들어, 미국의 IRA(Individual Retirement Account)는 연금저축에 대한 세제혜택을 통해 장기적인 자산축적을 유도한다.

세 번째로, 공공투자를 통한 간접적인 경제활성화도 재정지원의 중요한 요소이다. 인프라 개발, 공공주택 공급, 지역경제 활성화 사업 등은 개인과 가구의 자산형성 환경을 개선하는 데 기여한다. 특히 지역사회 기반의 공공투자는 지역 내 경제활동을 촉진하고 자산가치 상승을 유도할 수 있다.

금융 지원체계는 금융시스템과 서비스가 개인과 가구의 자산형성을 지원할 수 있도록 설계된 정책적 도구를 포함한다. 첫 번째로, 금융서비스 접근성 확대가 중요하다. 소액대출 프로그램, 마이크로크레딧, 디지털 금융서비스 등이 금융소외 계층에게 금융시장 참여 기회를 제공한다. 방글라데시의 그라민은행(Grameen Bank)은 이러한 소액대출 프로그램의 대표적인 성공 사례로 꼽힌다.

두 번째로, 금융교육과 상담서비스 제공이 필수적이다. 금융역량 강화를 통해 개인이 자신의 재무상태를 효과적으로 관리하고 자산형성 전략을 수립할 수 있도록 돕는다. 특히 디지털 금융환경에서 요구되는 새로운 기술과 지식을 제공하는 것이 중요하다.

세 번째로, 혁신적인 금융상품 개발이 필요하다. 예를 들어, ESG 투자펀드, 사회적 채권(Social Bonds), 임팩트 투자 상품 등은 지속가능성과 사회적 가치를 동시에 추구하면서 개인의 자산형성을 지원할 수 있는 새로운 금융상품으로 주목받고 있다.

네 번째로, 공공과 민간의 협력을 통한 금융지원 체계 구축이 중요하다. 정부와 민간 금융기관 간의 협력을 통해 보다 포괄적이고 효과적인 금융지원 프로그램을 설계할 수 있다. 예를 들어, 정부가 보증하는 대출프로그램이나 민관협력 펀드는 이러한 협력의 좋은 사례가 될 수 있다.

다섯 번째로, 디지털 기술을 활용한 금융서비스 혁신이 필요하다. 블록체인 기반 스마트 계약, AI 기반 신용평가 모델, 모바일 뱅킹 플랫폼 등은 금융서비스 접근성을 높이고 효율성을 강화하는 데 기여한다.

재정·금융 지원체계는 다음과 같은 사회경제적 효과를 가져올 수 있다:

- 자산불평등 완화: 저소득층과 취약계층에게 자산형성 기회를 제공함으로써 부의 양극화를 완화할 수 있다.
- 경제 안정성 강화: 재정지원과 금융서비스를 통해 경제적 충격에 대한 대응능력을 높이고 안정적인 경제활동을 지원한다.

- 사회통합 촉진: 포용적인 재정·금융 체계를 통해 계층 간 갈등을 줄이고 사회적 통합을 강화할 수 있다.
- 경제성장 촉진: 개인과 기업의 경제활동 참여를 확대하고 투자와 소비를 촉진함으로써 경제성장을 유도한다.

재정·금융 지원체계를 설계할 때 고려해야 할 몇 가지 원칙이 있다:

- 포괄성과 형평성: 모든 계층이 혜택을 받을 수 있도록 설계되어야 하며, 특히 취약계층에게 더 많은 혜택이 돌아갈 수 있도록 해야 한다.
- 효율성과 지속가능성: 제한된 재원을 효율적으로 활용하고 장기적으로 지속가능한 구조를 유지해야 한다.
- 맞춤형 접근: 대상자의 특성과 필요에 맞춘 맞춤형 지원체계를 구축해야 한다.
- 디지털 기술 활용: 디지털 플랫폼과 데이터를 활용하여 접근성과 효율성을 극대화해야 한다.
- 성과평가와 개선: 정기적으로 성과를 평가하고 개선점을 반영하여 체계를 지속적으로 발전시켜야 한다.

미래 전망에서 재정·금융 지원체계는 더욱 혁신적이고 통합적인 방향으로 발전할 것으로 예상된다. 특히 디지털 전환 시대에는 새로운 형태의 재정·금융 서비스와 상품이 등장할 가능성이 크다.

디지털 기술은 재정·금융 지원체계의 접근성과 효율성을 극대화할 수 있는 중요한 도구이다. 빅데이터와 AI를 활용한 맞춤형 서비스 제공, 블록체인 기반 투명한 거래 시스템 구축 등이 그 예이다.

또한 ESG 가치 확산에 따라 지속가능성과 사회적 책임을 반영한 재정·금융 정책이 강조될 것이다. 이는 환경문제 해결이나 사회적 가치 창출에 기여하면서도 개인과 가구의 자산형성을 지원하는 데 초점을 맞출 것이다.

결론적으로 재정·금융 지원체계는 개인과 사회 모두에게 긍정적인 영향을 미치는 중요한 전략이다. 이를 위해 혁신적인 접근법과 통합적인 정책 설계를 통해 모든 계층이 참여할 수 있는 환경을 조성해야 할 것이다.

6.3 민관협력 네트워크 구축

민관협력 네트워크(Public-Private Partnership, PPP)는 자산형성과 경제적 안정성을 지원하기 위한 중요한 협력 메커니즘으로, 공공부문과 민간부문이 자원을 공유하고 공동의 목표를 달성하기 위해 협력하는 구조를 의미한다. 이러한 네트워크는 자산불평등 완화, 금융포용성 확대, 지역경제 활성화 등 다양한 사회경제적 과제를 해결하는 데 효과적인 도구로 작용한다.

민관협력 네트워크의 첫 번째 핵심 요소는 공동 목표 설정이다. 공공부문과 민간부문은 자산형성과 관련된 명확한 목표를 공유해야 하며, 이를 바탕으로 협력의 방향성과 우선순위를 설정해야 한다. 예를 들어, 저소득층의 주거안정을 목표로 하는 경우, 공공부문은 정책적 지원을 제공하고 민간부문은 자본과 기술을 활용하여 공공임대주택을 공급할 수 있다.

두 번째로, 역할과 책임의 분담이 중요하다. 공공부문은 규제와 정책적 지원을 통해 협력의 제도적 기반을 마련하고, 민간부문은 혁신과 효율성을 바탕으로 실행력을 제공한다. 이러한 역할 분담은 각 부문의 강점을 최대한 활용할 수 있도록 설계되어야 한다.

세 번째로, 자원의 공유와 통합이 필요하다. 공공부문과 민간부문은 재정적 자원뿐만 아니라 기술, 데이터, 인프라 등 다양한 형태의 자원을 공유하여 시너지 효과를 창출해야 한다. 예를 들어, 디지털 금융서비스 개발을 위해 정부는 정책적 지원과 데이터를 제공하고, 핀테크 기업은 기술과 플랫폼을 활용하여 서비스를 구현할 수 있다.

네 번째로, 투명성과 신뢰 구축이 필수적이다. 민관협력 네트워크가 성공적으로 운영되기 위해서는 참여자 간의 신뢰와 투명성이 확보되어야 한다. 이를 위해 정기적인 의사소통, 성과 모니터링, 정보 공개 등이 중요하다.

다섯 번째로, 지역사회와의 연계가 필요하다. 민관협력 네트워크는 지역사회의 참여와 협력을 통해 더욱 효과적으로 작동할 수 있다. 지역주민의 의견을 반영하고 지역 내 자원을 활용함으로써 지역경제 활성화와 사회적 통합을 동시에 달성할 수 있다.

민관협력 네트워크는 다양한 분야에서 자산형성과 경제적 안정성을 지원하는 데 기여할 수 있다:

- 주거안정: 공공부문과 민간건설사가 협력하여 저소득층을 위한 공공임대주택을 공급하거나 주택구입 보조금을 제공할 수 있다.
- 금융포용성 확대: 정부와 금융기관이 협력하여 소액대출 프로그램이나 디지털 금융서비스를 개발하고 취약계층에게 제공할 수 있다.
- 교육훈련: 공공교육기관과 민간기업이 협력하여 직업훈련 프로그램을 설계하고 운영함으로써 노동시장의 요구에 부합하는 인재를 양성할 수 있다.
- 지역경제 활성화: 지방정부와 지역기업이 협력하여 지역기반 산업을 육성하거나 지역자산을 활용한 경제활동을 촉진할 수 있다.
- 사회적 기업 지원: 정부와 민간투자자가 협력하여 사회적 기업에 대한 재정적·기술적 지원을 제공함으로써 사회적 가치를 창출하고 취약계층의 경제적 참여를 확대할 수 있다.

민관협력 네트워크는 다음과 같은 사회경제적 효과를 가져올 수 있다:

- 효율성 증대: 공공부문의 규제와 민간부문의 혁신이 결합되어 효율적인 자원 배분과 실행력을 확보할 수 있다.
- 사회통합 촉진: 다양한 이해관계자의 참여를 통해 계층 간 갈등을 줄이고 사회적

통합을 강화할 수 있다.
- 경제성장 촉진: 민관협력을 통해 새로운 사업 기회와 일자리를 창출하고 경제활동을 활성화할 수 있다.
- 지속가능성 강화: ESG 원칙에 기반한 협력을 통해 환경적으로 지속가능한 발전 모델을 구현할 수 있다.

민관협력 네트워크를 설계하고 운영할 때 고려해야 할 몇 가지 원칙이 있다:

- 포괄성과 형평성: 모든 이해관계자가 참여할 수 있도록 설계되어야 하며, 특히 취약계층에게 더 많은 혜택이 돌아갈 수 있도록 해야 한다.
- 투명성과 책임성: 의사결정 과정과 성과가 투명하게 공개되고 책임 있게 관리되어야 한다.
- 지속가능성과 장기적 관점: 단기적인 성과에 그치지 않고 장기적으로 지속가능한 구조를 유지해야 한다.
- 혁신과 적응성: 변화하는 환경에 유연하게 대응하고 새로운 기술과 아이디어를 적극적으로 도입해야 한다.
- 지역사회 중심 접근: 지역사회의 특성과 필요를 반영하여 현지화된 솔루션을 제공해야 한다.

미래 전망에서 민관협력 네트워크는 더욱 중요해질 것이다. 특히 디지털 전환 시대에는 새로운 형태의 협력 모델이 등장할 가능성이 크다.

디지털 기술은 민관협력 네트워크의 접근성과 효율성을 극대화할 수 있는 중요한 도구이다. 빅데이터와 AI를 활용한 맞춤형 정책 설계, 블록체인 기반 투명한 계약 시스템 구축 등이 그 예이다.

또한 ESG 가치 확산에 따라 지속가능성과 사회적 책임을 반영한 협력이 강조될 것이다. 이는 환경문제 해결이나 사회적 가치 창출에 기여하면서도 경제적 안정성을 강화하는 데 초점을 맞출 것이다.

결론적으로 민관협력 네트워크는 개인과 사회 모두에게 긍정적인 영향을 미치는 중요한 전략이다. 이를 위해 혁신적인 접근법과 통합적인 정책 설계를 통해 모든 이해관계자가 참여하고 혜택을 누릴 수 있는 환경을 조성해야 할 것이다.

| 제3부 |

포용적 생계복원 전략과 실천과제

7장
포용적 생계복원의 개념과 접근법

8장
생계복원 프로그램의 설계

9장
지역사회 기반 생계복원

7장

포용적 생계복원의 개념과 접근법

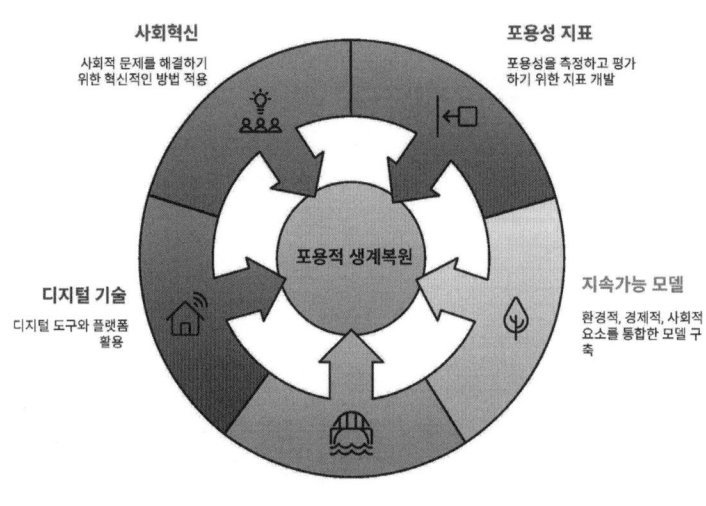

7.1 생계복원의 이론적 프레임워크

생계복원(Livelihood Restoration)은 경제적 충격이나 위기 상황에서 개인과 가구가 생계를 유지하고 안정성을 회복할 수 있도록 지원하는 통합적인 접근법이다. 이는 단순히 단기적인 지원에 그치지 않고, 장기적으로 지속가능한 생계 기반을 구축하는 데 초점을 맞춘다. 생계복원의 이론적 프레임워크는 경제적, 사회적, 환경적 요소를 통합적으로 고려하며, 특히 취약계층의 자립과 포용성을 강화하는 데 중요한 역할을 한다.

생계복원의 핵심 개념은 '회복력(Resilience)'이다. 회복력은 개인과 공동체가 경제적 충격에 대응하고 이를 극복하며, 궁극적으로 이전 상태보다 더 나은 상태로 발전할 수 있는 능력을 의미한다. 이는 단순한 복구를 넘어, 위기 상황에서의 학습과 적응을 통해 지속가능한 발전을 이루는 것을 목표로 한다.

생계복원의 두 번째 중요한 개념은 '취약성(Vulnerability)'이다. 취약성은 경제적, 사회적, 환경적 요인에 의해 개인과 가구가 위기에 얼마나 민감하게 반응하는지를 나타낸다. 취약성을 줄이는 것은 생계복원의 핵심 과제 중 하나로, 이를 위해서는 구조적 불평등과 제도적 장벽을 해결해야 한다.

세 번째로 중요한 개념은 '자산기반 접근(Asset-based Approach)'이다. 이는 개인과 가구가 보유한 다양한 형태의 자산(금융자산, 물리적 자산, 인적자산, 사회적 자산 등)을 활용하여 생계를 복원하고 강화하는 접근법이다. 자산기반 접근은 단순히 소득을 증가시키는 것을 넘어, 자산의 축적과 활용을 통해 장기적인 경제적 안정성을 확보하는 데 초점을 맞춘다.

생계복원의 이론적 프레임워크는 다차원적인 특성을 가진다. 첫째, 경제적 차원에서는 소득창출과 자산축적을 통해 경제적 안정성을 강화한다. 둘째, 사회적 차원에서는 공동체 기반의 상호부조 체계를 통해 사회적 연대를 강화한다. 셋째, 환경적 차원에서는 지속가능한 자원관리와 기후변화 적응을 통해 생태환경의 안정성을 확보한다.

생계복원의 주요 원칙은 다음과 같다:

- 포괄성(Inclusiveness): 모든 계층이 참여할 수 있도록 설계되어야 하며, 특히 취약계층에게 우선적인 지원이 제공되어야 한다.
- 지속가능성(Sustainability): 단기적인 복구를 넘어 장기적으로 지속가능한 생계 기반을 구축해야 한다.
- 참여와 협력(Participation and Collaboration): 개인과 공동체가 적극적으로 참여하고 협력할 수 있는 구조를 마련해야 한다.
- 맞춤형 접근(Customization): 지역별, 계층별 특성과 필요에 맞춘 맞춤형 전략이 필

요하다.
- 통합성(Integration): 경제적, 사회적, 환경적 요소를 통합적으로 고려하여 종합적인 솔루션을 제공해야 한다.

생계복원의 이론적 프레임워크는 다양한 분야에서 적용될 수 있다:

- 경제활동 지원: 소액대출 프로그램, 직업훈련, 창업지원 등을 통해 소득창출 기회를 확대한다.
- 주거안정 지원: 공공임대주택 공급, 주택개선 보조금 제공 등을 통해 주거안정을 도모한다.
- 사회보장 강화: 공공연금, 건강보험, 실업급여 등 사회보장제도를 확충하여 경제적 충격에 대한 안전망을 제공한다.
- 지역사회 기반 개발: 지역자산 활용, 공동체 기반 상호부조 체계 구축 등을 통해 지역경제를 활성화한다.
- 환경관리와 기후변화 적응: 지속가능한 농업기술 보급, 재생에너지 활용 확대 등을 통해 환경안정성을 확보한다.

생계복원의 사회경제적 효과는 다음과 같다:

- 경제 안정성 강화: 소득창출과 자산축적을 통해 개인과 가구의 경제적 안정성을 높인다.
- 사회통합 촉진: 공동체 기반의 상호부조 체계를 통해 계층 간 갈등을 줄이고 사회통합을 강화한다.
- 환경 지속가능성 확보: 지속가능한 자원관리와 기후변화 적응을 통해 생태환경의 안정성을 유지한다.

- 세대 간 형평성 제고: 장기적인 생계 기반 구축을 통해 세대 간 경제적 격차를 줄이고 기회의 평등을 확대한다.

생계복원을 위한 정책 설계 시 고려해야 할 몇 가지 원칙이 있다:

- 포괄성과 형평성: 모든 계층이 혜택을 받을 수 있도록 설계되어야 하며, 특히 취약계층에게 더 많은 혜택이 돌아갈 수 있도록 해야 한다.
- 효율성과 지속가능성: 제한된 재원을 효율적으로 활용하고 장기적으로 지속가능한 구조를 유지해야 한다.
- 맞춤형 접근: 지역별 특성과 필요에 맞춘 맞춤형 전략이 필요하다.
- 디지털 기술 활용: 디지털 플랫폼과 데이터를 활용하여 접근성과 효율성을 극대화해야 한다.
- 성과평가와 개선: 정기적으로 성과를 평가하고 개선점을 반영하여 체계를 지속적으로 발전시켜야 한다.

미래 전망에서 생계복원은 더욱 중요해질 것이다. 특히 디지털 전환 시대와 기후변화 시대에는 새로운 형태의 생계복원 전략이 요구될 가능성이 크다.

디지털 기술은 생계복원의 접근성과 효율성을 극대화할 수 있는 중요한 도구이다. 빅데이터와 AI를 활용한 맞춤형 지원 서비스 제공, 블록체인 기반 투명한 거래 시스템 구축 등이 그 예이다.

또한 ESG 가치 확산에 따라 지속가능성과 사회적 책임을 반영한 생계복원 정책이 강조될 것이다. 이는 환경문제 해결이나 사회적 가치 창출에 기여하면서도 경제 안정성을 강화하는 데 초점을 맞출 것이다.

결론적으로 생계복원은 개인과 사회 모두에게 긍정적인 영향을 미치는 중요한 전략이다. 이를 위해 혁신적인 접근법과 통합적인 정책 설계를 통해 모든 계층이 참여하고 혜택을 누릴 수 있는 환경을 조성해야 할 것이다.

7.2 포용성의 개념과 측정지표

포용성(Inclusiveness)은 현대 사회와 경제 정책에서 핵심적인 가치로 자리 잡고 있으며, 특히 자산형성과 생계복원과 같은 분야에서 중요한 개념으로 부각되고 있다. 포용성은 단순히 특정 계층이나 집단을 배제하지 않는 것을 넘어, 모든 개인과 공동체가 경제적, 사회적, 정치적 기회에 동등하게 접근할 수 있도록 하는 것을 목표로 한다. 이는 불평등을 완화하고 지속가능한 발전을 이루기 위한 필수적인 요소로 간주된다.

포용성의 개념은 다차원적인 특성을 가진다. 첫째, 경제적 포용성(Economic Inclusiveness)은 소득, 자산, 금융서비스 접근성 등 경제적 기회에 대한 동등한 접근을 의미한다. 이는 특히 저소득층과 취약계층이 경제활동에 참여하고 자산을 축적할 수 있는 환경을 조성하는 데 초점을 맞춘다.

둘째, 사회적 포용성(Social Inclusiveness)은 교육, 건강, 주거 등 기본적인 사회서비스에 대한 접근성을 포함한다. 이는 개인의 삶의 질을 향상시키고 사회적 이동성을 촉진하는 데 기여한다.

셋째, 공간적 포용성(Spatial Inclusiveness)은 지역 간, 도시와 농촌 간의 기회와 자원의 불균형을 해소하는 것을 목표로 한다. 이는 특히 지역 간 발전 격차를 줄이고 모든 지역이 균형적으로 성장할 수 있도록 지원하는 데 중점을 둔다.

넷째, 정치적 포용성(Political Inclusiveness)은 모든 계층이 의사결정 과정에 참여하고 자신의 목소리를 낼 수 있는 권리를 보장받는 것을 의미한다. 이는 민주주의의 질을 높이고 사회적 통합을 강화하는 데 기여한다.

포용성을 측정하기 위해서는 다차원적인 지표체계를 개발해야 한다. 첫 번째로, 경제적 포용성을 측정하기 위한 지표로는 소득분포 지니계수(Gini Coefficient), 금융서비스 이용률, 고용률 등이 있다. 예를 들어, 금융포용성을 평가하기 위해 은행 계좌 보유율이나 디지털 결제 시스템 이용률과 같은 지표가 활용될 수 있다.

두 번째로, 사회적 포용성을 측정하기 위한 지표로는 교육기회 접근성(예: 초중등 교육 등록률), 건강서비스 이용률(예: 예방접종률), 주거안정성(예: 공공임대주택 점유율) 등이 있다. 이러한 지표는 개인의 기본적인 삶의 질을 평가하는 데 중요한 역할을 한다.

세 번째로, 공간적 포용성을 측정하기 위한 지표로는 지역별 소득격차, 교통 및 인프라 접근성, 공공서비스 분포 등이 있다. 예를 들어, 농촌지역과 도시지역 간의 인터넷 보급률 차이는 공간적 포용성을 평가하는 중요한 지표가 될 수 있다.

네 번째로, 정치적 포용성을 측정하기 위한 지표로는 투표율, 시민참여도, 정책결정 과정에서의 다양성 등이 있다. 이는 정치적 참여와 대표성이 얼마나 균형적으로 이루어지고 있는지를 평가하는 데 사용된다.

포용성은 다음과 같은 사회경제적 효과를 가져올 수 있다:

- 불평등 완화: 모든 계층이 동등한 기회를 가짐으로써 소득과 자산격차를 줄이는 데 기여한다.
- 사회통합 촉진: 계층 간 갈등을 줄이고 공동체 내 연대를 강화하여 사회적 통합을 도모한다.
- 경제성장 촉진: 더 많은 사람들이 경제활동에 참여함으로써 생산성과 소비를 확대하고 경제성장을 유도한다.
- 지속가능성 강화: 환경적으로 지속가능한 발전 모델을 구현하며 장기적인 사회 안정성을 유지한다.

포용성을 강화하기 위해서는 몇 가지 정책적 접근이 필요하다:

- 포괄적인 정책 설계: 모든 계층이 혜택을 받을 수 있도록 설계된 정책이 필요하다. 예를 들어, 저소득층과 취약계층에게 우선적으로 지원이 제공되는 구조가 중요하다.

- 디지털 기술 활용: 디지털 플랫폼과 데이터를 활용하여 접근성과 효율성을 극대화해야 한다. 예를 들어, 디지털 금융서비스는 금융소외 계층에게 새로운 기회를 제공할 수 있다.
- 지역사회 기반 개발: 지역별 특성과 필요를 반영하여 현지화된 솔루션을 제공해야 한다.
- 참여와 협력 촉진: 정부, 민간기업, 시민사회가 협력하여 통합적인 지원체계를 구축해야 한다.
- 성과평가와 개선: 정기적으로 성과를 평가하고 개선점을 반영하여 체계를 지속적으로 발전시켜야 한다.

미래 전망에서 포용성은 더욱 중요한 정책 목표로 부각될 것이다. 특히 디지털 전환 시대와 기후변화 시대에는 새로운 형태의 불평등이 나타날 가능성이 크며, 이를 해결하기 위해 포괄적인 접근이 요구될 것이다.

디지털 기술은 포용성을 강화하는 데 중요한 도구이다. 빅데이터와 AI를 활용한 맞춤형 서비스 제공, 블록체인 기반 투명한 거래 시스템 구축 등이 그 예이다.

또한 ESG 가치 확산에 따라 지속가능성과 사회적 책임을 반영한 정책 설계가 강조될 것이다. 이는 환경문제 해결이나 사회적 가치 창출에 기여하면서도 경제 안정성을 강화하는 데 초점을 맞출 것이다.

결론적으로 포용성은 개인과 사회 모두에게 긍정적인 영향을 미치는 중요한 전략이다. 이를 위해 혁신적인 접근법과 통합적인 정책 설계를 통해 모든 계층이 참여하고 혜택을 누릴 수 있는 환경을 조성해야 할 것이다.

7.3 지속가능한 생계복원 모델

지속가능한 생계복원 모델(Sustainable Livelihood Restoration Model)은 경제적 충격이나 위기 상황에서 개인과 가구가 단기적으로 생계를 복원하고, 장기적으로 안정적이고 지속가능한 경제적 기반을 구축할 수 있도록 설계된 통합적 접근법이다. 이 모델은 경제적, 사회적, 환경적 차원을 아우르며, 특히 취약계층의 자립과 포용성을 강화하는 데 중점을 둔다.

지속가능한 생계복원 모델의 핵심 개념은 '지속가능성(Sustainability)'이다. 이는 단순히 단기적인 생계유지를 넘어, 장기적으로 경제적 안정성과 환경적 지속가능성을 동시에 달성하는 것을 목표로 한다. 이는 생태자원의 보존, 사회적 연대 강화, 경제적 자립 기반 구축 등을 포함한다.

두 번째 중요한 개념은 '회복력(Resilience)'이다. 회복력은 개인과 공동체가 경제적 충격에 대응하고 이를 극복하며, 궁극적으로 더 나은 상태로 발전할 수 있는 능력을 의미한다. 지속가능한 생계복원 모델은 회복력을 강화하여 위기 상황에서도 안정적인 생계를 유지할 수 있도록 돕는다.

세 번째로 중요한 개념은 '다차원적 접근(Multidimensional Approach)'이다. 이는 소득창출, 자산축적, 사회보장, 환경보호 등 다양한 요소를 통합적으로 고려하여 종합적인 솔루션을 제공하는 것을 의미한다.

지속가능한 생계복원 모델의 주요 구성 요소는 다음과 같다:

- 소득창출 프로그램: 지속가능한 소득원을 확보하기 위해 직업훈련, 창업지원, 소액대출 프로그램 등이 포함된다. 예를 들어, 농촌지역에서는 지속가능한 농업기술을 보급하여 생산성을 높이고 소득을 증대시킬 수 있다.
- 자산형성 지원: 금융자산, 물리적 자산, 인적자산 등 다양한 형태의 자산을 축적할 수 있도록 지원한다. 예를 들어, 저축장려금 프로그램이나 공공임대주택 공급은 자

산형성을 촉진하는 효과적인 수단이다.
- 사회보장 강화: 공공연금, 건강보험, 실업급여 등 사회보장제도를 확충하여 경제적 충격에 대한 안전망을 제공한다. 이는 특히 취약계층의 생계를 안정시키는 데 중요한 역할을 한다.
- 환경보호와 자원관리: 지속가능한 자원관리와 기후변화 적응을 통해 생태환경의 안정성을 확보한다. 예를 들어, 재생에너지 활용 확대나 산림복원 프로젝트는 환경보호와 소득창출을 동시에 달성할 수 있다.
- 지역사회 기반 개발: 지역자산 활용과 공동체 기반 상호부조 체계를 통해 지역경제를 활성화한다. 이는 지역 내 연대를 강화하고 지역사회의 회복력을 높이는 데 기여한다.
- 디지털 기술 활용: 디지털 플랫폼과 데이터를 활용하여 접근성과 효율성을 극대화한다. 예를 들어, 모바일 뱅킹이나 온라인 직업훈련 프로그램은 디지털 기술을 활용한 효과적인 지원 방안이다.

지속가능한 생계복원 모델은 다음과 같은 사회경제적 효과를 가져올 수 있다:

- 경제 안정성 강화: 소득창출과 자산축적을 통해 개인과 가구의 경제적 안정성을 높인다.
- 사회통합 촉진: 공동체 기반의 상호부조 체계를 통해 계층 간 갈등을 줄이고 사회통합을 도모한다.
- 환경 지속가능성 확보: 지속가능한 자원관리와 기후변화 적응을 통해 생태환경의 안정성을 유지한다.
- 세대 간 형평성 제고: 장기적인 생계 기반 구축을 통해 세대 간 경제적 격차를 줄이고 기회의 평등을 확대한다.

지속가능한 생계복원을 위한 정책 설계 시 고려해야 할 몇 가지 원칙이 있다:

- 포괄성과 형평성: 모든 계층이 혜택을 받을 수 있도록 설계되어야 하며, 특히 취약계층에게 더 많은 혜택이 돌아갈 수 있도록 해야 한다.
- 효율성과 지속가능성: 제한된 재원을 효율적으로 활용하고 장기적으로 지속가능한 구조를 유지해야 한다.
- 맞춤형 접근: 지역별 특성과 필요에 맞춘 맞춤형 전략이 필요하다.
- 참여와 협력 촉진: 정부, 민간기업, 시민사회가 협력하여 통합적인 지원체계를 구축해야 한다.
- 성과평가와 개선: 정기적으로 성과를 평가하고 개선점을 반영하여 체계를 지속적으로 발전시켜야 한다.

미래 전망에서 지속가능한 생계복원 모델은 더욱 중요해질 것이다. 특히 디지털 전환 시대와 기후변화 시대에는 새로운 형태의 생계복원 전략이 요구될 가능성이 크다.

디지털 기술은 지속가능한 생계복원의 접근성과 효율성을 극대화할 수 있는 중요한 도구이다. 빅데이터와 AI를 활용한 맞춤형 지원 서비스 제공, 블록체인 기반 투명한 거래 시스템 구축 등이 그 예이다.

또한 ESG 가치 확산에 따라 지속가능성과 사회적 책임을 반영한 정책 설계가 강조될 것이다. 이는 환경문제 해결이나 사회적 가치 창출에 기여하면서도 경제 안정성을 강화하는 데 초점을 맞출 것이다.

결론적으로 지속가능한 생계복원 모델은 개인과 사회 모두에게 긍정적인 영향을 미치는 중요한 전략이다. 이를 위해 혁신적인 접근법과 통합적인 정책 설계를 통해 모든 계층이 참여하고 혜택을 누릴 수 있는 환경을 조성해야 할 것이다.

8장

생계복원 프로그램의 설계

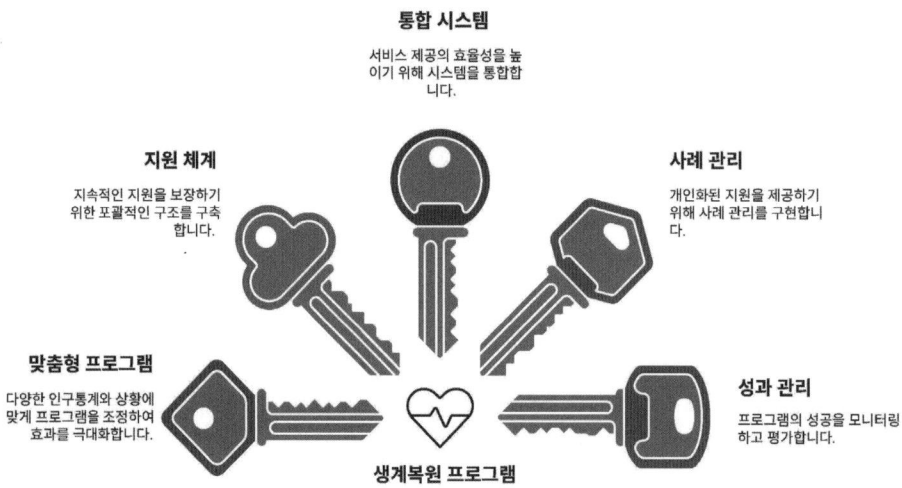

효과적인 생계복원 프로그램을 위한 통합적 접근법

8.1 대상별 맞춤형 프로그램 개발

대상별 맞춤형 프로그램 개발은 생계복원과 자산형성 지원의 효과를 극대화하기 위해 필수적인 접근법이다. 개인과 가구는 각기 다른 경제적 상황, 사회적 배경, 지역적 특성을 가지고 있기 때문에, 획일적인 프로그램은 효과적으로 작동하기 어렵다. 따라서 대상의 특성과 필요를 면밀히 분석하고 이에 기반한 맞춤형 프로그램을 설계하는 것이 중요하다.

첫 번째로, 청년층을 위한 맞춤형 프로그램이 필요하다. 청년층은 초기 자산축적 단계에 있으며, 직업훈련과 창업지원이 주요한 필요로 나타난다. 예를 들어, 한국의 청년내일채움공제는 청년 근로자가 일정 기간 동안 근속할 경우 정부와 기업이 함께 적립금을 제공하여 초기 자본 축적을 지원하는 성공적인 사례이다. 이러한 프로그램은 청년층의 경제적 자립을 돕고 노동시장 참여를 촉진하는 데 기여한다.

두 번째로, 중장년층을 대상으로 한 프로그램은 재취업과 경력전환에 초점을 맞춰야 한다. 중장년층은 기술변화와 산업구조 전환으로 인해 기존 직업을 잃거나 새로운 기술에 대한 적응이 필요한 경우가 많다. 이들을 위한 직업훈련과 경력개발 프로그램은 노동시장 재진입을 돕고 안정적인 소득원을 확보할 수 있도록 지원한다. 예를 들어, 독일의 하르츠 개혁(Hartz Reforms)은 중장년층의 재취업을 돕기 위해 직업훈련과 고용서비스를 강화한 성공적인 사례로 평가받고 있다.

세 번째로, 취약계층을 위한 맞춤형 프로그램이 강조되어야 한다. 취약계층은 경제적 충격에 대한 대응능력이 낮고 금융서비스 접근성이 제한되어 있는 경우가 많다. 이들을 위해 소액대출 프로그램, 조건부 현금이전, 공공임대주택 공급 등이 제공될 수 있다. 방글라데시의 그라민은행(Grameen Bank)은 소액대출 프로그램을 통해 취약계층의 자립을 지원한 대표적인 사례이다.

네 번째로, 여성 대상 프로그램은 성별 불평등 해소와 경제적 참여 확대를 목표로 해야 한다. 여성은 전통적으로 노동시장 참여율이 낮고 자산축적 기회가 제한되는 경우가 많다. 이를 해결하기 위해 여성 창업지원, 직업훈련, 금융교육 등이 포함된 프로그램이 필요하다. 예를 들어, 인도의 여성 자조그룹(Self-Help Groups)은 여성들에게 소액대출과 교육을 제공하여 경제적 자립을 지원하고 있다.

다섯 번째로, 농촌지역 주민을 위한 맞춤형 프로그램도 중요하다. 농촌지역은 도시지역에 비해 경제활동 기회와 인프라가 부족한 경우가 많다. 이를 해결하기 위해 지속가능한 농업기술 보급, 지역기반 산업 육성, 농촌 인프라 개발 등이 포함된 프로그램이 필요하다. 예를 들어, 아프리카의 지속가능한 농업 프로젝트는 농민들에게 현대적 농업기술과 시장 접근성을 제공하여 소득증대를 도모하고 있다.

여섯 번째로, 도시 빈민층을 대상으로 한 프로그램은 주거안정과 경제활동 참여를 중심으로 설계되어야 한다. 도시 빈민층은 불안정한 주거환경과 낮은 소득으로 인해 생계유지가 어려운 경우가 많다. 이를 해결하기 위해 공공임대주택 공급, 도시재생사업 참여 기회 제공 등이 포함된 프로그램이 필요하다.

일곱 번째로, 장애인을 위한 맞춤형 지원도 중요하다. 장애인은 노동시장 참여와 사회적 활동에서 차별과 장벽에 직면하는 경우가 많다. 이들을 위해 장애인 고용촉진 프로그램, 보조기술 지원, 사회적 기업 연계 등이 포함된 포괄적인 지원체계가 필요하다.

여덟 번째로, 노인을 대상으로 한 프로그램은 노후소득 보장과 건강관리 지원에 초점을 맞춰야 한다. 노인은 노동시장에서 은퇴한 후에도 안정적인 소득원이 필요하며, 건강 문제로 인해 추가적인 지원이 요구된다. 이를 위해 공공연금 강화, 노인 일자리 제공, 건강보험 확대 등이 포함된 정책이 필요하다.

아홉 번째로, 이주민과 난민을 위한 맞춤형 프로그램도 중요하다. 이들은 새로운 환경에서 생계를 유지하기 위한 언어교육, 직업훈련, 주거지원 등이 필요하다. 예를 들어, 독일의 난민 통합 프로그램은 언어교육과 직업훈련을 통해 난민들의 사회적 통합과 경제활동 참여를 지원하고 있다.

열 번째로, 디지털 전환 시대에는 디지털 격차 해소를 위한 맞춤형 교육과 훈련이 필수적이다. 디지털 기술 활용 능력이 부족한 계층에게는 온라인 금융서비스 사용법이나 디지털 직무 역량 강화 교육이 제공되어야 한다.

맞춤형 프로그램 개발은 다음과 같은 사회경제적 효과를 가져올 수 있다:

- 효율성 증대: 대상자의 특성과 필요에 맞춘 프로그램 설계를 통해 자원의 효율성을 극대화할 수 있다.
- 사회통합 촉진: 다양한 계층이 참여할 수 있도록 설계된 포괄적인 프로그램은 사회적 갈등을 줄이고 통합을 강화한다.

- 경제성장 촉진: 개인의 역량 강화와 경제활동 참여 확대는 생산성과 소비를 증대시켜 경제성장을 유도한다.
- 지속가능성 강화: 장기적으로 지속가능한 생계 기반 구축을 통해 경제적 안정성을 확보한다.

결론적으로 대상별 맞춤형 프로그램 개발은 개인과 사회 모두에게 긍정적인 영향을 미치는 중요한 전략이다. 이를 위해 혁신적인 접근법과 통합적인 정책 설계를 통해 모든 계층이 참여하고 혜택을 누릴 수 있는 환경을 조성해야 할 것이다.

8.2 단계별 복원전략 수립

단계별 복원전략은 생계복원 프로그램의 효과성을 극대화하기 위해 체계적으로 설계된 접근법으로, 경제적 충격이나 위기 상황에서 개인과 공동체가 점진적으로 안정성과 지속가능성을 회복할 수 있도록 돕는다. 이 전략은 단기적인 위기 대응에서 장기적인 자립 기반 구축에 이르기까지 단계별로 목표와 실행방안을 명확히 설정하는 것을 목표로 한다.

첫 번째 단계는 **긴급지원(Emergency Response)**이다. 이 단계는 위기 상황에서 즉각적인 생존과 기본적인 생활안정을 보장하는 데 초점을 맞춘다. 예를 들어, 자연재해나 경제위기 상황에서는 식량, 주거, 의료서비스와 같은 필수적인 지원이 제공되어야 한다. 이는 개인과 가구가 경제적 충격에 대응할 수 있는 최소한의 기반을 마련하는 데 중요한 역할을 한다. 긴급지원은 신속성과 효율성이 핵심이며, 이를 위해 사전 준비된 재난대응 계획과 자원이 필요하다.

두 번째 단계는 **안정화(Stabilization)**이다. 이 단계는 단기적인 생존을 넘어, 경제적 안정성과 심리적 안정을 회복하는 데 초점을 맞춘다. 예를 들어, 실업 상태에 있는 개인에게는 단기적인 고용지원 프로그램이나 소액대출이 제공될 수 있다. 또한 심리적 스트

레스와 불안을 완화하기 위한 상담 서비스나 커뮤니티 지원도 중요하다. 이 단계에서는 기본적인 경제활동을 재개하고, 개인과 공동체가 새로운 환경에 적응할 수 있도록 돕는 것이 목표이다.

세 번째 단계는 **복구(Rehabilitation)**이다. 이 단계는 중기적으로 생계 기반을 복원하고 자산을 재구축하는 데 초점을 맞춘다. 예를 들어, 농촌지역에서는 농업 생산성을 회복하기 위해 종자와 비료를 지원하거나, 도시지역에서는 소규모 창업자금을 제공하여 소득원을 복구할 수 있다. 또한 공공인프라 복구와 지역경제 활성화를 통해 공동체 전체의 경제활동을 촉진할 수 있다.

네 번째 단계는 **성장(Growth)**이다. 이 단계는 장기적으로 지속가능한 생계 기반을 구축하고 경제적 자립을 도모하는 데 초점을 맞춘다. 예를 들어, 직업훈련과 기술교육을 통해 노동시장에서의 경쟁력을 강화하거나, 금융교육과 자산관리 훈련을 통해 자산 축적 능력을 향상시킬 수 있다. 또한 지역사회 기반의 협동조합이나 사회적 기업을 육성하여 공동체 차원의 경제성장을 촉진할 수 있다.

다섯 번째 단계는 **지속가능성(Sustainability)**이다. 이 단계는 생태환경의 보존과 사회적 연대를 바탕으로 장기적인 안정성을 유지하는 것을 목표로 한다. 예를 들어, 지속가능한 농업기술이나 재생에너지 활용을 통해 환경적 지속가능성을 확보하거나, 지역사회 기반의 상호부조 체계를 통해 사회적 연대를 강화할 수 있다.

단계별 복원전략은 다음과 같은 특징을 가진다:

- 점진적 접근: 각 단계가 논리적으로 연결되어 점진적으로 목표를 달성할 수 있도록 설계된다.
- 유연성: 상황 변화에 따라 전략이 조정될 수 있도록 유연하게 설계된다.
- 통합성: 경제적, 사회적, 환경적 요소를 통합적으로 고려하여 종합적인 솔루션을 제공한다.
- 참여와 협력: 개인과 공동체가 적극적으로 참여하고 협력할 수 있는 구조를 마련한다.

- 성과중심: 각 단계별로 명확한 성과지표를 설정하고 이를 정기적으로 평가한다.

단계별 복원전략은 다양한 분야에서 적용될 수 있다:

- 경제활동 지원: 긴급지원 단계에서는 소액대출이나 임시고용 프로그램이 제공되고, 성장 단계에서는 창업지원이나 직업훈련이 강조된다.
- 주거안정 지원: 긴급지원 단계에서는 임시주거가 제공되고, 복구 단계에서는 주택 개선 보조금이 제공될 수 있다.
- 사회보장 강화: 안정화 단계에서는 실업급여나 건강보험이 확대되고, 지속가능성 단계에서는 공공연금 체계가 강화될 수 있다.
- 지역경제 활성화: 복구 단계에서는 지역 인프라가 복원되고, 성장 단계에서는 지역 자산 활용이 강조된다.
- 환경관리와 기후변화 적응: 지속가능성 단계에서는 재생에너지 활용이나 기후변화 적응 기술이 도입될 수 있다.

단계별 복원전략은 다음과 같은 사회경제적 효과를 가져올 수 있다:

- 경제 안정성 강화: 각 단계를 통해 점진적으로 경제적 안정성을 회복하고 강화한다.
- 사회통합 촉진: 공동체 기반의 상호부조 체계를 통해 계층 간 갈등을 줄이고 사회통합을 도모한다.
- 환경 지속가능성 확보: 지속가능한 자원관리와 기후변화 적응을 통해 생태환경의 안정성을 유지한다.
- 세대 간 형평성 제고: 장기적인 생계 기반 구축을 통해 세대 간 경제적 격차를 줄이고 기회의 평등을 확대한다.

결론적으로 단계별 복원전략은 개인과 공동체 모두에게 긍정적인 영향을 미치는 중요한 접근법이다. 이를 위해 혁신적인 설계와 통합적인 정책 실행이 필요하며, 모든 계층이 참여하고 혜택을 누릴 수 있는 환경을 조성해야 할 것이다.

8.3 성과평가 체계 구축

성과평가 체계는 생계복원 프로그램의 효과성과 효율성을 측정하고, 이를 바탕으로 개선점을 도출하며, 지속적인 발전을 도모하는 중요한 도구이다. 이는 단순히 프로그램의 결과를 평가하는 것을 넘어, 목표 달성 과정에서 발생하는 문제점을 식별하고, 정책적·운영적 개선을 위한 근거를 제공한다. 성과평가 체계는 생계복원의 복잡성과 다차원적 특성을 반영하여 설계되어야 하며, 경제적, 사회적, 환경적 차원을 통합적으로 고려해야 한다.

성과평가 체계의 첫 번째 핵심 요소는 명확한 목표와 지표 설정이다. 프로그램의 목표는 구체적이고 측정 가능하며 달성 가능한 형태로 정의되어야 한다. 예를 들어, "참여 가구의 80%가 1년 내에 안정적인 소득원을 확보"와 같은 구체적인 목표가 필요하다. 이를 측정하기 위한 지표로는 소득 증가율, 고용률, 자산축적 수준 등이 활용될 수 있다.

두 번째 요소는 다차원적 평가 지표 개발이다. 생계복원은 경제적 안정성뿐만 아니라 사회적 통합, 환경적 지속가능성 등 다양한 차원에서 효과를 발휘해야 한다. 따라서 소득 증가나 고용률과 같은 경제적 지표뿐만 아니라, 사회적 연대 강화 수준(예: 공동체 활동 참여율), 환경 개선 효과(예: 재생에너지 활용률)와 같은 지표도 포함되어야 한다.

세 번째 요소는 정량적 데이터와 정성적 데이터의 통합이다. 정량적 데이터는 객관적인 수치를 통해 프로그램의 성과를 측정하며, 정성적 데이터는 참여자들의 경험과 만족도를 통해 프로그램의 질적인 측면을 평가한다. 예를 들어, 정량적으로는 소득 증가율이나 저축액 변화를 측정하고, 정성적으로는 프로그램 참여자들의 인터뷰나 설문조사를 통해 만족도와 개선점을 파악할 수 있다.

네 번째 요소는 데이터 수집과 분석 체계 구축이다. 성과평가를 위해서는 신뢰할 수 있는 데이터를 정기적으로 수집하고 분석할 수 있는 체계가 필요하다. 이를 위해 디지털 플랫폼과 빅데이터 기술을 활용하여 실시간 데이터 수집과 분석이 가능하도록 해야 한다. 예를 들어, 모바일 애플리케이션을 통해 참여자의 소득 변화나 자산 축적 현황을 실시간으로 모니터링할 수 있다.

다섯 번째 요소는 성과 모니터링과 피드백 시스템이다. 성과평가는 단발적인 활동이 아니라 지속적으로 이루어져야 하며, 이를 바탕으로 프로그램 운영에 필요한 피드백이 제공되어야 한다. 예를 들어, 중간 평가를 통해 초기 목표와 실제 성과 간의 격차를 분석하고, 이를 바탕으로 프로그램을 조정할 수 있다.

여섯 번째 요소는 이해관계자 참여이다. 성과평가는 정책결정자뿐만 아니라 프로그램 운영자, 참여자, 지역사회 등 다양한 이해관계자가 참여하는 과정이어야 한다. 이는 평가 결과의 신뢰성을 높이고, 다양한 관점을 반영하여 보다 포괄적인 개선점을 도출하는 데 기여한다.

일곱 번째 요소는 성과공유와 투명성 강화이다. 평가 결과는 모든 이해관계자에게 투명하게 공개되어야 하며, 이를 통해 프로그램의 신뢰성을 확보할 수 있다. 또한 성과공유는 다른 지역이나 국가에서 유사한 프로그램을 설계하거나 운영하는 데 중요한 참고자료로 활용될 수 있다.

성과평가 체계는 다음과 같은 사회경제적 효과를 가져올 수 있다:

- 효율성 증대: 프로그램 운영 과정에서 발생하는 비효율성을 식별하고 개선함으로써 자원의 효율적인 활용을 도모할 수 있다.
- 책임성 강화: 평가 결과를 통해 정책결정자와 운영자가 책임감을 가지고 프로그램을 관리하도록 유도한다.
- 지속가능성 확보: 장기적인 관점에서 프로그램이 지속가능하게 운영될 수 있도록 필요한 조치를 미리 취할 수 있다.

- 사회통합 촉진: 다양한 이해관계자의 참여와 의견 반영을 통해 사회적 갈등을 줄이고 통합을 강화한다.
- 경제 안정성 강화: 평가 결과를 바탕으로 프로그램의 효과성을 높여 개인과 공동체의 경제 안정성을 지원한다.

성과평가 체계를 설계하고 운영할 때 고려해야 할 몇 가지 원칙이 있다:

- 포괄성과 형평성: 모든 계층이 평가 과정에 참여하고 혜택을 받을 수 있도록 설계되어야 한다.
- 투명성과 신뢰성: 평가 과정과 결과가 투명하게 공개되고 신뢰할 수 있어야 한다.
- 지속성과 적응성: 평가 체계는 장기적으로 지속가능해야 하며 변화하는 환경에 적응할 수 있어야 한다.
- 디지털 기술 활용: 디지털 플랫폼과 빅데이터 기술을 활용하여 접근성과 효율성을 극대화해야 한다.
- 결과 기반 개선: 평가 결과를 바탕으로 실질적인 개선 조치가 이루어져야 한다.

미래 전망에서 성과평가 체계는 더욱 중요해질 것이다. 특히 디지털 전환 시대에는 새로운 형태의 데이터 수집 및 분석 기술이 등장할 가능성이 크며, 이를 통해 더욱 정교하고 실시간적인 평가가 가능해질 것이다.

디지털 기술은 성과평가 체계의 접근성과 효율성을 극대화할 수 있는 중요한 도구이다. 빅데이터와 AI를 활용한 맞춤형 평가 모델 개발, 블록체인 기반 투명한 데이터 관리 등이 그 예이다.

또한 ESG 가치 확산에 따라 지속가능성과 사회적 책임을 반영한 평가 지표와 방법론이 강조될 것이다. 이는 환경문제 해결이나 사회적 가치 창출에 기여하면서도 경제 안정성을 강화하는 데 초점을 맞출 것이다.

결론적으로 성과평가 체계 구축은 생계복원 프로그램의 성공 여부를 결정짓는 중요한 요소이다. 이를 위해 혁신적인 접근법과 통합적인 설계를 통해 모든 계층이 참여하고 혜택을 누릴 수 있는 환경을 조성해야 할 것이다.

9장

지역사회 기반 생계복원

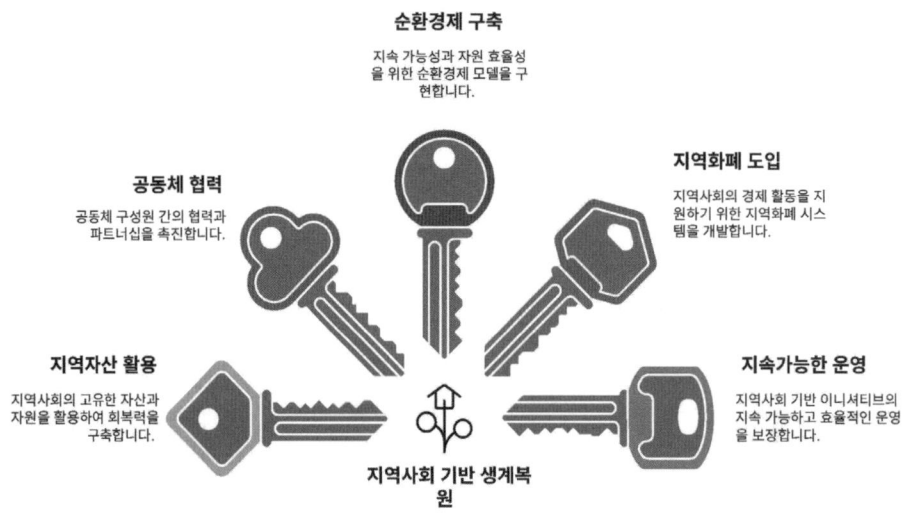

지역사회 회복력 강화를 위한 통합 전략과 실행 방안

9.1 지역자산 활용전략

지역자산 활용전략은 지역사회가 보유한 물적, 인적, 사회적 자산을 효과적으로 활용하여 경제적 안정성과 지속가능한 발전을 도모하는 접근법이다. 이는 지역 내 자원을 기반으로 한 경제활동을 촉진하고, 지역주민의 삶의 질을 향상시키며, 자산불평등을 완화하는 데 중요한 역할을 한다. 특히 지역사회의 고유한 특성과 강점을 반영한 맞춤형 전략이 필요하다.

지역자산 활용전략의 첫 번째 핵심 요소는 **물적 자산(Physical Assets)**의 활용이다. 물적 자산은 지역사회가 보유한 인프라, 공공시설, 자연자원 등을 포함한다. 예를 들어, 유휴 공공시설을 리모델링하여 커뮤니티 센터나 창업 공간으로 활용하거나, 지역 내 자연자원을 관광자원으로 개발하여 경제활동을 촉진할 수 있다. 일본의 가미카쓰(Kamikatsu) 마을은 유휴 농지를 활용해 지속가능한 농업과 관광산업을 결합한 성공적인 사례로 꼽힌다.

두 번째 요소는 **인적 자산(Human Assets)**의 개발과 활용이다. 인적 자산은 지역주민의 기술, 지식, 노동력을 의미하며, 이를 효과적으로 개발하고 활용하는 것이 중요하다. 예를 들어, 직업훈련 프로그램이나 창업지원 프로그램을 통해 지역주민의 역량을 강화하고, 이를 지역 내 경제활동에 연결할 수 있다. 독일의 이중교육제도(Dual System)는 직업훈련과 고용을 연계하여 인적 자산을 효과적으로 활용한 사례로 평가받고 있다.

세 번째 요소는 **사회적 자산(Social Assets)**의 강화와 활용이다. 사회적 자산은 지역 내 네트워크, 신뢰, 협력관계를 포함하며, 이는 공동체 기반의 경제활동과 상호부조 체계를 지원하는 데 중요한 역할을 한다. 예를 들어, 협동조합이나 사회적 기업을 통해 지역주민이 공동으로 경제활동에 참여하고 이익을 공유할 수 있다. 스페인의 몬드라곤 협동조합(Mondragon Corporation)은 이러한 사회적 자산 활용의 대표적인 성공 사례이다.

네 번째 요소는 **문화적 자산(Cultural Assets)**의 보호와 활용이다. 문화적 자산은 지역사회의 전통, 역사, 예술 등을 포함하며, 이는 지역 정체성을 강화하고 관광 및 문화 산업 발전에 기여할 수 있다. 예를 들어, 전통공예나 지역축제를 현대적으로 재해석하여 경제활동과 연계할 수 있다. 한국의 전주 한옥마을은 전통문화를 관광자원으로 성공적으로 활용한 사례로 꼽힌다.

다섯 번째 요소는 **디지털 자산(Digital Assets)**의 확대와 활용이다. 디지털 기술은 지역자산 활용 전략에서 점점 더 중요한 역할을 하고 있으며, 이를 통해 접근성과 효율성을 극대화할 수 있다. 예를 들어, 디지털 플랫폼을 통해 지역 내 상품과 서비스를 홍보하거나, 온라인 교육 프로그램을 통해 주민들의 역량을 강화할 수 있다.

지역자산 활용전략은 다음과 같은 사회경제적 효과를 가져올 수 있다:

- 지역경제 활성화: 지역 내 자원을 기반으로 한 경제활동이 촉진되면서 일자리 창출과 소득 증대가 이루어진다.
- 사회통합 강화: 공동체 기반의 경제활동과 상호부조 체계가 활성화되면서 계층 간 갈등이 줄어들고 사회적 연대가 강화된다.
- 환경 지속가능성 확보: 자연자원과 에너지 자원의 지속가능한 관리와 활용이 이루어지면서 생태환경이 보호된다.
- 지역 정체성 강화: 문화적 자산의 보호와 활용이 이루어지면서 지역사회의 정체성과 공동체 의식이 강화된다.

지역자산 활용전략은 다음과 같은 원칙에 따라 설계되고 실행되어야 한다:

- 포괄성과 형평성: 모든 계층이 참여할 수 있도록 설계되어야 하며, 특히 취약계층에게 더 많은 혜택이 돌아갈 수 있도록 해야 한다.
- 지속가능성과 장기성: 단기적인 성과에 그치지 않고 장기적으로 지속가능한 구조를 유지해야 한다.
- 맞춤형 접근: 각 지역의 고유한 특성과 필요를 반영하여 맞춤형 전략이 설계되어야 한다.
- 참여와 협력 촉진: 정부, 민간기업, 시민사회가 협력하여 통합적인 지원체계를 구축해야 한다.
- 디지털 기술 활용: 디지털 플랫폼과 데이터를 활용하여 접근성과 효율성을 극대화해야 한다.

미래 전망에서 지역자산 활용전략은 더욱 중요해질 것이다. 특히 디지털 전환 시대와 기후변화 시대에는 새로운 형태의 전략이 요구될 가능성이 크다.

디지털 기술은 지역자산 활용전략의 접근성과 효율성을 극대화할 수 있는 중요한 도구이다. 빅데이터와 AI를 활용한 맞춤형 솔루션 제공, 블록체인 기반 투명한 거래 시스템 구축 등이 그 예이다.

또한 ESG 가치 확산에 따라 지속가능성과 사회적 책임을 반영한 전략 설계가 강조될 것이다. 이는 환경문제 해결이나 사회적 가치 창출에 기여하면서도 경제 안정성을 강화하는 데 초점을 맞출 것이다.

결론적으로 지역자산 활용전략은 개인과 공동체 모두에게 긍정적인 영향을 미치는 중요한 접근법이다. 이를 위해 혁신적인 설계와 통합적인 정책 실행이 필요하며, 모든 계층이 참여하고 혜택을 누릴 수 있는 환경을 조성해야 할 것이다.

9.2 공동체 기반 상호부조 체계

공동체 기반 상호부조 체계(Community-based Mutual Aid System)는 지역사회 내에서 자원을 공유하고 협력하여 경제적 안정성과 사회적 연대를 강화하는 접근법이다. 이는 개인과 가구가 경제적 충격이나 위기 상황에 대응할 수 있도록 지원하며, 동시에 지역사회의 자립성과 지속가능성을 높이는 데 중요한 역할을 한다. 상호부조 체계는 공동체의 신뢰와 협력을 바탕으로 하며, 경제적, 사회적, 환경적 차원에서 다양한 혜택을 제공한다.

공동체 기반 상호부조 체계의 첫 번째 핵심 요소는 **경제적 상호부조(Economic Mutual Aid)**이다. 이는 지역사회 내에서 자원을 공유하고 경제활동을 지원하는 구조를 의미한다. 예를 들어, 지역 내 협동조합은 농산물 생산자와 소비자를 직접 연결하여 중간 유통 비용을 줄이고, 생산자와 소비자 모두에게 이익이 되는 구조를 제공할 수 있다. 스페인의 몬드라곤 협동조합(Mondragon Corporation)은 이러한 경제적 상호부조의 대표적인 사례로 꼽힌다.

두 번째 요소는 **사회적 상호부조(Social Mutual Aid)**이다. 이는 공동체 내에서 사회적 연대를 강화하고 취약계층을 지원하는 구조를 의미한다. 예를 들어, 지역사회 기반의 자원봉사 네트워크는 고령자나 장애인을 위한 돌봄 서비스를 제공하거나, 저소득층 가구에 식량과 의류를 지원할 수 있다. 이러한 사회적 상호부조는 공동체 내 신뢰와 협력을 강화하는 데 기여한다.

세 번째 요소는 **환경적 상호부조(Environmental Mutual Aid)**이다. 이는 지역사회의 자연자원과 환경을 보호하고 지속가능하게 관리하는 구조를 의미한다. 예를 들어, 지역 주민들이 함께 참여하는 커뮤니티 가든은 지속가능한 농업을 실현하고, 동시에 지역 내 식량 안보를 강화할 수 있다. 또한 재활용 프로그램이나 에너지 절약 캠페인도 환경적 상호부조의 좋은 사례이다.

네 번째 요소는 **문화적 상호부조(Cultural Mutual Aid)**이다. 이는 지역사회의 문화와 전통을 보호하고 이를 기반으로 공동체의 정체성을 강화하는 구조를 의미한다. 예를 들어, 지역축제나 전통공예 워크숍은 주민들이 함께 참여하여 문화를 보존하고 경제활동과 연계할 수 있는 기회를 제공한다.

다섯 번째 요소는 **디지털 상호부조(Digital Mutual Aid)**이다. 디지털 기술은 공동체 기반 상호부조 체계를 강화하는 데 중요한 역할을 한다. 예를 들어, 지역 내 자원과 정보를 공유하는 온라인 플랫폼은 주민들이 필요한 서비스를 쉽게 찾고 이용할 수 있도록 돕는다. 또한 크라우드펀딩이나 소셜미디어 캠페인은 공동체 프로젝트에 필요한 자금을 모으는 데 효과적으로 활용될 수 있다.

공동체 기반 상호부조 체계는 다음과 같은 사회경제적 효과를 가져올 수 있다:

- 경제 안정성 강화: 공동체 내에서 자원을 공유하고 협력함으로써 개인과 가구의 경제적 안정성을 높일 수 있다.
- 사회통합 촉진: 공동의 목표와 활동을 통해 계층 간 갈등을 줄이고 사회적 연대를 강화할 수 있다.

- 환경 지속가능성 확보: 자연자원과 에너지 자원의 지속가능한 관리와 활용이 이루어지면서 생태환경이 보호된다.
- 지역 정체성 강화: 문화적 상호부조 활동을 통해 지역사회의 정체성과 공동체 의식이 강화된다.

공동체 기반 상호부조 체계를 설계하고 운영할 때 고려해야 할 몇 가지 원칙이 있다:

- 포괄성과 형평성: 모든 계층이 참여할 수 있도록 설계되어야 하며, 특히 취약계층에게 더 많은 혜택이 돌아갈 수 있도록 해야 한다.
- 지속가능성과 장기성: 단기적인 성과에 그치지 않고 장기적으로 지속가능한 구조를 유지해야 한다.
- 맞춤형 접근: 각 지역의 고유한 특성과 필요를 반영하여 맞춤형 전략이 설계되어야 한다.
- 참여와 협력 촉진: 주민들이 적극적으로 참여하고 협력할 수 있는 환경을 조성해야 한다.
- 디지털 기술 활용: 디지털 플랫폼과 데이터를 활용하여 접근성과 효율성을 극대화해야 한다.

미래 전망에서 공동체 기반 상호부조 체계는 더욱 중요해질 것이다. 특히 디지털 전환 시대와 기후변화 시대에는 새로운 형태의 상호부조 모델이 요구될 가능성이 크다.

디지털 기술은 공동체 기반 상호부조 체계의 접근성과 효율성을 극대화할 수 있는 중요한 도구이다. 빅데이터와 AI를 활용한 맞춤형 서비스 제공, 블록체인 기반 투명한 거래 시스템 구축 등이 그 예이다.

또한 ESG 가치 확산에 따라 지속가능성과 사회적 책임을 반영한 상호부조 체계가 강조될 것이다. 이는 환경문제 해결이나 사회적 가치 창출에 기여하면서도 경제 안정성을 강화하는 데 초점을 맞출 것이다.

결론적으로 공동체 기반 상호부조 체계는 개인과 공동체 모두에게 긍정적인 영향을 미치는 중요한 전략이다. 이를 위해 혁신적인 설계와 통합적인 정책 실행이 필요하며, 모든 계층이 참여하고 혜택을 누릴 수 있는 환경을 조성해야 할 것이다.

9.3 지역순환경제 구축방안

지역순환경제(Local Circular Economy)는 지역 내 자원과 에너지를 효율적으로 활용하고, 폐기물을 최소화하며, 경제적 활동을 지역사회 내에서 순환시키는 지속가능한 경제 모델이다. 이는 지역사회의 자립성을 강화하고, 환경적 지속가능성을 확보하며, 지역경제를 활성화하는 데 중요한 역할을 한다. 특히 자산불평등과 생계복원 문제를 해결하기 위한 혁신적인 접근법으로 주목받고 있다.

지역순환경제 구축의 첫 번째 핵심 요소는 **자원 순환(Resource Circulation)**이다. 이는 지역 내에서 발생하는 자원을 최대한 재활용하고 재사용하여 자원의 낭비를 줄이는 것을 목표로 한다. 예를 들어, 농촌지역에서는 농업 부산물을 퇴비나 바이오에너지로 전환하여 활용할 수 있다. 도시지역에서는 음식물 쓰레기를 에너지로 변환하거나, 건설 폐기물을 재활용하여 새로운 건축자재로 사용할 수 있다.

두 번째 요소는 **지역 생산과 소비(Local Production and Consumption)**이다. 이는 지역에서 생산된 상품과 서비스를 지역 내에서 소비함으로써 경제적 순환을 촉진하는 것을 의미한다. 예를 들어, 로컬푸드(Local Food) 운동은 지역 농산물을 지역 주민에게 직접 공급하여 중간 유통비용을 줄이고, 생산자와 소비자 모두에게 이익이 되는 구조를 제공한다. 일본의 "미치노에키(道の駅)" 시스템은 이러한 지역 생산과 소비의 성공적인 사례로 꼽힌다.

세 번째 요소는 **에너지 순환(Energy Circulation)**이다. 이는 재생가능한 에너지원의 활용과 에너지 효율성 향상을 통해 지역 내 에너지 자립도를 높이는 것을 목표로 한다.

예를 들어, 태양광 패널이나 풍력발전기를 설치하여 재생에너지를 생산하고, 이를 지역 내 가정과 기업에 공급할 수 있다. 독일의 "에너지 자립 마을" 프로젝트는 이러한 에너지 순환의 대표적인 사례이다.

네 번째 요소는 **공유경제(Sharing Economy)**의 활성화이다. 공유경제는 물리적 자원뿐만 아니라 지식, 기술, 시간 등의 비물질적 자원을 공유하는 구조를 의미한다. 예를 들어, 지역 주민들이 차량을 공유하거나 공구를 대여할 수 있는 플랫폼을 운영하면 자원의 효율성을 높이고 비용을 절감할 수 있다. 이러한 공유경제 모델은 특히 도시지역에서 효과적으로 작동한다.

다섯 번째 요소는 **디지털 기술의 활용(Digital Technology Utilization)**이다. 디지털 기술은 지역순환경제 구축에서 중요한 역할을 한다. 예를 들어, 빅데이터와 IoT(사물인터넷)를 활용하여 자원 사용량과 폐기물 배출량을 실시간으로 모니터링하고 최적화할 수 있다. 또한 디지털 플랫폼을 통해 로컬푸드 판매나 공유경제 서비스를 더욱 효율적으로 운영할 수 있다.

지역순환경제 구축은 다음과 같은 사회경제적 효과를 가져올 수 있다:

- 지역경제 활성화: 지역 내 자원과 에너지를 활용한 경제활동이 촉진되면서 일자리 창출과 소득 증대가 이루어진다.
- 환경 지속가능성 확보: 폐기물 감소와 재생에너지 활용을 통해 환경오염이 줄어들고 생태환경이 보호된다.
- 사회통합 강화: 공동체 기반의 경제활동과 상호부조 체계가 활성화되면서 계층 간 갈등이 줄어들고 사회적 연대가 강화된다.
- 지역 정체성 강화: 로컬푸드와 전통산업의 활성화를 통해 지역사회의 정체성과 공동체 의식이 강화된다.

지역순환경제를 설계하고 실행할 때 고려해야 할 몇 가지 원칙이 있다:

- 포괄성과 형평성: 모든 계층이 참여할 수 있도록 설계되어야 하며, 특히 취약계층에게 더 많은 혜택이 돌아갈 수 있도록 해야 한다.
- 지속가능성과 장기성: 단기적인 성과에 그치지 않고 장기적으로 지속가능한 구조를 유지해야 한다.
- 맞춤형 접근: 각 지역의 고유한 특성과 필요를 반영하여 맞춤형 전략이 설계되어야 한다.
- 참여와 협력 촉진: 주민들이 적극적으로 참여하고 협력할 수 있는 환경을 조성해야 한다.
- 디지털 기술 활용: 디지털 플랫폼과 데이터를 활용하여 접근성과 효율성을 극대화해야 한다.

미래 전망에서 지역순환경제는 더욱 중요해질 것이다. 특히 디지털 전환 시대와 기후변화 시대에는 새로운 형태의 순환경제 모델이 요구될 가능성이 크다.

디지털 기술은 지역순환경제의 접근성과 효율성을 극대화할 수 있는 중요한 도구이다. 빅데이터와 AI를 활용한 맞춤형 솔루션 제공, 블록체인 기반 투명한 거래 시스템 구축 등이 그 예이다.

또한 ESG 가치 확산에 따라 지속가능성과 사회적 책임을 반영한 순환경제 모델이 강조될 것이다. 이는 환경문제 해결이나 사회적 가치 창출에 기여하면서도 경제 안정성을 강화하는 데 초점을 맞출 것이다.

결론적으로 지역순환경제 구축방안은 개인과 공동체 모두에게 긍정적인 영향을 미치는 중요한 전략이다. 이를 위해 혁신적인 설계와 통합적인 정책 실행이 필요하며, 모든 계층이 참여하고 혜택을 누릴 수 있는 환경을 조성해야 할 것이다.

| 제4부 |

공간자산 불평등의 5대 프론티어와 AI 융합

10장
공간자산 불평등, 새로운 도전의 지형도

11장
토지와 부동산 불평등의 AI 기반 혁신

12장
건물자산 불평등과 AI 기반 건물관리

13장
공간 금융불평등과 AI 기반 금융 포용

14장
도시공간 불평등과 AI 기반 공간 혁신

15장
기후변화의 공간 불평등과 AI 기반 적응

10장

공간자산 불평등, 새로운 도전의 지형도

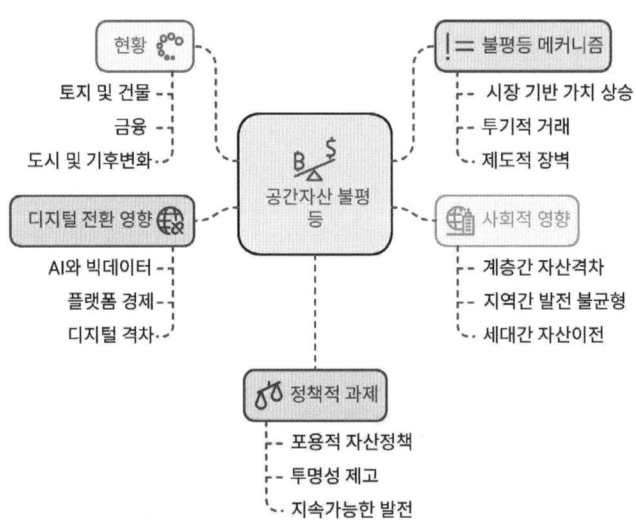

공간자산 불평등의 도전과 해결책

10.1 토지, 건물, 금융, 도시, 기후변화로 본 공간자산 불평등

공간자산 불평등은 현대 사회의 가장 중요한 사회경제적 문제 중 하나로, 이는 토지, 건물, 금융, 도시, 기후변화라는 다섯 가지 주요 영역에서 복합적으로 나타난다. 이러한 불평등은 단순히 자산의 소유와 분배의 문제를 넘어, 경제적 기회와 생활환경의 차이를 심화시키며, 사회적 갈등과 지속가능성에 중대한 영향을 미친다.

첫 번째로 토지는 공간자산 불평등의 핵심적인 요소이다. 토지는 고정된 자원으로 그 공급이 제한적이며, 이는 소유권의 집중과 가치 상승을 초래한다. 특히 도시 지역에서는 토지가치가 급격히 상승하며, 이는 주거비용 증가와 저소득층의 주거 접근성 악화를 초래한다. 예를 들어, 대도시 중심부의 토지가치는 주변 지역에 비해 월등히 높으며, 이는 경제적 계층 간의 공간적 분리를 심화시킨다. 또한 농촌 지역에서는 토지 소유의 집중화가 농업 생산성과 지역 경제에 부정적인 영향을 미칠 수 있다.

두 번째로 건물은 공간자산 불평등을 더욱 복잡하게 만드는 요소이다. 건물 자산은 주거안정성과 직접적으로 연결되며, 소유 여부와 관리 상태에 따라 생활수준에 큰 차이를 만든다. 특히 고급 주택과 노후 주택 간의 격차는 주거 환경뿐만 아니라 건강과 교육 기회에도 영향을 미친다. 예를 들어, 저소득층이 밀집한 지역은 건물 관리가 부실하고 공공 서비스 접근성이 낮아 생활 여건이 열악한 경우가 많다.

세 번째로 금융은 공간자산 불평등을 심화시키는 주요 요인 중 하나이다. 금융시스템은 공간자산(특히 부동산) 투자와 밀접하게 연결되어 있으며, 금융 접근성의 차이는 자산 축적의 기회를 결정짓는다. 예를 들어, 고소득층은 저금리 대출을 통해 부동산 투자를 확대할 수 있는 반면, 저소득층은 금융서비스 접근성이 낮아 자산 형성에서 배제되는 경우가 많다. 이러한 금융 불평등은 세대 간 자산격차를 더욱 심화시킨다.

네 번째로 도시는 공간자산 불평등의 주요 무대이다. 도시 내에서 자원의 배분과 접근성은 경제적 계층에 따라 크게 달라진다. 예를 들어, 고소득층이 거주하는 지역은 공공 인프라와 교육·문화 시설이 잘 갖추어져 있는 반면, 저소득층이 밀집한 지역은 열악한 환경과 높은 범죄율로 인해 생활 여건이 크게 떨어진다. 이러한 도시 내 공간 불평등은 사회적 이동성을 저해하고 계층 간 갈등을 심화시킨다.

다섯 번째로 기후변화는 공간자산 불평등에 새로운 차원을 추가한다. 기후변화는 특정 지역과 계층에 더 큰 영향을 미치며, 이는 공간적·경제적 취약성을 강화한다. 예를 들어, 해수면 상승이나 폭염과 같은 기후위험은 저소득층이 거주하는 지역에 더 큰 피해를 줄 가능성이 높으며, 이들은 재난에 대응할 자원과 능력이 부족하다. 또한 친환경 전환 과정에서 발생하는 비용 부담도 계층 간 격차를 심화시킬 수 있다.

공간자산 불평등은 다음과 같은 사회경제적 영향을 미친다:

- 경제적 기회의 불균형: 토지와 건물 소유 여부는 경제활동 참여와 소득 창출 능력에 직접적인 영향을 미친다.
- 사회적 갈등 심화: 공간적 분리는 계층 간 이해관계 충돌을 증폭시키며, 이는 사회적 통합을 저해한다.
- 환경 지속가능성 약화: 특정 계층이나 지역이 환경적으로 더 큰 위험에 노출되면서 전체 사회의 지속가능성이 위협받는다.
- 세대 간 불평등 확대: 자산 축적 기회의 차이는 세대 간 경제적 격차를 더욱 심화시킨다.

공간자산 불평등 문제를 해결하기 위해서는 다음과 같은 정책적 접근이 필요하다:

- 포괄적인 토지 정책: 개발이익 환수제나 공공토지은행 설립 등을 통해 토지 소유와 이용의 형평성을 제고해야 한다.
- 주거 안정성 강화: 공공임대주택 공급 확대와 노후 건물 리모델링 지원 등을 통해 주거 환경 격차를 줄여야 한다.
- 금융포용성 확대: 소액대출 프로그램이나 디지털 금융 플랫폼을 활용하여 금융서비스 접근성을 높여야 한다.
- 도시재생사업 추진: 열악한 지역의 인프라 개선과 공공서비스 확충을 통해 도시 내 공간 불평등을 완화해야 한다.
- 기후변화 적응 지원: 취약계층에게 재난 대비 지원과 친환경 기술 보급을 통해 기후위험 대응 능력을 강화해야 한다.

미래 전망에서 공간자산 불평등 문제는 더욱 중요해질 것이다. 특히 디지털 전환과

ESG 가치 확산 시대에는 새로운 형태의 불평등이 나타날 가능성이 크며, 이를 해결하기 위한 혁신적인 접근법이 요구된다.

디지털 기술은 공간자산 불평등 문제 해결에서 중요한 도구가 될 수 있다. 빅데이터와 AI를 활용한 맞춤형 정책 설계, 블록체인 기반 투명한 거래 시스템 구축 등이 그 예이다.

또한 ESG 원칙을 반영한 정책 설계는 환경문제 해결과 사회적 가치 창출에 기여하면서도 경제 안정성을 강화하는 데 초점을 맞출 것이다.

결론적으로 토지, 건물, 금융, 도시, 기후변화라는 다섯 가지 영역에서 나타나는 공간자산 불평등 문제는 개인과 사회 모두에게 중대한 영향을 미치는 중요한 과제이다. 이를 해결하기 위해서는 혁신적인 정책 설계와 통합적인 실행 전략이 필요하며, 모든 계층이 참여하고 혜택을 누릴 수 있는 환경을 조성해야 할 것이다.

10.2 공간자산 불평등 메커니즘의 작동방식과 사회적 영향

공간자산 불평등은 단순히 자산의 소유와 분배의 문제가 아니라, 복잡한 메커니즘을 통해 작동하며 사회 전반에 걸쳐 다양한 영향을 미친다. 이러한 메커니즘은 경제적, 사회적, 제도적, 환경적 요인들이 상호작용하면서 형성되며, 이는 자산격차를 더욱 심화시키고 지속가능한 발전을 저해하는 결과를 초래한다.

첫 번째로, 시장 메커니즘은 공간자산 불평등의 주요 작동 방식 중 하나이다. 시장에서 자산의 가치는 수요와 공급에 의해 결정되며, 이는 경제적 여건에 따라 큰 차이를 만든다. 예를 들어, 도시 중심부의 토지와 건물은 높은 수요로 인해 가치가 급격히 상승하는 반면, 농촌 지역이나 도시 외곽 지역은 상대적으로 낮은 가치를 유지한다. 이러한 시장 메커니즘은 고소득층이 더 많은 자산을 축적할 수 있는 기회를 제공하는 반면, 저소득층은 자산 형성에서 배제되는 결과를 낳는다.

두 번째로, 제도적 요인은 공간자산 불평등을 심화시키는 중요한 역할을 한다. 토지 소유권 제도, 조세 정책, 금융 접근성 등 제도적 요인은 자산 축적과 분배에 직접적인 영향을 미친다. 예를 들어, 개발이익 환수제나 누진세 구조가 약한 경우, 부동산 투기로 인한 불로소득이 특정 계층에 집중될 가능성이 높아진다. 반대로 공공임대주택 정책이나 공공토지은행과 같은 제도는 자산불평등 완화에 기여할 수 있다.

세 번째로, 사회적 요인도 공간자산 불평등의 작동 방식에 중요한 영향을 미친다. 교육 수준, 직업 유형, 사회적 네트워크 등은 개인과 가구의 자산 축적 능력을 결정짓는 주요 요인이다. 예를 들어, 고학력자는 더 높은 소득을 통해 자산을 축적할 가능성이 높으며, 이는 자녀 세대까지 이어지는 세대 간 자산격차로 이어질 수 있다.

네 번째로, 환경적 요인은 공간자산 불평등의 새로운 차원을 형성한다. 기후변화와 환경위험은 특정 지역과 계층에 더 큰 영향을 미치며, 이는 자산 가치와 생활 여건에 직접적인 영향을 준다. 예를 들어, 해수면 상승으로 인해 침수 위험이 높은 지역의 부동산 가치는 하락할 가능성이 높으며, 이는 해당 지역 주민들의 경제적 안정성을 위협한다.

다섯 번째로, 기술 변화는 공간자산 불평등을 심화시키거나 완화할 수 있는 양면성을 가진다. 디지털 전환과 스마트시티 기술은 공간자산 관리와 활용 방식을 혁신적으로 변화시키고 있지만, 기술 접근성의 격차는 새로운 형태의 불평등을 초래할 수 있다. 예를 들어, 스마트홈 기술이나 AI 기반 부동산 관리 시스템은 고소득층에게 더 유리하게 작용할 가능성이 높다.

공간자산 불평등 메커니즘이 작동하면서 나타나는 사회적 영향은 다음과 같다:

- 경제적 기회의 양극화: 고가치 지역의 토지와 건물을 소유한 계층은 더 많은 경제적 기회를 누리는 반면, 저소득층은 기회에서 배제된다.
- 사회통합 저해: 공간적 분리는 계층 간 상호작용을 제한하며, 이는 사회적 갈등과 분열을 초래할 수 있다.
- 환경 지속가능성 약화: 특정 지역과 계층이 환경 위험에 더 많이 노출되면서 전체 사회의 지속가능성이 위협받는다.

- 정치적 불균형 심화: 고가치 자산을 소유한 계층이 정치적 영향력을 더 많이 행사할 가능성이 높아지며, 이는 정책 결정 과정에서 형평성을 저해한다.

공간자산 불평등 문제를 해결하기 위해서는 다음과 같은 정책적 접근이 필요하다:

- 포괄적인 토지 및 부동산 정책: 개발이익 환수제 강화, 공공임대주택 확대 등으로 토지와 부동산 소유 및 이용의 형평성을 제고해야 한다.
- 금융포용성 확대: 소액대출 프로그램이나 디지털 금융 플랫폼을 통해 저소득층의 금융 접근성을 높여야 한다.
- 교육 및 직업훈련 강화: 취약계층에게 교육과 직업훈련 기회를 제공하여 자산 축적 능력을 향상시켜야 한다.
- 환경위험 관리 및 적응 지원: 기후변화 취약지역 주민들에게 재난 대비 지원과 친환경 기술 보급을 통해 환경 위험 대응 능력을 강화해야 한다.
- 디지털 기술 활용: 빅데이터와 AI를 활용하여 공간자산 가치 평가와 관리 효율성을 높이고 투명성을 강화해야 한다.

미래 전망에서 공간자산 불평등 문제는 더욱 복잡하고 다차원적으로 나타날 가능성이 크다. 특히 디지털 전환과 ESG 가치 확산 시대에는 새로운 형태의 불평등이 나타날 가능성이 크며, 이를 해결하기 위한 혁신적인 접근법이 요구된다.

디지털 기술은 공간자산 불평등 문제 해결에서 중요한 도구가 될 수 있다. 예를 들어, AI 기반 부동산 가치 평가 시스템이나 블록체인 기반 거래 플랫폼은 투명성과 효율성을 높이는 데 기여할 수 있다.

또한 ESG 원칙을 반영한 정책 설계는 환경문제 해결과 사회적 가치 창출에 기여하면서도 경제 안정성을 강화하는 데 초점을 맞출 것이다.

결론적으로 공간자산 불평등 메커니즘은 개인과 사회 모두에게 중대한 영향을 미치는 복잡한 문제이다. 이를 해결하기 위해서는 혁신적인 정책 설계와 통합적인 실행 전략이 필요하며, 모든 계층이 참여하고 혜택을 누릴 수 있는 환경을 조성해야 할 것이다.

10.3 공간자산 불평등 연구의 학제적 프레임과 방법론 융합

공간자산 불평등은 단순히 경제적 관점에서만 다룰 수 없는 복잡하고 다차원적인 문제로, 이를 효과적으로 분석하고 해결하기 위해서는 학제적 프레임과 방법론의 융합이 필수적이다. 공간자산 불평등은 경제학, 사회학, 도시계획학, 환경학, 데이터 과학 등 다양한 학문 분야의 이론과 방법론을 통합적으로 적용해야만 그 본질을 이해하고 실질적인 해결책을 제시할 수 있다.

첫 번째로, 경제학적 관점은 공간자산 불평등 연구의 기본 틀을 제공한다. 경제학에서는 자산의 분배와 축적, 시장 메커니즘, 소득과 부의 격차 등을 분석하는 데 초점을 맞춘다. 예를 들어, 지니계수(Gini Coefficient)나 로렌츠 곡선(Lorenz Curve)과 같은 불평등 측정 지표는 공간자산 분배의 불균형을 정량적으로 평가하는 데 유용하다. 또한 행동경제학은 개인의 자산 선택 과정에서 심리적 요인과 비합리적 의사결정을 설명함으로써 자산불평등의 원인을 보다 심층적으로 이해할 수 있게 한다.

두 번째로, 사회학적 관점은 공간자산 불평등이 사회적 계층화와 이동성에 미치는 영향을 분석한다. 사회학에서는 계층 간 상호작용, 사회적 자본, 네트워크 형성 등이 자산 축적에 미치는 영향을 탐구한다. 예를 들어, 특정 지역에 거주하는 개인이 그 지역의 사회적 네트워크를 통해 더 많은 기회를 얻거나 제한받는 현상을 분석할 수 있다. 이러한 접근은 공간자산 불평등이 사회적 통합이나 갈등에 미치는 영향을 이해하는 데 중요한 통찰을 제공한다.

세 번째로, 도시계획학적 관점은 공간자산 불평등이 도시 구조와 기능에 미치는 영향을 분석한다. 도시계획학에서는 토지 이용, 교통 접근성, 공공 인프라 배분 등 물리적 환경 요소가 자산불평등을 어떻게 형성하고 강화하는지를 탐구한다. 예를 들어, 도시 내 고소득층 거주 지역과 저소득층 거주 지역 간의 인프라 격차는 공간자산 가치와 생활수준에 직접적인 영향을 미친다. 이러한 분석은 도시재생 프로젝트나 공공서비스 배분 정책 설계에 중요한 시사점을 제공한다.

네 번째로, 환경학적 관점은 기후변화와 환경위험이 공간자산 불평등에 미치는 영향을 조명한다. 환경학에서는 특정 지역이 자연재해나 환경오염에 얼마나 취약한지를 평가하고, 이러한 취약성이 자산 가치와 주민들의 경제적 안정성에 미치는 영향을 분석한다. 예를 들어, 해수면 상승으로 인해 침수 위험이 높은 지역의 부동산 가치는 하락할 가능성이 높으며, 이는 해당 지역 주민들의 자산 축적 능력을 제한할 수 있다.

다섯 번째로, 데이터 과학 및 AI 기반 접근법은 공간자산 불평등 연구에서 점점 더 중요한 역할을 하고 있다. 데이터 과학은 대규모 데이터를 활용하여 공간자산 분포와 변화를 정량적으로 분석할 수 있는 도구를 제공하며, AI는 복잡한 패턴과 상호작용을 탐지하고 예측 모델을 개발하는 데 유용하다. 예를 들어, 위성 이미지를 활용한 토지가치 평가나 머신러닝 기반 부동산 시장 예측 모델은 공간자산 불평등 연구의 새로운 가능성을 열어 준다.

공간자산 불평등 연구에서 학제적 프레임과 방법론 융합이 가지는 주요 장점은 다음과 같다:

- 문제의 다차원적 이해: 다양한 학문 분야의 관점을 통합함으로써 공간자산 불평등 문제를 보다 포괄적으로 이해할 수 있다.
- 정확한 진단과 예측: 데이터 과학과 AI 기술을 활용하여 공간자산 분포와 변화 추이를 정확히 진단하고 미래를 예측할 수 있다.
- 통합적인 해결책 제시: 경제적·사회적·환경적 요인을 모두 고려한 종합적인 정책 대안을 도출할 수 있다.
- 효율적인 자원 배분: 도시계획학과 환경학의 통찰을 바탕으로 공공 자원을 효율적으로 배분하여 불평등 완화를 도모할 수 있다.

공간자산 불평등 연구를 위한 학제적 접근을 설계하고 실행할 때 고려해야 할 몇 가지 원칙이 있다:

- 협력과 통합: 다양한 학문 분야 간 협력을 촉진하고 통합적인 연구 프레임워크를 구축해야 한다.
- 데이터 기반 의사결정: 신뢰할 수 있는 데이터를 기반으로 한 정량적·정성적 분석을 통해 정책 결정을 지원해야 한다.
- 포괄성과 형평성: 모든 계층과 지역이 연구와 정책 혜택에서 배제되지 않도록 포괄적인 접근을 취해야 한다.
- 지속가능성과 장기성: 단기적인 성과에 그치지 않고 장기적으로 지속가능한 구조를 유지해야 한다.
- 디지털 기술 활용: 디지털 플랫폼과 데이터를 활용하여 접근성과 효율성을 극대화해야 한다.

미래 전망에서 학제적 프레임과 방법론 융합은 더욱 중요해질 것이다. 특히 디지털 전환 시대와 기후변화 시대에는 새로운 형태의 공간자산 불평등이 나타날 가능성이 크며, 이를 해결하기 위한 혁신적인 접근법이 요구된다.

디지털 기술은 학제적 연구에서 중요한 도구가 될 수 있다. 빅데이터와 AI를 활용한 맞춤형 정책 설계, 블록체인 기반 투명한 거래 시스템 구축 등이 그 예이다.

또한 ESG 원칙을 반영한 연구 프레임워크는 환경문제 해결과 사회적 가치 창출에 기여하면서도 경제 안정성을 강화하는 데 초점을 맞출 것이다.

결론적으로 공간자산 불평등 문제는 개인과 사회 모두에게 중대한 영향을 미치는 복잡한 과제이다. 이를 해결하기 위해서는 혁신적인 학제적 프레임워크와 통합적인 실행 전략이 필요하며, 모든 계층이 참여하고 혜택을 누릴 수 있는 환경을 조성해야 할 것이다.

11장

토지와 부동산 불평등의 AI 기반 혁신

AI 기반 토지 불평등 혁신

11.1 토지분배 불균형과 부동산자산 격차의 심화

토지분배 불균형과 부동산자산 격차는 현대 사회의 경제적 불평등을 심화시키는 주요 요인 중 하나로, 이는 개인과 가구의 경제적 안정성, 사회적 이동성, 그리고 지역 간 균형 발전에 중대한 영향을 미친다. 특히 도시화와 글로벌화가 가속화되면서 토지와 부동산 자산은 단순한 생활 기반을 넘어 투자와 투기의 대상으로 변모하였고, 이는 자산 격차를 더욱 확대시키는 결과를 초래하고 있다.

첫 번째로, 토지분배 불균형은 자산불평등의 근본적인 원인으로 작용한다. 토지는 고정된 자원으로 그 공급이 제한적이며, 이는 소유권의 집중화를 초래한다. 특히 대도시와 같은 고가치 지역에서는 소수의 고소득층이나 대기업이 대규모 토지를 소유하는 반면, 저소득층은 주거를 위한 최소한의 토지도 확보하지 못하는 경우가 많다. 예를 들어, 서울과 같은 대도시에서는 상위 10%가 전체 토지의 상당 부분을 소유하고 있으며, 이러한 집중은 시간이 지날수록 심화되고 있다.

두 번째로, 부동산자산 격차는 주거안정성과 경제적 기회에 직접적인 영향을 미친다. 부동산은 단순히 주거 공간을 제공하는 것을 넘어, 자산 축적과 세대 간 부의 이전에서 중요한 역할을 한다. 그러나 부동산 시장에서의 가격 상승은 고소득층에게는 자산 가치를 증대시키는 기회가 되는 반면, 저소득층에게는 주거비 부담을 가중시키고 자산 형성을 어렵게 만든다. 특히 젠트리피케이션 현상은 저소득층이 기존 거주지에서 밀려나게 하며, 이는 사회적 갈등을 초래할 수 있다.

세 번째로, 투기적 부동산 시장은 토지분배 불균형과 부동산자산 격차를 더욱 악화시킨다. 부동산 시장에서 투기는 자산 가격을 인위적으로 상승시키며, 이는 실수요자들의 접근성을 제한하고 시장 왜곡을 초래한다. 예를 들어, 특정 지역에 대한 개발 기대감이 높아질 경우 투기적 거래가 증가하며, 이는 해당 지역의 주택가격과 임대료를 급격히 상승시키는 결과를 낳는다.

네 번째로, 제도적 요인도 이러한 불균형과 격차를 심화시키는 데 중요한 역할을 한다. 예를 들어, 개발이익 환수제나 누진적 조세제도가 약한 경우, 부동산 시장에서 발생하는 불로소득이 특정 계층에 집중될 가능성이 높아진다. 또한 공공임대주택 공급 부족이나 토지이용 규제 완화와 같은 정책적 허점도 문제를 악화시킬 수 있다.

다섯 번째로, 지역 간 격차는 토지와 부동산 자산 불평등 문제를 더욱 복잡하게 만든다. 대도시와 농촌 지역 간의 토지가치 차이는 경제활동 기회와 생활수준의 차이를 초래하며, 이는 지역 간 인구 이동과 경제적 불균형으로 이어진다. 예를 들어, 수도권 집중 현상은 지방의 경제 활력을 약화시키고 지역 간 격차를 심화시키는 주요 원인 중 하나이다.

토지분배 불균형과 부동산자산 격차는 다음과 같은 사회경제적 영향을 미친다:

- 경제적 기회의 양극화: 고가치 토지와 부동산을 소유한 계층은 더 많은 경제적 기회를 누리는 반면, 저소득층은 기회에서 배제된다.
- 사회통합 저해: 공간적 분리는 계층 간 상호작용을 제한하며, 이는 사회적 갈등과 분열을 초래할 수 있다.
- 지역 간 불균형 심화: 대도시와 지방 간의 경제활동 기회와 생활수준 차이는 지역 간 갈등을 증폭시킬 수 있다.
- 정치적 불균형 강화: 고가치 자산을 소유한 계층이 정치적 영향력을 더 많이 행사할 가능성이 높아지며, 이는 정책 결정 과정에서 형평성을 저해한다.

이 문제를 해결하기 위해서는 다음과 같은 정책적 접근이 필요하다:

- 포괄적인 토지 및 부동산 정책: 개발이익 환수제 강화, 공공임대주택 공급 확대 등으로 토지와 부동산 소유 및 이용의 형평성을 제고해야 한다.
- 금융포용성 확대: 소액대출 프로그램이나 디지털 금융 플랫폼을 통해 저소득층의 금융 접근성을 높여야 한다.
- 지역 균형 발전 촉진: 지방 경제 활성화를 위한 인프라 투자와 일자리 창출 정책을 통해 지역 간 격차를 줄여야 한다.
- 투기 억제 및 시장 안정화: 투기를 억제하기 위한 강력한 규제와 함께 실수요자를 보호하는 정책이 필요하다.
- 데이터 기반 의사결정 지원: 빅데이터와 AI를 활용하여 시장 동향을 실시간으로 모니터링하고 정책 효과성을 평가해야 한다.

미래 전망에서 토지분배 불균형과 부동산자산 격차 문제는 더욱 복잡하고 다차원적으로 나타날 가능성이 크다. 특히 디지털 전환 시대에는 새로운 형태의 자산 불평등이 나타날 가능성이 있으며, 이를 해결하기 위한 혁신적인 접근법이 요구된다.

디지털 기술은 이 문제 해결에서 중요한 도구가 될 수 있다. 예를 들어, AI 기반 부동산 가치 평가 시스템이나 블록체인 기반 거래 플랫폼은 투명성과 효율성을 높이는 데 기여할 수 있다.

또한 ESG 원칙을 반영한 정책 설계는 환경문제 해결과 사회적 가치 창출에 기여하면서도 경제 안정성을 강화하는 데 초점을 맞출 것이다.

결론적으로 토지분배 불균형과 부동산자산 격차 문제는 개인과 사회 모두에게 중대한 영향을 미치는 복잡한 과제이다. 이를 해결하기 위해서는 혁신적인 정책 설계와 통합적인 실행 전략이 필요하며, 모든 계층이 참여하고 혜택을 누릴 수 있는 환경을 조성해야 할 것이다.

11.2 공간 빅데이터와 AI 기반 토지가치 평가 혁신

공간 빅데이터와 인공지능(AI)을 활용한 토지가치 평가 혁신은 현대 사회에서 토지분배 불균형과 부동산자산 격차 문제를 해결하기 위한 중요한 도구로 부상하고 있다. 전통적인 토지가치 평가 방식은 한계가 명확하며, 특히 데이터의 부족과 분석의 비효율성으로 인해 시장의 복잡성과 역동성을 충분히 반영하지 못하는 경우가 많다. 이에 반해, 공간 빅데이터와 AI 기술은 방대한 데이터를 실시간으로 분석하고 예측 모델을 생성하여 보다 정교하고 공정한 평가를 가능하게 한다.

첫 번째로, 공간 빅데이터는 토지가치 평가의 기본 자료를 제공한다. 공간 빅데이터는 위성 이미지, GPS 데이터, 드론 촬영 영상, 그리고 공공 및 민간 데이터베이스에서 수집된 정보를 포함하며, 이를 통해 토지의 물리적 특성(예: 면적, 지형), 환경적 요인(예: 대기질, 녹지 비율), 사회경제적 요인(예: 인구밀도, 소득수준) 등을 종합적으로 분석할 수 있다. 예를 들어, 위성 이미지를 활용하면 특정 지역의 개발 가능성을 평가하거나 환경적 위험 요소를 식별할 수 있다.

두 번째로, AI 기반 분석 기술은 공간 빅데이터를 활용하여 토지가치를 자동으로 평가하고 예측하는 데 중요한 역할을 한다. 머신러닝 알고리즘은 과거 데이터를 학습하여 패턴을 발견하고, 이를 바탕으로 미래의 토지가치를 예측할 수 있다. 예를 들어, AI 모델은 특정 지역의 인구 증가율, 교통 접근성, 상업시설 분포 등을 고려하여 해당 지역의 향후 토지가치 변화를 예측할 수 있다.

세 번째로, AI 기반 시뮬레이션은 정책결정자와 투자자에게 중요한 의사결정 도구를 제공한다. AI 시뮬레이션은 다양한 시나리오(예: 신규 인프라 개발, 환경 규제 강화)에서 토지가치가 어떻게 변화할지를 예측함으로써 정책 효과를 사전에 평가할 수 있게 한다. 예를 들어, 새로운 지하철 노선이 개통될 경우 인근 지역의 토지가치 상승률을 예측하여 공공투자 우선순위를 결정할 수 있다.

네 번째로, 블록체인 기술과 결합된 공간 빅데이터와 AI는 투명성과 신뢰성을 강화한다. 블록체인은 모든 거래 기록을 분산형 데이터베이스에 저장하여 조작이 불가능하게 하며, 이를 통해 부동산 거래와 관련된 부패와 비리를 방지할 수 있다. 또한 블록체인 기반 스마트 계약(Smart Contract)은 자동화된 거래 과정을 통해 비용과 시간을 절감할 수 있다.

다섯 번째로, 디지털 트윈(Digital Twin) 기술은 물리적 공간의 디지털 복제본을 생성하여 실제 환경에서 발생할 수 있는 다양한 상황을 시뮬레이션하고 분석하는 데 활용된다. 디지털 트윈은 도시계획과 토지이용 정책 설계에 있어 중요한 도구로 사용될 수 있으며, 이를 통해 보다 효율적이고 지속가능한 개발이 가능하다.

공간 빅데이터와 AI 기반 토지가치 평가는 다음과 같은 사회경제적 효과를 가져올 수 있다:

- 평가 정확성 향상: 방대한 데이터를 실시간으로 분석함으로써 기존 방법보다 훨씬

더 정교하고 정확한 평가가 가능하다.
- 시장 투명성 제고: 데이터 기반 평가와 블록체인 기술을 통해 부동산 시장의 투명성을 높이고 신뢰를 구축할 수 있다.
- 정책 효과성 강화: AI 시뮬레이션과 디지털 트윈 기술을 활용하여 정책 효과를 사전에 평가하고 최적의 결정을 내릴 수 있다.
- 불평등 완화: 공정하고 객관적인 평가 기준을 제공함으로써 자산격차를 줄이고 사회적 형평성을 증진할 수 있다.
- 환경 지속가능성 확보: 환경 데이터를 통합적으로 활용하여 지속가능한 개발 계획을 설계하고 실행할 수 있다.

공간 빅데이터와 AI 기반 토지가치 평가 혁신을 설계하고 실행할 때 고려해야 할 몇 가지 원칙이 있다:

- 데이터 품질 관리: 신뢰할 수 있는 데이터를 확보하고 정기적으로 업데이트하여 분석 결과의 신뢰성을 유지해야 한다.
- 포괄성과 형평성: 모든 계층과 지역이 데이터와 기술 혜택에서 배제되지 않도록 포괄적인 접근을 취해야 한다.
- 투명성과 책임성: 데이터 사용과 분석 과정이 투명하게 공개되고 책임 있게 관리되어야 한다.
- 지속가능성과 장기성: 단기적인 성과에 그치지 않고 장기적으로 지속가능한 구조를 유지해야 한다.
- 디지털 접근성 확대: 디지털 격차 해소를 위해 모든 계층이 기술에 접근하고 활용할 수 있는 환경을 조성해야 한다.

미래 전망에서 공간 빅데이터와 AI 기반 토지가치 평가는 더욱 중요해질 것이다. 특히 디지털 전환 시대에는 새로운 형태의 데이터와 기술이 등장하면서 더욱 정교한 평가 모델이 개발될 가능성이 크다.

디지털 기술은 이 문제 해결에서 중요한 도구가 될 수 있다. 예를 들어, 위성 이미지와 드론 데이터를 결합한 실시간 모니터링 시스템이나 머신러닝 기반 자동화된 가치평가 모델은 시장 투명성과 효율성을 극대화할 것이다.

또한 ESG 원칙을 반영한 정책 설계는 환경문제 해결과 사회적 가치 창출에 기여하면 서도 경제 안정성을 강화하는 데 초점을 맞출 것이다.

결론적으로 공간 빅데이터와 AI 기반 토지가치 평가는 개인과 사회 모두에게 중대한 영향을 미치는 혁신적인 도구이다. 이를 효과적으로 활용하기 위해서는 혁신적인 기술 개발과 통합적인 정책 설계가 필요하며, 모든 계층이 참여하고 혜택을 누릴 수 있는 환경을 조성해야 할 것이다.

11.3 공정한 토지정책을 위한 AI 시뮬레이션과 최적화

공정한 토지정책은 토지분배 불균형과 부동산자산 격차를 완화하고, 사회적 형평성과 지속가능성을 증진하기 위한 핵심적인 정책적 도구이다. 그러나 전통적인 토지정책은 복잡한 사회경제적 요인과 다양한 이해관계자 간의 갈등을 충분히 고려하지 못해 한계를 드러내는 경우가 많다. 이러한 문제를 해결하기 위해 인공지능(AI) 기반 시뮬레이션과 최적화 기술이 공정한 토지정책 설계와 실행에 혁신적인 돌파구를 제공하고 있다.

첫 번째로, AI 기반 시뮬레이션은 다양한 정책 시나리오를 사전에 검토하고 그 효과를 예측하는 데 중요한 역할을 한다. AI는 과거 데이터를 학습하여 정책 변화에 따른 토지가치, 인구 이동, 경제적 영향을 예측할 수 있다. 예를 들어, 특정 지역에 공공임대주택을 건설하거나 새로운 인프라를 구축했을 때 발생할 수 있는 경제적·사회적 변화를 시뮬레이션할 수 있다. 이를 통해 정책결정자는 예상치 못한 부작용을 최소화하고, 최적의 대안을 선택할 수 있다.

두 번째로, 최적화 알고리즘은 공정한 토지분배와 자원 배분을 지원한다. 최적화 기술은 다양한 제약 조건(예: 예산, 환경 규제, 사회적 형평성)을 고려하여 자원의 효율적인 배분 방안을 도출한다. 예를 들어, AI 기반 최적화 모델은 도시 내 공공시설의 최적 입지를 결정하거나, 개발이익 환수제를 적용할 지역과 비율을 산출하는 데 활용될 수 있다.

세 번째로, 예측 분석은 장기적인 정책 효과를 평가하고 지속가능한 발전을 도모하는 데 기여한다. AI는 기후변화, 인구 증가, 경제 성장 등 복합적인 요인을 통합적으로 분석하여 장기적인 토지 이용 패턴과 가치를 예측할 수 있다. 이를 통해 정책결정자는 단기적인 성과에 그치지 않고 장기적으로 지속가능한 토지정책을 설계할 수 있다.

네 번째로, 블록체인 기술과의 결합은 토지 거래와 소유권 관리의 투명성과 신뢰성을 강화한다. 블록체인은 모든 거래 기록을 분산형 데이터베이스에 저장하여 조작이 불가능하게 하며, 이를 통해 부동산 거래와 관련된 부패와 비리를 방지할 수 있다. 또한 스마트 계약(Smart Contract)은 자동화된 거래 과정을 통해 비용과 시간을 절감할 수 있다.

다섯 번째로, 디지털 트윈(Digital Twin) 기술은 물리적 공간의 디지털 복제본을 생성하여 실제 환경에서 발생할 수 있는 다양한 상황을 시뮬레이션하고 분석하는 데 활용된다. 디지털 트윈은 도시계획과 토지이용 정책 설계에서 중요한 도구로 사용될 수 있으며, 이를 통해 보다 효율적이고 지속가능한 개발이 가능하다.

AI 기반 시뮬레이션과 최적화는 다음과 같은 사회경제적 효과를 가져올 수 있다:

- 정책 효과성 강화: 다양한 시나리오를 사전에 검토하고 최적의 대안을 선택함으로써 정책 효과성을 극대화할 수 있다.
- 시장 투명성 제고: 데이터 기반 의사결정을 통해 시장의 투명성을 높이고 신뢰를 구축할 수 있다.
- 불평등 완화: 공정하고 객관적인 평가 기준과 배분 방안을 제공함으로써 자산격차를 줄이고 사회적 형평성을 증진할 수 있다.

- 환경 지속가능성 확보: 환경 데이터를 통합적으로 활용하여 지속가능한 개발 계획을 설계하고 실행할 수 있다.
- 비용 절감 및 효율성 증대: 자동화된 분석과 최적화를 통해 정책 설계와 실행 과정에서 시간과 비용을 절감할 수 있다.

AI 기반 시뮬레이션과 최적화를 설계하고 실행할 때 고려해야 할 몇 가지 원칙이 있다:

- 데이터 품질 관리: 신뢰할 수 있는 데이터를 확보하고 정기적으로 업데이트하여 분석 결과의 신뢰성을 유지해야 한다.
- 포괄성과 형평성: 모든 계층과 지역이 데이터와 기술 혜택에서 배제되지 않도록 포괄적인 접근을 취해야 한다.
- 투명성과 책임성: 데이터 사용과 분석 과정이 투명하게 공개되고 책임 있게 관리되어야 한다.
- 지속가능성과 장기성: 단기적인 성과에 그치지 않고 장기적으로 지속가능한 구조를 유지해야 한다.
- 디지털 접근성 확대: 디지털 격차 해소를 위해 모든 계층이 기술에 접근하고 활용할 수 있는 환경을 조성해야 한다.

미래 전망에서 AI 기반 시뮬레이션과 최적화는 더욱 중요해질 것이다. 특히 디지털 전환 시대에는 새로운 형태의 데이터와 기술이 등장하면서 더욱 정교한 모델이 개발될 가능성이 크다.

디지털 기술은 이 문제 해결에서 중요한 도구가 될 수 있다. 예를 들어, 위성 이미지와 드론 데이터를 결합한 실시간 모니터링 시스템이나 머신러닝 기반 자동화된 가치평가 모델은 시장 투명성과 효율성을 극대화할 것이다.

또한 ESG 원칙을 반영한 정책 설계는 환경문제 해결과 사회적 가치 창출에 기여하면서도 경제 안정성을 강화하는 데 초점을 맞출 것이다.

결론적으로 AI 기반 시뮬레이션과 최적화는 개인과 사회 모두에게 중대한 영향을 미치는 혁신적인 도구이다. 이를 효과적으로 활용하기 위해서는 혁신적인 기술 개발과 통합적인 정책 설계가 필요하며, 모든 계층이 참여하고 혜택을 누릴 수 있는 환경을 조성해야 할 것이다.

12장

건물자산 불평등과 AI 기반 건물관리

AI로 건물 자산 불평등 해결

12.1 건물자산의 소유 편중과 관리 격차 문제

건물자산의 소유 편중과 관리 격차는 현대 사회에서 자산불평등을 심화시키는 주요 요인 중 하나로, 이는 주거 안정성, 경제적 기회, 그리고 사회적 형평성에 중대한 영향을 미친다. 건물자산은 단순히 물리적 공간을 제공하는 것을 넘어, 개인과 가구의 경제적 안정성과 자산 축적의 중요한 수단으로 작용하며, 세대 간 부의 이전에서도 핵심적인 역할을 한다. 그러나 건물자산의 소유와 관리에서 나타나는 불평등은 사회 전반에 걸쳐 다양한 문제를 초래하고 있다.

첫 번째로, 건물자산 소유의 편중은 자산불평등의 핵심적인 원인이다. 고소득층과 대기업은 대규모 상업용 건물이나 고가 주택을 소유하며, 이를 통해 지속적으로 자산 가치를 증대시키는 반면, 저소득층은 주거를 위한 최소한의 건물조차 소유하지 못하는 경우가 많다. 특히 대도시에서는 상위 10%가 전체 건물자산의 상당 부분을 소유하고 있으며, 이러한 집중은 시간이 지날수록 심화되고 있다. 예를 들어, 뉴욕이나 런던과 같은 글로벌 도시에서는 고소득층이 고급 아파트와 상업용 빌딩을 독점적으로 소유하는 반면, 저소득층은 임대 주택에 의존하거나 열악한 주거 환경에서 생활하는 경우가 많다.

두 번째로, 건물 관리 격차는 주거 환경과 자산 가치에 직접적인 영향을 미친다. 고소득층이 소유한 건물은 정기적인 유지보수와 리모델링을 통해 가치가 상승하는 반면, 저소득층이 거주하는 지역의 건물은 관리가 부실하여 노후화되고 안전 문제가 발생할 가능성이 높다. 이러한 격차는 단순히 물리적 환경의 차이를 넘어 건강, 교육, 사회적 기회 등 다양한 측면에서 불평등을 심화시킨다. 예를 들어, 열악한 주거 환경은 주민들의 건강 상태와 학업 성취도에 부정적인 영향을 미칠 수 있다.

세 번째로, 임대 시장에서의 불평등도 건물자산 격차를 심화시키는 요인이다. 고소득층이 다수의 임대용 건물을 소유하고 높은 임대료를 책정함으로써 저소득층의 주거비 부담이 증가하고 있다. 이는 저소득층이 다른 경제적 활동에 투자할 자원을 제한하며, 장기적으로 자산 축적을 어렵게 만든다. 또한 임대 시장에서 발생하는 젠트리피케이션 현상은 기존 주민들이 더 이상 감당할 수 없는 임대료 상승으로 인해 거주지를 떠나야 하는 상황을 초래한다.

네 번째로, 제도적 허점도 이러한 문제를 악화시키는 데 기여한다. 공공임대주택 공급 부족이나 건물 관리 규제 미비와 같은 제도적 허점은 저소득층이 안정적인 주거 환경을 확보하는 데 장애물이 된다. 또한 부동산 세제나 개발 이익 환수 제도의 약점은 고소득층이 더 많은 건물자산을 축적하고 이를 통해 추가적인 이익을 얻는 것을 용이하게 한다.

다섯 번째로, 지역 간 격차는 건물자산 불평등 문제를 더욱 복잡하게 만든다. 대도시와 지방 간의 건물이용률과 관리 수준 차이는 지역 간 경제활동 기회와 생활수준 차이를 초래하며, 이는 지역 간 인구 이동과 경제적 불균형으로 이어진다. 예를 들어, 수도권 집중 현상은 지방의 경제 활력을 약화시키고 지역 간 격차를 심화시키는 주요 원인 중 하나이다.

건물자산 소유 편중과 관리 격차는 다음과 같은 사회경제적 영향을 미친다:

- 경제적 기회의 양극화: 고가치 건물을 소유한 계층은 더 많은 경제적 기회를 누리는 반면, 저소득층은 기회에서 배제된다.
- 사회통합 저해: 공간적 분리는 계층 간 상호작용을 제한하며, 이는 사회적 갈등과 분열을 초래할 수 있다.
- 지역 간 불균형 심화: 대도시와 지방 간의 경제활동 기회와 생활수준 차이는 지역 간 갈등을 증폭시킬 수 있다.
- 정치적 불균형 강화: 고가치 자산을 소유한 계층이 정치적 영향력을 더 많이 행사할 가능성이 높아지며, 이는 정책 결정 과정에서 형평성을 저해한다.

이 문제를 해결하기 위해서는 다음과 같은 정책적 접근이 필요하다:

- 포괄적인 주거 정책: 공공임대주택 공급 확대와 노후 건물 리모델링 지원 등을 통해 주거 환경 격차를 줄여야 한다.
- 건물 관리 규제 강화: 정기적인 유지보수와 안전 점검을 의무화하여 모든 계층이 안전하고 쾌적한 주거 환경에서 생활할 수 있도록 해야 한다.
- 임대 시장 안정화: 임대료 상한제 도입이나 젠트리피케이션 방지 정책을 통해 임대 시장에서의 불평등을 완화해야 한다.
- 지역 균형 발전 촉진: 지방 경제 활성화를 위한 인프라 투자와 일자리 창출 정책을

통해 지역 간 격차를 줄여야 한다.
- 데이터 기반 의사결정 지원: 빅데이터와 AI를 활용하여 시장 동향을 실시간으로 모니터링하고 정책 효과성을 평가해야 한다.

미래 전망에서 건물자산 소유 편중과 관리 격차 문제는 더욱 복잡하고 다차원적으로 나타날 가능성이 크다. 특히 디지털 전환 시대에는 새로운 형태의 자산 불평등이 나타날 가능성이 있으며, 이를 해결하기 위한 혁신적인 접근법이 요구된다.

디지털 기술은 이 문제 해결에서 중요한 도구가 될 수 있다. 예를 들어, AI 기반 부동산 가치 평가 시스템이나 블록체인 기반 거래 플랫폼은 투명성과 효율성을 높이는 데 기여할 것이다.

또한 ESG 원칙을 반영한 정책 설계는 환경문제 해결과 사회적 가치 창출에 기여하면서도 경제 안정성을 강화하는 데 초점을 맞출 것이다.

결론적으로 건물자산 소유 편중과 관리 격차 문제는 개인과 사회 모두에게 중대한 영향을 미치는 복잡한 과제이다. 이를 해결하기 위해서는 혁신적인 정책 설계와 통합적인 실행 전략이 필요하며, 모든 계층이 참여하고 혜택을 누릴 수 있는 환경을 조성해야 할 것이다.

12.2 지능형 건물관리와 AI 기반 자산 가치제고 전략

지능형 건물관리(Intelligent Building Management)와 인공지능(AI) 기반 자산 가치제고 전략은 현대 부동산 관리에서 중요한 혁신 도구로 자리 잡고 있다. 전통적인 건물관리는 유지보수와 운영 효율성에 초점을 맞췄지만, 디지털 기술과 AI의 발전은 건물관리의 패러다임을 변화시키며, 자산 가치를 극대화하고 지속가능성을 확보하는 데 중점을 두고 있다. 이러한 접근법은 특히 건물자산의 소유 편중과 관리 격차 문제를 해결하고, 모든 계층이 안전하고 효율적인 주거 및 상업 공간을 누릴 수 있도록 하는 데 기여한다.

첫 번째로, 지능형 건물관리 시스템은 IoT(사물인터넷) 기술과 센서를 활용하여 실시간으로 건물의 상태를 모니터링하고 관리 효율성을 극대화한다. 예를 들어, 스마트 센서를 통해 에너지 소비량, 온도, 습도, 조명 상태 등을 실시간으로 추적하고 자동으로 조정할 수 있다. 이는 에너지 비용 절감과 환경적 지속가능성을 동시에 달성할 수 있는 중요한 도구이다. 또한, 이러한 시스템은 건물 내 설비의 이상 징후를 사전에 감지하여 유지보수 비용을 줄이고 안전성을 강화한다.

두 번째로, **AI 기반 예측 유지보수(Predictive Maintenance)**는 건물관리의 새로운 표준으로 부상하고 있다. 전통적인 유지보수는 문제가 발생한 후에 이를 해결하는 방식이었다면, AI는 과거 데이터를 학습하여 설비 고장 가능성을 사전에 예측하고 예방 조치를 취할 수 있다. 예를 들어, 엘리베이터나 냉난방 시스템의 작동 데이터를 분석하여 고장 가능성을 예측하고, 필요한 부품을 미리 준비하거나 점검 일정을 조정할 수 있다. 이는 비용 절감뿐만 아니라 거주자와 사용자에게 더 높은 수준의 편의를 제공한다.

세 번째로, 에너지 효율 최적화는 지능형 건물관리와 AI 기반 전략의 핵심 요소 중 하나이다. AI는 에너지 소비 패턴을 분석하고 최적화된 에너지 사용 계획을 제안함으로써 에너지 낭비를 줄이고 비용을 절감할 수 있다. 예를 들어, AI는 날씨 데이터와 사용 패턴을 분석하여 냉난방 시스템의 작동 시간을 자동으로 조정하거나, 태양광 패널에서 생성된 에너지를 효율적으로 분배할 수 있다. 이러한 접근은 특히 대규모 상업용 건물이나 공공시설에서 큰 효과를 발휘한다.

네 번째로, 스마트 보안 시스템은 건물의 안전성과 보안을 강화하는 데 중요한 역할을 한다. AI 기반 보안 시스템은 얼굴 인식, 행동 분석, 비정상적인 움직임 감지 등 다양한 기능을 제공하며, 이를 통해 침입이나 사고를 사전에 방지할 수 있다. 예를 들어, AI는 CCTV 영상을 실시간으로 분석하여 이상 징후를 감지하고 즉각적으로 경고를 발령하거나 보안 요원을 배치할 수 있다.

다섯 번째로, AI 기반 자산 가치 평가는 부동산 시장에서 중요한 도구로 활용되고 있다. AI는 시장 데이터, 지역 특성, 건물 상태 등을 종합적으로 분석하여 정확한 자산 가치를 산출할 수 있다. 이는 투자자와 소유주가 보다 합리적인 의사결정을 내릴 수 있도록 지원하며, 부동산 거래의 투명성과 신뢰성을 높인다.

여섯 번째로, 거주자 경험 최적화는 지능형 건물관리의 또 다른 중요한 목표이다. AI는 거주자의 선호도와 생활 패턴을 학습하여 맞춤형 서비스를 제공할 수 있다. 예를 들어, 스마트홈 기술은 거주자가 선호하는 온도와 조명 설정을 자동으로 조정하거나, 정기적인 설문조사를 통해 개선점을 파악하여 서비스를 향상시킬 수 있다.

지능형 건물관리와 AI 기반 자산 가치제고 전략은 다음과 같은 사회경제적 효과를 가져올 수 있다:

- 운영 효율성 향상: 자동화된 관리 시스템과 예측 유지보수를 통해 운영 비용을 절감하고 관리 효율성을 극대화할 수 있다.
- 환경 지속가능성 확보: 에너지 소비 최적화와 재생에너지 활용을 통해 탄소 배출량을 줄이고 환경적 지속가능성을 강화할 수 있다.
- 안전성과 편의성 증대: 스마트 보안 시스템과 맞춤형 서비스를 통해 거주자와 사용자의 안전성과 편의를 높일 수 있다.
- 자산 가치 상승: 정교한 관리와 유지보수를 통해 건물의 물리적 상태와 시장 가치를 동시에 향상시킬 수 있다.
- 사회적 형평성 증진: 공공임대주택이나 취약계층 거주 지역에서도 지능형 관리 시스템을 도입함으로써 관리 격차를 줄이고 주거 환경을 개선할 수 있다.

이러한 전략을 설계하고 실행할 때 고려해야 할 몇 가지 원칙이 있다:

- 데이터 품질 관리: 신뢰할 수 있는 데이터를 확보하고 정기적으로 업데이트하여 분석 결과의 신뢰성을 유지해야 한다.

- 포괄성과 형평성: 모든 계층과 지역이 기술 혜택에서 배제되지 않도록 포괄적인 접근을 취해야 한다.
- 투명성과 책임성: 데이터 사용과 분석 과정이 투명하게 공개되고 책임 있게 관리되어야 한다.
- 지속가능성과 장기성: 단기적인 성과에 그치지 않고 장기적으로 지속가능한 구조를 유지해야 한다.
- 디지털 접근성 확대: 디지털 격차 해소를 위해 모든 계층이 기술에 접근하고 활용할 수 있는 환경을 조성해야 한다.

미래 전망에서 지능형 건물관리와 AI 기반 자산 가치제고 전략은 더욱 중요해질 것이다. 특히 디지털 전환 시대에는 새로운 형태의 데이터와 기술이 등장하면서 더욱 정교한 관리 모델이 개발될 가능성이 크다.

디지털 기술은 이 문제 해결에서 중요한 도구가 될 수 있다. 예를 들어, 위성 이미지와 드론 데이터를 결합한 실시간 모니터링 시스템이나 머신러닝 기반 자동화된 가치평가 모델은 시장 투명성과 효율성을 극대화할 것이다.

또한 ESG 원칙을 반영한 정책 설계는 환경문제 해결과 사회적 가치 창출에 기여하면서도 경제 안정성을 강화하는 데 초점을 맞출 것이다.

결론적으로 지능형 건물관리와 AI 기반 자산 가치제고 전략은 개인과 사회 모두에게 중대한 영향을 미치는 혁신적인 도구이다. 이를 효과적으로 활용하기 위해서는 혁신적인 기술 개발과 통합적인 정책 설계가 필요하며, 모든 계층이 참여하고 혜택을 누릴 수 있는 환경을 조성해야 할 것이다.

12.3 공정한 건물 접근성 보장을 위한 AI 기술 활용

공정한 건물 접근성 보장은 현대 사회에서 주거 안정성과 자산 형성을 위한 필수적인 요소로, 모든 계층이 안전하고 쾌적한 건물 환경을 누릴 수 있도록 하는 것을 목표로 한다. 그러나 건물 접근성은 경제적 불평등, 지역 간 격차, 제도적 한계 등으로 인해 심각한 차이를 보이고 있다. 이를 해결하기 위해 인공지능(AI) 기술은 건물 접근성과 관련된 문제를 혁신적으로 개선할 수 있는 강력한 도구로 부상하고 있다.

첫 번째로, AI 기반 주거지 매칭 시스템은 주거 접근성을 향상시키는 데 중요한 역할을 한다. AI는 개인의 소득, 가족 구성원 수, 직장 위치 등 다양한 데이터를 분석하여 적합한 주거지를 추천할 수 있다. 예를 들어, AI는 공공임대주택 신청자의 조건과 지역별 주택 공급 상황을 자동으로 매칭하여 효율성을 높이고 대기 시간을 단축할 수 있다. 이는 특히 저소득층과 취약계층이 적절한 주거 환경에 신속히 접근할 수 있도록 돕는 데 효과적이다.

두 번째로, AI 기반 건물 접근성 평가는 공공 및 민간 건물의 물리적 접근성을 개선하는 데 기여한다. AI는 건물의 설계 도면과 실제 구조를 분석하여 장애인, 노인, 어린이 등 다양한 사용자 그룹에 적합한 접근성을 평가할 수 있다. 예를 들어, AI는 휠체어 사용자를 위한 경사로 설치 여부나 엘리베이터 위치의 적절성을 분석하고 개선점을 제안할 수 있다. 이러한 기술은 공공건물뿐만 아니라 상업용 건물과 주거용 건물에서도 활용될 수 있다.

세 번째로, AI 기반 임대료 분석 및 규제 지원은 임대 시장에서의 불평등을 완화하는 데 중요한 도구가 된다. AI는 지역별 임대료 데이터를 분석하여 시장 동향을 파악하고, 과도한 임대료 상승이나 젠트리피케이션 현상을 감지할 수 있다. 이를 통해 정책결정자는 임대료 상한제나 세제 혜택과 같은 규제 정책을 보다 효과적으로 설계하고 실행할 수 있다. 예를 들어, AI는 특정 지역에서 임대료 상승률이 평균보다 높은 경우 이를 경고하고 정책 개입의 필요성을 제시할 수 있다.

네 번째로, **스마트 계약(Smart Contract)**과 블록체인 기술은 건물 거래와 임대 과정에서의 투명성과 신뢰성을 강화한다. 스마트 계약은 계약 조건이 충족되면 자동으로 실행되는 디지털 계약으로, 거래 비용을 줄이고 분쟁 가능성을 최소화한다. 예를 들어, 임대

계약 시 스마트 계약을 활용하면 임대료 납부와 같은 조건이 충족될 때 자동으로 보증금 반환 절차가 진행될 수 있다. 이는 특히 저소득층에게 안전하고 신뢰할 수 있는 거래 환경을 제공하는 데 기여한다.

다섯 번째로, AI 기반 도시계획 지원은 공정한 건물 접근성을 보장하기 위한 장기적인 전략 설계에 활용된다. AI는 인구 증가, 교통 흐름, 환경 데이터 등을 분석하여 새로운 건물 개발이나 도시 재생 프로젝트의 최적 입지를 제안할 수 있다. 예를 들어, AI는 특정 지역의 인프라 부족 문제를 식별하고 공공시설이나 저소득층 주택 공급이 필요한 지역을 우선적으로 선정할 수 있다.

여섯 번째로, 디지털 트윈(Digital Twin) 기술은 물리적 공간의 디지털 복제본을 생성하여 실제 환경에서 발생할 수 있는 다양한 상황을 시뮬레이션하고 분석하는 데 활용된다. 디지털 트윈은 새로운 건물 설계 단계에서부터 운영 및 유지보수 단계까지 모든 과정에서 접근성과 효율성을 극대화하는 데 기여한다. 예를 들어, 디지털 트윈을 통해 특정 설계가 장애인이나 노약자에게 어떤 영향을 미칠지 사전에 평가하고 개선점을 반영할 수 있다.

AI 기술을 활용한 공정한 건물 접근성 보장은 다음과 같은 사회경제적 효과를 가져올 수 있다:

- 주거 안정성 강화: 적합한 주거지 매칭과 임대료 규제를 통해 모든 계층이 안정적인 주거 환경에 접근할 수 있도록 지원한다.
- 사회통합 촉진: 장애인, 노인 등 취약계층의 물리적 접근성을 개선함으로써 사회적 배제를 완화하고 통합을 강화한다.
- 시장 투명성 제고: 스마트 계약과 블록체인 기술을 통해 거래 과정의 투명성과 신뢰성을 높인다.
- 환경 지속가능성 확보: AI 기반 도시계획과 디지털 트윈 기술을 통해 지속가능한 개발 계획을 설계하고 실행한다.

- 경제적 기회 확대: 효율적인 도시계획과 공정한 자원 배분을 통해 경제활동 참여 기회를 확대한다.

이러한 전략을 설계하고 실행할 때 고려해야 할 몇 가지 원칙이 있다:

- 데이터 품질 관리: 신뢰할 수 있는 데이터를 확보하고 정기적으로 업데이트하여 분석 결과의 신뢰성을 유지해야 한다.
- 포괄성과 형평성: 모든 계층과 지역이 데이터와 기술 혜택에서 배제되지 않도록 포괄적인 접근을 취해야 한다.
- 투명성과 책임성: 데이터 사용과 분석 과정이 투명하게 공개되고 책임 있게 관리되어야 한다.
- 지속가능성과 장기성: 단기적인 성과에 그치지 않고 장기적으로 지속가능한 구조를 유지해야 한다.
- 디지털 접근성 확대: 디지털 격차 해소를 위해 모든 계층이 기술에 접근하고 활용할 수 있는 환경을 조성해야 한다.

미래 전망에서 AI 기술은 공정한 건물 접근성 보장을 위한 핵심 도구로 더욱 중요해질 것이다. 특히 디지털 전환 시대에는 새로운 형태의 데이터와 기술이 등장하면서 더욱 정교한 관리 모델이 개발될 가능성이 크다.

디지털 기술은 이 문제 해결에서 중요한 도구가 될 수 있다. 예를 들어, 위성 이미지와 드론 데이터를 결합한 실시간 모니터링 시스템이나 머신러닝 기반 자동화된 가치평가 모델은 시장 투명성과 효율성을 극대화할 것이다.

또한 ESG 원칙을 반영한 정책 설계는 환경문제 해결과 사회적 가치 창출에 기여하면서도 경제 안정성을 강화하는 데 초점을 맞출 것이다.

결론적으로 AI 기술을 활용한 공정한 건물 접근성 보장은 개인과 사회 모두에게 중대한 영향을 미치는 혁신적인 전략이다. 이를 효과적으로 구현하기 위해서는 혁신적인 기술 개발과 통합적인 정책 설계가 필요하며, 모든 계층이 참여하고 혜택을 누릴 수 있는 환경을 조성해야 할 것이다.

13장

공간 금융불평등과 AI 기반 금융 포용

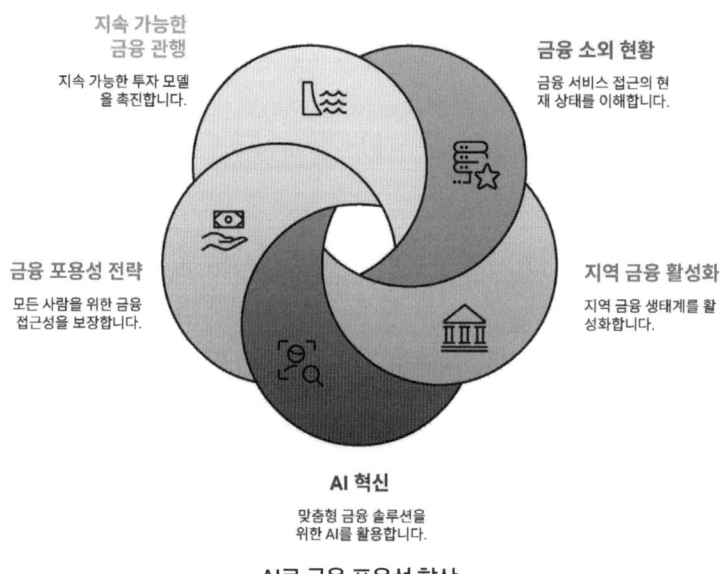

13.1 공간 금융소외와 자산불평등의 상관성

공간 금융소외(Spatial Financial Exclusion)는 특정 지역이나 계층이 금융서비스에 접근하지 못하거나 제한적으로 접근하는 현상을 의미하며, 이는 자산불평등을 심화시키는 주요 요인 중 하나로 작용한다. 금융서비스는 개인과 가구가 자산을 축적하고 경제적 안정성을 확보하는 데 필수적인 도구이지만, 금융소외는 이러한 기회를 박탈하며 경제적 격차를 확대한다. 특히 공간적 요인과 금융소외가 결합될 경우, 특정 지역이나 집단은 자산 형성에서 더욱 배제되는 악순환에 빠질 수 있다.

첫 번째로, 금융서비스 접근성의 지역 간 격차는 공간 금융소외의 핵심적인 특징이다. 도시 지역은 은행, 보험사, 투자회사 등 다양한 금융기관이 밀집해 있어 상대적으로 금융서비스 접근성이 높다. 반면 농촌 지역이나 소외된 도시 외곽 지역은 금융기관의 물리적 부재로 인해 기본적인 금융서비스조차 이용하기 어려운 경우가 많다. 예를 들어, 은행 지점이 없는 지역 주민들은 계좌 개설, 대출 신청, 저축 등 기본적인 금융활동을 위해 먼 거리를 이동해야 하는 불편을 겪는다.

두 번째로, 디지털 격차는 공간 금융소외를 심화시키는 또 다른 요인이다. 디지털 전환 시대에 많은 금융서비스가 온라인으로 제공되고 있지만, 디지털 인프라가 부족한 지역이나 디지털 리터러시가 낮은 계층은 이러한 서비스에 접근하기 어렵다. 예를 들어, 인터넷 연결이 제한된 농촌 지역 주민들은 모바일 뱅킹이나 온라인 대출 서비스와 같은 현대적인 금융 도구를 활용할 수 없다. 이는 디지털 기술이 오히려 새로운 형태의 금융소외를 초래할 수 있음을 보여 준다.

세 번째로, 금융기관의 차별적 서비스 제공도 공간 금융소외를 악화시키는 요인이다. 금융기관은 수익성을 우선시하는 경향이 있어 고위험 지역이나 저소득층 밀집 지역에서는 대출 승인율을 낮추거나 높은 이자율을 적용하는 경우가 많다. 이는 해당 지역 주민들이 자산 형성을 위한 자본 접근에서 배제되는 결과를 초래한다. 예를 들어, 신용점수가 낮은 계층은 합리적인 조건으로 대출을 받을 수 없으며, 이는 장기적으로 자산 축적 기회를 제한한다.

네 번째로, 공공 및 민간의 제도적 한계는 공간 금융소외 문제 해결을 어렵게 만든다. 공공부문에서는 소액대출 프로그램이나 금융교육 지원과 같은 정책이 충분히 시행되지 않는 경우가 많으며, 민간부문에서는 저소득층과 소외지역 주민들을 대상으로 한 맞춤형 상품 개발이 부족하다. 이러한 제도적 한계는 특정 계층과 지역이 지속적으로 금융서비스에서 배제되는 구조적 문제를 강화한다.

다섯 번째로, 공간적 불평등과 자산불평등의 상호작용은 공간 금융소외 문제를 더욱 복잡하게 만든다. 특정 지역의 경제적 낙후성은 주민들의 소득과 자산 축적 능력을 제한하며, 이는 다시 해당 지역의 금융서비스 수요 감소로 이어진다. 이러한 악순환은 해당 지역 주민들이 경제적으로 고립되는 결과를 초래한다.

공간 금융소외와 자산불평등의 상관성은 다음과 같은 사회경제적 영향을 미친다:

- 경제적 기회의 양극화: 금융서비스 접근성이 높은 계층과 지역은 더 많은 경제적 기회를 누리는 반면, 소외된 계층과 지역은 기회에서 배제된다.
- 사회통합 저해: 공간적 불평등은 계층 간 상호작용을 제한하며, 이는 사회적 갈등과 분열을 초래할 수 있다.
- 지역 간 불균형 심화: 도시와 농촌 간 또는 중심지와 외곽지 간의 경제활동 기회와 생활수준 차이는 지역 간 갈등을 증폭시킬 수 있다.
- 정치적 불균형 강화: 경제적으로 고립된 계층과 지역은 정치적 영향력을 행사할 기회가 줄어들며, 이는 정책 결정 과정에서 형평성을 저해한다.

이 문제를 해결하기 위해서는 다음과 같은 정책적 접근이 필요하다:

- 포괄적인 금융포용 정책: 소액대출 프로그램 확대, 디지털 뱅킹 교육 강화 등을 통해 모든 계층과 지역이 금융서비스에 접근할 수 있도록 해야 한다.
- 디지털 인프라 확충: 인터넷 연결 및 디지털 기기 보급을 통해 디지털 격차를 해소하고 현대적인 금융서비스 활용도를 높여야 한다.
- 맞춤형 금융상품 개발: 저소득층과 소외지역 주민들을 대상으로 한 합리적인 조건의 대출 상품이나 저축 프로그램을 개발해야 한다.
- 공공-민간 협력 강화: 정부와 민간금융기관 간 협력을 통해 포괄적인 지원체계를 구축하고 효율성을 극대화해야 한다.
- 데이터 기반 의사결정 지원: 빅데이터와 AI를 활용하여 시장 동향을 실시간으로 모

니터링하고 정책 효과성을 평가해야 한다.

미래 전망에서 공간 금융소외 문제는 더욱 복잡하고 다차원적으로 나타날 가능성이 크다. 특히 디지털 전환 시대에는 새로운 형태의 데이터와 기술이 등장하면서 더욱 정교한 해결책이 요구될 것이다.

디지털 기술은 이 문제 해결에서 중요한 도구가 될 수 있다. 예를 들어, 위성 이미지와 드론 데이터를 결합한 실시간 모니터링 시스템이나 머신러닝 기반 자동화된 가치평가 모델은 시장 투명성과 효율성을 극대화할 것이다.

또한 ESG 원칙을 반영한 정책 설계는 환경문제 해결과 사회적 가치 창출에 기여하면서도 경제 안정성을 강화하는 데 초점을 맞출 것이다.

결론적으로 공간 금융소외와 자산불평등의 상관성 문제는 개인과 사회 모두에게 중대한 영향을 미치는 복잡한 과제이다. 이를 해결하기 위해서는 혁신적인 정책 설계와 통합적인 실행 전략이 필요하며, 모든 계층이 참여하고 혜택을 누릴 수 있는 환경을 조성해야 할 것이다.

13.2 AI 기반 공간금융 혁신과 자산불평등 완화방안

인공지능(AI) 기반 공간금융 혁신은 금융서비스 접근성을 확대하고 자산불평등을 완화하기 위한 강력한 도구로 부상하고 있다. 공간금융은 특정 지역이나 계층의 금융서비스 이용 가능성을 의미하며, 이는 자산 형성과 경제적 안정성에 직결된다. 그러나 전통적인 금융 시스템은 지역적 불균형과 소외를 해결하는 데 한계를 드러내고 있으며, 이를 극복하기 위해 AI 기술이 새로운 가능성을 열어 주고 있다. AI는 데이터 분석, 예측 모델링, 맞춤형 서비스 제공 등 다양한 기능을 통해 공간금융의 효율성과 포괄성을 극대화할 수 있다.

첫 번째로, AI 기반 신용평가 시스템은 금융서비스 접근성을 확대하는 데 중요한 역할을 한다. 전통적인 신용평가 방식은 주로 소득 수준이나 신용 기록에 의존하며, 이는 저소득층과 금융소외 계층에게 불리하게 작용한다. 반면 AI는 비정형 데이터를 포함한 다양한 정보를 분석하여 보다 정교하고 포괄적인 신용평가를 가능하게 한다. 예를 들어, AI는 개인의 소비 패턴, 소셜미디어 활동, 지역 경제 데이터를 활용하여 기존보다 정확한 신용 점수를 산출할 수 있다. 이를 통해 금융기관은 더 많은 사람들에게 대출과 같은 금융서비스를 제공할 수 있으며, 이는 자산 형성의 기회를 확대한다.

두 번째로, AI 기반 맞춤형 금융상품 개발은 개인과 지역의 특성에 맞는 서비스를 제공함으로써 금융소외를 줄이고 자산 축적을 지원한다. AI는 대규모 데이터를 분석하여 특정 지역이나 계층의 필요와 선호를 파악하고, 이에 적합한 금융상품을 설계할 수 있다. 예를 들어, 농촌 지역에서는 농업 생산 주기에 맞춘 대출 상품을 제공하거나, 저소득층에게는 소액저축 프로그램을 제안할 수 있다. 이러한 맞춤형 접근은 금융서비스의 효율성과 효과성을 동시에 높인다.

세 번째로, AI 기반 위험 관리는 금융기관이 고위험 지역이나 계층에도 서비스를 제공할 수 있도록 지원한다. 전통적으로 금융기관은 위험 회피 성향으로 인해 저소득층 밀집 지역이나 경제적으로 낙후된 지역에 대한 대출을 꺼리는 경향이 있었다. 그러나 AI는 대출 상환 가능성을 정확히 예측하고 리스크를 세분화하여 관리할 수 있는 도구를 제공한다. 예를 들어, AI는 특정 지역의 경제 성장률, 고용률, 인프라 개발 계획 등을 분석하여 해당 지역의 대출 위험도를 평가하고 이를 바탕으로 합리적인 대출 조건을 제시할 수 있다.

네 번째로, AI 기반 디지털 플랫폼은 금융서비스 접근성을 극대화하는 데 기여한다. 디지털 플랫폼은 물리적 은행 지점이 부족한 지역에서도 온라인으로 다양한 서비스를 제공할 수 있는 환경을 조성한다. AI는 이러한 플랫폼에서 고객 지원 챗봇, 자동화된 상담 서비스 등을 통해 사용자 경험을 개선하고 효율성을 높인다. 예를 들어, 사용자가 모바일 애플리케이션에서 간단한 질문만 입력하면 AI가 최적의 대출 상품이나 저축 계획을 추천할 수 있다.

다섯 번째로, 블록체인 기술과 결합된 AI는 금융 거래의 투명성과 신뢰성을 강화한다. 블록체인은 모든 거래 기록을 분산형 데이터베이스에 저장하여 조작이 불가능하게 하며, 이를 통해 부패와 비리를 방지할 수 있다. AI는 이러한 블록체인 데이터를 분석하여 이상 거래를 감지하거나 규정 준수를 자동으로 확인할 수 있다. 예를 들어, 블록체인 기반 스마트 계약(Smart Contract)은 자동화된 거래 과정을 통해 비용과 시간을 절감하며, 이는 특히 저소득층에게 안전하고 신뢰할 수 있는 거래 환경을 제공한다.

AI 기반 공간금융 혁신은 다음과 같은 사회경제적 효과를 가져올 수 있다:

- 금융포용성 확대: 신용평가와 맞춤형 상품 개발을 통해 더 많은 사람들이 금융서비스에 접근할 수 있게 된다.
- 자산불평등 완화: 저소득층과 소외지역 주민들이 자산 형성 기회를 확대함으로써 자산격차를 줄일 수 있다.
- 시장 투명성 제고: 블록체인 기술과 결합된 AI는 거래 과정의 투명성과 신뢰성을 높인다.
- 경제 성장 촉진: 효율적인 자원 배분과 리스크 관리로 인해 경제활동 참여가 확대되고 생산성이 향상된다.
- 환경 지속가능성 확보: AI는 친환경 투자나 지속가능한 프로젝트에 대한 자금 지원을 최적화하여 환경적 지속가능성을 강화한다.

AI 기반 공간금융 혁신을 설계하고 실행할 때 고려해야 할 몇 가지 원칙이 있다:

- 데이터 품질 관리: 신뢰할 수 있는 데이터를 확보하고 정기적으로 업데이트하여 분석 결과의 신뢰성을 유지해야 한다.
- 포괄성과 형평성: 모든 계층과 지역이 데이터와 기술 혜택에서 배제되지 않도록 포괄적인 접근을 취해야 한다.

- 투명성과 책임성: 데이터 사용과 분석 과정이 투명하게 공개되고 책임 있게 관리되어야 한다.
- 지속가능성과 장기성: 단기적인 성과에 그치지 않고 장기적으로 지속가능한 구조를 유지해야 한다.
- 디지털 접근성 확대: 디지털 격차 해소를 위해 모든 계층이 기술에 접근하고 활용할 수 있는 환경을 조성해야 한다.

미래 전망에서 AI 기반 공간금융 혁신은 더욱 중요해질 것이다. 특히 디지털 전환 시대에는 새로운 형태의 데이터와 기술이 등장하면서 더욱 정교한 해결책이 요구될 것이다.

디지털 기술은 이 문제 해결에서 중요한 도구가 될 수 있다. 예를 들어, 머신러닝 기반 자동화된 가치평가 모델이나 위성 이미지 데이터를 활용한 실시간 모니터링 시스템은 시장 투명성과 효율성을 극대화할 것이다.

또한 ESG 원칙을 반영한 정책 설계는 환경문제 해결과 사회적 가치 창출에 기여하면서도 경제 안정성을 강화하는 데 초점을 맞출 것이다.

결론적으로 AI 기반 공간금융 혁신은 개인과 사회 모두에게 중대한 영향을 미치는 혁신적인 전략이다. 이를 효과적으로 구현하기 위해서는 혁신적인 기술 개발과 통합적인 정책 설계가 필요하며, 모든 계층이 참여하고 혜택을 누릴 수 있는 환경을 조성해야 할 것이다.

13.3 P2P 공간금융과 자산중개 플랫폼의 발전

P2P(Peer-to-Peer) 공간금융과 자산중개 플랫폼은 전통적인 금융 시스템의 한계를 극복하고, 자산 형성과 금융 접근성을 확대하기 위한 혁신적인 도구로 주목받고 있다. 이러한 플랫폼은 디지털 기술을 기반으로 개인 간 직접적인 금융 거래를 가능하게 하며, 중개 비용을 줄이고 효율성을 높인다. 특히 P2P 공간금융은 소외된 계층과 지역에 새로

운 금융 기회를 제공하며, 자산불평등을 완화하는 데 중요한 역할을 한다.

첫 번째로, P2P 대출 플랫폼은 전통적인 은행 대출의 대안으로 부상하고 있다. P2P 대출은 개인 투자자와 차입자를 직접 연결하여 중개 과정을 단순화하고, 더 낮은 이자율로 대출을 제공할 수 있다. 예를 들어, 농촌 지역의 소규모 사업자는 은행의 까다로운 대출 조건을 충족하지 못하더라도 P2P 플랫폼을 통해 필요한 자금을 조달할 수 있다. 이는 금융소외 계층에게 자산 형성의 기회를 제공하며, 지역 경제 활성화에도 기여한다.

두 번째로, 부동산 크라우드펀딩은 자산중개 플랫폼의 대표적인 사례로, 개인 투자자들이 소액으로도 부동산 프로젝트에 참여할 수 있도록 한다. 전통적으로 부동산 투자는 고액 자본이 필요한 분야였지만, 크라우드펀딩은 이를 민주화하여 더 많은 사람들이 부동산 자산에 투자할 수 있는 길을 열었다. 예를 들어, 특정 지역의 상업용 건물 개발 프로젝트에 여러 명의 투자자가 소액으로 참여하여 공동 소유권을 갖는 방식이다. 이는 투자 다각화를 가능하게 하고, 부동산 시장의 참여 장벽을 낮춘다.

세 번째로, 블록체인 기반 자산중개 플랫폼은 거래의 투명성과 신뢰성을 강화한다. 블록체인은 모든 거래 기록을 분산형 데이터베이스에 저장하여 조작이 불가능하게 하며, 이를 통해 부패와 비리를 방지할 수 있다. 예를 들어, 스마트 계약(Smart Contract)을 활용하면 부동산 거래 과정에서 계약 조건이 자동으로 실행되며, 이는 거래 비용과 시간을 절감하는 동시에 분쟁 가능성을 최소화한다. 이러한 기술은 특히 신뢰가 부족한 시장에서 큰 효과를 발휘한다.

네 번째로, AI 기반 가치평가와 리스크 분석은 P2P 공간금융과 자산중개 플랫폼의 핵심 기술로 자리 잡고 있다. AI는 대규모 데이터를 분석하여 부동산 가치를 정확히 평가하고 투자 위험을 사전에 예측할 수 있다. 예를 들어, 특정 지역의 인구 증가율, 교통 접근성, 상업시설 분포 등을 분석하여 해당 지역의 부동산 가치 상승 가능성을 예측할 수 있다. 이는 투자자에게 보다 신뢰할 수 있는 정보를 제공하며, 합리적인 의사결정을 지원한다.

다섯 번째로, 지역 기반 플랫폼은 특정 지역의 경제 활성화와 사회적 연대를 촉진한다. 이러한 플랫폼은 지역 내 주민들과 사업체를 연결하여 자원을 효율적으로 배분하고 경제활동을 촉진한다. 예를 들어, 지역 주민들이 공동으로 투자하여 지역 상권을 활성화하거나 공공시설을 개선하는 프로젝트에 참여할 수 있다. 이는 지역 경제를 강화하고 공동체 의식을 높이는 데 기여한다.

P2P 공간금융과 자산중개 플랫폼은 다음과 같은 사회경제적 효과를 가져올 수 있다:

- 금융포용성 확대: 전통적인 금융 시스템에서 배제된 계층과 지역에 새로운 금융 기회를 제공한다.
- 자산불평등 완화: 소액 투자와 대출을 통해 더 많은 사람들이 자산 형성에 참여할 수 있게 한다.
- 시장 투명성 제고: 블록체인 기술과 스마트 계약을 통해 거래 과정의 투명성과 신뢰성을 높인다.
- 경제 성장 촉진: 효율적인 자원 배분과 리스크 관리로 인해 경제활동 참여가 확대되고 생산성이 향상된다.
- 지역 경제 활성화: 지역 기반 플랫폼을 통해 지역 내 경제활동이 촉진되고 공동체 연대가 강화된다.

이러한 플랫폼을 설계하고 실행할 때 고려해야 할 몇 가지 원칙이 있다:

- 데이터 품질 관리: 신뢰할 수 있는 데이터를 확보하고 정기적으로 업데이트하여 분석 결과의 신뢰성을 유지해야 한다.
- 포괄성과 형평성: 모든 계층과 지역이 데이터와 기술 혜택에서 배제되지 않도록 포괄적인 접근을 취해야 한다.
- 투명성과 책임성: 데이터 사용과 분석 과정이 투명하게 공개되고 책임 있게 관리되어야 한다.

- 지속가능성과 장기성: 단기적인 성과에 그치지 않고 장기적으로 지속가능한 구조를 유지해야 한다.
- 디지털 접근성 확대: 디지털 격차 해소를 위해 모든 계층이 기술에 접근하고 활용할 수 있는 환경을 조성해야 한다.

미래 전망에서 P2P 공간금융과 자산중개 플랫폼은 더욱 중요해질 것이다. 특히 디지털 전환 시대에는 새로운 형태의 데이터와 기술이 등장하면서 더욱 정교한 해결책이 요구될 것이다.

디지털 기술은 이 문제 해결에서 중요한 도구가 될 수 있다. 예를 들어, 머신러닝 기반 자동화된 가치평가 모델이나 위성 이미지 데이터를 활용한 실시간 모니터링 시스템은 시장 투명성과 효율성을 극대화할 것이다.

또한 ESG 원칙을 반영한 정책 설계는 환경문제 해결과 사회적 가치 창출에 기여하면서도 경제 안정성을 강화하는 데 초점을 맞출 것이다.

결론적으로 P2P 공간금융과 자산중개 플랫폼은 개인과 사회 모두에게 중대한 영향을 미치는 혁신적인 전략이다. 이를 효과적으로 구현하기 위해서는 혁신적인 기술 개발과 통합적인 정책 설계가 필요하며, 모든 계층이 참여하고 혜택을 누릴 수 있는 환경을 조성해야 할 것이다.

14장

도시공간 불평등과 AI 기반 공간 혁신

AI 기반 도시 혁신

14.1 도시공간구조와 자산불평등의 상호작용

도시공간구조와 자산불평등은 상호 밀접하게 연결되어 있으며, 이는 현대 사회에서 경제적, 사회적, 환경적 불평등을 심화시키는 주요 요인으로 작용한다. 도시공간구조는 도시 내 자원의 배분과 접근성을 결정하며, 이는 특정 계층과 지역의 자산 축적 기회와 생활수준에 직접적인 영향을 미친다. 반대로, 자산불평등은 도시공간구조를 왜곡하고, 특정 지역과 계층 간의 격차를 확대하는 악순환을 초래할 수 있다.

첫 번째로, **도시 내 공간 분절화(Segregation)**는 자산불평등을 심화시키는 주요 메커니즘이다. 고소득층과 저소득층이 거주하는 지역이 물리적으로 분리되면서, 각 지역의 인프라와 공공서비스 수준에 큰 차이가 발생한다. 예를 들어, 고소득층이 거주하는 지역은 고급 주택, 우수한 교육기관, 양질의 의료서비스 등이 집중되어 있는 반면, 저소득층 지역은 열악한 주거 환경과 부족한 공공서비스로 인해 생활수준이 낮아진다. 이러한 공간적 분리는 사회적 이동성을 제한하고 세대 간 자산불평등을 고착화한다.

두 번째로, **젠트리피케이션(Gentrification)**은 도시공간구조와 자산불평등 간의 상호작용을 보여 주는 대표적인 현상이다. 젠트리피케이션은 도시 재개발이나 인프라 개선으로 인해 특정 지역의 부동산 가치와 임대료가 급격히 상승하면서 기존 주민들이 해당 지역에서 밀려나는 현상을 의미한다. 이는 고소득층이 해당 지역으로 유입되고, 저소득층이 외곽으로 이주하게 만들어 공간적 불평등을 더욱 심화시킨다. 예를 들어, 대도시 중심부에서 진행되는 재개발 프로젝트는 경제적 이익을 창출하지만, 기존 주민들에게는 주거비 부담 증가와 같은 부정적인 영향을 미친다.

세 번째로, 교통 접근성과 경제적 기회는 도시공간구조와 자산불평등 간의 중요한 연결고리이다. 교통 인프라는 특정 지역 주민들이 직장, 교육기관, 의료시설 등에 접근할 수 있는 능력을 결정하며, 이는 경제적 기회와 직결된다. 예를 들어, 대중교통망이 잘 구축된 지역은 부동산 가치가 높아지고 경제활동이 활발하지만, 교통 접근성이 낮은 지역은 경제적 기회가 제한되고 자산 축적이 어려워진다.

네 번째로, **환경 불평등(Environmental Inequality)**은 도시공간구조와 자산불평등 간의 또 다른 상호작용이다. 저소득층이 거주하는 지역은 종종 공기 오염, 소음, 열섬현상 등 환경적으로 열악한 조건에 노출되는 경우가 많다. 이러한 환경 불평등은 건강 문제와 생활수준 저하로 이어지며, 장기적으로 자산 축적 능력을 제한한다. 반면 고소득층 거주 지역은 녹지 공간과 친환경 인프라가 잘 갖추어져 있어 생활 질과 자산 가치가 동시에 높아진다.

다섯 번째로, **디지털 격차(Digital Divide)**는 현대 도시공간구조에서 새로운 형태의 불평등을 초래하고 있다. 디지털 기술과 스마트시티 인프라가 특정 지역에 집중되면서 디지털 접근성이 낮은 지역 주민들은 정보와 서비스에서 배제되는 경우가 많다. 이는 교육, 취업, 금융 등 다양한 분야에서 기회의 격차를 확대하며 자산불평등을 심화시킨다.

도시공간구조와 자산불평등의 상호작용은 다음과 같은 사회경제적 영향을 미친다:

- 경제적 기회의 양극화: 고소득층 거주 지역과 저소득층 거주 지역 간의 경제활동 참여 기회와 소득 수준 차이가 확대된다.
- 사회통합 저해: 공간적 분리는 계층 간 상호작용을 제한하며 사회적 갈등과 분열을 초래할 수 있다.
- 환경 지속가능성 약화: 환경적으로 열악한 조건에 노출된 지역 주민들은 건강 문제와 생활 질 저하로 인해 장기적인 경제활동 참여가 제한된다.
- 정치적 불균형 강화: 경제적으로 고립된 계층과 지역은 정치적 영향력을 행사할 기회가 줄어들며 정책 결정 과정에서 배제될 가능성이 높아진다.

이 문제를 해결하기 위해서는 다음과 같은 정책적 접근이 필요하다:

- 포괄적인 도시계획: 모든 계층과 지역이 균형 있게 발전할 수 있도록 포괄적인 도시계획을 수립해야 한다.
- 교통 인프라 확충: 교통 접근성이 낮은 지역에 대중교통망을 확충하여 경제활동 참여 기회를 확대해야 한다.
- 환경 개선 프로젝트: 열악한 환경 조건에 노출된 지역 주민들을 위한 녹지 공간 조성 및 친환경 인프라 개발을 추진해야 한다.
- 젠트리피케이션 방지 정책: 재개발 과정에서 기존 주민들의 주거권을 보호하고 임대료 상승을 억제하는 정책을 도입해야 한다.
- 디지털 접근성 확대: 디지털 격차를 해소하기 위해 모든 계층과 지역에 디지털 인

프라를 보급하고 디지털 리터러시 교육을 강화해야 한다.

미래 전망에서 도시공간구조와 자산불평등 문제는 더욱 복잡하고 다차원적으로 나타날 가능성이 크다. 특히 디지털 전환 시대에는 새로운 형태의 데이터와 기술이 등장하면서 더욱 정교한 해결책이 요구될 것이다.

디지털 기술은 이 문제 해결에서 중요한 도구가 될 수 있다. 예를 들어, 머신러닝 기반 자동화된 가치평가 모델이나 위성 이미지 데이터를 활용한 실시간 모니터링 시스템은 시장 투명성과 효율성을 극대화할 것이다.

또한 ESG 원칙을 반영한 정책 설계는 환경문제 해결과 사회적 가치 창출에 기여하면서도 경제 안정성을 강화하는 데 초점을 맞출 것이다.

결론적으로 도시공간구조와 자산불평등 간의 상호작용 문제는 개인과 사회 모두에게 중대한 영향을 미치는 복잡한 과제이다. 이를 해결하기 위해서는 혁신적인 정책 설계와 통합적인 실행 전략이 필요하며, 모든 계층이 참여하고 혜택을 누릴 수 있는 환경을 조성해야 할 것이다.

14.2 스마트도시와 AI 기반 공간자산 관리 최적화

스마트도시는 디지털 기술과 데이터를 활용하여 도시의 효율성과 지속가능성을 극대화하는 혁신적인 도시 모델로, 공간자산 관리의 새로운 패러다임을 제시하고 있다. 특히 인공지능(AI) 기반 기술은 스마트도시에서 공간자산을 효율적으로 관리하고, 자산불평등을 완화하며, 도시 거주자의 삶의 질을 향상시키는 데 핵심적인 역할을 한다. 이러한 접근은 도시 내 자원의 최적 배분과 공공서비스의 형평성을 보장하는 데 기여하며, 지속가능한 발전을 도모한다.

첫 번째로, AI 기반 도시계획 최적화는 스마트도시의 핵심 요소 중 하나이다. AI는 대규모 데이터를 분석하여 도시 내 인구 분포, 교통 흐름, 환경 조건 등을 종합적으로 고려한 최적의 도시계획을 설계할 수 있다. 예를 들어, AI는 특정 지역의 인구 증가 추세와 교통 혼잡도를 분석하여 새로운 주거 단지나 상업 시설의 적합한 입지를 제안할 수 있다. 이는 자원의 효율적인 배분과 도시 내 공간 불평등 완화에 기여한다.

두 번째로, 스마트 인프라 관리는 공간자산 관리 최적화의 중요한 측면이다. IoT(사물인터넷) 센서와 AI 기술을 통해 도로, 교량, 상하수도 등 도시 인프라의 상태를 실시간으로 모니터링하고 유지보수 계획을 자동으로 수립할 수 있다. 예를 들어, AI는 도로의 균열이나 교량의 구조적 약화를 사전에 감지하여 사고를 예방하고 유지보수 비용을 절감할 수 있다. 이는 공공 인프라의 안전성과 효율성을 높이는 동시에 자산 가치를 유지하는 데 기여한다.

세 번째로, 에너지 효율 최적화는 스마트도시에서 중요한 과제이며, AI는 이를 해결하는 데 강력한 도구로 작용한다. AI는 건물과 지역 단위에서 에너지 소비 패턴을 분석하고, 이를 바탕으로 에너지 사용 계획을 최적화할 수 있다. 예를 들어, AI는 날씨 데이터와 에너지 사용 데이터를 결합하여 냉난방 시스템의 작동 시간을 자동으로 조정하거나, 태양광 패널에서 생성된 에너지를 효율적으로 분배할 수 있다. 이러한 접근은 탄소 배출 감소와 에너지 비용 절감에 기여한다.

네 번째로, 스마트 교통 관리는 도시 내 이동성과 접근성을 개선하는 데 중요한 역할을 한다. AI 기반 교통 관리 시스템은 실시간 교통 데이터를 분석하여 신호등 조작, 대중교통 배차 계획 등을 자동으로 조정할 수 있다. 예를 들어, AI는 교통 혼잡 지역을 식별하고 우회 경로를 제안하거나, 대중교통 이용률이 높은 시간대에 추가 배차를 계획할 수 있다. 이는 이동 시간을 단축하고 대중교통 접근성을 높이며, 궁극적으로 도시 내 경제활동 참여 기회를 확대한다.

다섯 번째로, 스마트 보안 시스템은 도시 거주자의 안전과 자산 보호를 강화한다. AI 기반 보안 기술은 CCTV 영상 분석, 이상 행동 감지, 얼굴 인식 등을 통해 범죄 예방과 대응 속도를 높일 수 있다. 예를 들어, AI는 특정 지역에서 발생하는 범죄 패턴을 분석하여 경찰 순찰 경로를 최적화하거나, 긴급 상황 발생 시 즉각적인 경고를 발령할 수 있다. 이는 시민들의 안전성을 높이고 자산 가치를 보호하는 데 기여한다.

여섯 번째로, **디지털 트윈(Digital Twin)** 기술은 스마트도시에서 물리적 공간의 디지털 복제본을 생성하여 다양한 시뮬레이션과 분석에 활용된다. 디지털 트윈은 새로운 건물 설계부터 도시 재생 프로젝트까지 모든 단계에서 공간자산 관리와 개발 계획의 효율성을 극대화한다. 예를 들어, 디지털 트윈은 특정 지역에서 예상되는 인구 증가와 환경 변화를 시뮬레이션하여 장기적인 개발 전략을 제안할 수 있다.

스마트도시와 AI 기반 공간자산 관리 최적화는 다음과 같은 사회경제적 효과를 가져올 수 있다:

- 운영 효율성 향상: 자동화된 관리 시스템과 예측 모델링을 통해 운영 비용을 절감하고 자원 활용도를 극대화할 수 있다.
- 환경 지속가능성 확보: 에너지 소비 최적화와 재생에너지 활용을 통해 탄소 배출량을 줄이고 환경적 지속가능성을 강화할 수 있다.
- 사회적 형평성 증진: 공공서비스와 인프라의 형평성을 보장함으로써 모든 계층이 혜택을 누릴 수 있도록 지원한다.
- 경제 성장 촉진: 효율적인 자원 배분과 경제활동 참여 기회를 확대하여 지역 경제를 활성화한다.
- 삶의 질 향상: 스마트 기술과 맞춤형 서비스를 통해 시민들의 생활 편의를 높이고 안전성을 강화한다.

이러한 전략을 설계하고 실행할 때 고려해야 할 몇 가지 원칙이 있다:

- 데이터 품질 관리: 신뢰할 수 있는 데이터를 확보하고 정기적으로 업데이트하여 분석 결과의 신뢰성을 유지해야 한다.
- 포괄성과 형평성: 모든 계층과 지역이 데이터와 기술 혜택에서 배제되지 않도록 포

괄적인 접근을 취해야 한다.
- 투명성과 책임성: 데이터 사용과 분석 과정이 투명하게 공개되고 책임 있게 관리되어야 한다.
- 지속가능성과 장기성: 단기적인 성과에 그치지 않고 장기적으로 지속가능한 구조를 유지해야 한다.
- 디지털 접근성 확대: 디지털 격차 해소를 위해 모든 계층이 기술에 접근하고 활용할 수 있는 환경을 조성해야 한다.

미래 전망에서 스마트도시와 AI 기반 공간자산 관리는 더욱 중요해질 것이다. 특히 디지털 전환 시대에는 새로운 형태의 데이터와 기술이 등장하면서 더욱 정교한 해결책이 요구될 것이다.

디지털 기술은 이 문제 해결에서 중요한 도구가 될 수 있다. 예를 들어, 머신러닝 기반 자동화된 가치평가 모델이나 위성 이미지 데이터를 활용한 실시간 모니터링 시스템은 시장 투명성과 효율성을 극대화할 것이다.

또한 ESG 원칙을 반영한 정책 설계는 환경문제 해결과 사회적 가치 창출에 기여하면서도 경제 안정성을 강화하는 데 초점을 맞출 것이다.

결론적으로 스마트도시와 AI 기반 공간자산 관리 최적화는 개인과 사회 모두에게 중대한 영향을 미치는 혁신적인 전략이다. 이를 효과적으로 구현하기 위해서는 혁신적인 기술 개발과 통합적인 정책 설계가 필요하며, 모든 계층이 참여하고 혜택을 누릴 수 있는 환경을 조성해야 할 것이다.

14.3 공간 어메니티 자본과 가치 재분배의 과제

공간 어메니티 자본(Spatial Amenity Capital)은 도시와 지역사회에서 거주자들에게 제공되는 공공재와 편의시설을 의미하며, 이는 삶의 질과 자산가치에 직접적인 영향을 미친다. 공원, 녹지, 문화시설, 교육기관, 의료서비스, 교통 인프라 등은 공간 어메니티 자본의 대표적인 예로, 이러한 자원의 분포와 접근성은 특정 지역과 계층 간의 자산불평등을 심화시키거나 완화할 수 있다. 그러나 공간 어메니티 자본의 불균등한 분포는 사회적 형평성과 지속가능성을 저해하며, 이를 해결하기 위한 가치 재분배 전략이 중요한 과제로 부상하고 있다.

첫 번째로, 공간 어메니티 자본의 불균등한 분포는 자산불평등의 주요 원인 중 하나이다. 고소득층이 거주하는 지역은 일반적으로 고품질의 공공재와 편의시설이 밀집되어 있는 반면, 저소득층이 거주하는 지역은 이러한 자원이 부족하거나 열악한 상태에 있다. 예를 들어, 대도시 중심부나 고급 주거지역은 공원과 녹지가 잘 조성되어 있고 우수한 교육 및 의료시설에 접근하기 쉬운 반면, 도시 외곽이나 저소득층 밀집 지역은 이러한 혜택에서 소외되는 경우가 많다. 이러한 불균등한 분포는 특정 지역의 부동산 가치를 상승시키고, 다른 지역의 가치를 하락시키며 자산격차를 심화시킨다.

두 번째로, 공공재와 민간재 간의 격차는 공간 어메니티 자본의 불평등을 더욱 복잡하게 만든다. 공공재는 모든 시민에게 동등하게 제공되어야 하지만, 현실에서는 특정 지역이나 계층이 더 많은 혜택을 누리는 경우가 많다. 반면 민간재는 시장 논리에 따라 제공되며, 고소득층이 더 많은 접근 기회를 가지게 된다. 예를 들어, 사립학교나 고급 헬스클럽과 같은 민간재는 경제적 여유가 있는 계층만 이용할 수 있으며, 이는 공공재 부족 문제를 보완하지 못하는 결과를 초래한다.

세 번째로, **젠트리피케이션(Gentrification)** 은 공간 어메니티 자본과 가치 재분배 문제를 더욱 심화시킨다. 젠트리피케이션은 도시 재개발이나 인프라 개선으로 인해 특정 지역의 부동산 가치와 임대료가 상승하면서 기존 주민들이 해당 지역에서 밀려나는 현상을 의미한다. 이는 고소득층이 해당 지역으로 유입되면서 공간 어메니티 자본이 더욱 집중되고, 저소득층은 상대적으로 열악한 환경으로 이동하게 만든다. 예를 들어, 새로운 지하철 노선이 개통되거나 대규모 공원이 조성된 지역에서는 부동산 가격 상승과 함께 기존 주민들의 이탈이 발생할 가능성이 높다.

네 번째로, 환경적 불평등도 공간 어메니티 자본 분포와 가치 재분배 문제에 중요한 영향을 미친다. 환경적으로 열악한 조건에 노출된 지역 주민들은 건강 문제와 생활수준 저하로 인해 장기적인 경제활동 참여가 제한된다. 반면 녹지와 친환경 인프라가 잘 갖추어진 지역은 높은 생활 질과 부동산 가치를 유지하며 경제적 기회를 확대한다. 예를 들어, 대기오염이 심각한 산업단지 인근 지역 주민들은 건강 문제로 인해 의료비 부담이 증가하고 노동 생산성이 저하되는 반면, 녹지 비율이 높은 주거지역 주민들은 건강 상태와 생활 만족도가 상대적으로 높다.

다섯 번째로, **디지털 격차(Digital Divide)**는 현대 사회에서 새로운 형태의 공간 어메니티 자본 불평등을 초래하고 있다. 디지털 기술과 스마트시티 인프라가 특정 지역에 집중되면서 디지털 접근성이 낮은 지역 주민들은 정보와 서비스에서 배제되는 경우가 많다. 이는 교육, 취업, 금융 등 다양한 분야에서 기회의 격차를 확대하며 자산불평등을 심화시킨다.

공간 어메니티 자본과 가치 재분배 문제는 다음과 같은 사회경제적 영향을 미친다:

- 경제적 기회의 양극화: 고품질의 공공재와 편의시설에 접근할 수 있는 계층은 더 많은 경제적 기회를 누리는 반면, 소외된 계층은 기회에서 배제된다.
- 사회통합 저해: 공간적 불평등은 계층 간 상호작용을 제한하며 사회적 갈등과 분열을 초래할 수 있다.
- 환경 지속가능성 약화: 환경적으로 열악한 조건에 노출된 지역 주민들은 건강 문제와 생활 질 저하로 인해 장기적인 경제활동 참여가 제한된다.
- 정치적 불균형 강화: 경제적으로 고립된 계층과 지역은 정치적 영향력을 행사할 기회가 줄어들며 정책 결정 과정에서 배제될 가능성이 높아진다.

이 문제를 해결하기 위해서는 다음과 같은 정책적 접근이 필요하다:

- 포괄적인 공공재 분배 정책: 모든 계층과 지역이 균형 있게 공공재와 편의시설을 누릴 수 있도록 포괄적인 분배 정책을 수립해야 한다.
- 환경 개선 프로젝트: 열악한 환경 조건에 노출된 지역 주민들을 위한 녹지 공간 조성 및 친환경 인프라 개발을 추진해야 한다.
- 젠트리피케이션 방지 정책: 재개발 과정에서 기존 주민들의 주거권을 보호하고 임대료 상승을 억제하는 정책을 도입해야 한다.
- 디지털 접근성 확대: 디지털 격차를 해소하기 위해 모든 계층과 지역에 디지털 인프라를 보급하고 디지털 리터러시 교육을 강화해야 한다.
- 공공-민간 협력 강화: 정부와 민간 기업 간 협력을 통해 포괄적인 지원체계를 구축하고 효율성을 극대화해야 한다.

미래 전망에서 공간 어메니티 자본과 가치 재분배 문제는 더욱 복잡하고 다차원적으로 나타날 가능성이 크다. 특히 디지털 전환 시대에는 새로운 형태의 데이터와 기술이 등장하면서 더욱 정교한 해결책이 요구될 것이다.

디지털 기술은 이 문제 해결에서 중요한 도구가 될 수 있다. 예를 들어, 머신러닝 기반 자동화된 가치평가 모델이나 위성 이미지 데이터를 활용한 실시간 모니터링 시스템은 시장 투명성과 효율성을 극대화할 것이다.

또한 ESG 원칙을 반영한 정책 설계는 환경문제 해결과 사회적 가치 창출에 기여하면서도 경제 안정성을 강화하는 데 초점을 맞출 것이다.

결론적으로 공간 어메니티 자본과 가치 재분배 문제는 개인과 사회 모두에게 중대한 영향을 미치는 복잡한 과제이다. 이를 해결하기 위해서는 혁신적인 정책 설계와 통합적인 실행 전략이 필요하며, 모든 계층이 참여하고 혜택을 누릴 수 있는 환경을 조성해야 할 것이다.

15장

기후변화의 공간 불평등과 AI 기반 적응

15.1 기후변화의 불균등한 공간 영향과 취약계층

기후변화는 전 세계적으로 심각한 영향을 미치고 있으며, 그 영향은 지역과 계층에 따라 불균등하게 나타난다. 이러한 불균등한 영향은 공간적 불평등을 심화시키고, 특히 취약계층에게 더 큰 부담을 안겨 준다. 기후변화는 단순히 환경 문제에 그치지 않고, 경제적 안정성, 사회적 형평성, 그리고 자산 축적에 중대한 영향을 미치는 복합적인 문제로 부상하고 있다.

첫 번째로, 기후변화의 물리적 영향은 지역 간 큰 차이를 보인다. 해수면 상승, 폭염, 홍수, 가뭄 등 기후위험은 지리적 위치와 환경 조건에 따라 다르게 나타난다. 예를 들어, 해안 지역은 해수면 상승과 태풍의 위험에 더 많이 노출되며, 이는 해당 지역의 부동산 가치 하락과 경제활동 위축으로 이어질 수 있다. 반면 내륙 지역은 가뭄과 산불의 위험이 높아 농업 생산성과 자산 가치에 부정적인 영향을 미칠 수 있다.

두 번째로, 취약계층은 기후변화의 영향을 더 많이 받는다. 저소득층과 소외된 지역 주민들은 기후위험에 대응할 자원과 능력이 부족하며, 이는 경제적 안정성과 생활수준을 더욱 악화시킨다. 예를 들어, 저소득층은 열악한 주거 환경에서 생활하는 경우가 많아 폭염이나 홍수와 같은 극단적인 기후 현상에 더 큰 피해를 입는다. 또한 이들은 재난 발생 시 대피나 복구를 위한 재정적 여력이 부족하여 장기적인 경제적 회복이 어렵다.

세 번째로, 기후변화는 지역 간 자산불평등을 심화시킨다. 기후위험이 높은 지역의 부동산 가치는 하락하는 반면, 상대적으로 안전한 지역의 부동산 가치는 상승한다. 이는 고소득층이 안전한 지역으로 이동하여 자산을 보호할 수 있는 반면, 저소득층은 위험이 높은 지역에 남아 경제적 손실을 감수해야 하는 상황을 초래한다. 예를 들어, 미국 플로리다 주의 해안 지역에서는 해수면 상승으로 인해 고소득층이 내륙으로 이주하면서 해당 지역의 자산 가치가 급격히 하락하고 있다.

네 번째로, 기후변화는 노동시장에도 영향을 미친다. 농업, 어업, 관광업 등 기후에 민감한 산업은 기후변화로 인해 생산성이 저하되고 일자리가 감소할 가능성이 높다. 이는 해당 산업에 종사하는 저소득층 노동자들에게 직접적인 경제적 타격을 준다. 예를 들어, 가뭄으로 인한 농작물 수확량 감소는 농민들의 소득 감소로 이어지고, 이는 장기적으로 자산 축적 능력을 제한한다.

다섯 번째로, 기후위험 보험과 재난 지원 정책의 격차는 취약계층에게 불리하게 작용한다. 고소득층은 기후위험 보험이나 재난 대비를 위한 금융상품에 접근할 수 있는 반면, 저소득층은 이러한 서비스에서 배제되는 경우가 많다. 이는 재난 발생 시 복구 속도의 차이를 초래하며, 장기적으로 경제적 격차를 확대한다.

기후변화의 불균등한 공간 영향과 취약계층 문제는 다음과 같은 사회경제적 영향을 미친다:

- 경제적 기회의 양극화: 기후위험이 낮은 지역은 투자와 경제활동이 활발해지는 반면, 위험이 높은 지역은 경제활동이 위축된다.
- 사회통합 저해: 기후위험으로 인해 발생하는 이주와 갈등은 사회적 분열과 갈등을 초래할 수 있다.
- 환경 지속가능성 약화: 기후위험이 높은 지역에서의 과도한 자원 사용과 환경 파괴는 장기적으로 생태계의 지속가능성을 위협한다.
- 정치적 불균형 강화: 취약계층과 위험 지역 주민들은 정치적 영향력을 행사할 기회가 줄어들며 정책 결정 과정에서 배제될 가능성이 높아진다.

이 문제를 해결하기 위해서는 다음과 같은 정책적 접근이 필요하다:

- 포괄적인 재난 대비 및 복구 정책: 모든 계층과 지역이 재난 대비와 복구 지원에서 배제되지 않도록 포괄적인 정책을 수립해야 한다.
- 취약계층 지원 강화: 저소득층과 소외된 지역 주민들에게 재난 대비 교육과 금융 지원을 제공하여 기후위험 대응 능력을 강화해야 한다.
- 지역 간 균형 발전 촉진: 기후위험이 높은 지역에서도 지속가능한 경제활동이 가능하도록 인프라 투자와 일자리 창출 정책을 추진해야 한다.
- 친환경 기술 보급 확대: 녹색 에너지와 친환경 기술을 보급하여 기후위험을 완화하고 지속가능한 발전을 도모해야 한다.
- 데이터 기반 의사결정 지원: 빅데이터와 AI를 활용하여 기후위험 데이터를 실시간으로 모니터링하고 정책 효과성을 평가해야 한다.

미래 전망에서 기후변화의 불균등한 공간 영향 문제는 더욱 심각해질 가능성이 크다. 특히 디지털 전환 시대에는 새로운 형태의 데이터와 기술이 등장하면서 더욱 정교한 해결책이 요구될 것이다.

디지털 기술은 이 문제 해결에서 중요한 도구가 될 수 있다. 예를 들어, 머신러닝 기반 자동화된 위험 평가 모델이나 위성 이미지 데이터를 활용한 실시간 모니터링 시스템은 시장 투명성과 효율성을 극대화할 것이다.

또한 ESG 원칙을 반영한 정책 설계는 환경문제 해결과 사회적 가치 창출에 기여하면서도 경제 안정성을 강화하는 데 초점을 맞출 것이다.

결론적으로 기후변화의 불균등한 공간 영향과 취약계층 문제는 개인과 사회 모두에게 중대한 영향을 미치는 복잡한 과제이다. 이를 해결하기 위해서는 혁신적인 정책 설계와 통합적인 실행 전략이 필요하며, 모든 계층이 참여하고 혜택을 누릴 수 있는 환경을 조성해야 할 것이다.

15.2 기후 리스크 예측을 위한 AI 시나리오 분석

기후 리스크는 현대 사회가 직면한 가장 심각한 도전 과제 중 하나로, 이는 경제적 안정성, 사회적 형평성, 그리고 환경적 지속가능성에 중대한 영향을 미친다. 이러한 리스크를 효과적으로 관리하고 완화하기 위해서는 정확한 예측과 선제적인 대응이 필수적이다. 인공지능(AI) 기반 시나리오 분석은 기후 리스크를 정량적으로 평가하고, 다양한 정책 옵션의 효과를 사전에 검토하며, 최적의 대응 전략을 설계하는 데 강력한 도구로 활용되고 있다.

첫 번째로, AI 기반 기후 데이터 분석은 기후 리스크 예측의 핵심적인 출발점이다. AI는 대규모 기후 데이터를 실시간으로 처리하고 분석하여 기온 상승, 해수면 상승, 강수량 변화 등 주요 기후 변수의 패턴과 추세를 파악할 수 있다. 예를 들어, 머신러닝 알고리즘은 위성 이미지와 기상 데이터를 결합하여 특정 지역에서 발생할 수 있는 홍수나

산불의 가능성을 예측할 수 있다. 이러한 데이터 분석은 정책결정자와 기업이 기후위험에 대비할 수 있는 중요한 정보를 제공한다.

두 번째로, AI 시나리오 모델링은 다양한 정책 옵션과 환경 변화가 기후 리스크에 미치는 영향을 시뮬레이션하는 데 활용된다. AI는 과거 데이터를 학습하여 미래의 다양한 가능성을 시뮬레이션하고, 각 시나리오에서 예상되는 결과를 제시할 수 있다. 예를 들어, 특정 지역에서 재생에너지 투자 확대와 같은 정책이 온실가스 배출량 감소와 경제적 비용에 어떤 영향을 미칠지를 평가할 수 있다. 이는 정책결정자가 최적의 대안을 선택하는 데 중요한 근거를 제공한다.

세 번째로, 지역 맞춤형 기후 리스크 평가는 AI 기술의 또 다른 중요한 응용 분야이다. 전통적인 기후 리스크 평가 방식은 대규모 지역 단위에서 이루어지는 경우가 많아 세부적인 지역 특성을 반영하지 못하는 한계가 있었다. 그러나 AI는 지역별 경제활동, 인구 분포, 환경 조건 등을 종합적으로 고려하여 보다 정교한 지역 맞춤형 리스크 평가를 가능하게 한다. 예를 들어, AI는 특정 도시 내에서도 해안 지역과 내륙 지역 간의 홍수 위험 차이를 정확히 평가하고, 이에 따른 대응 전략을 제안할 수 있다.

네 번째로, AI 기반 자산 가치 및 경제적 영향 예측은 기후 리스크 관리에서 중요한 역할을 한다. AI는 부동산 시장 데이터와 기후 데이터를 결합하여 특정 지역의 부동산 가치 변화와 경제적 손실을 예측할 수 있다. 예를 들어, AI는 해수면 상승으로 인해 침수 위험이 높은 지역의 부동산 가치 하락 가능성을 분석하거나, 폭염으로 인해 농업 생산성이 감소할 경우 예상되는 경제적 손실을 계산할 수 있다. 이러한 분석은 투자자와 정책결정자가 보다 합리적인 의사결정을 내릴 수 있도록 지원한다.

다섯 번째로, AI 기반 조기 경보 시스템은 재난 발생 가능성을 사전에 감지하고 신속한 대응을 가능하게 한다. AI는 실시간 데이터를 분석하여 홍수, 태풍, 산불 등 자연재해의 발생 가능성을 조기에 경고할 수 있다. 예를 들어, AI는 강우량 데이터와 하천 유량 데이터를 결합하여 특정 지역에서 홍수가 발생할 가능성을 실시간으로 예측하고 경고 메시지를 발송할 수 있다. 이는 재난 피해를 최소화하고 인명과 자산을 보호하는 데 중요한 역할을 한다.

기후 리스크 예측을 위한 AI 시나리오 분석은 다음과 같은 사회경제적 효과를 가져올 수 있다:

- 정확한 위험 진단: 대규모 데이터를 실시간으로 처리하여 보다 정확하고 신뢰할 수 있는 위험 진단을 제공한다.
- 효율적인 자원 배분: 다양한 시나리오에서 예상되는 결과를 비교함으로써 자원을 효율적으로 배분하고 정책 효과성을 극대화한다.
- 경제적 손실 최소화: 재난 발생 가능성을 사전에 감지하고 예방 조치를 취함으로써 경제적 손실을 최소화한다.
- 사회적 형평성 증진: 취약계층과 고위험 지역 주민들에게 맞춤형 지원을 제공하여 사회적 형평성을 강화한다.
- 환경 지속가능성 확보: 친환경 기술과 정책 옵션의 효과를 사전에 검토하여 환경적으로 지속가능한 발전을 도모한다.

AI 기반 기후 리스크 예측과 시나리오 분석을 설계하고 실행할 때 고려해야 할 몇 가지 원칙이 있다:

- 데이터 품질 관리: 신뢰할 수 있는 데이터를 확보하고 정기적으로 업데이트하여 분석 결과의 신뢰성을 유지해야 한다.
- 포괄성과 형평성: 모든 계층과 지역이 데이터와 기술 혜택에서 배제되지 않도록 포괄적인 접근을 취해야 한다.
- 투명성과 책임성: 데이터 사용과 분석 과정이 투명하게 공개되고 책임 있게 관리되어야 한다.
- 지속가능성과 장기성: 단기적인 성과에 그치지 않고 장기적으로 지속가능한 구조

를 유지해야 한다.
- 디지털 접근성 확대: 디지털 격차 해소를 위해 모든 계층이 기술에 접근하고 활용할 수 있는 환경을 조성해야 한다.

미래 전망에서 AI 기반 기후 리스크 예측과 시나리오 분석은 더욱 중요해질 것이다. 특히 디지털 전환 시대에는 새로운 형태의 데이터와 기술이 등장하면서 더욱 정교한 해결책이 요구될 것이다.

디지털 기술은 이 문제 해결에서 중요한 도구가 될 수 있다. 예를 들어, 머신러닝 기반 자동화된 위험 평가 모델이나 위성 이미지 데이터를 활용한 실시간 모니터링 시스템은 시장 투명성과 효율성을 극대화할 것이다.

또한 ESG 원칙을 반영한 정책 설계는 환경문제 해결과 사회적 가치 창출에 기여하면서도 경제 안정성을 강화하는 데 초점을 맞출 것이다.

결론적으로 AI 기반 기후 리스크 예측과 시나리오 분석은 개인과 사회 모두에게 중대한 영향을 미치는 혁신적인 전략이다. 이를 효과적으로 구현하기 위해서는 혁신적인 기술 개발과 통합적인 정책 설계가 필요하며, 모든 계층이 참여하고 혜택을 누릴 수 있는 환경을 조성해야 할 것이다.

15.3 공정한 기후 적응 지원을 위한 AI 의사결정

기후변화의 영향이 점차 심화됨에 따라, 공정한 기후 적응 지원은 사회적 형평성과 지속가능성을 확보하기 위한 핵심 과제로 부상하고 있다. 특히 취약계층과 고위험 지역 주민들은 기후위험에 더 큰 영향을 받으며, 이에 대한 효과적인 지원 없이는 사회적 불평등이 더욱 심화될 가능성이 크다. 인공지능(AI) 기반 의사결정 시스템은 기후 적응 정책과 전략을 설계하고 실행하는 데 있어 강력한 도구로 활용될 수 있다. AI는 방대한 데이터를 분석하고 최적의 해결책을 제안함으로써, 자원의 효율적 배분과 공정한 지원을 가능하게 한다.

첫 번째로, AI 기반 취약성 평가는 기후 적응 지원에서 중요한 출발점이다. AI는 지역별 경제적, 환경적, 사회적 데이터를 종합적으로 분석하여 기후위험에 가장 취약한 지역과 계층을 식별할 수 있다. 예를 들어, AI는 특정 지역의 소득 수준, 주거 환경, 의료 접근성 등을 고려하여 폭염이나 홍수와 같은 기후위험에 대한 취약성을 평가할 수 있다. 이러한 평가 결과는 정책결정자가 자원을 우선적으로 배분해야 할 지역과 집단을 결정하는 데 중요한 근거를 제공한다.

두 번째로, AI 기반 자원 배분 최적화는 제한된 자원을 효율적으로 활용하여 최대의 효과를 달성하는 데 기여한다. AI는 다양한 시나리오를 시뮬레이션하여 재난 대비 인프라, 재난 구호 물자, 금융 지원 등 자원의 최적 배분 방안을 도출할 수 있다. 예를 들어, AI는 특정 지역에서 발생할 수 있는 홍수 피해 규모와 복구 비용을 예측하고, 이에 따라 구호 물자와 인력을 효율적으로 배치할 수 있는 계획을 제안할 수 있다.

세 번째로, AI 기반 맞춤형 기후 적응 전략은 각 지역과 계층의 특성에 맞는 맞춤형 해결책을 제공한다. 전통적인 접근법은 모든 지역과 계층에 동일한 정책을 적용하는 경우가 많았지만, 이는 효과가 제한적일 수 있다. 반면 AI는 지역별 경제활동, 인구 분포, 환경 조건 등을 종합적으로 고려하여 각 지역과 계층에 최적화된 전략을 설계할 수 있다. 예를 들어, 농촌 지역에서는 가뭄 대응을 위한 관개 시스템 개선이나 내건성 작물 보급이 효과적인 반면, 도시 지역에서는 폭염 대응을 위한 녹지 공간 확대나 냉방 지원 정책이 더 적합할 수 있다.

네 번째로, AI 기반 재난 대응 및 복구 지원은 긴급 상황에서 신속하고 효과적인 대응을 가능하게 한다. AI는 실시간 데이터를 분석하여 재난 발생 가능성을 조기에 경고하고, 피해 규모를 예측하며, 복구 자원을 효율적으로 배치할 수 있는 계획을 제공한다. 예를 들어, AI는 위성 이미지와 드론 데이터를 활용하여 홍수로 인해 침수된 지역의 범위를 정확히 파악하고, 이를 바탕으로 구호 활동의 우선순위를 설정할 수 있다.

다섯 번째로, AI 기반 모니터링 및 평가 시스템은 기후 적응 정책의 성과를 정량적으로 측정하고 개선점을 도출하는 데 중요한 역할을 한다. AI는 다양한 지표를 실시간으로 모니터링하여 정책의 효과성을 평가하고, 이를 바탕으로 정책을 조정하거나 새로운 전략을 제안할 수 있다. 예를 들어, AI는 특정 지역에서 시행된 녹지 공간 확대 정책이 온도 감소와 주민 건강 개선에 미친 영향을 분석하고, 이를 바탕으로 유사한 정책의 확장 가능성을 평가할 수 있다.

공정한 기후 적응 지원을 위한 AI 의사결정은 다음과 같은 사회경제적 효과를 가져올 수 있다:

- 취약계층 보호 강화: 기후위험에 가장 취약한 계층과 지역에 자원을 우선적으로 배분함으로써 사회적 형평성을 강화한다.
- 자원 효율성 증대: 제한된 자원을 최적화하여 최대의 효과를 달성하고 낭비를 최소화한다.
- 경제적 손실 최소화: 재난 발생 가능성을 조기에 경고하고 예방 조치를 취함으로써 경제적 손실을 최소화한다.
- 환경 지속가능성 확보: 친환경 기술과 정책 옵션의 효과를 사전에 검토하여 환경적으로 지속가능한 발전을 도모한다.
- 사회적 통합 촉진: 공정한 지원과 맞춤형 해결책 제공을 통해 사회적 갈등과 분열을 완화하고 통합을 강화한다.

AI 기반 기후 적응 의사결정을 설계하고 실행할 때 고려해야 할 몇 가지 원칙이 있다:

- 데이터 품질 관리: 신뢰할 수 있는 데이터를 확보하고 정기적으로 업데이트하여 분석 결과의 신뢰성을 유지해야 한다.
- 포괄성과 형평성: 모든 계층과 지역이 데이터와 기술 혜택에서 배제되지 않도록 포괄적인 접근을 취해야 한다.

- 투명성과 책임성: 데이터 사용과 분석 과정이 투명하게 공개되고 책임 있게 관리되어야 한다.
- 지속가능성과 장기성: 단기적인 성과에 그치지 않고 장기적으로 지속가능한 구조를 유지해야 한다.
- 디지털 접근성 확대: 디지털 격차 해소를 위해 모든 계층이 기술에 접근하고 활용할 수 있는 환경을 조성해야 한다.

미래 전망에서 공정한 기후 적응 지원 문제는 더욱 중요해질 것이다. 특히 디지털 전환 시대에는 새로운 형태의 데이터와 기술이 등장하면서 더욱 정교한 해결책이 요구될 것이다.

디지털 기술은 이 문제 해결에서 중요한 도구가 될 수 있다. 예를 들어, 머신러닝 기반 자동화된 위험 평가 모델이나 위성 이미지 데이터를 활용한 실시간 모니터링 시스템은 시장 투명성과 효율성을 극대화할 것이다.

또한 ESG 원칙을 반영한 정책 설계는 환경문제 해결과 사회적 가치 창출에 기여하면서도 경제 안정성을 강화하는 데 초점을 맞출 것이다.

결론적으로 공정한 기후 적응 지원을 위한 AI 의사결정은 개인과 사회 모두에게 중대한 영향을 미치는 혁신적인 전략이다. 이를 효과적으로 구현하기 위해서는 혁신적인 기술 개발과 통합적인 정책 설계가 필요하며, 모든 계층이 참여하고 혜택을 누릴 수 있는 환경을 조성해야 할 것이다.

| 제5부 |

공간자산 불평등의 지속가능성과 ESG 전략

16장
토지자산 불평등과 ESG 기반 국토계획

17장
건물자산의 ESG 전환과 에너지 불평등 해소

18장
공간금융의 ESG 혁신과 사회책임투자 활성화

19장
포용도시와 공간 ESG 뉴딜의 실천과제

20장
기후정의 구현과 ESG 기반 공간 기후행동

16장

토지자산 불평등과 ESG 기반 국토계획

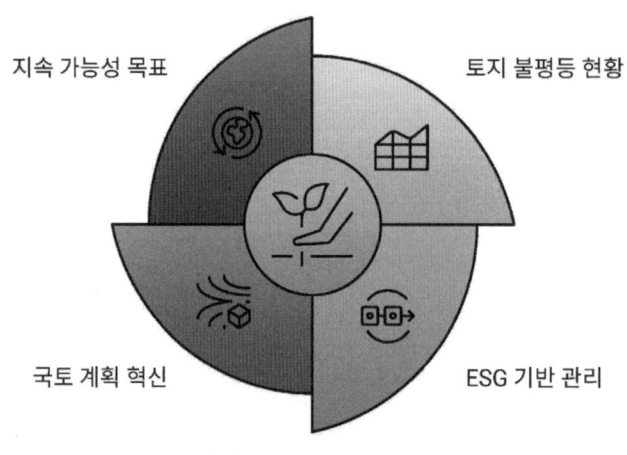

토지 관리 혁신을 위한 ESG 전략

16.1 토지 투기와 난개발에 따른 지속가능성 훼손

토지 투기와 난개발은 현대 사회에서 지속가능한 발전을 저해하는 주요 요인으로 작용하고 있다. 이러한 문제는 경제적 불평등을 심화시키고, 환경적 지속가능성을 위협하며, 사회적 형평성을 훼손한다. 특히 도시화와 경제성장이 가속화되는 과정에서 토지 투기와 난개발은 자원의 비효율적 사용과 환경 파괴를 초래하며, 이는 장기적으로 지역사회와 국가의 발전을 저해하는 결과를 낳는다.

첫 번째로, 토지 투기는 자산불평등을 심화시키는 주요 원인이다. 토지 투기는 특정 지역의 토지가치 상승을 기대하며 대규모 자본이 유입되는 현상을 의미한다. 이는 고소득층과 대기업이 대규모 토지를 매입하여 자산을 축적하는 반면, 저소득층은 주거비 상승과 토지 접근성 제한으로 인해 경제적 기회를 잃게 만든다. 예를 들어, 대도시 중심부에서 발생하는 토지 투기는 부동산 가격 폭등과 임대료 상승을 초래하며, 이는 저소득층과 중산층의 주거 안정성을 위협한다.

두 번째로, 난개발은 환경적 지속가능성을 훼손한다. 난개발은 계획 없이 무분별하게 이루어지는 개발 활동을 의미하며, 이는 자연 생태계 파괴와 자원 고갈로 이어진다. 예를 들어, 산림 지역에 무분별하게 건설된 주거 단지나 상업 시설은 생태계를 파괴하고, 홍수와 산사태와 같은 자연재해의 위험을 증가시킨다. 또한 난개발로 인해 도시 내 녹지 공간이 감소하고 대기오염이 심화되며, 이는 주민들의 건강과 삶의 질에 부정적인 영향을 미친다.

세 번째로, 토지 투기와 난개발은 사회적 형평성을 저해한다. 고소득층과 대기업은 토지 투기를 통해 막대한 이익을 얻는 반면, 저소득층과 소외된 지역 주민들은 개발 과정에서 배제되거나 피해를 입는 경우가 많다. 예를 들어, 재개발 프로젝트로 인해 기존 주민들이 높은 임대료를 감당하지 못하고 외곽 지역으로 밀려나는 젠트리피케이션 현상은 사회적 갈등과 불평등을 초래한다.

네 번째로, 토지 투기와 난개발은 도시 구조를 왜곡한다. 계획 없이 이루어진 개발 활동은 도시 내 교통 혼잡, 인프라 부족, 공공서비스 불균형 등을 초래하며, 이는 도시 거주자들의 삶의 질을 저하시키고 경제활동 효율성을 감소시킨다. 예를 들어, 주거 지역과 상업 지역 간의 균형이 깨질 경우 출퇴근 시간이 길어지고 교통 체증이 심화되며, 이는 생산성과 생활 만족도를 동시에 낮춘다.

다섯 번째로, 제도적 허점은 토지 투기와 난개발 문제를 악화시킨다. 개발이익 환수제나 토지 이용 규제가 약한 경우, 부동산 시장에서 발생하는 불로소득이 특정 계층에 집중될 가능성이 높아진다. 또한 공공부문과 민간부문 간의 협력이 부족하거나 정책 집행력이 약할 경우, 계획된 개발 목표가 제대로 실현되지 못하고 난개발로 이어질 수 있다.

토지 투기와 난개발에 따른 지속가능성 훼손 문제는 다음과 같은 사회경제적 영향을 미친다:

- 경제적 기회의 양극화: 고소득층은 토지 투기를 통해 자산을 축적하는 반면, 저소득층은 경제적 기회에서 배제된다.
- 환경 지속가능성 약화: 자연 생태계 파괴와 자원 고갈로 인해 장기적인 환경 안정성이 위협받는다.
- 사회통합 저해: 젠트리피케이션과 같은 현상은 계층 간 갈등과 분열을 초래하며 사회적 통합을 저해한다.
- 도시 효율성 감소: 교통 혼잡과 인프라 부족 등으로 인해 도시 내 경제활동 효율성이 저하된다.
- 정치적 불균형 강화: 경제적으로 고립된 계층과 지역은 정치적 영향력을 행사할 기회가 줄어들며 정책 결정 과정에서 배제될 가능성이 높아진다.

이 문제를 해결하기 위해서는 다음과 같은 정책적 접근이 필요하다:

- 포괄적인 토지 이용 계획: 모든 계층과 지역이 균형 있게 발전할 수 있도록 포괄적인 토지 이용 계획을 수립해야 한다.
- 개발이익 환수제 강화: 개발로 인한 이익이 특정 계층에 집중되지 않도록 환수제를 강화하고 공공재 투자에 활용해야 한다.
- 환경 보호 규제 강화: 난개발을 방지하기 위해 환경영향 평가 제도를 강화하고 녹지 공간 보존 정책을 추진해야 한다.
- 젠트리피케이션 방지 정책 도입: 재개발 과정에서 기존 주민들의 주거권을 보호하고 임대료 상승을 억제하는 정책을 도입해야 한다.
- 공공-민간 협력 강화: 정부와 민간 기업 간 협력을 통해 포괄적인 지원체계를 구축

하고 효율성을 극대화해야 한다.

미래 전망에서 토지 투기와 난개발 문제는 더욱 복잡하고 다차원적으로 나타날 가능성이 크다. 특히 디지털 전환 시대에는 새로운 형태의 데이터와 기술이 등장하면서 더욱 정교한 해결책이 요구될 것이다.

디지털 기술은 이 문제 해결에서 중요한 도구가 될 수 있다. 예를 들어, 머신러닝 기반 자동화된 가치평가 모델이나 위성 이미지 데이터를 활용한 실시간 모니터링 시스템은 시장 투명성과 효율성을 극대화할 것이다.

또한 ESG 원칙을 반영한 정책 설계는 환경문제 해결과 사회적 가치 창출에 기여하면서도 경제 안정성을 강화하는 데 초점을 맞출 것이다.

결론적으로 토지 투기와 난개발에 따른 지속가능성 훼손 문제는 개인과 사회 모두에게 중대한 영향을 미치는 복잡한 과제이다. 이를 해결하기 위해서는 혁신적인 정책 설계와 통합적인 실행 전략이 필요하며, 모든 계층이 참여하고 혜택을 누릴 수 있는 환경을 조성해야 할 것이다.

16.2 토지자원의 ESG 관점 관리와 활용 혁신방안

토지자원은 인간 사회의 경제적, 환경적, 사회적 활동의 기반이 되는 핵심 자산으로, 이를 지속가능하게 관리하고 활용하는 것은 현대 사회가 직면한 중요한 과제 중 하나이다. 특히 ESG(환경, 사회, 지배구조) 관점에서 토지자원을 관리하는 것은 자산불평등 완화, 환경 보호, 그리고 사회적 형평성을 동시에 달성할 수 있는 중요한 전략으로 주목받고 있다. ESG 원칙을 적용한 토지자원 관리와 활용 혁신은 지속가능한 발전을 촉진하고, 모든 계층이 공정하게 자원의 혜택을 누릴 수 있도록 하는 데 기여한다.

첫 번째로, 환경적 지속가능성을 고려한 토지 이용 계획은 ESG 관점에서 토지자원 관리를 혁신하는 핵심 요소이다. 이는 자연 생태계를 보존하고 환경 파괴를 최소화하며,

탄소 배출량 감소와 같은 환경 목표를 달성하기 위한 전략을 포함한다. 예를 들어, 도시 개발 과정에서 녹지 공간을 확대하거나 생태적 가치를 고려한 토지 이용 규제를 도입함으로써 환경적 지속가능성을 강화할 수 있다. 또한 재생 가능 에너지를 활용한 친환경 건축물 개발은 탄소 배출을 줄이고 에너지 효율성을 높이는 데 기여한다.

두 번째로, 사회적 형평성을 강화하는 토지 분배 정책은 ESG 원칙에서 중요한 역할을 한다. 공공임대주택 공급 확대, 국공유지 활용 강화, 개발이익 환수제 도입 등은 모든 계층이 토지자원의 혜택을 공정하게 누릴 수 있도록 하는 정책적 도구이다. 예를 들어, 저소득층과 취약계층에게 주거 안정성을 제공하기 위해 공공임대주택을 확대하고, 이를 통해 자산불평등을 완화할 수 있다. 또한 젠트리피케이션 방지 정책은 기존 주민들의 주거권을 보호하고 지역사회의 통합을 촉진한다.

세 번째로, 투명성과 책임성을 강화하는 지배구조 개선은 ESG 관점에서 토지자원 관리의 필수적인 요소이다. 이는 토지 거래와 개발 과정에서의 투명성을 높이고, 이해관계자 간의 신뢰를 구축하며, 부패와 비리를 방지하는 데 기여한다. 예를 들어, 블록체인 기술을 활용하여 모든 토지 거래 기록을 분산형 데이터베이스에 저장함으로써 거래 과정을 투명하게 만들고 조작 가능성을 차단할 수 있다. 또한 스마트 계약(Smart Contract)을 통해 계약 조건이 충족되면 자동으로 실행되는 시스템을 도입하여 거래 비용과 시간을 절감할 수 있다.

네 번째로, 디지털 기술과 데이터 분석을 활용한 토지 가치 평가는 ESG 관점에서 토지자원 활용 혁신의 중요한 도구이다. AI와 빅데이터 기술은 대규모 데이터를 실시간으로 분석하여 토지가치와 개발 가능성을 정확히 평가할 수 있다. 예를 들어, 위성 이미지와 머신러닝 알고리즘을 결합하여 특정 지역의 환경 상태와 경제적 잠재력을 평가하고, 이를 바탕으로 최적의 개발 전략을 설계할 수 있다. 이러한 데이터 기반 접근법은 자원의 효율적인 배분과 지속가능한 이용을 가능하게 한다.

다섯 번째로, 지역사회 참여를 통한 협력적 토지 관리는 ESG 원칙에서 강조되는 요소 중 하나이다. 지역 주민과 이해관계자가 의사결정 과정에 적극적으로 참여함으로써 지역 특성과 필요를 반영한 맞춤형 정책을 설계할 수 있다. 예를 들어, 지역사회 기반 협동조합이나 시민단체가 주도하는 프로젝트는 지역 주민들의 신뢰와 협력을 이끌어내며, 지속가능한 발전 목표를 달성하는 데 기여한다.

토지자원의 ESG 관점 관리와 활용 혁신은 다음과 같은 사회경제적 효과를 가져올 수 있다:

- 환경 지속가능성 확보: 자연 생태계를 보존하고 탄소 배출량 감소를 통해 장기적인 환경 안정성을 강화한다.
- 사회적 형평성 증진: 모든 계층이 공정하게 자원의 혜택을 누릴 수 있도록 하여 사회적 갈등과 불평등을 완화한다.
- 경제 성장 촉진: 효율적인 자원 배분과 지속가능한 개발 전략을 통해 경제활동 참여 기회를 확대하고 생산성을 높인다.
- 시장 투명성 제고: 블록체인 기술과 스마트 계약을 통해 거래 과정의 투명성과 신뢰성을 강화한다.
- 지역사회 통합 촉진: 지역 주민들의 참여와 협력을 통해 공동체 연대감을 강화하고 지역사회의 지속가능한 발전을 도모한다.

이러한 전략을 설계하고 실행할 때 고려해야 할 몇 가지 원칙이 있다:

- 데이터 품질 관리: 신뢰할 수 있는 데이터를 확보하고 정기적으로 업데이트하여 분석 결과의 신뢰성을 유지해야 한다.
- 포괄성과 형평성: 모든 계층과 지역이 데이터와 기술 혜택에서 배제되지 않도록 포괄적인 접근을 취해야 한다.
- 투명성과 책임성: 데이터 사용과 분석 과정이 투명하게 공개되고 책임 있게 관리되어야 한다.

- 지속가능성과 장기성: 단기적인 성과에 그치지 않고 장기적으로 지속가능한 구조를 유지해야 한다.
- 디지털 접근성 확대: 디지털 격차 해소를 위해 모든 계층이 기술에 접근하고 활용할 수 있는 환경을 조성해야 한다.

미래 전망에서 토지자원의 ESG 관점 관리 문제는 더욱 중요해질 것이다. 특히 디지털 전환 시대에는 새로운 형태의 데이터와 기술이 등장하면서 더욱 정교한 해결책이 요구될 것이다.

디지털 기술은 이 문제 해결에서 중요한 도구가 될 수 있다. 예를 들어, 머신러닝 기반 자동화된 가치평가 모델이나 위성 이미지 데이터를 활용한 실시간 모니터링 시스템은 시장 투명성과 효율성을 극대화할 것이다.

또한 ESG 원칙을 반영한 정책 설계는 환경문제 해결과 사회적 가치 창출에 기여하면서도 경제 안정성을 강화하는 데 초점을 맞출 것이다.

결론적으로 토지자원의 ESG 관점 관리와 활용 혁신 문제는 개인과 사회 모두에게 중대한 영향을 미치는 복잡한 과제이다. 이를 해결하기 위해서는 혁신적인 정책 설계와 통합적인 실행 전략이 필요하며, 모든 계층이 참여하고 혜택을 누릴 수 있는 환경을 조성해야 할 것이다.

16.3 공정한 토지 이용을 위한 ESG 계획 수단과 과제

공정한 토지 이용은 지속가능한 발전과 사회적 형평성을 달성하기 위한 핵심적인 요소로, 이는 환경적 지속가능성, 사회적 형평성, 경제적 효율성을 동시에 고려하는 ESG(환경, 사회, 지배구조) 원칙을 통해 실현될 수 있다. 그러나 현대 사회에서는 토지 이용의 불균형과 비효율성이 여전히 심각한 문제로 남아 있으며, 이를 해결하기 위해서는 혁신적인 계획 수단과 정책적 과제가 필요하다. ESG 관점에서 공정한 토지 이용을 실현하는 것은 자산불평등을 완화하고, 환경을 보호하며, 지역사회의 통합을 촉진하는 데 중요한 역할을 한다.

첫 번째로, 환경적 지속가능성을 고려한 토지 이용 규제는 공정한 토지 이용의 필수적인 수단이다. 이는 자연 생태계를 보존하고 환경 파괴를 최소화하며, 탄소 배출량 감소와 같은 환경 목표를 달성하기 위한 전략을 포함한다. 예를 들어, 녹지 공간 보호를 위한 개발 제한 구역 설정이나 생태적 가치를 고려한 토지 이용 계획은 환경적 지속가능성을 강화할 수 있다. 또한 재생 가능 에너지를 활용한 친환경 건축물 개발은 에너지 효율성을 높이고 탄소 배출을 줄이는 데 기여한다.

두 번째로, 사회적 형평성을 강화하는 토지 분배 정책은 ESG 원칙에서 중요한 역할을 한다. 공공임대주택 공급 확대, 국공유지 활용 강화, 개발이익 환수제 도입 등은 모든 계층이 토지자원의 혜택을 공정하게 누릴 수 있도록 하는 정책적 도구이다. 예를 들어, 저소득층과 취약계층에게 주거 안정성을 제공하기 위해 공공임대주택을 확대하고, 이를 통해 자산불평등을 완화할 수 있다. 또한 젠트리피케이션 방지 정책은 기존 주민들의 주거권을 보호하고 지역사회의 통합을 촉진한다.

세 번째로, 투명성과 책임성을 강화하는 지배구조 개선은 ESG 관점에서 공정한 토지 이용의 필수적인 요소이다. 이는 토지 거래와 개발 과정에서의 투명성을 높이고, 이해관계자 간의 신뢰를 구축하며, 부패와 비리를 방지하는 데 기여한다. 예를 들어, 블록체인 기술을 활용하여 모든 토지 거래 기록을 분산형 데이터베이스에 저장함으로써 거래 과정을 투명하게 만들고 조작 가능성을 차단할 수 있다. 또한 스마트 계약(Smart Contract)을 통해 계약 조건이 충족되면 자동으로 실행되는 시스템을 도입하여 거래 비용과 시간을 절감할 수 있다.

네 번째로, 디지털 기술과 데이터 분석을 활용한 토지 가치 평가는 ESG 관점에서 공정한 토지 이용 계획의 중요한 도구이다. AI와 빅데이터 기술은 대규모 데이터를 실시간으로 분석하여 토지가치와 개발 가능성을 정확히 평가할 수 있다. 예를 들어, 위성 이미지와 머신러닝 알고리즘을 결합하여 특정 지역의 환경 상태와 경제적 잠재력을 평가하고, 이를 바탕으로 최적의 개발 전략을 설계할 수 있다. 이러한 데이터 기반 접근법은 자원의 효율적인 배분과 지속가능한 이용을 가능하게 한다.

다섯 번째로, 지역사회 참여를 통한 협력적 토지 관리는 ESG 원칙에서 강조되는 요소 중 하나이다. 지역 주민과 이해관계자가 의사결정 과정에 적극적으로 참여함으로써 지역 특성과 필요를 반영한 맞춤형 정책을 설계할 수 있다. 예를 들어, 지역사회 기반 협동조합이나 시민단체가 주도하는 프로젝트는 지역 주민들의 신뢰와 협력을 이끌어 내며, 지속가능한 발전 목표를 달성하는 데 기여한다.

공정한 토지 이용 계획은 다음과 같은 사회경제적 효과를 가져올 수 있다:

- 환경 지속가능성 확보: 자연 생태계를 보존하고 탄소 배출량 감소를 통해 장기적인 환경 안정성을 강화한다.
- 사회적 형평성 증진: 모든 계층이 공정하게 자원의 혜택을 누릴 수 있도록 하여 사회적 갈등과 불평등을 완화한다.
- 경제 성장 촉진: 효율적인 자원 배분과 지속가능한 개발 전략을 통해 경제활동 참여 기회를 확대하고 생산성을 높인다.
- 시장 투명성 제고: 블록체인 기술과 스마트 계약을 통해 거래 과정의 투명성과 신뢰성을 강화한다.
- 지역사회 통합 촉진: 지역 주민들의 참여와 협력을 통해 공동체 연대감을 강화하고 지역사회의 지속가능한 발전을 도모한다.

이러한 전략을 설계하고 실행할 때 고려해야 할 몇 가지 원칙이 있다:

- 데이터 품질 관리: 신뢰할 수 있는 데이터를 확보하고 정기적으로 업데이트하여 분석 결과의 신뢰성을 유지해야 한다.
- 포괄성과 형평성: 모든 계층과 지역이 데이터와 기술 혜택에서 배제되지 않도록 포

괄적인 접근을 취해야 한다.
- 투명성과 책임성: 데이터 사용과 분석 과정이 투명하게 공개되고 책임 있게 관리되어야 한다.
- 지속가능성과 장기성: 단기적인 성과에 그치지 않고 장기적으로 지속가능한 구조를 유지해야 한다.
- 디지털 접근성 확대: 디지털 격차 해소를 위해 모든 계층이 기술에 접근하고 활용할 수 있는 환경을 조성해야 한다.

미래 전망에서 공정한 토지 이용 문제는 더욱 중요해질 것이다. 특히 디지털 전환 시대에는 새로운 형태의 데이터와 기술이 등장하면서 더욱 정교한 해결책이 요구될 것이다.

디지털 기술은 이 문제 해결에서 중요한 도구가 될 수 있다. 예를 들어, 머신러닝 기반 자동화된 가치평가 모델이나 위성 이미지 데이터를 활용한 실시간 모니터링 시스템은 시장 투명성과 효율성을 극대화할 것이다.

또한 ESG 원칙을 반영한 정책 설계는 환경문제 해결과 사회적 가치 창출에 기여하면서도 경제 안정성을 강화하는 데 초점을 맞출 것이다.

결론적으로 공정한 토지 이용 문제는 개인과 사회 모두에게 중대한 영향을 미치는 복잡한 과제이다. 이를 해결하기 위해서는 혁신적인 정책 설계와 통합적인 실행 전략이 필요하며, 모든 계층이 참여하고 혜택을 누릴 수 있는 환경을 조성해야 할 것이다.

17장

건물자산의 ESG 전환과 에너지 불평등 해소

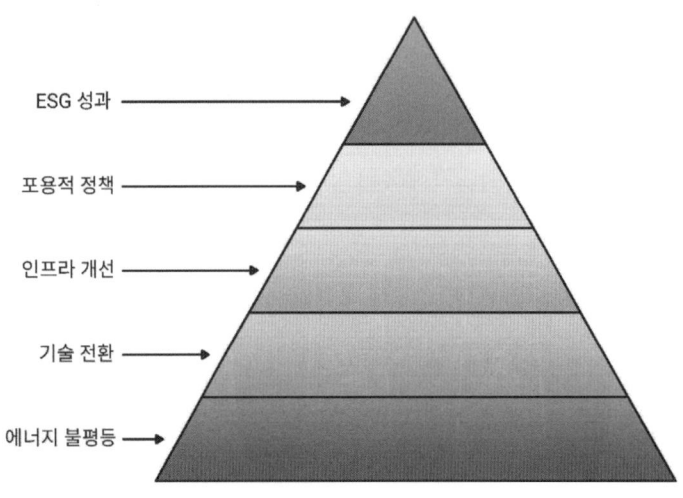

건물 자산의 ESG 전환

17.1 건물부문 온실가스 배출과 에너지빈곤 문제

건물부문은 전 세계적으로 온실가스 배출의 주요 원인 중 하나로, 이는 기후변화와 환경적 지속가능성에 중대한 영향을 미친다. 동시에 에너지빈곤 문제는 저소득층과 취약계층이 기본적인 에너지 서비스를 이용하지 못하는 상황을 의미하며, 이는 사회적 형평성과 삶의 질에 심각한 영향을 미친다. 건물부문에서의 온실가스 배출과 에너지빈곤 문제는 서로 밀접하게 연결되어 있으며, 이를 해결하기 위해서는 지속가능한 에너지 관리와 공정한 접근성을 보장하는 통합적인 전략이 필요하다.

첫 번째로, 건물부문은 전 세계 온실가스 배출의 약 40%를 차지하며, 이는 주로 난방, 냉방, 조명, 전기 사용 등에서 발생한다. 특히 상업용 건물과 대규모 주거단지는 에너지 소비가 집중되는 곳으로, 탄소 배출량이 높다. 예를 들어, 도시 지역의 대형 오피스 빌딩은 냉난방 시스템과 조명으로 인해 막대한 전력을 소비하며, 이는 화석연료 기반 전력 생산에 의존할 경우 대규모 탄소 배출로 이어진다.

두 번째로, 에너지빈곤 문제는 저소득층과 취약계층에게 심각한 영향을 미친다. 에너지빈곤은 가구가 기본적인 난방, 냉방, 조명 등의 에너지 서비스를 감당할 경제적 여력이 부족한 상태를 의미한다. 이는 특히 겨울철 난방비나 여름철 냉방비를 감당하지 못해 건강과 안전이 위협받는 상황으로 이어질 수 있다. 예를 들어, 유럽의 일부 국가에서는 겨울철 난방비 부담으로 인해 저소득층 가구가 충분한 난방을 하지 못하고 추위에 노출되는 사례가 빈번히 보고되고 있다.

세 번째로, 건물부문의 비효율적인 에너지 사용은 온실가스 배출과 에너지빈곤 문제를 동시에 악화시킨다. 오래된 건물이나 단열이 부족한 건물은 에너지 효율성이 낮아 더 많은 에너지를 소비하게 되며, 이는 탄소 배출량 증가와 높은 에너지 비용으로 이어진다. 이러한 비효율성은 특히 저소득층 거주 지역에서 두드러지며, 이는 경제적 부담과 환경적 영향을 동시에 악화시킨다.

네 번째로, 에너지 접근성의 불평등은 사회적 형평성을 저해한다. 고소득층은 고효율 냉난방 시스템이나 재생에너지를 활용한 전력 공급 등 다양한 선택지를 가질 수 있는 반면, 저소득층은 비효율적인 에너지 시스템에 의존하거나 기본적인 서비스조차 이용하지 못하는 경우가 많다. 이러한 불평등은 건강 문제와 교육 기회 제한 등 다양한 사회적 문제로 이어질 수 있다.

다섯 번째로, 제도적 허점은 온실가스 배출과 에너지빈곤 문제를 해결하는 데 장애물이 된다. 예를 들어, 건물 에너지 효율성을 개선하기 위한 규제가 부족하거나 재정 지원 프로그램이 충분히 제공되지 않는 경우, 기존의 비효율적인 시스템이 유지되며 문제는 더욱 심화된다. 또한 공공정책이 특정 계층이나 지역에만 초점을 맞출 경우, 정책 효과가 제한될 수 있다.

건물부문의 온실가스 배출과 에너지빈곤 문제는 다음과 같은 사회경제적 영향을 미친다:

- 환경 지속가능성 약화: 건물부문의 높은 탄소 배출량은 기후변화를 가속화하며, 장기적으로 생태계와 인간 사회에 심각한 영향을 미친다.
- 사회적 형평성 저해: 에너지 접근성의 불평등은 저소득층과 취약계층의 삶의 질을 저하시키고 사회적 갈등을 초래할 수 있다.
- 경제적 부담 증가: 비효율적인 에너지 사용은 높은 비용으로 이어지며, 이는 가구와 기업 모두에게 경제적 부담을 가중시킨다.
- 건강과 안전 위협: 충분한 난방이나 냉방을 이용하지 못하는 상황은 건강 문제와 안전 위험을 초래할 수 있다.
- 정치적 불균형 강화: 경제적으로 고립된 계층과 지역은 정책 결정 과정에서 배제될 가능성이 높아진다.

이 문제를 해결하기 위해서는 다음과 같은 정책적 접근이 필요하다:

- 건물 에너지 효율성 개선: 단열 강화, 고효율 냉난방 시스템 도입 등 건물의 에너지 효율성을 개선하기 위한 기술적 지원과 재정 지원을 확대해야 한다.
- 재생에너지 활용 확대: 태양광 패널 설치 지원, 재생에너지를 활용한 전력 공급 확대 등을 통해 화석연료 의존도를 줄이고 탄소 배출량을 감소시켜야 한다.
- 에너지빈곤 완화 정책 도입: 저소득층 가구를 대상으로 한 에너지 보조금 지급이나 공공임대주택의 에너지 효율성 개선 프로그램을 추진해야 한다.
- 데이터 기반 의사결정 지원: AI와 빅데이터 기술을 활용하여 건물별 에너지 소비 데이터를 분석하고 정책 효과성을 평가해야 한다.

- 공공-민간 협력 강화: 정부와 민간 기업 간 협력을 통해 포괄적인 지원체계를 구축하고 효율성을 극대화해야 한다.

미래 전망에서 건물부문의 온실가스 배출과 에너지빈곤 문제는 더욱 복잡하고 다차원적으로 나타날 가능성이 크다. 특히 디지털 전환 시대에는 새로운 형태의 데이터와 기술이 등장하면서 더욱 정교한 해결책이 요구될 것이다.

디지털 기술은 이 문제 해결에서 중요한 도구가 될 수 있다. 예를 들어, 머신러닝 기반 자동화된 가치평가 모델이나 위성 이미지 데이터를 활용한 실시간 모니터링 시스템은 시장 투명성과 효율성을 극대화할 것이다.

또한 ESG 원칙을 반영한 정책 설계는 환경문제 해결과 사회적 가치 창출에 기여하면서도 경제 안정성을 강화하는 데 초점을 맞출 것이다.

결론적으로 건물부문의 온실가스 배출과 에너지빈곤 문제는 개인과 사회 모두에게 중대한 영향을 미치는 복잡한 과제이다. 이를 해결하기 위해서는 혁신적인 정책 설계와 통합적인 실행 전략이 필요하며, 모든 계층이 참여하고 혜택을 누릴 수 있는 환경을 조성해야 할 것이다.

17.2 제로에너지 건물과 그린 리모델링 ESG 전략

제로에너지 건물(Zero Energy Building, ZEB)과 그린 리모델링(Green Remodeling)은 건물부문의 온실가스 배출을 줄이고 에너지 효율성을 극대화하기 위한 핵심적인 ESG(환경, 사회, 지배구조) 전략으로 주목받고 있다. 제로에너지 건물은 에너지 소비를 최소화하고 재생에너지를 활용하여 순 에너지 소비량을 0으로 만드는 건축물을 의미하며, 그린 리모델링은 기존 건물의 에너지 효율성을 향상시키기 위해 친환경 기술과 설비를 도입하는 것을 목표로 한다. 이러한 접근법은 환경적 지속가능성을 강화하고, 사회적 형평성을 증진하며, 경제적 효율성을 높이는 데 기여한다.

첫 번째로, 제로에너지 건물은 탄소 중립 목표 달성의 핵심 수단이다. 제로에너지 건물은 고효율 단열재, 스마트 냉난방 시스템, LED 조명 등 에너지 소비를 줄이는 기술을 활용하며, 태양광 패널, 풍력 발전기 등 재생에너지를 통해 필요한 에너지를 자체적으로 생산한다. 예를 들어, 독일의 "패시브 하우스(Passive House)" 표준은 에너지 소비를 최소화하고 재생에너지를 활용하여 탄소 배출을 줄이는 대표적인 사례이다. 이러한 건축물은 초기 투자 비용이 높지만, 장기적으로 에너지 비용 절감과 환경 보호 효과를 제공한다.

두 번째로, 그린 리모델링은 기존 건물의 에너지 효율성을 향상시키는 효과적인 방법이다. 오래된 건물은 일반적으로 에너지 효율성이 낮아 많은 에너지를 소비하며, 이는 온실가스 배출 증가와 높은 에너지 비용으로 이어진다. 그린 리모델링은 단열 강화, 창호 교체, 고효율 냉난방 시스템 설치 등을 통해 기존 건물의 에너지 성능을 개선한다. 예를 들어, 한국의 "그린 리모델링 사업"은 공공건물과 민간건물을 대상으로 친환경 리모델링을 지원하여 에너지 소비를 줄이고 탄소 배출을 감소시키고 있다.

세 번째로, 제로에너지 건물과 그린 리모델링은 사회적 형평성을 증진한다. 이러한 접근법은 저소득층과 취약계층이 거주하는 주거 환경을 개선하고 에너지 비용 부담을 줄이는 데 기여할 수 있다. 예를 들어, 공공임대주택을 대상으로 한 그린 리모델링 프로젝트는 저소득층 가구가 더 나은 주거 환경에서 생활할 수 있도록 지원하며, 동시에 에너지 소비를 줄여 경제적 부담을 완화한다. 이는 사회적 형평성을 강화하고 삶의 질을 향상시키는 데 중요한 역할을 한다.

네 번째로, 디지털 기술과 스마트 시스템은 제로에너지 건물과 그린 리모델링의 효과를 극대화한다. IoT(사물인터넷) 센서와 AI 기반 관리 시스템은 실시간으로 에너지 사용 데이터를 모니터링하고 최적화된 운영 방안을 제안할 수 있다. 예를 들어, 스마트 홈 기술은 거주자의 생활 패턴을 학습하여 냉난방 시스템과 조명을 자동으로 조정함으로써 에너지 효율성을 높이고 사용자 편의를 제공한다. 이러한 기술은 제로에너지 건물과 그린 리모델링의 성능을 더욱 향상시킬 수 있다.

다섯 번째로, 블록체인 기술과 결합된 ESG 금융은 제로에너지 건물과 그린 리모델링 프로젝트를 촉진한다. 블록체인은 모든 거래 기록을 투명하게 저장하고 관리할 수 있는 기술로, 이를 활용하면 친환경 프로젝트 투자와 자금 조달 과정에서 신뢰성과 효율성을 높일 수 있다. 예를 들어, 블록체인 기반의 녹색 채권(Green Bond)은 투자자들에게 투명한 정보를 제공하며, 자금이 실제로 친환경 프로젝트에 사용되었는지 확인할 수 있는 메커니즘을 제공한다.

제로에너지 건물과 그린 리모델링 ESG 전략은 다음과 같은 사회경제적 효과를 가져올 수 있다:

- 환경 지속가능성 강화: 온실가스 배출 감소와 재생에너지 활용 확대를 통해 장기적인 환경 안정성을 확보한다.
- 사회적 형평성 증진: 저소득층과 취약계층이 더 나은 주거 환경에서 생활할 수 있도록 지원하여 사회적 불평등을 완화한다.
- 경제적 효율성 향상: 에너지 비용 절감과 장기적인 운영 비용 감소를 통해 경제적 효율성을 높인다.
- 기술 혁신 촉진: 디지털 기술과 친환경 설비 도입을 통해 지속가능한 발전 모델을 구축한다.
- 시장 투명성 제고: 블록체인 기술과 ESG 금융 도입을 통해 투자와 자금 조달 과정의 투명성과 신뢰성을 강화한다.

이러한 전략을 설계하고 실행할 때 고려해야 할 몇 가지 원칙이 있다:

- 데이터 품질 관리: 신뢰할 수 있는 데이터를 확보하고 정기적으로 업데이트하여 분석 결과의 신뢰성을 유지해야 한다.
- 포괄성과 형평성: 모든 계층과 지역이 데이터와 기술 혜택에서 배제되지 않도록 포

괄적인 접근을 취해야 한다.
- 투명성과 책임성: 데이터 사용과 분석 과정이 투명하게 공개되고 책임 있게 관리되어야 한다.
- 지속가능성과 장기성: 단기적인 성과에 그치지 않고 장기적으로 지속가능한 구조를 유지해야 한다.
- 디지털 접근성 확대: 디지털 격차 해소를 위해 모든 계층이 기술에 접근하고 활용할 수 있는 환경을 조성해야 한다.

미래 전망에서 제로에너지 건물과 그린 리모델링 문제는 더욱 중요해질 것이다. 특히 디지털 전환 시대에는 새로운 형태의 데이터와 기술이 등장하면서 더욱 정교한 해결책이 요구될 것이다.

디지털 기술은 이 문제 해결에서 중요한 도구가 될 수 있다. 예를 들어, 머신러닝 기반 자동화된 가치평가 모델이나 위성 이미지 데이터를 활용한 실시간 모니터링 시스템은 시장 투명성과 효율성을 극대화할 것이다.

또한 ESG 원칙을 반영한 정책 설계는 환경문제 해결과 사회적 가치 창출에 기여하면서도 경제 안정성을 강화하는 데 초점을 맞출 것이다.

결론적으로 제로에너지 건물과 그린 리모델링 ESG 전략은 개인과 사회 모두에게 중대한 영향을 미치는 혁신적인 접근법이다. 이를 효과적으로 구현하기 위해서는 혁신적인 기술 개발과 통합적인 정책 설계가 필요하며, 모든 계층이 참여하고 혜택을 누릴 수 있는 환경을 조성해야 할 것이다.

17.3 공정한 에너지 전환을 위한 건물자산 관리 방안

공정한 에너지 전환은 탄소중립 목표를 달성하고, 기후위기에 대응하며, 사회적 형평성을 증진하기 위한 핵심적인 과제이다. 특히 건물자산은 에너지 소비와 온실가스 배출의 주요 원인 중 하나로, 이를 효율적으로 관리하고 지속가능한 방식으로 전환하는 것은 필수적이다. 그러나 에너지 전환 과정에서 발생하는 비용과 혜택이 불균등하게 분배될 경우, 사회적 불평등이 심화될 가능성이 있다. 따라서 공정한 에너지 전환을 위해서는 모든 계층과 지역이 혜택을 누릴 수 있도록 포괄적이고 형평성 있는 건물자산 관리 방안이 필요하다.

첫 번째로, 건물 에너지 효율성 개선은 공정한 에너지 전환의 출발점이다. 오래된 건물이나 단열이 부족한 건물은 에너지 소비가 많고 비용이 높아 탄소 배출량 증가와 경제적 부담을 초래한다. 이를 해결하기 위해 단열 강화, 고효율 냉난방 시스템 도입, LED 조명 설치 등 에너지 효율성을 높이는 기술적 개선이 필요하다. 예를 들어, 유럽연합(EU)의 "에너지 성능 지침(Energy Performance of Buildings Directive)"은 회원국들에게 건물의 에너지 성능을 개선하도록 요구하며, 이는 온실가스 배출 감소와 에너지 비용 절감에 기여하고 있다.

두 번째로, 재생에너지를 활용한 건물 전환은 탄소중립 목표 달성의 핵심 전략이다. 태양광 패널, 풍력 발전기, 지열 시스템 등 재생에너지를 활용하여 건물의 에너지 수요를 충족시키는 것은 화석연료 의존도를 줄이고 탄소 배출을 감소시키는 데 효과적이다. 예를 들어, 미국 캘리포니아 주에서는 신축 주택에 태양광 패널 설치를 의무화하여 재생에너지 사용을 확대하고 있다. 이러한 정책은 환경적 지속가능성을 강화하는 동시에 장기적으로 에너지 비용을 절감할 수 있는 기반을 제공한다.

세 번째로, 저소득층과 취약계층을 위한 지원 프로그램은 공정성을 보장하는 데 필수적이다. 에너지 효율성 개선이나 재생에너지 설비 설치는 초기 투자 비용이 높아 저소득층에게는 접근성이 제한될 수 있다. 이를 해결하기 위해 정부와 민간 부문이 협력하여 보조금 지급, 무상 지원 프로그램, 저리 대출 등 다양한 지원 방안을 제공해야 한다. 예를 들어, 한국의 "그린 리모델링 사업"은 공공임대주택과 저소득층 가구를 대상으로 단열 강화와 고효율 설비 설치를 지원하여 주거 환경 개선과 에너지 비용 절감을 동시에 실현하고 있다.

네 번째로, 스마트 기술과 디지털 플랫폼은 건물자산 관리의 효율성을 극대화한다. IoT(사물인터넷) 센서와 AI 기반 관리 시스템은 실시간으로 건물의 에너지 사용 데이터를 모니터링하고 최적화된 운영 방안을 제안할 수 있다. 예를 들어, 스마트 홈 기술은 거주자의 생활 패턴을 학습하여 냉난방 시스템과 조명을 자동으로 조정함으로써 에너지 소비를 줄이고 사용자 편의를 제공한다. 이러한 기술은 공정한 에너지 전환을 지원하는 데 중요한 역할을 한다.

다섯 번째로, 블록체인 기반 거래 시스템은 투명성과 신뢰성을 강화한다. 블록체인은 모든 거래 기록을 분산형 데이터베이스에 저장하여 조작이 불가능하게 하며, 이를 통해 재생에너지 거래와 관련된 부패와 비리를 방지할 수 있다. 예를 들어, 블록체인 기반의 녹색 인증 시스템은 재생에너지가 실제로 사용되었는지 확인할 수 있는 메커니즘을 제공하며, 이는 소비자와 투자자 모두에게 신뢰를 제공한다.

공정한 에너지 전환을 위한 건물자산 관리 방안은 다음과 같은 사회경제적 효과를 가져올 수 있다:

- 환경 지속가능성 강화: 온실가스 배출 감소와 재생에너지 활용 확대를 통해 장기적인 환경 안정성을 확보한다.
- 사회적 형평성 증진: 저소득층과 취약계층이 더 나은 주거 환경에서 생활할 수 있도록 지원하여 사회적 불평등을 완화한다.
- 경제적 효율성 향상: 에너지 비용 절감과 장기적인 운영 비용 감소를 통해 경제적 효율성을 높인다.
- 기술 혁신 촉진: 디지털 기술과 친환경 설비 도입을 통해 지속가능한 발전 모델을 구축한다.
- 시장 투명성 제고: 블록체인 기술과 ESG 금융 도입을 통해 투자와 자금 조달 과정의 투명성과 신뢰성을 강화한다.

이러한 전략을 설계하고 실행할 때 고려해야 할 몇 가지 원칙이 있다:

- 데이터 품질 관리: 신뢰할 수 있는 데이터를 확보하고 정기적으로 업데이트하여 분석 결과의 신뢰성을 유지해야 한다.
- 포괄성과 형평성: 모든 계층과 지역이 데이터와 기술 혜택에서 배제되지 않도록 포괄적인 접근을 취해야 한다.
- 투명성과 책임성: 데이터 사용과 분석 과정이 투명하게 공개되고 책임 있게 관리되어야 한다.
- 지속가능성과 장기성: 단기적인 성과에 그치지 않고 장기적으로 지속가능한 구조를 유지해야 한다.
- 디지털 접근성 확대: 디지털 격차 해소를 위해 모든 계층이 기술에 접근하고 활용할 수 있는 환경을 조성해야 한다.

미래 전망에서 공정한 에너지 전환 문제는 더욱 중요해질 것이다. 특히 디지털 전환 시대에는 새로운 형태의 데이터와 기술이 등장하면서 더욱 정교한 해결책이 요구될 것이다.

디지털 기술은 이 문제 해결에서 중요한 도구가 될 수 있다. 예를 들어, 머신러닝 기반 자동화된 가치평가 모델이나 위성 이미지 데이터를 활용한 실시간 모니터링 시스템은 시장 투명성과 효율성을 극대화할 것이다.

또한 ESG 원칙을 반영한 정책 설계는 환경문제 해결과 사회적 가치 창출에 기여하면서도 경제 안정성을 강화하는 데 초점을 맞출 것이다.

결론적으로 공정한 에너지 전환을 위한 건물자산 관리 방안은 개인과 사회 모두에게 중대한 영향을 미치는 혁신적인 접근법이다. 이를 효과적으로 구현하기 위해서는 혁신적인 기술 개발과 통합적인 정책 설계가 필요하며, 모든 계층이 참여하고 혜택을 누릴 수 있는 환경을 조성해야 할 것이다.

18장

공간금융의 ESG 혁신과 사회책임투자 활성화

18.1 공간금융의 투기화와 지속가능성의 위기

공간금융은 부동산과 토지를 포함한 공간자산에 대한 금융 활동을 의미하며, 이는 현대 경제에서 중요한 역할을 하고 있다. 그러나 공간금융이 투기화되면서 자산불평등을 심화시키고, 지속가능성을 위협하는 주요 원인으로 작용하고 있다. 투기화된 공간금융은 자원의 비효율적 배분, 사회적 형평성 저해, 환경적 지속가능성 훼손 등 다양한 문제를 초래하며, 이를 해결하기 위한 혁신적인 접근이 필요하다.

첫 번째로, 공간금융의 투기화는 자산불평등을 심화시킨다. 투기적 금융 활동은 고소득층과 대규모 투자자들에게 더 많은 이익을 제공하며, 저소득층과 중산층은 이러한 과정에서 배제된다. 예를 들어, 대도시의 고가 부동산 시장에서는 대규모 자본이 유입되어 가격이 급등하고, 이는 일반 시민들이 주거를 위한 부동산을 구매하거나 임대하는 것을 어렵게 만든다. 이러한 현상은 자산 축적의 기회를 제한하고 세대 간 불평등을 고착화한다.

두 번째로, 투기적 공간금융은 경제적 안정성을 위협한다. 부동산 시장에서 과도한 투기는 거품 형성과 시장 변동성을 초래하며, 이는 금융위기의 원인이 될 수 있다. 예를 들어, 2008년 글로벌 금융위기는 미국의 서브프라임 모기지 사태에서 비롯된 부동산 시장의 붕괴로 인해 발생했다. 이러한 위기는 개인과 기업뿐만 아니라 국가 경제 전반에 걸쳐 심각한 영향을 미쳤다.

세 번째로, 공간금융의 투기화는 사회적 형평성을 저해한다. 고소득층과 대기업이 부동산 시장에서 막대한 이익을 얻는 반면, 저소득층은 주거비 부담 증가와 같은 부정적인 영향을 받는다. 특히 젠트리피케이션 현상은 기존 주민들이 높은 임대료를 감당하지 못하고 외곽 지역으로 밀려나는 결과를 초래하며, 이는 지역사회의 통합과 연대를 약화시킨다.

네 번째로, 투기적 공간금융은 환경적 지속가능성을 훼손한다. 무분별한 개발과 난개발은 자연 생태계를 파괴하고 자원 고갈을 초래한다. 예를 들어, 녹지 공간이나 농업용 토지가 상업용 개발로 전환되면서 생태계 서비스가 감소하고 탄소 흡수 능력이 약화된다. 이는 기후변화를 가속화하고 장기적인 환경 안정성을 위협한다.

다섯 번째로, 제도적 허점은 공간금융의 투기화를 방지하는 데 장애물이 된다. 개발이익 환수제나 부동산 거래 규제가 약한 경우, 투기적 활동이 더욱 활발해질 가능성이 높아진다. 또한 공공정책이 특정 계층이나 지역에만 초점을 맞출 경우, 정책 효과가 제한될 수 있다.

공간금융의 투기화와 지속가능성 위기는 다음과 같은 사회경제적 영향을 미친다:

• 경제적 기회의 양극화: 고소득층은 투기를 통해 자산을 축적하는 반면, 저소득층은

경제적 기회에서 배제된다.
- 사회통합 저해: 젠트리피케이션과 같은 현상은 계층 간 갈등과 분열을 초래하며 사회적 통합을 저해한다.
- 환경 지속가능성 약화: 자연 생태계 파괴와 자원 고갈로 인해 장기적인 환경 안정성이 위협받는다.
- 도시 효율성 감소: 교통 혼잡과 인프라 부족 등으로 인해 도시 내 경제활동 효율성이 저하된다.
- 정치적 불균형 강화: 경제적으로 고립된 계층과 지역은 정책 결정 과정에서 배제될 가능성이 높아진다.

이 문제를 해결하기 위해서는 다음과 같은 정책적 접근이 필요하다:

- 포괄적인 부동산 규제 정책: 모든 계층과 지역이 균형 있게 발전할 수 있도록 포괄적인 부동산 규제 정책을 수립해야 한다.
- 개발이익 환수제 강화: 개발로 인한 이익이 특정 계층에 집중되지 않도록 환수제를 강화하고 공공재 투자에 활용해야 한다.
- 환경 보호 규제 강화: 난개발을 방지하기 위해 환경영향 평가 제도를 강화하고 녹지 공간 보존 정책을 추진해야 한다.
- 젠트리피케이션 방지 정책 도입: 재개발 과정에서 기존 주민들의 주거권을 보호하고 임대료 상승을 억제하는 정책을 도입해야 한다.
- 공공-민간 협력 강화: 정부와 민간 기업 간 협력을 통해 포괄적인 지원체계를 구축하고 효율성을 극대화해야 한다.

미래 전망에서 공간금융의 투기화 문제는 더욱 복잡하고 다차원적으로 나타날 가능성이 크다. 특히 디지털 전환 시대에는 새로운 형태의 데이터와 기술이 등장하면서 더욱 정교한 해결책이 요구될 것이다.

디지털 기술은 이 문제 해결에서 중요한 도구가 될 수 있다. 예를 들어, 머신러닝 기반 자동화된 가치평가 모델이나 위성 이미지 데이터를 활용한 실시간 모니터링 시스템은 시장 투명성과 효율성을 극대화할 것이다.

또한 ESG 원칙을 반영한 정책 설계는 환경문제 해결과 사회적 가치 창출에 기여하면서도 경제 안정성을 강화하는 데 초점을 맞출 것이다.

결론적으로 공간금융의 투기화와 지속가능성 위기는 개인과 사회 모두에게 중대한 영향을 미치는 복잡한 과제이다. 이를 해결하기 위해서는 혁신적인 정책 설계와 통합적인 실행 전략이 필요하며, 모든 계층이 참여하고 혜택을 누릴 수 있는 환경을 조성해야 할 것이다.

18.2 책임 있는 공간투자를 위한 ESG 금융 프레임

책임 있는 공간투자는 부동산과 토지와 같은 공간자산에 대한 투자 과정에서 환경적 지속가능성, 사회적 형평성, 그리고 투명한 지배구조를 고려하는 ESG(환경, 사회, 지배구조) 원칙을 적용하는 것을 의미한다. 이는 단순히 경제적 이익을 추구하는 것을 넘어, 사회적 가치 창출과 환경 보호를 동시에 달성하기 위한 중요한 접근법이다. ESG 금융 프레임은 이러한 책임 있는 공간투자를 실현하기 위한 핵심적인 도구로, 지속가능한 발전을 촉진하고 자산불평등을 완화하며, 장기적인 경제 안정성을 확보하는 데 기여한다.

첫 번째로, 환경적 지속가능성을 고려한 투자 전략은 ESG 금융 프레임의 핵심 요소이다. 이는 탄소 배출 감소, 재생에너지 활용, 생태계 보존 등 환경 목표를 달성하기 위한 투자 방식을 포함한다. 예를 들어, 녹색 건축물 개발이나 친환경 도시 인프라 프로젝트는 환경적 영향을 최소화하면서도 경제적 수익을 창출할 수 있는 대표적인 사례이다. 또한 재생에너지를 활용한 전력 공급 시스템이나 탄소 배출권 거래와 같은 메커니즘은 환경 지속가능성을 강화하는 데 기여한다.

두 번째로, 사회적 형평성을 증진하는 투자 원칙은 책임 있는 공간투자의 또 다른 중요한 측면이다. 이는 저소득층과 취약계층이 공정하게 자원의 혜택을 누릴 수 있도록 하는 것을 목표로 한다. 예를 들어, 공공임대주택 공급 확대나 지역사회 기반 개발 프로젝트는 사회적 형평성을 강화하고 지역사회의 통합을 촉진할 수 있다. 또한 젠트리피케이션 방지 정책은 기존 주민들의 주거권을 보호하고 지역사회의 연대를 유지하는 데 중요한 역할을 한다.

세 번째로, 투명성과 책임성을 강화하는 지배구조 개선은 ESG 금융 프레임에서 필수적인 요소이다. 이는 투자 과정에서의 투명성과 신뢰성을 높이고, 이해관계자 간의 신뢰를 구축하며, 부패와 비리를 방지하는 데 기여한다. 예를 들어, 블록체인 기술을 활용하여 모든 투자 기록을 분산형 데이터베이스에 저장함으로써 거래 과정을 투명하게 만들고 조작 가능성을 차단할 수 있다. 또한 스마트 계약(Smart Contract)을 통해 계약 조건이 충족되면 자동으로 실행되는 시스템을 도입하여 거래 비용과 시간을 절감할 수 있다.

네 번째로, 디지털 기술과 데이터 분석을 활용한 투자 의사결정 지원은 ESG 금융 프레임의 중요한 도구이다. AI와 빅데이터 기술은 대규모 데이터를 실시간으로 분석하여 투자 대상의 가치를 정확히 평가하고 리스크를 사전에 예측할 수 있다. 예를 들어, 위성 이미지와 머신러닝 알고리즘을 결합하여 특정 지역의 환경 상태와 경제적 잠재력을 평가하고, 이를 바탕으로 최적의 투자 전략을 설계할 수 있다. 이러한 데이터 기반 접근법은 자원의 효율적인 배분과 지속가능한 이용을 가능하게 한다.

다섯 번째로, **사회책임투자(Socially Responsible Investment, SRI)**는 ESG 금융 프레임에서 강조되는 투자 방식 중 하나이다. 이는 단순히 재무적 성과를 추구하는 것을 넘어, 사회적 가치 창출과 윤리적 책임을 고려하는 투자 방식을 의미한다. 예를 들어, 사회주택 공급이나 지역개발 프로젝트에 대한 투자는 경제적 이익뿐만 아니라 사회적 혜택도 동시에 제공할 수 있다. 이러한 접근법은 장기적으로 지속가능한 발전 모델을 구축하는 데 기여한다.

책임 있는 공간투자를 위한 ESG 금융 프레임은 다음과 같은 사회경제적 효과를 가져

올 수 있다:

- 환경 지속가능성 강화: 온실가스 배출 감소와 재생에너지 활용 확대를 통해 장기적인 환경 안정성을 확보한다.
- 사회적 형평성 증진: 저소득층과 취약계층이 더 나은 주거 환경에서 생활할 수 있도록 지원하여 사회적 불평등을 완화한다.
- 경제 성장 촉진: 효율적인 자원 배분과 지속가능한 개발 전략을 통해 경제활동 참여 기회를 확대하고 생산성을 높인다.
- 시장 투명성 제고: 블록체인 기술과 스마트 계약 도입을 통해 거래 과정의 투명성과 신뢰성을 강화한다.
- 지역사회 통합 촉진: 지역 주민들의 참여와 협력을 통해 공동체 연대감을 강화하고 지역사회의 지속가능한 발전을 도모한다.

이러한 전략을 설계하고 실행할 때 고려해야 할 몇 가지 원칙이 있다:

- 데이터 품질 관리: 신뢰할 수 있는 데이터를 확보하고 정기적으로 업데이트하여 분석 결과의 신뢰성을 유지해야 한다.
- 포괄성과 형평성: 모든 계층과 지역이 데이터와 기술 혜택에서 배제되지 않도록 포괄적인 접근을 취해야 한다.
- 투명성과 책임성: 데이터 사용과 분석 과정이 투명하게 공개되고 책임 있게 관리되어야 한다.
- 지속가능성과 장기성: 단기적인 성과에 그치지 않고 장기적으로 지속가능한 구조를 유지해야 한다.
- 디지털 접근성 확대: 디지털 격차 해소를 위해 모든 계층이 기술에 접근하고 활용할 수 있는 환경을 조성해야 한다.

미래 전망에서 책임 있는 공간투자 문제는 더욱 중요해질 것이다. 특히 디지털 전환 시대에는 새로운 형태의 데이터와 기술이 등장하면서 더욱 정교한 해결책이 요구될 것이다.

디지털 기술은 이 문제 해결에서 중요한 도구가 될 수 있다. 예를 들어, 머신러닝 기반 자동화된 가치평가 모델이나 위성 이미지 데이터를 활용한 실시간 모니터링 시스템은 시장 투명성과 효율성을 극대화할 것이다.

또한 ESG 원칙을 반영한 정책 설계는 환경문제 해결과 사회적 가치 창출에 기여하면서도 경제 안정성을 강화하는 데 초점을 맞출 것이다.

결론적으로 책임 있는 공간투자를 위한 ESG 금융 프레임은 개인과 사회 모두에게 중대한 영향을 미치는 혁신적인 접근법이다. 이를 효과적으로 구현하기 위해서는 혁신적인 기술 개발과 통합적인 정책 설계가 필요하며, 모든 계층이 참여하고 혜택을 누릴 수 있는 환경을 조성해야 할 것이다.

18.3 사회주택 공급과 지역개발을 위한 임팩트 투자

사회주택 공급과 지역개발을 위한 임팩트 투자는 경제적 이익뿐만 아니라 사회적 가치를 창출하는 것을 목표로 하는 투자 방식으로, 지속가능한 발전과 자산불평등 해소에 중요한 역할을 한다. 임팩트 투자는 주거 안정성 강화, 지역사회 활성화, 환경적 지속가능성 증진 등 다양한 목표를 달성하기 위해 자본을 활용하며, 이는 특히 저소득층과 취약계층이 공정한 기회를 누릴 수 있도록 지원하는 데 기여한다. 사회주택 공급과 지역개발은 이러한 임팩트 투자의 핵심 분야로, ESG(환경, 사회, 지배구조) 원칙을 기반으로 한 통합적인 접근이 요구된다.

첫 번째로, 사회주택 공급은 주거 안정성을 강화하고 자산불평등을 완화하는 데 중요한 역할을 한다. 사회주택은 저소득층과 중산층을 대상으로 제공되는 공공 또는 민간 주택으로, 합리적인 임대료와 안정적인 거주 환경을 제공한다. 예를 들어, 네덜란드와 독일의 사회주택 모델은 저소득층 가구가 주거비 부담 없이 안정적으로 생활할 수 있도록 지원하며, 이는 경제적 불평등 완화와 사회적 통합에 기여한다. 또한 사회주택은 젠트리피케이션 방지와 지역사회의 연대 강화에도 중요한 역할을 한다.

두 번째로, 지역개발 프로젝트는 지역사회의 경제적 활력을 증진하고 지속가능한 발전을 도모한다. 지역개발은 인프라 확충, 공공서비스 개선, 일자리 창출 등을 통해 특정 지역의 경제적 잠재력을 극대화하는 것을 목표로 한다. 예를 들어, 미국의 "기회존(Opportunity Zone)" 프로그램은 저소득 지역에 대한 민간 투자를 촉진하여 지역경제를 활성화하고 주민들의 삶의 질을 향상시키는 데 기여하고 있다. 이러한 프로젝트는 지역 간 격차를 줄이고 균형 잡힌 발전을 촉진하는 데 중요한 역할을 한다.

세 번째로, 임팩트 투자는 사회적 가치를 창출하면서도 경제적 수익을 제공할 수 있는 혁신적인 투자 방식이다. 임팩트 투자는 단순히 재무적 성과를 추구하는 것을 넘어, 환경 보호, 사회적 형평성 증진 등 다양한 목표를 동시에 달성할 수 있는 프로젝트에 자본을 투입한다. 예를 들어, 친환경 건축물 개발이나 재생에너지를 활용한 주택 프로젝트는 탄소 배출 감소와 에너지 비용 절감이라는 환경적 목표를 달성하면서도 투자자들에게 안정적인 수익을 제공할 수 있다.

네 번째로, 디지털 기술과 데이터 분석은 임팩트 투자의 효과성을 극대화한다. AI와 빅데이터 기술은 투자 대상의 사회적·경제적·환경적 영향을 정량적으로 평가하고 최적의 투자 전략을 설계할 수 있는 도구를 제공한다. 예를 들어, 머신러닝 알고리즘은 특정 지역의 경제활동 데이터와 인구 통계를 분석하여 가장 효과적인 투자 대상을 식별하고 예상되는 결과를 시뮬레이션할 수 있다. 이러한 데이터 기반 접근법은 자원의 효율적인 배분과 지속가능한 이용을 가능하게 한다.

다섯 번째로, 블록체인 기술은 임팩트 투자 과정에서의 투명성과 신뢰성을 강화한다. 블록체인은 모든 거래 기록을 분산형 데이터베이스에 저장하여 조작이 불가능하게 하며, 이를 통해 투자 과정에서의 부패와 비리를 방지할 수 있다. 예를 들어, 블록체인 기반의 녹색 채권(Green Bond)은 투자자들에게 투명한 정보를 제공하며, 자금이 실제로 친환경 프로젝트에 사용되었는지 확인할 수 있는 메커니즘을 제공한다.

사회주택 공급과 지역개발을 위한 임팩트 투자는 다음과 같은 사회경제적 효과를 가져올 수 있다:

- 주거 안정성 강화: 저소득층과 취약계층이 안정적인 주거 환경에서 생활할 수 있도록 지원하여 자산불평등을 완화한다.
- 지역경제 활성화: 인프라 확충과 일자리 창출 등을 통해 특정 지역의 경제활동 참여 기회를 확대하고 생산성을 높인다.
- 환경 지속가능성 확보: 친환경 건축물 개발과 재생에너지 활용 확대를 통해 장기적인 환경 안정성을 확보한다.
- 사회적 형평성 증진: 모든 계층이 공정하게 자원의 혜택을 누릴 수 있도록 하여 사회적 갈등과 불평등을 완화한다.
- 시장 투명성 제고: 블록체인 기술과 스마트 계약 도입을 통해 투자 과정의 투명성과 신뢰성을 강화한다.

이러한 전략을 설계하고 실행할 때 고려해야 할 몇 가지 원칙이 있다:

- 데이터 품질 관리: 신뢰할 수 있는 데이터를 확보하고 정기적으로 업데이트하여 분석 결과의 신뢰성을 유지해야 한다.
- 포괄성과 형평성: 모든 계층과 지역이 데이터와 기술 혜택에서 배제되지 않도록 포괄적인 접근을 취해야 한다.
- 투명성과 책임성: 데이터 사용과 분석 과정이 투명하게 공개되고 책임 있게 관리되어야 한다.
- 지속가능성과 장기성: 단기적인 성과에 그치지 않고 장기적으로 지속가능한 구조를 유지해야 한다.

- 디지털 접근성 확대: 디지털 격차 해소를 위해 모든 계층이 기술에 접근하고 활용할 수 있는 환경을 조성해야 한다.

미래 전망에서 사회주택 공급과 지역개발 문제는 더욱 중요해질 것이다. 특히 디지털 전환 시대에는 새로운 형태의 데이터와 기술이 등장하면서 더욱 정교한 해결책이 요구될 것이다.

디지털 기술은 이 문제 해결에서 중요한 도구가 될 수 있다. 예를 들어, 머신러닝 기반 자동화된 가치평가 모델이나 위성 이미지 데이터를 활용한 실시간 모니터링 시스템은 시장 투명성과 효율성을 극대화할 것이다.

또한 ESG 원칙을 반영한 정책 설계는 환경문제 해결과 사회적 가치 창출에 기여하면서도 경제 안정성을 강화하는 데 초점을 맞출 것이다.

결론적으로 사회주택 공급과 지역개발을 위한 임팩트 투자는 개인과 사회 모두에게 중대한 영향을 미치는 혁신적인 접근법이다. 이를 효과적으로 구현하기 위해서는 혁신적인 기술 개발과 통합적인 정책 설계가 필요하며, 모든 계층이 참여하고 혜택을 누릴 수 있는 환경을 조성해야 할 것이다.

19장

포용도시와 공간 ESG 뉴딜의 실천과제

포괄적 도시 개발 전략

19.1 도시재생과 젠트리피케이션의 불평등 딜레마

도시재생은 낙후된 지역의 경제적, 사회적, 환경적 활력을 회복하기 위한 중요한 전략으로, 지속가능한 도시 발전을 도모하는 데 필수적인 정책이다. 그러나 도시재생 과정에서 젠트리피케이션(Gentrification) 현상이 발생할 경우, 기존 주민들이 경제적 부담으로 인해 지역에서 밀려나는 문제가 발생하며, 이는 불평등을 심화시키고 사회적 갈등을 초래할 수 있다. 이러한 딜레마는 도시재생의 목표와 결과 간의 괴리를 해결하기 위해 보다 포괄적이고 형평성 있는 접근이 필요함을 시사한다.

첫 번째로, 젠트리피케이션은 기존 주민들의 주거 안정성을 위협한다. 도시재생 프로젝트로 인해 지역 내 부동산 가치와 임대료가 급격히 상승하면, 기존 주민들은 경제적 부담을 감당하지 못하고 외곽 지역으로 밀려날 가능성이 높다. 예를 들어, 미국 샌프란시스코의 미션 디스트릭트(Mission District)는 도시재생 이후 임대료가 급등하면서 기존 주민들이 대규모로 이주해야 했던 대표적인 사례이다. 이러한 현상은 주거권 침해 문제를 야기하며, 사회적 형평성을 저해한다.

두 번째로, 젠트리피케이션은 지역사회의 정체성과 연대를 약화시킨다. 기존 주민들이 떠나고 새로운 고소득층이 유입되면서 지역의 문화적 특성과 공동체 의식이 사라질 위험이 있다. 예를 들어, 전통적인 상점과 소규모 자영업자들이 대형 프랜차이즈나 고급 상점으로 대체되면서 지역 고유의 정체성이 훼손될 수 있다. 이는 지역사회 구성원 간의 연대를 약화시키고 사회적 갈등을 초래할 수 있다.

세 번째로, 젠트리피케이션은 경제적 불평등을 심화시킨다. 도시재생으로 인해 부동산 가치가 상승하면, 고소득층과 대규모 투자자들은 자산 가치를 증대시키는 반면, 저소득층은 경제적 기회를 잃게 된다. 특히 부동산 투기가 활성화되면 자원의 비효율적인 배분과 자산불평등이 더욱 심화된다. 이러한 현상은 세대 간 자산격차를 확대하고 사회 이동성을 제한한다.

네 번째로, 젠트리피케이션은 환경적 지속가능성을 저해할 수 있다. 무분별한 개발과 과도한 상업화는 녹지 공간 감소와 자원 고갈을 초래하며, 이는 장기적으로 환경 안정성을 위협한다. 예를 들어, 도시재생 과정에서 공공 녹지 공간이 상업용 개발로 전환되면 지역 주민들의 생활 질이 저하되고 생태계 서비스가 감소할 수 있다.

다섯 번째로, 젠트리피케이션 문제는 제도적 허점에서 비롯된다. 공공정책이 특정 계층이나 지역에만 초점을 맞출 경우, 기존 주민들의 권익 보호와 사회적 형평성 확보가 어려워질 수 있다. 또한 개발이익 환수제나 임대료 규제와 같은 정책적 도구가 부족하거나 효과적으로 시행되지 않을 경우, 젠트리피케이션 문제는 더욱 악화될 가능성이 높다.

도시재생과 젠트리피케이션의 불평등 딜레마는 다음과 같은 사회경제적 영향을 미친다:

- 사회통합 저해: 기존 주민들이 지역에서 밀려나면서 계층 간 갈등과 분열이 심화된다.
- 경제적 기회의 양극화: 고소득층은 자산 가치를 증대시키는 반면, 저소득층은 경제적 기회를 잃게 된다.
- 환경 지속가능성 약화: 무분별한 개발로 인해 녹지 공간 감소와 자원 고갈 문제가 발생한다.
- 지역사회 정체성 훼손: 기존 주민들의 이주와 상업화로 인해 지역 고유의 문화와 정체성이 사라질 위험이 있다.
- 정치적 불균형 강화: 경제적으로 고립된 계층과 지역은 정책 결정 과정에서 배제될 가능성이 높아진다.

이 문제를 해결하기 위해서는 다음과 같은 정책적 접근이 필요하다:

- 포괄적인 도시재생 계획 수립: 모든 계층과 지역이 균형 있게 발전할 수 있도록 포괄적인 도시재생 계획을 수립해야 한다.
- 젠트리피케이션 방지 정책 도입: 재개발 과정에서 기존 주민들의 주거권을 보호하고 임대료 상승을 억제하는 정책을 도입해야 한다.
- 공공임대주택 공급 확대: 저소득층 가구를 대상으로 한 공공임대주택 공급을 통해 주거 안정성을 강화해야 한다.
- 지역사회 참여 강화: 지역 주민들과 이해관계자가 의사결정 과정에 적극적으로 참여할 수 있도록 해야 한다.
- 환경 보호 규제 강화: 녹지 공간 보존과 친환경 인프라 개발을 통해 환경 지속가능성을 확보해야 한다.

미래 전망에서 도시재생과 젠트리피케이션 문제는 더욱 복잡하고 다차원적으로 나타날 가능성이 크다. 특히 디지털 전환 시대에는 새로운 형태의 데이터와 기술이 등장하면서 더욱 정교한 해결책이 요구될 것이다.

디지털 기술은 이 문제 해결에서 중요한 도구가 될 수 있다. 예를 들어, 머신러닝 기반 자동화된 가치평가 모델이나 위성 이미지 데이터를 활용한 실시간 모니터링 시스템은 시장 투명성과 효율성을 극대화할 것이다.

또한 ESG 원칙을 반영한 정책 설계는 환경문제 해결과 사회적 가치 창출에 기여하면서도 경제 안정성을 강화하는 데 초점을 맞출 것이다.

결론적으로 도시재생과 젠트리피케이션의 불평등 딜레마는 개인과 사회 모두에게 중대한 영향을 미치는 복잡한 과제이다. 이를 해결하기 위해서는 혁신적인 정책 설계와 통합적인 실행 전략이 필요하며, 모든 계층이 참여하고 혜택을 누릴 수 있는 환경을 조성해야 할 것이다.

19.2 공간포용 실현을 위한 도시 ESG 평가체계

공간포용은 모든 계층과 지역이 공정하게 자원의 혜택을 누리고, 경제적, 사회적, 환경적 기회를 동등하게 누릴 수 있도록 하는 것을 목표로 한다. 이는 지속가능한 도시 발전을 위해 필수적인 요소이며, 자산불평등 완화와 사회적 통합을 촉진하는 데 중요한 역할을 한다. 도시 ESG(환경, 사회, 지배구조) 평가체계는 공간포용 실현을 위한 효과적인 도구로, 도시 내 자원 배분과 정책 효과를 정량적으로 평가하고 개선점을 도출하는 데 기여한다.

첫 번째로, 환경적 지속가능성을 평가하는 지표는 도시 ESG 평가체계의 핵심 요소이다. 이는 녹지 공간 비율, 재생에너지 사용량, 탄소 배출량 감소 등 환경 목표 달성 여부를 측정한다. 예를 들어, 특정 도시의 녹지 면적이 전체 면적 대비 몇 퍼센트를 차지하는지, 재생에너지로 충당되는 전력 비율이 얼마나 되는지를 평가함으로써 환경적 지속가능성을 진단할 수 있다. 이러한 지표는 도시 개발 과정에서 환경 보호와 자원 효율성을 강화하는 데 중요한 기준이 된다.

두 번째로, 사회적 형평성을 평가하는 지표는 공간포용 실현에서 중요한 역할을 한다. 이는 주거 안정성, 공공서비스 접근성, 교육 및 의료 인프라의 분포 등을 측정한다. 예를 들어, 저소득층 가구가 공공임대주택에 접근할 수 있는 비율이나 특정 지역 주민들이 교육 및 의료 서비스를 이용하는 데 소요되는 시간을 분석함으로써 사회적 형평성을 평가할 수 있다. 이러한 지표는 정책결정자가 취약계층과 소외지역에 대한 지원을 강화하는 데 필요한 근거를 제공한다.

세 번째로, 지배구조 투명성을 평가하는 지표는 도시 내 의사결정 과정의 신뢰성과 책임성을 강화한다. 이는 정책 집행의 투명성, 이해관계자 참여 수준, 부패 방지 노력 등을 측정한다. 예를 들어, 도시 개발 프로젝트에서 지역 주민들이 의사결정 과정에 얼마나 참여했는지, 공공자금 사용 내역이 얼마나 투명하게 공개되었는지를 평가함으로써 지배구조의 신뢰성을 진단할 수 있다. 이러한 지표는 시민들의 신뢰를 구축하고 정책 효과를 극대화하는 데 기여한다.

네 번째로, 디지털 기술과 데이터 분석은 ESG 평가체계의 효과성을 극대화한다. AI와 빅데이터 기술은 대규모 데이터를 실시간으로 처리하고 분석하여 도시 내 자원 배분과 정책 효과를 정량적으로 평가할 수 있는 도구를 제공한다. 예를 들어, 머신러닝 알고리즘은 특정 지역의 경제활동 데이터와 인구 통계를 분석하여 자원의 효율적인 배분 방안을 제안할 수 있다. 이러한 데이터 기반 접근법은 정책결정자가 보다 합리적인 결정을 내릴 수 있도록 지원한다.

다섯 번째로, 블록체인 기술은 ESG 평가체계의 투명성과 신뢰성을 강화한다. 블록체인은 모든 데이터와 기록을 분산형 데이터베이스에 저장하여 조작이 불가능하게 하며, 이를 통해 데이터 관리 과정에서의 부패와 비리를 방지할 수 있다. 예를 들어, 블록체인 기반의 ESG 인증 시스템은 특정 프로젝트가 실제로 환경적·사회적 목표를 달성했는지 확인할 수 있는 메커니즘을 제공한다.

도시 ESG 평가체계는 다음과 같은 사회경제적 효과를 가져올 수 있다:

- 환경 지속가능성 강화: 온실가스 배출 감소와 재생에너지 활용 확대를 통해 장기적인 환경 안정성을 확보한다.
- 사회적 형평성 증진: 저소득층과 취약계층이 더 나은 주거 환경과 공공서비스에 접근할 수 있도록 지원하여 사회적 불평등을 완화한다.
- 경제 성장 촉진: 효율적인 자원 배분과 지속가능한 개발 전략을 통해 경제활동 참여 기회를 확대하고 생산성을 높인다.
- 시장 투명성 제고: 블록체인 기술과 스마트 계약 도입을 통해 데이터 관리와 정책 집행 과정의 투명성과 신뢰성을 강화한다.
- 지역사회 통합 촉진: 지역 주민들의 참여와 협력을 통해 공동체 연대감을 강화하고 지역사회의 지속가능한 발전을 도모한다.

이러한 체계를 설계하고 실행할 때 고려해야 할 몇 가지 원칙이 있다:

- 데이터 품질 관리: 신뢰할 수 있는 데이터를 확보하고 정기적으로 업데이트하여 분석 결과의 신뢰성을 유지해야 한다.
- 포괄성과 형평성: 모든 계층과 지역이 데이터와 기술 혜택에서 배제되지 않도록 포괄적인 접근을 취해야 한다.
- 투명성과 책임성: 데이터 사용과 분석 과정이 투명하게 공개되고 책임 있게 관리되어야 한다.
- 지속가능성과 장기성: 단기적인 성과에 그치지 않고 장기적으로 지속가능한 구조를 유지해야 한다.
- 디지털 접근성 확대: 디지털 격차 해소를 위해 모든 계층이 기술에 접근하고 활용할 수 있는 환경을 조성해야 한다.

미래 전망에서 도시 ESG 평가체계 문제는 더욱 중요해질 것이다. 특히 디지털 전환 시대에는 새로운 형태의 데이터와 기술이 등장하면서 더욱 정교한 해결책이 요구될 것이다.

디지털 기술은 이 문제 해결에서 중요한 도구가 될 수 있다. 예를 들어, 머신러닝 기반 자동화된 가치평가 모델이나 위성 이미지 데이터를 활용한 실시간 모니터링 시스템은 시장 투명성과 효율성을 극대화할 것이다.

또한 ESG 원칙을 반영한 정책 설계는 환경문제 해결과 사회적 가치 창출에 기여하면서도 경제 안정성을 강화하는 데 초점을 맞출 것이다.

결론적으로 공간포용 실현을 위한 도시 ESG 평가체계는 개인과 사회 모두에게 중대한 영향을 미치는 혁신적인 접근법이다. 이를 효과적으로 구현하기 위해서는 혁신적인 기술 개발과 통합적인 정책 설계가 필요하며, 모든 계층이 참여하고 혜택을 누릴 수 있는 환경을 조성해야 할 것이다.

19.3 지역자산 선순환과 도시재생을 위한 ESG 뉴딜

지역자산 선순환과 도시재생은 지속가능한 도시 발전과 자산불평등 완화를 위한 핵심 전략으로, 이를 효과적으로 실현하기 위해 ESG(환경, 사회, 지배구조) 뉴딜 접근이 요구된다. ESG 뉴딜은 환경적 지속가능성, 사회적 형평성, 그리고 투명한 지배구조를 기반으로 한 포괄이고 혁신적인 정책 프레임워크로, 지역자산의 효율적 활용과 도시재생 프로젝트의 성공적인 수행을 지원한다. 이러한 접근은 지역사회의 경제적 활력을 증진하고, 환경 보호와 사회적 통합을 동시에 달성하는 데 중요한 역할을 한다.

첫 번째로, 지역자산 선순환은 자원의 효율적 활용과 경제적 지속가능성을 촉진한다. 지역자산 선순환은 지역 내 자원과 에너지를 최대한 활용하고 재사용하며, 이를 통해 경제활동을 활성화하는 것을 목표로 한다. 예를 들어, 지역 내에서 생산된 농산물을 지역 주민에게 직접 공급하거나, 폐기물을 재활용하여 새로운 자원으로 전환하는 순환경제 모델은 지역 경제를 강화하고 자원의 낭비를 줄이는 데 기여한다. 이러한 접근은 특히 소외된 지역이나 경제적으로 낙후된 지역에서 효과적으로 작동할 수 있다.

두 번째로, 도시재생은 낙후된 지역의 경제적·사회적·환경적 활력을 회복하는 데 중점을 둔다. 도시재생 프로젝트는 노후화된 건물과 인프라를 개선하고, 공공서비스를 확충하며, 지역사회의 정체성을 강화하는 것을 목표로 한다. 예를 들어, 영국의 "도시 재생 프로그램"은 공공 및 민간 부문이 협력하여 낙후된 도시 지역을 재개발하고 일자리 창출과 경제 성장을 도모한 성공적인 사례이다. 이러한 프로젝트는 지역 간 격차를 줄이고 균형 잡힌 발전을 촉진하는 데 중요한 역할을 한다.

세 번째로, ESG 뉴딜 접근은 도시재생과 지역자산 선순환을 통합적으로 지원한다. ESG 뉴딜은 환경 보호와 사회적 형평성을 고려한 정책 설계를 통해 지속가능한 발전 모델을 구축한다. 예를 들어, 녹색 건축물 개발이나 재생에너지를 활용한 인프라 프로젝트는 탄소 배출 감소와 에너지 효율성 향상을 동시에 달성할 수 있다. 또한 공공임대주택 공급 확대와 같은 사회적 형평성 강화 정책은 저소득층과 취약계층이 안정적인 주거 환경에서 생활할 수 있도록 지원한다.

네 번째로, 디지털 기술과 데이터 분석은 ESG 뉴딜의 효과성을 극대화한다. AI와 빅데이터 기술은 대규모 데이터를 실시간으로 처리하고 분석하여 도시재생 프로젝트와 지역자산 활용의 효과를 정량적으로 평가할 수 있는 도구를 제공한다. 예를 들어, 머신러닝 알고리즘은 특정 지역의 경제활동 데이터와 인구 통계를 분석하여 가장 효과적인 투자 대상을 식별하고 예상되는 결과를 시뮬레이션할 수 있다. 이러한 데이터 기반 접근법은 자원의 효율적인 배분과 지속가능한 이용을 가능하게 한다.

다섯 번째로, 블록체인 기술은 ESG 뉴딜 프로젝트의 투명성과 신뢰성을 강화한다. 블록체인은 모든 데이터와 기록을 분산형 데이터베이스에 저장하여 조작이 불가능하게 하며, 이를 통해 데이터 관리 과정에서의 부패와 비리를 방지할 수 있다. 예를 들어, 블록체인 기반의 ESG 인증 시스템은 특정 프로젝트가 실제로 환경적·사회적 목표를 달성했는지 확인할 수 있는 메커니즘을 제공한다.

지역자산 선순환과 도시재생을 위한 ESG 뉴딜은 다음과 같은 사회경제적 효과를 가

져올 수 있다:

- 환경 지속가능성 강화: 온실가스 배출 감소와 재생에너지 활용 확대를 통해 장기적인 환경 안정성을 확보한다.
- 사회적 형평성 증진: 저소득층과 취약계층이 더 나은 주거 환경과 공공서비스에 접근할 수 있도록 지원하여 사회적 불평등을 완화한다.
- 경제 성장 촉진: 효율적인 자원 배분과 지속가능한 개발 전략을 통해 경제활동 참여 기회를 확대하고 생산성을 높인다.
- 시장 투명성 제고: 블록체인 기술과 스마트 계약 도입을 통해 데이터 관리와 정책 집행 과정의 투명성과 신뢰성을 강화한다.
- 지역사회 통합 촉진: 지역 주민들의 참여와 협력을 통해 공동체 연대감을 강화하고 지역사회의 지속가능한 발전을 도모한다.

이러한 전략을 설계하고 실행할 때 고려해야 할 몇 가지 원칙이 있다:

- 데이터 품질 관리: 신뢰할 수 있는 데이터를 확보하고 정기적으로 업데이트하여 분석 결과의 신뢰성을 유지해야 한다.
- 포괄성과 형평성: 모든 계층과 지역이 데이터와 기술 혜택에서 배제되지 않도록 포괄적인 접근을 취해야 한다.
- 투명성과 책임성: 데이터 사용과 분석 과정이 투명하게 공개되고 책임 있게 관리되어야 한다.
- 지속가능성과 장기성: 단기적인 성과에 그치지 않고 장기적으로 지속가능한 구조를 유지해야 한다.
- 디지털 접근성 확대: 디지털 격차 해소를 위해 모든 계층이 기술에 접근하고 활용할 수 있는 환경을 조성해야 한다.

미래 전망에서 지역자산 선순환과 도시재생 문제는 더욱 중요해질 것이다. 특히 디지털 전환 시대에는 새로운 형태의 데이터와 기술이 등장하면서 더욱 정교한 해결책이 요구될 것이다.

디지털 기술은 이 문제 해결에서 중요한 도구가 될 수 있다. 예를 들어, 머신러닝 기반 자동화된 가치평가 모델이나 위성 이미지 데이터를 활용한 실시간 모니터링 시스템은 시장 투명성과 효율성을 극대화할 것이다.

또한 ESG 원칙을 반영한 정책 설계는 환경문제 해결과 사회적 가치 창출에 기여하면서도 경제 안정성을 강화하는 데 초점을 맞출 것이다.

결론적으로 지역자산 선순환과 도시재생을 위한 ESG 뉴딜은 개인과 사회 모두에게 중대한 영향을 미치는 혁신적인 접근법이다. 이를 효과적으로 구현하기 위해서는 혁신적인 기술 개발과 통합적인 정책 설계가 필요하며, 모든 계층이 참여하고 혜택을 누릴 수 있는 환경을 조성해야 할 것이다.

20장

기후정의 구현과 ESG 기반 공간 기후 행동

ESG 기반 공간 기후 행동 주기

20.1 공간 기후불평등의 심화와 취약계층 보호 필요성

기후변화는 전 세계적으로 심각한 영향을 미치고 있으며, 그 영향은 지역과 계층에 따라 불균등하게 나타나고 있다. 이러한 공간적 기후불평등은 특히 취약계층에게 더 큰 부담을 안겨 주며, 이는 환경적 지속가능성과 사회적 형평성을 동시에 위협한다. 기후 위험에 대한 대응 능력과 자원이 부족한 계층은 재난 발생 시 직접적인 피해를 입을 가능성이 높으며, 복구 과정에서도 경제적·사회적 어려움을 겪는다. 따라서 공간 기후불평등 문제를 해결하고 취약계층을 보호하기 위한 포괄적이고 형평성 있는 접근이 필요하다.

첫 번째로, 기후위험의 불균등한 분포는 지역 간 격차를 심화시킨다. 해수면 상승, 폭염, 홍수, 가뭄 등 기후위험은 지리적 위치와 환경 조건에 따라 다르게 나타나며, 이는 특정 지역의 경제적 안정성과 생활수준에 직접적인 영향을 미친다. 예를 들어, 해안 지역은 해수면 상승과 태풍의 위험에 더 많이 노출되어 있으며, 이는 해당 지역의 부동산 가치 하락과 경제활동 위축으로 이어질 수 있다. 반면 내륙 지역은 가뭄과 산불의 위험이 높아 농업 생산성과 자산 가치에 부정적인 영향을 미친다.

두 번째로, 취약계층은 기후위험에 더 큰 영향을 받는다. 저소득층과 소외된 지역 주민들은 기후위험에 대응할 자원과 능력이 부족하며, 이는 경제적 안정성과 생활수준을 더욱 악화시킨다. 예를 들어, 저소득층 가구는 열악한 주거 환경에서 생활하는 경우가 많아 폭염이나 홍수와 같은 극단적인 기후 현상에 더 큰 피해를 입는다. 또한 이들은 재난 발생 시 대피나 복구를 위한 재정적 여력이 부족하여 장기적인 경제적 회복이 어렵다.

세 번째로, 기후불평등은 세대 간 자산격차를 확대할 수 있다. 기후위험이 높은 지역의 부동산 가치는 하락하는 반면, 상대적으로 안전한 지역의 부동산 가치는 상승한다. 이는 고소득층이 안전한 지역으로 이동하여 자산을 보호할 수 있는 반면, 저소득층은 위험이 높은 지역에 남아 경제적 손실을 감수해야 하는 상황을 초래한다. 이러한 현상은 세대 간 자산 축적의 기회를 제한하고 불평등을 심화시킨다.

네 번째로, 기후위험 보험과 재난 지원 정책의 격차는 취약계층에게 불리하게 작용한다. 고소득층은 기후위험 보험이나 재난 대비를 위한 금융상품에 접근할 수 있는 반면, 저소득층은 이러한 서비스에서 배제되는 경우가 많다. 이는 재난 발생 시 복구 속도의 차이를 초래하며, 장기적으로 경제적 격차를 확대한다.

다섯 번째로, 제도적 허점은 공간 기후불평등 문제를 해결하는 데 장애물이 된다. 공공정책이 특정 계층이나 지역에만 초점을 맞출 경우, 취약계층과 고위험 지역 주민들은 정책 지원에서 배제될 가능성이 높다. 또한 환경 보호와 사회적 형평성을 동시에 고려하지 않는 개발 정책은 기후불평등 문제를 더욱 악화시킬 수 있다.

공간 기후불평등의 심화와 취약계층 보호 필요성 문제는 다음과 같은 사회경제적 영향을 미친다:

- 경제적 기회의 양극화: 기후위험이 낮은 지역은 투자와 경제활동이 활발해지는 반면, 위험이 높은 지역은 경제활동이 위축된다.
- 사회통합 저해: 기후위험으로 인해 발생하는 이주와 갈등은 사회적 분열과 갈등을 초래할 수 있다.
- 환경 지속가능성 약화: 기후위험이 높은 지역에서의 과도한 자원 사용과 환경 파괴는 장기적으로 생태계의 지속가능성을 위협한다.
- 정치적 불균형 강화: 취약계층과 위험 지역 주민들은 정치적 영향력을 행사할 기회가 줄어들며 정책 결정 과정에서 배제될 가능성이 높아진다.

이 문제를 해결하기 위해서는 다음과 같은 정책적 접근이 필요하다:

- 포괄적인 재난 대비 및 복구 정책: 모든 계층과 지역이 재난 대비와 복구 지원에서 배제되지 않도록 포괄적인 정책을 수립해야 한다.
- 취약계층 지원 강화: 저소득층과 소외된 지역 주민들에게 재난 대비 교육과 금융 지원을 제공하여 기후위험 대응 능력을 강화해야 한다.
- 지역 간 균형 발전 촉진: 기후위험이 높은 지역에서도 지속가능한 경제활동이 가능하도록 인프라 투자와 일자리 창출 정책을 추진해야 한다.
- 친환경 기술 보급 확대: 녹색 에너지와 친환경 기술을 보급하여 기후위험을 완화하고 지속가능한 발전을 도모해야 한다.
- 데이터 기반 의사결정 지원: AI와 빅데이터 기술을 활용하여 기후위험 데이터를 실시간으로 모니터링하고 정책 효과성을 평가해야 한다.

미래 전망에서 공간 기후불평등 문제는 더욱 심각해질 가능성이 크다. 특히 디지털 전환 시대에는 새로운 형태의 데이터와 기술이 등장하면서 더욱 정교한 해결책이 요구될 것이다.

디지털 기술은 이 문제 해결에서 중요한 도구가 될 수 있다. 예를 들어, 머신러닝 기반 자동화된 위험 평가 모델이나 위성 이미지 데이터를 활용한 실시간 모니터링 시스템은 시장 투명성과 효율성을 극대화할 것이다.

또한 ESG 원칙을 반영한 정책 설계는 환경문제 해결과 사회적 가치 창출에 기여하면서도 경제 안정성을 강화하는 데 초점을 맞출 것이다.

결론적으로 공간 기후불평등의 심화와 취약계층 보호 필요성 문제는 개인과 사회 모두에게 중대한 영향을 미치는 복잡한 과제이다. 이를 해결하기 위해서는 혁신적인 정책 설계와 통합적인 실행 전략이 필요하며, 모든 계층이 참여하고 혜택을 누릴 수 있는 환경을 조성해야 할 것이다.

20.2 탄소중립 도시계획과 ESG 기반 공간관리 혁신

탄소중립 도시계획은 기후변화 대응과 지속가능한 발전을 위한 핵심 전략으로, 도시 내 온실가스 배출을 최소화하고, 재생에너지 활용과 친환경 인프라를 통해 탄소 배출량을 상쇄하는 것을 목표로 한다. 이러한 계획은 환경적 지속가능성뿐만 아니라, 사회적 형평성과 경제적 효율성을 동시에 달성하는 데 중요한 역할을 한다. ESG(환경, 사회, 지배구조) 기반 공간관리 혁신은 탄소중립 도시계획을 효과적으로 실현하기 위한 주요 도구로, 도시 자원의 효율적인 배분과 지속가능한 이용을 가능하게 한다.

첫 번째로, 탄소중립 도시계획은 재생에너지 활용을 극대화하는 것을 목표로 한다. 태양광 패널, 풍력 발전기, 지열 시스템 등 재생에너지를 활용하여 도시 내 에너지 수요를 충족시키는 것은 화석연료 의존도를 줄이고 탄소 배출을 감소시키는 데 효과적이다. 예를 들어, 독일 프라이부르크는 태양광 패널 설치와 에너지 효율 건축물 개발을 통해

"태양의 도시(Solar City)"로 불리며, 탄소중립 목표를 선도적으로 실현하고 있다. 이러한 접근은 장기적으로 에너지 비용 절감과 환경 보호 효과를 제공한다.

두 번째로, 친환경 교통 시스템 구축은 탄소중립 도시계획의 핵심 요소이다. 전기차 충전 인프라 확충, 대중교통망 강화, 자전거 도로 확대 등은 교통 부문에서의 온실가스 배출을 줄이는 데 기여한다. 예를 들어, 네덜란드 암스테르담은 자전거 친화적인 도시로 유명하며, 자전거 도로와 공유 자전거 시스템을 통해 자동차 사용을 줄이고 있다. 이러한 교통 정책은 환경적 지속가능성을 강화하는 동시에 시민들의 건강과 삶의 질을 향상시킨다.

세 번째로, 녹지 공간 확대와 자연 기반 해결책(Nature-based Solutions)은 탄소 흡수 능력을 강화한다. 도시 내 공원과 녹지 공간은 대기 중의 이산화탄소를 흡수하고 열섬현상을 완화하며, 생태계를 보호하는 데 중요한 역할을 한다. 예를 들어, 싱가포르의 "가든 시티(Garden City)" 프로젝트는 도시 전역에 녹지 공간을 조성하여 탄소 배출 감소와 생태계 복원을 동시에 실현하고 있다. 이러한 접근은 환경적 지속가능성과 사회적 혜택을 동시에 제공한다.

네 번째로, 스마트 기술과 디지털 플랫폼은 ESG 기반 공간관리 혁신의 핵심 도구이다. IoT(사물인터넷) 센서와 AI 기반 관리 시스템은 실시간으로 도시 내 에너지 사용 데이터를 모니터링하고 최적화된 운영 방안을 제안할 수 있다. 예를 들어, 스마트 시티 기술은 건물 내 에너지 소비 패턴을 분석하여 냉난방 시스템과 조명을 자동으로 조정함으로써 에너지 효율성을 높이고 사용자 편의를 제공한다. 이러한 기술은 탄소중립 목표 달성에 중요한 역할을 한다.

다섯 번째로, ESG 금융 프레임은 탄소중립 도시계획 프로젝트를 촉진한다. ESG 금융은 환경적·사회적 목표를 달성하기 위한 자금 조달 메커니즘으로, 녹색 채권(Green Bond)이나 사회책임투자(Socially Responsible Investment)를 통해 친환경 프로젝트에 필요한 자금을 제공한다. 예를 들어, 블록체인 기반의 ESG 인증 시스템은 투자자들에게 투명한 정보를 제공하며, 자금이 실제로 친환경 프로젝트에 사용되었는지 확인할 수 있는 메커니즘을 제공한다.

탄소중립 도시계획과 ESG 기반 공간관리 혁신은 다음과 같은 사회경제적 효과를 가져올 수 있다:

- 환경 지속가능성 강화: 온실가스 배출 감소와 재생에너지 활용 확대를 통해 장기적인 환경 안정성을 확보한다.
- 사회적 형평성 증진: 저소득층과 취약계층이 더 나은 주거 환경과 공공서비스에 접근할 수 있도록 지원하여 사회적 불평등을 완화한다.
- 경제 성장 촉진: 효율적인 자원 배분과 지속가능한 개발 전략을 통해 경제활동 참여 기회를 확대하고 생산성을 높인다.
- 시장 투명성 제고: 블록체인 기술과 스마트 계약 도입을 통해 데이터 관리와 정책 집행 과정의 투명성과 신뢰성을 강화한다.
- 지역사회 통합 촉진: 지역 주민들의 참여와 협력을 통해 공동체 연대감을 강화하고 지역사회의 지속가능한 발전을 도모한다.

이러한 전략을 설계하고 실행할 때 고려해야 할 몇 가지 원칙이 있다:

- 데이터 품질 관리: 신뢰할 수 있는 데이터를 확보하고 정기적으로 업데이트하여 분석 결과의 신뢰성을 유지해야 한다.
- 포괄성과 형평성: 모든 계층과 지역이 데이터와 기술 혜택에서 배제되지 않도록 포괄적인 접근을 취해야 한다.
- 투명성과 책임성: 데이터 사용과 분석 과정이 투명하게 공개되고 책임 있게 관리되어야 한다.
- 지속가능성과 장기성: 단기적인 성과에 그치지 않고 장기적으로 지속가능한 구조를 유지해야 한다.

- 디지털 접근성 확대: 디지털 격차 해소를 위해 모든 계층이 기술에 접근하고 활용할 수 있는 환경을 조성해야 한다.

미래 전망에서 탄소중립 도시계획 문제는 더욱 중요해질 것이다. 특히 디지털 전환 시대에는 새로운 형태의 데이터와 기술이 등장하면서 더욱 정교한 해결책이 요구될 것이다.

디지털 기술은 이 문제 해결에서 중요한 도구가 될 수 있다. 예를 들어, 머신러닝 기반 자동화된 가치평가 모델이나 위성 이미지 데이터를 활용한 실시간 모니터링 시스템은 시장 투명성과 효율성을 극대화할 것이다.

또한 ESG 원칙을 반영한 정책 설계는 환경문제 해결과 사회적 가치 창출에 기여하면서도 경제 안정성을 강화하는 데 초점을 맞출 것이다.

결론적으로 탄소중립 도시계획과 ESG 기반 공간관리 혁신은 개인과 사회 모두에게 중대한 영향을 미치는 혁신적인 접근법이다. 이를 효과적으로 구현하기 위해서는 혁신적인 기술 개발과 통합적인 정책 설계가 필요하며, 모든 계층이 참여하고 혜택을 누릴 수 있는 환경을 조성해야 할 것이다.

20.3 기후 어댑테이션과 공간 기후복지 거버넌스

기후 어댑테이션(Climate Adaptation)은 기후변화로 인한 영향을 완화하고, 이에 적응하기 위한 전략과 조치를 의미하며, 이는 지속가능한 발전과 사회적 형평성을 달성하기 위한 필수적인 요소이다. 특히 공간적 관점에서 기후 어댑테이션은 도시와 지역사회가 기후위험에 대응할 수 있는 능력을 강화하고, 취약계층을 보호하며, 환경적 지속가능성을 확보하는 데 중점을 둔다. 이를 실현하기 위해서는 포괄적이고 협력적인 공간 기후복지 거버넌스가 필요하다. 이러한 거버넌스는 다양한 이해관계자가 참여하여 기후 어댑테이션 정책을 설계하고 실행하며, 자원의 효율적 배분과 공정한 지원을 가능하게 한다.

첫 번째로, 기후 어댑테이션은 지역별 특성을 고려한 맞춤형 접근이 필요하다. 기후위험은 지역별로 상이하게 나타나며, 이에 따라 각 지역의 경제적·환경적·사회적 조건에 맞는 맞춤형 전략이 요구된다. 예를 들어, 해안 지역에서는 해수면 상승과 태풍에 대비하기 위한 방조제 건설이나 침수 위험 지역의 재배치가 필요하며, 내륙 지역에서는 가뭄과 산불에 대응하기 위한 관개 시스템 개선이나 산림 복원이 중요하다. 이러한 맞춤형 접근은 기후위험을 효과적으로 완화하고 지역사회의 회복력을 강화하는 데 기여한다.

두 번째로, 공간 기후복지 거버넌스는 취약계층 보호를 중심으로 설계되어야 한다. 저소득층과 소외된 지역 주민들은 기후위험에 대한 대응 능력과 자원이 부족하며, 이는 경제적 안정성과 생활수준을 더욱 악화시킨다. 따라서 기후 어댑테이션 정책은 취약계층의 주거 안정성 강화, 재난 대비 교육 제공, 금융 지원 확대 등을 포함해야 한다. 예를 들어, 공공임대주택의 에너지 효율성을 개선하거나 저소득층 가구를 대상으로 한 재난 보험 지원 프로그램은 취약계층 보호와 사회적 형평성 증진에 중요한 역할을 한다.

세 번째로, 자연 기반 해결책(Nature-based Solutions)은 공간 기후복지 거버넌스의 핵심 요소이다. 자연 기반 해결책은 생태계를 활용하여 기후위험을 완화하고 환경적 지속가능성을 확보하는 접근법으로, 이는 경제적 비용을 줄이고 장기적인 효과를 제공한다. 예를 들어, 도시 내 녹지 공간 확대와 습지 복원은 홍수와 열섬현상을 완화하며, 생물 다양성을 보호하고 주민들의 삶의 질을 향상시킨다. 이러한 접근은 환경적 혜택뿐만 아니라 사회적·경제적 이익도 동시에 제공한다.

네 번째로, 디지털 기술과 데이터 분석은 공간 기후복지 거버넌스의 효과성을 극대화한다. AI와 빅데이터 기술은 대규모 데이터를 실시간으로 처리하고 분석하여 기후 어댑테이션 정책의 효과를 정량적으로 평가할 수 있는 도구를 제공한다. 예를 들어, 머신러닝 알고리즘은 특정 지역의 기후위험 데이터를 분석하여 가장 효과적인 대응 전략을 제안할 수 있다. 또한 위성 이미지와 드론 데이터를 활용하면 홍수나 산불과 같은 자연재해의 영향을 실시간으로 모니터링하고 신속히 대응할 수 있다.

다섯 번째로, 블록체인 기술은 공간 기후복지 거버넌스의 투명성과 신뢰성을 강화한다. 블록체인은 모든 데이터와 기록을 분산형 데이터베이스에 저장하여 조작이 불가능하게 하며, 이를 통해 데이터 관리 과정에서의 부패와 비리를 방지할 수 있다. 예를 들어, 블록체인 기반의 ESG 인증 시스템은 특정 프로젝트가 실제로 환경적·사회적 목표를 달성했는지 확인할 수 있는 메커니즘을 제공한다.

기후 어댑테이션과 공간 기후복지 거버넌스는 다음과 같은 사회경제적 효과를 가져올 수 있다:

- 환경 지속가능성 강화: 온실가스 배출 감소와 재생에너지 활용 확대를 통해 장기적인 환경 안정성을 확보한다.
- 사회적 형평성 증진: 저소득층과 취약계층이 더 나은 주거 환경과 공공서비스에 접근할 수 있도록 지원하여 사회적 불평등을 완화한다.
- 경제 성장 촉진: 효율적인 자원 배분과 지속가능한 개발 전략을 통해 경제활동 참여 기회를 확대하고 생산성을 높인다.
- 시장 투명성 제고: 블록체인 기술과 스마트 계약 도입을 통해 데이터 관리와 정책 집행 과정의 투명성과 신뢰성을 강화한다.
- 지역사회 통합 촉진: 지역 주민들의 참여와 협력을 통해 공동체 연대감을 강화하고 지역사회의 지속가능한 발전을 도모한다.

이러한 전략을 설계하고 실행할 때 고려해야 할 몇 가지 원칙이 있다:

- 데이터 품질 관리: 신뢰할 수 있는 데이터를 확보하고 정기적으로 업데이트하여 분석 결과의 신뢰성을 유지해야 한다.
- 포괄성과 형평성: 모든 계층과 지역이 데이터와 기술 혜택에서 배제되지 않도록 포

괄적인 접근을 취해야 한다.
- 투명성과 책임성: 데이터 사용과 분석 과정이 투명하게 공개되고 책임 있게 관리되어야 한다.
- 지속가능성과 장기성: 단기적인 성과에 그치지 않고 장기적으로 지속가능한 구조를 유지해야 한다.
- 디지털 접근성 확대: 디지털 격차 해소를 위해 모든 계층이 기술에 접근하고 활용할 수 있는 환경을 조성해야 한다.

미래 전망에서 기후 어댑테이션 문제는 더욱 중요해질 것이다. 특히 디지털 전환 시대에는 새로운 형태의 데이터와 기술이 등장하면서 더욱 정교한 해결책이 요구될 것이다.

디지털 기술은 이 문제 해결에서 중요한 도구가 될 수 있다. 예를 들어, 머신러닝 기반 자동화된 위험 평가 모델이나 위성 이미지 데이터를 활용한 실시간 모니터링 시스템은 시장 투명성과 효율성을 극대화할 것이다.

또한 ESG 원칙을 반영한 정책 설계는 환경문제 해결과 사회적 가치 창출에 기여하면서도 경제 안정성을 강화하는 데 초점을 맞출 것이다.

결론적으로 기후 어댑테이션과 공간 기후복지 거버넌스는 개인과 사회 모두에게 중대한 영향을 미치는 혁신적인 접근법이다. 이를 효과적으로 구현하기 위해서는 혁신적인 기술 개발과 통합적인 정책 설계가 필요하며, 모든 계층이 참여하고 혜택을 누릴 수 있는 환경을 조성해야 할 것이다.

| 제6부 |

공간자산 가치의 재발견과 불평등 해법

21장
공간 가치평가의 패러다임 전환과 AI·ESG 융합

22장
공정한 공간자산 분배와 포용적 접근성 혁신

23장
공간자산 선순환을 위한 제도와 규제 개선방안

21장

공간 가치평가의 패러다임 전환과 AI·ESG 융합

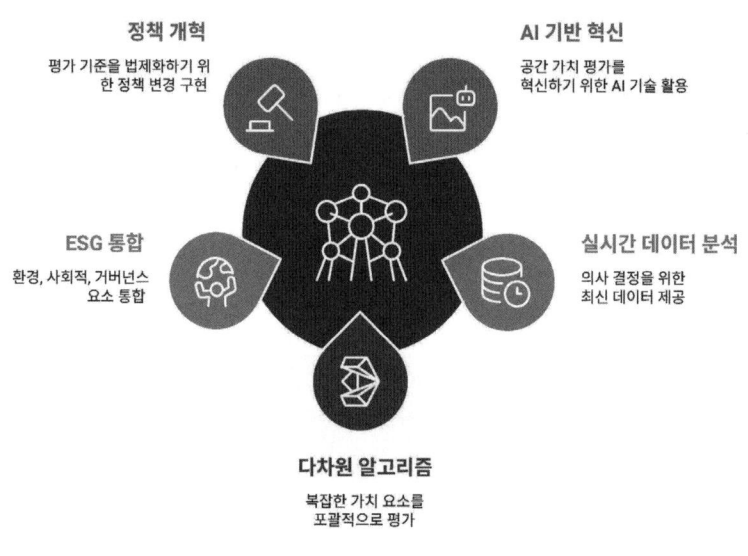

21.1 전통적 공간가치 평가의 한계와 불평등 과제

전통적인 공간가치 평가는 부동산과 토지의 경제적 가치를 평가하는 데 있어 오랜 기간 동안 사용되어 온 방법론이다. 그러나 이러한 평가 방식은 경제적 요인에만 초점을 맞추는 경향이 있으며, 환경적 지속가능성, 사회적 형평성, 그리고 지역사회의 복합적인 요구를 충분히 반영하지 못한다는 한계를 가지고 있다. 이러한 한계는 자산불평등을 심화시키고, 특정 계층과 지역이 경제적 기회에서 배제되는 결과를 초래할 수 있다. 따라서 전통적 공간가치 평가의 문제점을 분석하고 이를 해결하기 위한 새로운 접근법이 필요하다.

첫 번째로, 전통적 공간가치 평가는 경제적 요인에 과도하게 의존한다. 기존의 평가 방식은 주로 시장 가격, 수익률, 임대료와 같은 경제적 지표를 기반으로 하며, 이는 부동산 시장에서의 단기적인 변동성을 과대평가할 가능성이 있다. 예를 들어, 특정 지역에서 부동산 투기가 활성화되면 해당 지역의 부동산 가치는 급격히 상승하지만, 이는 실제로 해당 지역 주민들의 생활수준이나 사회적 형평성을 반영하지 못한다. 이러한 접근은 자원의 비효율적인 배분과 투기적 활동을 조장할 수 있다.

두 번째로, 환경적 지속가능성을 고려하지 않는 점이 전통적 평가의 주요 한계 중 하나이다. 기존 방식은 토지와 건물이 환경에 미치는 영향을 충분히 반영하지 않으며, 이는 장기적인 환경 문제를 악화시킬 수 있다. 예를 들어, 녹지 공간이나 생태계 서비스의 가치는 시장 가격에 제대로 반영되지 않으며, 이는 자연 자원의 과도한 개발과 파괴로 이어질 수 있다. 이러한 한계는 기후변화와 생태계 파괴와 같은 글로벌 문제를 해결하는 데 장애물이 된다.

세 번째로, 사회적 형평성을 간과하는 것도 큰 문제이다. 전통적인 공간가치 평가는 특정 계층과 지역의 경제적 이익을 극대화하는 데 초점을 맞추며, 저소득층과 취약계층이 배제되는 결과를 초래할 수 있다. 예를 들어, 젠트리피케이션 현상은 기존 주민들이 높은 임대료를 감당하지 못하고 외곽 지역으로 밀려나는 상황을 초래하며, 이는 사회적 갈등과 불평등을 심화시킨다.

네 번째로, 지역사회의 복합적인 요구를 반영하지 못한다. 전통적인 평가 방식은 지역사회의 문화적·사회적·역사적 가치를 충분히 고려하지 않으며, 이는 지역 정체성과 공동체 의식을 약화시킬 수 있다. 예를 들어, 특정 지역의 역사적 건축물이나 전통 시장과 같은 요소는 경제적 가치 외에도 중요한 사회적 가치를 가지지만, 기존 평가 방식에서는 이러한 요소들이 간과되는 경우가 많다.

다섯 번째로, 디지털 기술과 데이터 분석 활용 부족은 전통적인 평가 방식의 또 다른 한계이다. 기존 방식은 주로 정형화된 데이터와 단순한 분석 기법에 의존하며, 이는 현대 사회에서 요구되는 정교한 분석과 실시간 데이터 활용을 어렵게 만든다. 예를 들어, 위성 이미지나 IoT(사물인터넷) 센서를 활용한 실시간 데이터 분석은 특정 지역의 환경 상태와 경제 활동을 보다 정확히 평가할 수 있는 도구를 제공하지만, 전통적인 방식에서는 이러한 기술이 충분히 활용되지 않는다.

전통적 공간가치 평가의 한계는 다음과 같은 사회경제적 영향을 미친다:

- 자산불평등 심화: 특정 계층과 지역이 자산 축적에서 배제되며, 이는 세대 간 불평등을 고착화한다.
- 환경 지속가능성 약화: 자연 자원의 가치를 과소평가함으로써 개발 압력을 증가시키고 생태계를 훼손한다.
- 사회통합 저해: 젠트리피케이션과 같은 현상은 계층 간 갈등과 분열을 초래하며 사회 통합을 저해한다.
- 지역 정체성 훼손: 문화적·역사적 가치를 반영하지 못함으로써 지역 고유의 정체성이 약화된다.
- 정책 효과성 저하: 데이터 활용 부족으로 인해 정책결정 과정에서 비효율성과 오류가 발생할 가능성이 높아진다.

이 문제를 해결하기 위해서는 다음과 같은 정책적 접근이 필요하다:

- 포괄적인 가치 평가 체계 도입: 경제적 요인뿐만 아니라 환경적·사회적 요인을 통합적으로 고려하는 가치 평가 체계를 구축해야 한다.
- 환경 보호 우선 정책 강화: 녹지 공간 보존과 생태계 서비스 가치를 반영한 개발 규제를 도입해야 한다.
- 사회적 형평성 증진 방안 마련: 저소득층과 취약계층이 공정하게 자원의 혜택을 누

릴 수 있도록 지원해야 한다.
- 디지털 기술 활용 확대: AI와 빅데이터 기술을 활용하여 보다 정교하고 실시간적인 가치 평가를 가능하게 해야 한다.
- 지역사회 참여 강화: 지역 주민들과 이해관계자가 의사결정 과정에 적극적으로 참여할 수 있도록 해야 한다.

미래 전망에서 공간가치 평가 문제는 더욱 중요해질 것이다. 특히 디지털 전환 시대에는 새로운 형태의 데이터와 기술이 등장하면서 더욱 정교한 해결책이 요구될 것이다.

디지털 기술은 이 문제 해결에서 중요한 도구가 될 수 있다. 예를 들어, 머신러닝 기반 자동화된 가치평가 모델이나 위성 이미지 데이터를 활용한 실시간 모니터링 시스템은 시장 투명성과 효율성을 극대화할 것이다.

또한 ESG 원칙을 반영한 정책 설계는 환경문제 해결과 사회적 가치 창출에 기여하면서도 경제 안정성을 강화하는 데 초점을 맞출 것이다.

결론적으로 전통적인 공간가치 평가의 한계를 극복하고 불평등 과제를 해결하기 위해서는 혁신적인 정책 설계와 통합적인 실행 전략이 필요하다. 모든 계층이 참여하고 혜택을 누릴 수 있는 환경을 조성함으로써 지속가능한 발전 목표를 달성할 수 있을 것이다.

21.2 공간 가치의 총체적 재발견을 위한 AI 활용방안

공간 가치는 단순히 경제적 요소에 국한되지 않고, 환경적, 사회적, 문화적 요소를 포함하는 총체적인 개념이다. 그러나 기존의 공간가치 평가 방식은 이러한 다차원적 요소를 충분히 반영하지 못하며, 이는 자산불평등 심화와 지속가능성 저해로 이어질 수 있다. 인공지능(AI)은 공간 가치의 총체적 재발견을 가능하게 하는 혁신적인 도구로, 복잡한 데이터를 분석하고 다차원적인 가치를 통합적으로 평가할 수 있는 강력한 기술을 제공한다. 이를 통해 공간자산 관리와 정책 설계에서 보다 포괄적이고 형평성 있는 접근이 가능해진다.

첫 번째로, AI는 대규모 데이터를 실시간으로 분석하여 공간 가치를 정교하게 평가할 수 있다. 전통적인 평가 방식은 정형화된 데이터에 의존하며, 이는 공간 가치의 복합성을 충분히 반영하지 못한다. 반면 AI는 위성 이미지, IoT(사물인터넷) 센서 데이터, 소셜미디어 데이터를 포함한 비정형 데이터를 분석하여 특정 지역의 환경 상태, 경제활동, 사회적 네트워크 등을 종합적으로 평가할 수 있다. 예를 들어, 머신러닝 알고리즘은 특정 지역의 교통 흐름과 대기오염 데이터를 분석하여 해당 지역의 접근성과 환경적 가치를 동시에 평가할 수 있다.

두 번째로, AI는 공간 가치의 변화를 예측하고 시뮬레이션할 수 있는 도구를 제공한다. 이는 정책결정자가 특정 개발 프로젝트나 정책 변화가 공간 가치에 미칠 영향을 사전에 검토하고 최적의 대안을 선택하는 데 기여한다. 예를 들어, AI 기반 시뮬레이션은 새로운 지하철 노선이 개통될 경우 인근 지역의 부동산 가치와 교통 혼잡도에 미칠 영향을 예측할 수 있다. 이러한 접근은 자원의 효율적인 배분과 정책 효과 극대화를 가능하게 한다.

세 번째로, AI는 환경적 지속가능성을 강화하는 데 중요한 역할을 한다. AI는 기후변화 데이터와 환경 지표를 분석하여 특정 지역의 탄소 배출량, 녹지 비율, 생태계 건강 상태 등을 평가할 수 있다. 이를 통해 환경적 가치를 반영한 공간 관리와 개발 계획이 가능해진다. 예를 들어, AI는 도시 내 녹지 공간 확대가 열섬현상 완화와 공기질 개선에 미치는 영향을 정량적으로 분석하고, 이를 바탕으로 최적의 녹지 조성 전략을 제안할 수 있다.

네 번째로, AI는 사회적 형평성을 증진하는 데 기여한다. AI는 저소득층과 취약계층이 직면한 주거 환경 문제와 공공서비스 접근성을 분석하여 이들의 삶의 질을 향상시키기 위한 맞춤형 해결책을 제안할 수 있다. 예를 들어, AI는 특정 지역의 공공임대주택 분포와 의료시설 접근성을 분석하여 취약계층이 필요로 하는 자원을 우선적으로 배분할 수 있도록 지원한다. 이러한 접근은 사회적 불평등 완화와 포괄적인 발전을 촉진한다.

다섯 번째로, AI는 문화적·역사적 가치를 반영한 공간 관리와 보존을 가능하게 한다. 기존의 평가 방식은 주로 경제적 요소에 초점을 맞추며, 문화적·역사적 요소를 간과하는 경우가 많다. 그러나 AI는 역사적인 건축물이나 전통 시장과 같은 문화 자산의 가치를 정량적으로 평가하고 보존 전략을 설계하는 데 활용될 수 있다. 예를 들어, AI 기반 이미지 분석 기술은 역사적인 건축물의 상태를 모니터링하고 유지보수 계획을 자동으로 생성할 수 있다.

공간 가치의 총체적 재발견을 위한 AI 활용방안은 다음과 같은 사회경제적 효과를 가져올 수 있다:

- 자산불평등 완화: 저소득층과 취약계층이 공정하게 자원의 혜택을 누릴 수 있도록 지원하여 자산불평등을 완화한다.
- 환경 지속가능성 강화: 온실가스 배출 감소와 녹지 공간 확대를 통해 장기적인 환경 안정성을 확보한다.
- 사회통합 촉진: 공공서비스 접근성 개선과 주거 안정성 강화를 통해 사회적 갈등과 불평등을 완화한다.
- 경제 성장 촉진: 효율적인 자원 배분과 지속가능한 개발 전략을 통해 경제활동 참여 기회를 확대하고 생산성을 높인다.
- 문화 보존 강화: 역사적·문화적 자산의 가치를 반영한 관리와 보존 전략을 통해 지역 정체성과 공동체 의식을 강화한다.

이러한 전략을 설계하고 실행할 때 고려해야 할 몇 가지 원칙이 있다:

- 데이터 품질 관리: 신뢰할 수 있는 데이터를 확보하고 정기적으로 업데이트하여 분석 결과의 신뢰성을 유지해야 한다.

- 포괄성과 형평성: 모든 계층과 지역이 데이터와 기술 혜택에서 배제되지 않도록 포괄적인 접근을 취해야 한다.
- 투명성과 책임성: 데이터 사용과 분석 과정이 투명하게 공개되고 책임 있게 관리되어야 한다.
- 지속가능성과 장기성: 단기적인 성과에 그치지 않고 장기적으로 지속가능한 구조를 유지해야 한다.
- 디지털 접근성 확대: 디지털 격차 해소를 위해 모든 계층이 기술에 접근하고 활용할 수 있는 환경을 조성해야 한다.

미래 전망에서 공간 가치 문제는 더욱 중요해질 것이다. 특히 디지털 전환 시대에는 새로운 형태의 데이터와 기술이 등장하면서 더욱 정교한 해결책이 요구될 것이다.

디지털 기술은 이 문제 해결에서 중요한 도구가 될 수 있다. 예를 들어, 머신러닝 기반 자동화된 가치평가 모델이나 위성 이미지 데이터를 활용한 실시간 모니터링 시스템은 시장 투명성과 효율성을 극대화할 것이다.

또한 ESG 원칙을 반영한 정책 설계는 환경문제 해결과 사회적 가치 창출에 기여하면서도 경제 안정성을 강화하는 데 초점을 맞출 것이다.

결론적으로 공간 가치의 총체적 재발견을 위한 AI 활용방안은 개인과 사회 모두에게 중대한 영향을 미치는 혁신적인 접근법이다. 이를 효과적으로 구현하기 위해서는 혁신적인 기술 개발과 통합적인 정책 설계가 필요하며, 모든 계층이 참여하고 혜택을 누릴 수 있는 환경을 조성해야 할 것이다.

21.3 ESG 반영한 공간가치 평가로의 전환과 정책과제

ESG(환경, 사회, 지배구조) 원칙을 반영한 공간가치 평가는 기존의 경제 중심적 평가 방식에서 벗어나, 환경적 지속가능성, 사회적 형평성, 그리고 투명한 지배구조를 통합적으로 고려하는 새로운 평가 체계로의 전환을 의미한다. 이는 단순히 공간자산의 경제적 가치를 측정하는 것을 넘어, 지역사회와 환경에 미치는 영향을 정량화하고, 정책 결정과 자원 배분에서 보다 공정하고 지속가능한 접근을 가능하게 한다. ESG를 반영한 공간가치 평가는 자산불평등 완화, 환경 보호, 그리고 사회적 통합을 촉진하는 데 핵심적인 역할을 한다.

첫 번째로, 환경적 지속가능성을 반영한 평가 체계는 기후변화와 생태계 보호를 고려한다. 기존의 공간가치 평가 방식은 녹지 공간, 탄소 배출량 감소, 생물 다양성과 같은 환경적 요소를 충분히 반영하지 못했다. 그러나 ESG 기반 평가 체계는 이러한 요소들을 중심에 두고, 특정 지역의 탄소 흡수 능력이나 생태계 서비스 가치를 정량화할 수 있다. 예를 들어, AI와 위성 이미지를 활용하여 도시 내 녹지 비율과 열섬현상 완화 효과를 분석하고 이를 공간가치에 반영할 수 있다. 이는 환경적 지속가능성을 강화하고 장기적인 기후 목표 달성에 기여한다.

두 번째로, 사회적 형평성을 고려한 평가는 취약계층과 소외지역에 대한 지원을 강화한다. ESG 기반 평가 체계는 공공서비스 접근성, 주거 안정성, 교육 및 의료 인프라 분포와 같은 사회적 요소를 포함하여 특정 지역의 사회적 가치를 측정한다. 예를 들어, 저소득층이 밀집한 지역에서 공공임대주택 공급 확대와 의료시설 접근성 개선이 해당 지역의 공간가치를 어떻게 변화시키는지를 분석할 수 있다. 이러한 접근은 자산불평등 완화와 사회적 형평성 증진에 중요한 역할을 한다.

세 번째로, 투명성과 책임성을 강화하는 지배구조 요소는 신뢰성을 높인다. ESG 기반 평가 체계는 데이터 관리와 정책 집행 과정에서 투명성과 책임성을 강조하며, 이해관계자 간 신뢰를 구축한다. 예를 들어, 블록체인 기술을 활용하여 모든 데이터와 기록을 분산형 데이터베이스에 저장하고 조작 가능성을 차단함으로써 데이터 관리 과정의 신뢰성을 확보할 수 있다. 또한 스마트 계약(Smart Contract)을 통해 계약 조건이 충족되면 자동으로 실행되는 시스템을 도입하여 거래 비용과 시간을 절감할 수 있다.

네 번째로, 디지털 기술과 데이터 분석은 ESG 기반 공간가치 평가를 지원하는 핵심 도구이다. AI와 빅데이터 기술은 대규모 데이터를 실시간으로 처리하고 분석하여 공간가치 평가의 정밀도를 높인다. 예를 들어, 머신러닝 알고리즘은 특정 지역의 경제활동 데이터와 인구 통계를 분석하여 해당 지역의 경제적·사회적·환경적 잠재력을 종합적으로 평가할 수 있다. 이러한 데이터 기반 접근법은 자원의 효율적인 배분과 지속가능한 이용을 가능하게 한다.

다섯 번째로, ESG 금융 프레임은 ESG 기반 공간가치 평가를 촉진하는 자금 조달 메커니즘이다. 녹색 채권(Green Bond)이나 사회책임투자(Socially Responsible Investment)를 통해 친환경 프로젝트와 사회적 가치 창출 프로젝트에 필요한 자금을 제공함으로써 ESG 원칙을 실현할 수 있다. 예를 들어, 블록체인 기반의 ESG 인증 시스템은 투자자들에게 투명한 정보를 제공하며, 자금이 실제로 친환경 프로젝트에 사용되었는지 확인할 수 있는 메커니즘을 제공한다.

ESG 반영한 공간가치 평가로의 전환은 다음과 같은 사회경제적 효과를 가져올 수 있다:

- 환경 지속가능성 강화: 온실가스 배출 감소와 재생에너지 활용 확대를 통해 장기적인 환경 안정성을 확보한다.
- 사회적 형평성 증진: 저소득층과 취약계층이 더 나은 주거 환경과 공공서비스에 접근할 수 있도록 지원하여 사회적 불평등을 완화한다.
- 경제 성장 촉진: 효율적인 자원 배분과 지속가능한 개발 전략을 통해 경제활동 참여 기회를 확대하고 생산성을 높인다.
- 시장 투명성 제고: 블록체인 기술과 스마트 계약 도입을 통해 데이터 관리와 정책 집행 과정의 투명성과 신뢰성을 강화한다.
- 지역사회 통합 촉진: 지역 주민들의 참여와 협력을 통해 공동체 연대감을 강화하고 지역사회의 지속가능한 발전을 도모한다.

이러한 전략을 설계하고 실행할 때 고려해야 할 몇 가지 정책 과제가 있다:

- 데이터 품질 관리 강화: 신뢰할 수 있는 데이터를 확보하고 정기적으로 업데이트하여 분석 결과의 신뢰성을 유지해야 한다.
- 포괄성과 형평성 보장: 모든 계층과 지역이 데이터와 기술 혜택에서 배제되지 않도록 포괄적인 접근을 취해야 한다.
- 투명성과 책임성 확보: 데이터 사용과 분석 과정이 투명하게 공개되고 책임 있게 관리되어야 한다.
- 지속가능성과 장기성 유지: 단기적인 성과에 그치지 않고 장기적으로 지속가능한 구조를 유지해야 한다.
- 디지털 접근성 확대: 디지털 격차 해소를 위해 모든 계층이 기술에 접근하고 활용할 수 있는 환경을 조성해야 한다.

미래 전망에서 ESG 반영한 공간가치 평가는 더욱 중요해질 것이다. 특히 디지털 전환 시대에는 새로운 형태의 데이터와 기술이 등장하면서 더욱 정교한 해결책이 요구될 것이다.

디지털 기술은 이 문제 해결에서 중요한 도구가 될 수 있다. 예를 들어, 머신러닝 기반 자동화된 가치평가 모델이나 위성 이미지 데이터를 활용한 실시간 모니터링 시스템은 시장 투명성과 효율성을 극대화할 것이다.

또한 ESG 원칙을 반영한 정책 설계는 환경문제 해결과 사회적 가치 창출에 기여하면서도 경제 안정성을 강화하는 데 초점을 맞출 것이다.

결론적으로 ESG 반영한 공간가치 평가로의 전환은 개인과 사회 모두에게 중대한 영향을 미치는 혁신적인 접근법이다. 이를 효과적으로 구현하기 위해서는 혁신적인 기술 개발과 통합적인 정책 설계가 필요하며, 모든 계층이 참여하고 혜택을 누릴 수 있는 환경을 조성해야 할 것이다.

22장

공정한 공간자산 분배와 포용적 접근성 혁신

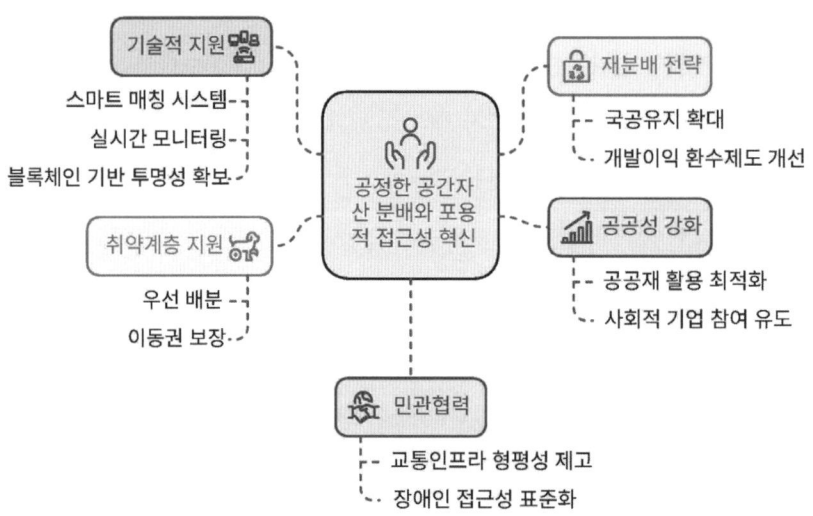

공정한 공간자산 분배와 포용적 접근성 혁신

22.1 공공자산 활용과 국공유지 확대를 통한 재분배

공공자산 활용과 국공유지 확대는 자산불평등을 완화하고 사회적 형평성을 증진하기 위한 중요한 정책적 도구로, 이는 지속가능한 발전과 포용적 공간 관리를 실현하는 데 핵심적인 역할을 한다. 국공유지는 국가와 지방정부가 소유한 토지와 자산을 의미하며, 이를 효과적으로 활용하면 공공의 이익을 극대화하고, 저소득층과 취약계층에게 필요한 자원을 제공할 수 있다. 공공자산 활용과 국공유지 확대를 통한 재분배는 특히 주거 안정성 강화, 지역 간 균형 발전, 환경적 지속가능성 확보 등 다양한 목표를 달성하는 데 기여한다.

첫 번째로, 국공유지를 활용한 공공임대주택 공급은 주거 안정성을 강화한다. 저소득층과 취약계층은 민간 시장에서 높은 임대료를 감당하기 어려운 경우가 많으며, 이는 주거 불안정으로 이어질 수 있다. 국공유지를 활용하여 공공임대주택을 공급하면 이러한 계층이 안정적으로 거주할 수 있는 환경을 제공할 수 있다. 예를 들어, 싱가포르의 공공주택 정책은 국가가 소유한 토지를 활용하여 대규모 공공임대주택을 공급함으로써 주거 문제를 효과적으로 해결한 사례로 평가받고 있다.

두 번째로, 국공유지의 활용은 지역 간 균형 발전을 촉진한다. 대도시와 농촌 지역 간의 경제적 격차는 사회적 갈등과 불평등의 주요 원인 중 하나이다. 국공유지를 활용하여 농촌 지역에 인프라를 확충하거나 산업단지를 조성하면 지역 경제 활성화와 일자리 창출에 기여할 수 있다. 예를 들어, 한국의 혁신도시 건설 프로젝트는 지방에 국공유지를 활용하여 공공기관을 이전하고 지역 경제를 활성화한 성공적인 사례로 꼽힌다.

세 번째로, 국공유지는 환경적 지속가능성을 확보하는 데 중요한 역할을 한다. 녹지 공간, 습지, 산림 등 국공유지는 생태계를 보호하고 탄소 흡수 능력을 강화하는 데 기여한다. 이러한 자원을 보존하고 재생 가능 에너지를 생산하는 데 활용하면 환경적 지속 가능성을 강화할 수 있다. 예를 들어, 독일은 국공유지를 활용하여 대규모 태양광 발전소와 풍력 단지를 조성함으로써 재생에너지 사용 비율을 높이고 탄소 배출량을 줄이고 있다.

네 번째로, 국공유지는 사회적 형평성을 증진하는 데 기여한다. 국공유지를 기반으로 한 공공서비스 확대는 저소득층과 취약계층이 기본적인 생활 조건을 충족할 수 있도록 지원한다. 예를 들어, 국공유지를 활용하여 교육 및 의료시설을 건설하면 이러한 계층이 양질의 공교육과 의료서비스에 접근할 수 있는 기회를 제공할 수 있다. 이는 사회적 불평등 완화와 사회 통합 촉진에 중요한 역할을 한다.

다섯 번째로, 국공유지 확대는 투기 방지와 자산불평등 완화에 기여한다. 민간 시장에서의 부동산 투기는 자산불평등을 심화시키는 주요 원인 중 하나이다. 국가가 토지를 소유하고 이를 공익 목적으로 활용하면 투기를 방지하고 자원의 효율적인 배분을 가능하게 한다. 예를 들어, 개발이익 환수제를 통해 민간 개발로 발생하는 이익을 공익 목적으로 환원하거나, 토지은행(Land Bank)을 설립하여 국공유지를 관리하고 필요한 곳에 배분하는 방식이 효과적일 수 있다.

공공자산 활용과 국공유지 확대를 통한 재분배는 다음과 같은 사회경제적 효과를 가져올 수 있다:

- 주거 안정성 강화: 저소득층과 취약계층이 안정적인 주거 환경에서 생활할 수 있도록 지원하여 자산불평등을 완화한다.
- 지역경제 활성화: 농촌 지역과 낙후된 지역에 인프라와 산업단지를 조성하여 경제활동 참여 기회를 확대하고 생산성을 높인다.
- 환경 지속가능성 확보: 녹지 공간 보존과 재생에너지 생산 확대를 통해 장기적인 환경 안정성을 확보한다.
- 사회적 형평성 증진: 모든 계층이 공정하게 자원의 혜택을 누릴 수 있도록 하여 사회적 불평등을 완화한다.
- 투명성과 책임성 강화: 국공유지 관리와 분배 과정에서 투명성과 책임성을 확보하여 신뢰를 구축한다.

이러한 전략을 설계하고 실행할 때 고려해야 할 몇 가지 원칙이 있다:

- 데이터 품질 관리: 신뢰할 수 있는 데이터를 확보하고 정기적으로 업데이트하여 분석 결과의 신뢰성을 유지해야 한다.
- 포괄성과 형평성: 모든 계층과 지역이 데이터와 기술 혜택에서 배제되지 않도록 포괄적인 접근을 취해야 한다.

- 투명성과 책임성: 데이터 사용과 분석 과정이 투명하게 공개되고 책임 있게 관리되어야 한다.
- 지속가능성과 장기성: 단기적인 성과에 그치지 않고 장기적으로 지속가능한 구조를 유지해야 한다.
- 디지털 접근성 확대: 디지털 격차 해소를 위해 모든 계층이 기술에 접근하고 활용할 수 있는 환경을 조성해야 한다.

미래 전망에서 공공자산 활용과 국공유지 확대 문제는 더욱 중요해질 것이다. 특히 디지털 전환 시대에는 새로운 형태의 데이터와 기술이 등장하면서 더욱 정교한 해결책이 요구될 것이다.

디지털 기술은 이 문제 해결에서 중요한 도구가 될 수 있다. 예를 들어, 머신러닝 기반 자동화된 가치평가 모델이나 위성 이미지 데이터를 활용한 실시간 모니터링 시스템은 시장 투명성과 효율성을 극대화할 것이다.

또한 ESG 원칙을 반영한 정책 설계는 환경문제 해결과 사회적 가치 창출에 기여하면서도 경제 안정성을 강화하는 데 초점을 맞출 것이다.

결론적으로 공공자산 활용과 국공유지 확대를 통한 재분배는 개인과 사회 모두에게 중대한 영향을 미치는 혁신적인 접근법이다. 이를 효과적으로 구현하기 위해서는 혁신적인 기술 개발과 통합적인 정책 설계가 필요하며, 모든 계층이 참여하고 혜택을 누릴 수 있는 환경을 조성해야 할 것이다.

22.2 공간복지 강화를 위한 민관협력과 거버넌스

공간복지는 모든 계층과 지역이 공정하게 자원의 혜택을 누리고, 양질의 생활 환경과 공공서비스에 접근할 수 있도록 보장하는 것을 목표로 한다. 이는 자산불평등 완화와 사회적 형평성 증진을 위한 핵심적인 전략으로, 특히 저소득층과 취약계층의 삶의 질을 개선하는 데 중요한 역할을 한다. 공간복지를 효과적으로 실현하기 위해서는 민관협력(Public-Private Partnership, PPP)과 포괄적인 거버넌스 체계가 필수적이다. 이러한 협력은 공공부문과 민간부문의 자원과 전문성을 결합하여 보다 효율적이고 지속가능한 공간복지 정책을 설계하고 실행하는 데 기여한다.

첫 번째로, 민관협력은 공간복지 강화를 위한 자원 동원을 가능하게 한다. 공공부문은 정책적 지원과 규제 역할을 맡고, 민간부문은 기술과 자본을 제공함으로써 상호보완적인 관계를 형성한다. 예를 들어, 공공임대주택 건설 프로젝트에서 정부는 토지를 제공하고 민간 건설사는 설계와 시공을 담당하는 방식으로 협력할 수 있다. 이러한 모델은 자원의 효율적인 활용과 프로젝트의 실행 속도를 높이는 데 기여한다.

두 번째로, 민관협력은 혁신적인 공간복지 솔루션을 개발할 수 있는 기반을 제공한다. 민간부문의 기술 혁신과 창의적인 접근법은 공공부문의 정책 목표를 달성하는 데 중요한 역할을 한다. 예를 들어, 스마트 시티 기술을 활용하여 저소득층 지역에 공공서비스 접근성을 개선하거나, 디지털 플랫폼을 통해 주민들에게 맞춤형 복지 서비스를 제공할 수 있다. 이러한 혁신은 공간복지의 질적 향상을 가능하게 한다.

세 번째로, 포괄적인 거버넌스 체계는 공간복지 정책의 투명성과 책임성을 강화한다. 거버넌스 체계는 정부, 민간기업, 시민사회, 지역주민 등 다양한 이해관계자가 참여하여 의사결정 과정에 기여할 수 있도록 설계되어야 한다. 예를 들어, 지역사회 기반 거버넌스 모델은 주민들의 의견을 반영하여 맞춤형 정책을 설계하고 실행할 수 있는 구조를 제공한다. 이는 정책의 효과성과 신뢰성을 동시에 높이는 데 기여한다.

네 번째로, 민관협력과 거버넌스는 지역 간 균형 발전을 촉진한다. 대도시와 농촌 지역 간의 경제적 격차는 사회적 갈등과 불평등의 주요 원인 중 하나이다. 민관협력을 통해 농촌 지역에 인프라를 확충하거나 산업단지를 조성하면 지역 경제 활성화와 일자리 창출에 기여할 수 있다. 예를 들어, 한국의 혁신도시 건설 프로젝트는 지방에 국공유지를 활용하여 공공기관을 이전하고 지역 경제를 활성화한 성공적인 사례로 꼽힌다.

다섯 번째로, 환경적 지속가능성을 고려한 공간복지 정책은 장기적인 안정성을 확보한다. 녹지 공간 확대, 재생에너지 활용, 친환경 인프라 개발 등은 환경적 지속가능성을 강화하는 동시에 주민들의 삶의 질을 향상시킨다. 예를 들어, 싱가포르의 "가든 시티(Garden City)" 프로젝트는 도시 전역에 녹지 공간을 조성하여 탄소 배출 감소와 생태계 복원을 동시에 실현하고 있다.

공간복지 강화를 위한 민관협력과 거버넌스는 다음과 같은 사회경제적 효과를 가져올 수 있다:

- 주거 안정성 강화: 저소득층과 취약계층이 안정적인 주거 환경에서 생활할 수 있도록 지원하여 자산불평등을 완화한다.
- 사회적 형평성 증진: 모든 계층이 공정하게 자원의 혜택을 누릴 수 있도록 하여 사회적 불평등을 완화한다.
- 지역경제 활성화: 농촌 지역과 낙후된 지역에 인프라와 산업단지를 조성하여 경제활동 참여 기회를 확대하고 생산성을 높인다.
- 환경 지속가능성 확보: 녹지 공간 보존과 재생에너지 생산 확대를 통해 장기적인 환경 안정성을 확보한다.
- 투명성과 책임성 강화: 민관협력 과정에서 투명성과 책임성을 확보하여 신뢰를 구축한다.

이러한 전략을 설계하고 실행할 때 고려해야 할 몇 가지 원칙이 있다:

- 데이터 품질 관리: 신뢰할 수 있는 데이터를 확보하고 정기적으로 업데이트하여 분석 결과의 신뢰성을 유지해야 한다.
- 포괄성과 형평성: 모든 계층과 지역이 데이터와 기술 혜택에서 배제되지 않도록 포괄적인 접근을 취해야 한다.
- 투명성과 책임성: 데이터 사용과 분석 과정이 투명하게 공개되고 책임 있게 관리되

어야 한다.
- 지속가능성과 장기성: 단기적인 성과에 그치지 않고 장기적으로 지속가능한 구조를 유지해야 한다.
- 디지털 접근성 확대: 디지털 격차 해소를 위해 모든 계층이 기술에 접근하고 활용할 수 있는 환경을 조성해야 한다.

미래 전망에서 공간복지 문제는 더욱 중요해질 것이다. 특히 디지털 전환 시대에는 새로운 형태의 데이터와 기술이 등장하면서 더욱 정교한 해결책이 요구될 것이다.

디지털 기술은 이 문제 해결에서 중요한 도구가 될 수 있다. 예를 들어, 머신러닝 기반 자동화된 가치평가 모델이나 위성 이미지 데이터를 활용한 실시간 모니터링 시스템은 시장 투명성과 효율성을 극대화할 것이다.

또한 ESG 원칙을 반영한 정책 설계는 환경문제 해결과 사회적 가치 창출에 기여하면서도 경제 안정성을 강화하는 데 초점을 맞출 것이다.

결론적으로 공간복지 강화를 위한 민관협력과 거버넌스는 개인과 사회 모두에게 중대한 영향을 미치는 혁신적인 접근법이다. 이를 효과적으로 구현하기 위해서는 혁신적인 기술 개발과 통합적인 정책 설계가 필요하며, 모든 계층이 참여하고 혜택을 누릴 수 있는 환경을 조성해야 할 것이다.

22.3 공정한 공간 이동권 보장과 보편적 접근성 확보

공정한 공간 이동권 보장과 보편적 접근성 확보는 모든 계층과 지역이 공정하게 도시와 지역 내 자원 및 기회에 접근할 수 있도록 보장하는 것을 목표로 한다. 이는 사회적 형평성과 경제적 기회 확대를 위한 핵심적인 과제로, 특히 저소득층, 취약계층, 그리고 교통 소외 지역 주민들에게 중요한 영향을 미친다. 공간 이동권은 단순히 물리적 이동의 자유를 넘어, 경제적·사회적 활동에 동등하게 참여할 수 있는 기회를 제공하는 데 중점을 둔다. 이를 실현하기 위해서는 포괄적이고 지속가능한 교통 정책과 디지털 기술을 활용한 혁신적인 접근이 필요하다.

첫 번째로, 공정한 공간 이동권은 교통 인프라의 형평성 있는 배분을 통해 실현될 수 있다. 대도시와 농촌 지역 간의 교통 인프라 격차는 경제적·사회적 불평등의 주요 원인 중 하나이다. 농촌 지역이나 도시 외곽 지역은 대중교통망이 부족하여 주민들이 직장, 교육기관, 의료시설 등 주요 자원에 접근하는 데 어려움을 겪는다. 이를 해결하기 위해 교통 인프라 확충과 대중교통망 강화를 통해 모든 지역이 균형 있게 발전할 수 있도록 해야 한다. 예를 들어, 한국의 "광역급행철도(GTX)" 프로젝트는 수도권 외곽 지역 주민들의 이동 시간을 단축하고 경제활동 참여 기회를 확대하는 데 기여하고 있다.

두 번째로, 보편적 접근성을 확보하기 위해서는 취약계층을 위한 맞춤형 교통 서비스가 필요하다. 장애인, 노인, 어린이 등 교통 약자는 기존의 대중교통 시스템에서 배제되는 경우가 많다. 이를 해결하기 위해 무장애 버스 도입, 엘리베이터 설치 확대, 휠체어 접근 가능한 지하철 차량 도입 등 포괄적인 교통 정책이 필요하다. 예를 들어, 일본은 "유니버설 디자인" 개념을 적용하여 모든 사람이 편리하게 이용할 수 있는 대중교통 시스템을 구축하고 있다.

세 번째로, 디지털 기술은 공간 이동권 보장을 위한 혁신적인 도구로 활용될 수 있다. 스마트폰 애플리케이션과 IoT(사물인터넷) 기술을 활용하여 실시간 교통 정보를 제공하고, 개인화된 이동 계획을 제안함으로써 이동 효율성을 극대화할 수 있다. 예를 들어, AI 기반 교통 관리 시스템은 교통 혼잡을 줄이고 대중교통 이용률을 높이는 데 기여한다. 또한 디지털 플랫폼은 공유 모빌리티 서비스를 통해 대중교통 사각지대에 거주하는 주민들에게 새로운 이동 옵션을 제공할 수 있다.

네 번째로, 환경 지속가능성을 고려한 교통 정책은 장기적인 안정성을 확보한다. 전기차 충전 인프라 확충, 자전거 도로 확대, 친환경 대중교통 도입 등은 온실가스 배출을 줄이고 환경적 지속가능성을 강화하는 데 기여한다. 예를 들어, 네덜란드 암스테르담은 자전거 친화적인 도시로 유명하며, 자전거 도로와 공유 자전거 시스템을 통해 자동차 사용을 줄이고 있다. 이러한 정책은 환경 보호뿐만 아니라 시민들의 건강과 삶의 질 향상에도 긍정적인 영향을 미친다.

다섯 번째로, 공정한 공간 이동권 보장을 위해서는 투명성과 책임성을 강화해야 한다. 교통 정책과 인프라 개발 과정에서 투명성과 책임성을 확보하면 시민들의 신뢰를 구축하고 정책 효과를 극대화할 수 있다. 예를 들어, 블록체인 기술을 활용하여 모든 데이터와 기록을 분산형 데이터베이스에 저장하고 조작 가능성을 차단함으로써 데이터 관리 과정의 신뢰성을 확보할 수 있다.

공정한 공간 이동권 보장과 보편적 접근성 확보는 다음과 같은 사회경제적 효과를 가져올 수 있다:

- 사회적 형평성 증진: 저소득층과 취약계층이 주요 자원과 기회에 동등하게 접근할 수 있도록 지원하여 사회적 불평등을 완화한다.
- 경제 성장 촉진: 효율적인 교통 인프라와 대중교통망 확충을 통해 경제활동 참여 기회를 확대하고 생산성을 높인다.
- 환경 지속가능성 강화: 친환경 교통 정책과 전기차 도입 등을 통해 온실가스 배출 감소와 환경 보호를 동시에 실현한다.
- 지역 간 균형 발전 촉진: 농촌 지역과 도시 외곽 지역에 대한 교통 인프라 투자를 통해 지역 간 격차를 줄인다.
- 시민 삶의 질 향상: 편리하고 효율적인 교통 시스템 구축을 통해 시민들의 이동 시간을 단축하고 생활 만족도를 높인다.

이러한 전략을 설계하고 실행할 때 고려해야 할 몇 가지 원칙이 있다:

- 데이터 품질 관리: 신뢰할 수 있는 데이터를 확보하고 정기적으로 업데이트하여 분석 결과의 신뢰성을 유지해야 한다.

- 포괄성과 형평성: 모든 계층과 지역이 데이터와 기술 혜택에서 배제되지 않도록 포괄적인 접근을 취해야 한다.
- 투명성과 책임성: 데이터 사용과 분석 과정이 투명하게 공개되고 책임 있게 관리되어야 한다.
- 지속가능성과 장기성: 단기적인 성과에 그치지 않고 장기적으로 지속가능한 구조를 유지해야 한다.
- 디지털 접근성 확대: 디지털 격차 해소를 위해 모든 계층이 기술에 접근하고 활용할 수 있는 환경을 조성해야 한다.

미래 전망에서 공정한 공간 이동권 문제는 더욱 중요해질 것이다. 특히 디지털 전환 시대에는 새로운 형태의 데이터와 기술이 등장하면서 더욱 정교한 해결책이 요구될 것이다.

디지털 기술은 이 문제 해결에서 중요한 도구가 될 수 있다. 예를 들어, 머신러닝 기반 자동화된 가치평가 모델이나 위성 이미지 데이터를 활용한 실시간 모니터링 시스템은 시장 투명성과 효율성을 극대화할 것이다.

또한 ESG 원칙을 반영한 정책 설계는 환경문제 해결과 사회적 가치 창출에 기여하면서도 경제 안정성을 강화하는 데 초점을 맞출 것이다.

결론적으로 공정한 공간 이동권 보장과 보편적 접근성 확보는 개인과 사회 모두에게 중대한 영향을 미치는 혁신적인 접근법이다. 이를 효과적으로 구현하기 위해서는 혁신적인 기술 개발과 통합적인 정책 설계가 필요하며, 모든 계층이 참여하고 혜택을 누릴 수 있는 환경을 조성해야 할 것이다.

23장

공간자산 선순환을 위한 제도와 규제 개선방안

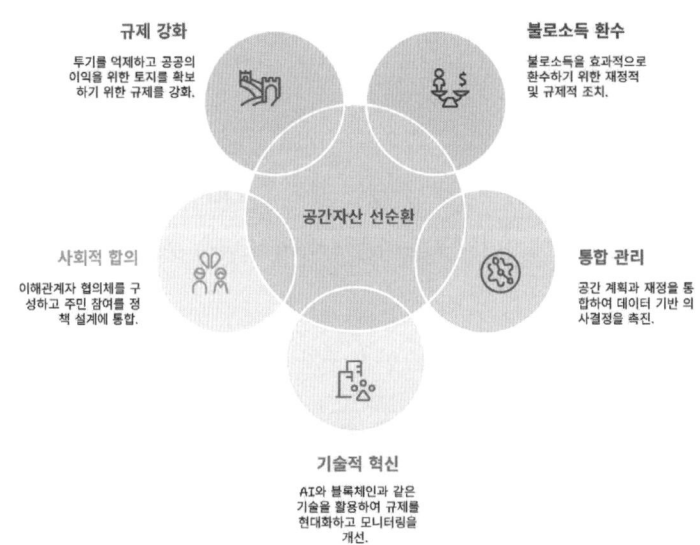

공간자산 선순환을 위한 혁신적 제도와 기술적 접근법

23.1 불로소득 환수와 개발이익 공유제의 재설계

불로소득 환수와 개발이익 공유제는 토지와 부동산 개발로 인해 발생하는 경제적 이익을 공공의 이익으로 환원하고, 자산불평등을 완화하기 위한 핵심적인 정책 도구이다. 불로소득은 개인이나 기업이 노동이나 생산 활동 없이 토지나 부동산 가치 상승으로 인해 얻는 수익을 의미하며, 이는 자산불평등을 심화시키고 사회적 형평성을 저해하는 주요 원인 중 하나이다. 개발이익 공유제는 이러한 불로소득을 공공재로 전환하여 사회 전체가 혜택을 누릴 수 있도록 설계된 제도로, 지속가능한 발전과 포용적 공간 관리를 실현하는 데 중요한 역할을 한다.

첫 번째로, 불로소득 환수는 자산불평등 완화를 위한 필수적인 정책 도구이다. 토지와 부동산 가치는 공공 인프라 투자나 지역 개발과 같은 외부 요인에 의해 상승하는 경우가 많으며, 이는 특정 계층과 지역에 경제적 이익을 집중시킨다. 불로소득 환수를 통해 이러한 이익을 공공의 목적으로 재분배하면, 자산 축적의 기회를 확대하고 사회적 형평성을 증진할 수 있다. 예를 들어, 한국의 개발부담금 제도는 개발 사업으로 인해 발생한 토지가치 상승분의 일부를 환수하여 공공 인프라 확충에 활용하는 대표적인 사례이다.

두 번째로, 개발이익 공유제는 지역 간 균형 발전을 촉진한다. 대도시와 농촌 지역 간의 경제적 격차는 사회적 갈등과 불평등의 주요 원인 중 하나이다. 개발이익 공유제를 통해 대도시에서 발생한 개발 이익을 농촌 지역이나 낙후된 지역에 재투자하면, 지역 간 균형 발전과 경제 활성화를 도모할 수 있다. 예를 들어, 일본은 도시 재개발 프로젝트에서 발생한 이익을 지방 경제 활성화와 농촌 인프라 개선에 활용하는 정책을 시행하고 있다.

세 번째로, 불로소득 환수와 개발이익 공유제는 환경적 지속가능성을 확보하는 데 기여한다. 무분별한 개발과 투기는 자연 생태계를 훼손하고 자원을 고갈시키는 주요 원인이다. 불로소득 환수를 통해 투기적 활동을 억제하고, 개발이익 공유제를 통해 녹지 공간 보존과 재생 가능 에너지 프로젝트에 투자하면 환경적 지속가능성을 강화할 수 있다. 예를 들어, 유럽연합(EU)은 탄소 배출권 거래에서 발생한 수익을 재생 가능 에너지와 녹지 공간 조성 프로젝트에 재투자하고 있다.

네 번째로, 불로소득 환수와 개발이익 공유제는 사회적 통합을 촉진한다. 특정 계층과 지역에 경제적 이익이 집중되면 사회적 갈등과 분열이 심화될 가능성이 높다. 이러한 문제를 해결하기 위해 불로소득 환수와 개발이익 공유제를 통해 모든 계층과 지역이 공정하게 자원의 혜택을 누릴 수 있도록 해야 한다. 예를 들어, 캐나다는 토지 거래에서 발생한 세수를 공공 주택 공급과 교육 및 의료 서비스 확충에 활용하여 사회적 형평성을 증진하고 있다.

다섯 번째로, 디지털 기술은 불로소득 환수와 개발이익 공유제의 효과성을 극대화할 수 있다. 블록체인 기술은 모든 거래 기록을 투명하게 저장하고 관리할 수 있는 도구를 제공하며, 이를 통해 부패와 비리를 방지할 수 있다. 또한 AI 기반 데이터 분석은 특정 지역에서 발생한 개발 이익과 불로소득 규모를 정확히 산출하여 정책결정자에게 신뢰할 수 있는 정보를 제공한다. 예를 들어, AI는 위성 이미지 데이터를 분석하여 특정 지역의 토지가치 변화를 실시간으로 모니터링하고 이를 바탕으로 세금 부과 기준을 설정할 수 있다.

불로소득 환수와 개발이익 공유제의 재설계는 다음과 같은 사회경제적 효과를 가져올 수 있다:

- 자산불평등 완화: 특정 계층과 지역에 집중된 경제적 이익을 공공재로 전환하여 자산불평등을 완화한다.
- 지역경제 활성화: 대도시에서 발생한 개발 이익을 농촌 지역이나 낙후된 지역에 재투자하여 지역경제를 활성화한다.
- 환경 지속가능성 강화: 투기 억제와 녹지 공간 보존 및 재생 가능 에너지 프로젝트 투자 등을 통해 장기적인 환경 안정성을 확보한다.
- 사회통합 촉진: 모든 계층과 지역이 공정하게 자원의 혜택을 누릴 수 있도록 하여 사회적 갈등과 분열을 완화한다.
- 시장 투명성 제고: 블록체인 기술과 AI 기반 데이터 분석 도입을 통해 거래 과정의 투명성과 신뢰성을 강화한다.

이러한 전략을 설계하고 실행할 때 고려해야 할 몇 가지 원칙이 있다:

- 데이터 품질 관리: 신뢰할 수 있는 데이터를 확보하고 정기적으로 업데이트하여 분석 결과의 신뢰성을 유지해야 한다.
- 포괄성과 형평성: 모든 계층과 지역이 데이터와 기술 혜택에서 배제되지 않도록 포괄적인 접근을 취해야 한다.
- 투명성과 책임성: 데이터 사용과 분석 과정이 투명하게 공개되고 책임 있게 관리되어야 한다.
- 지속가능성과 장기성: 단기적인 성과에 그치지 않고 장기적으로 지속가능한 구조를 유지해야 한다.
- 디지털 접근성 확대: 디지털 격차 해소를 위해 모든 계층이 기술에 접근하고 활용할 수 있는 환경을 조성해야 한다.

미래 전망에서 불로소득 환수와 개발이익 공유제 문제는 더욱 중요해질 것이다. 특히 디지털 전환 시대에는 새로운 형태의 데이터와 기술이 등장하면서 더욱 정교한 해결책이 요구될 것이다.

디지털 기술은 이 문제 해결에서 중요한 도구가 될 수 있다. 예를 들어, 머신러닝 기반 자동화된 가치평가 모델이나 위성 이미지 데이터를 활용한 실시간 모니터링 시스템은 시장 투명성과 효율성을 극대화할 것이다.

또한 ESG 원칙을 반영한 정책 설계는 환경문제 해결과 사회적 가치 창출에 기여하면서도 경제 안정성을 강화하는 데 초점을 맞출 것이다.

결론적으로 불로소득 환수와 개발이익 공유제의 재설계는 개인과 사회 모두에게 중대한 영향을 미치는 혁신적인 접근법이다. 이를 효과적으로 구현하기 위해서는 혁신적인 기술 개발과 통합적인 정책 설계가 필요하며, 모든 계층이 참여하고 혜택을 누릴 수 있는 환경을 조성해야 할 것이다.

23.2 공간계획-금융-재정의 연계와 통합적 관리

공간계획, 금융, 재정의 연계와 통합적 관리는 지속가능한 도시 발전과 자산불평등 완화를 위한 핵심적인 접근법으로, 이는 다양한 정책 도구와 자원을 효율적으로 결합하여 도시와 지역사회의 경제적, 환경적, 사회적 목표를 달성하는 데 기여한다. 공간계획은 토지와 자원의 효율적인 배분을 통해 도시의 구조와 기능을 설계하며, 금융은 이러한 계획을 실행하기 위한 자본을 조달하고, 재정은 공공서비스 제공과 인프라 개발을 지원하는 역할을 한다. 이 세 가지 요소를 통합적으로 관리하면 정책 효과를 극대화하고, 지속가능한 발전을 촉진할 수 있다.

첫 번째로, 공간계획과 금융의 연계는 도시 개발 프로젝트의 실행 가능성을 높인다. 공간계획은 도시 내 토지 이용과 개발 방향을 결정하며, 금융은 이러한 계획을 실행하기 위한 자본 조달 메커니즘을 제공한다. 예를 들어, 공공-민간 파트너십(PPP)을 통해 대규모 도시 재개발 프로젝트를 추진하면 공공부문이 토지를 제공하고 민간부문이 자금을 투자하는 방식으로 협력할 수 있다. 이러한 모델은 자원의 효율적인 활용과 프로젝트의 실행 속도를 높이는 데 기여한다.

두 번째로, 공간계획과 재정의 연계는 공공서비스와 인프라 개발의 형평성을 보장한다. 재정은 공공서비스 제공과 인프라 개발에 필요한 자금을 지원하며, 이를 공간계획과 연계하면 자원의 배분이 보다 형평성 있게 이루어질 수 있다. 예를 들어, 저소득층 지역에 공공임대주택을 공급하거나 농촌 지역에 교통 인프라를 확충하는 것은 공간계획과 재정이 긴밀히 연계된 사례이다. 이러한 접근은 사회적 형평성을 증진하고 지역 간 격차를 줄이는 데 기여한다.

세 번째로, 금융과 재정의 연계는 지속가능한 개발 프로젝트의 자금 조달을 지원한다. 녹색 채권(Green Bond)이나 사회책임투자(SRI)와 같은 ESG 금융 도구는 친환경 프로젝트와 사회적 가치 창출 프로젝트에 필요한 자금을 조달하는 데 중요한 역할을 한다. 예를 들어, 블록체인 기반의 ESG 인증 시스템은 투자자들에게 투명한 정보를 제공하며, 자금이 실제로 친환경 프로젝트에 사용되었는지 확인할 수 있는 메커니즘을 제공한다. 이러한 금융 도구는 지속가능한 발전 목표를 달성하는 데 필수적이다.

네 번째로, 디지털 기술은 공간계획-금융-재정의 통합적 관리를 지원하는 핵심 도구이다. AI와 빅데이터 기술은 대규모 데이터를 실시간으로 처리하고 분석하여 정책결정 과정에서 신뢰할 수 있는 정보를 제공한다. 예를 들어, 머신러닝 알고리즘은 특정 지역의 경제활동 데이터와 인구 통계를 분석하여 최적의 개발 전략과 투자 대상을 제안할 수 있다. 또한 위성 이미지 데이터를 활용하면 토지 이용 현황과 환경 상태를 실시간으로 모니터링하고 정책 효과를 평가할 수 있다.

다섯 번째로, 거버넌스 체계는 공간계획-금융-재정의 통합적 관리를 가능하게 한다. 정부, 민간기업, 시민사회 등 다양한 이해관계자가 참여하는 거버넌스 체계를 구축하면 의사결정 과정에서 투명성과 책임성을 확보할 수 있다. 예를 들어, 지역사회 기반 거버넌스 모델은 주민들의 의견을 반영하여 맞춤형 정책을 설계하고 실행할 수 있는 구조를 제공한다. 이는 정책 효과성과 신뢰성을 동시에 높이는 데 기여한다.

공간계획-금융-재정의 연계와 통합적 관리는 다음과 같은 사회경제적 효과를 가져올 수 있다:

- 자산불평등 완화: 저소득층과 취약계층이 공정하게 자원의 혜택을 누릴 수 있도록 지원하여 자산불평등을 완화한다.
- 지역경제 활성화: 농촌 지역과 낙후된 지역에 인프라와 산업단지를 조성하여 경제활동 참여 기회를 확대하고 생산성을 높인다.
- 환경 지속가능성 강화: 녹지 공간 보존과 재생 가능 에너지 프로젝트 투자 등을 통해 장기적인 환경 안정성을 확보한다.
- 사회통합 촉진: 모든 계층과 지역이 공정하게 자원의 혜택을 누릴 수 있도록 하여 사회적 갈등과 분열을 완화한다.
- 시장 투명성 제고: 블록체인 기술과 AI 기반 데이터 분석 도입을 통해 거래 과정의

투명성과 신뢰성을 강화한다.

이러한 전략을 설계하고 실행할 때 고려해야 할 몇 가지 원칙이 있다:

- 데이터 품질 관리: 신뢰할 수 있는 데이터를 확보하고 정기적으로 업데이트하여 분석 결과의 신뢰성을 유지해야 한다.
- 포괄성과 형평성: 모든 계층과 지역이 데이터와 기술 혜택에서 배제되지 않도록 포괄적인 접근을 취해야 한다.
- 투명성과 책임성: 데이터 사용과 분석 과정이 투명하게 공개되고 책임 있게 관리되어야 한다.
- 지속가능성과 장기성: 단기적인 성과에 그치지 않고 장기적으로 지속가능한 구조를 유지해야 한다.
- 디지털 접근성 확대: 디지털 격차 해소를 위해 모든 계층이 기술에 접근하고 활용할 수 있는 환경을 조성해야 한다.

미래 전망에서 공간계획-금융-재정의 연계 문제는 더욱 중요해질 것이다. 특히 디지털 전환 시대에는 새로운 형태의 데이터와 기술이 등장하면서 더욱 정교한 해결책이 요구될 것이다.

디지털 기술은 이 문제 해결에서 중요한 도구가 될 수 있다. 예를 들어, 머신러닝 기반 자동화된 가치평가 모델이나 위성 이미지 데이터를 활용한 실시간 모니터링 시스템은 시장 투명성과 효율성을 극대화할 것이다.

또한 ESG 원칙을 반영한 정책 설계는 환경문제 해결과 사회적 가치 창출에 기여하면서도 경제 안정성을 강화하는 데 초점을 맞출 것이다.

결론적으로 공간계획-금융-재정의 연계와 통합적 관리는 개인과 사회 모두에게 중대한 영향을 미치는 혁신적인 접근법이다. 이를 효과적으로 구현하기 위해서는 혁신적인 기술 개발과 통합적인 정책 설계가 필요하며, 모든 계층이 참여하고 혜택을 누릴 수 있는 환경을 조성해야 할 것이다.

23.3 공정한 공간 이용을 위한 공적규제 강화 방안

공정한 공간 이용은 모든 계층과 지역이 자원의 혜택을 공정하게 누리고, 지속가능한 발전을 도모하는 데 필수적인 요소이다. 그러나 시장 중심의 개발과 투기적 활동은 자원의 불균등한 배분과 환경적 지속가능성을 저해하며, 이는 자산불평등과 사회적 갈등을 심화시키는 결과를 초래한다. 이러한 문제를 해결하기 위해서는 공적규제를 강화하여 공간 이용의 형평성과 효율성을 확보하는 것이 필요하다. 공적규제는 토지와 부동산 시장에서의 불평등을 완화하고, 환경 보호와 사회적 형평성을 증진하는 데 중요한 역할을 한다.

첫 번째로, 토지 이용 규제는 공정한 공간 이용을 위한 핵심적인 도구이다. 토지 이용 규제는 특정 지역의 개발 방향과 용도를 결정하며, 이를 통해 자원의 효율적인 배분과 환경 보호를 가능하게 한다. 예를 들어, 녹지 공간 보존 구역을 설정하거나, 특정 지역에 대한 개발 제한을 통해 무분별한 개발과 투기를 억제할 수 있다. 한국의 수도권정비계획법은 수도권 내 과도한 인구 집중과 환경 파괴를 방지하기 위해 토지 이용 규제를 강화한 대표적인 사례이다.

두 번째로, 임대료 규제는 주거 안정성을 강화하고 자산불평등을 완화한다. 고소득층이 밀집된 지역에서는 임대료가 급격히 상승하여 저소득층이 해당 지역에서 밀려나는 젠트리피케이션 현상이 발생할 수 있다. 임대료 상한제를 도입하거나 공공임대주택 공급을 확대하면 이러한 문제를 완화할 수 있다. 예를 들어, 독일 베를린은 임대료 상한제를 통해 주거비 부담을 줄이고 사회적 형평성을 증진하려는 노력을 기울이고 있다.

세 번째로, 개발이익 환수제는 투기 방지와 공공재 투자에 기여한다. 개발 사업으로 인해 발생하는 이익은 특정 계층이나 기업에 집중될 가능성이 높으며, 이는 자산불평등을 심화시킨다. 개발이익 환수제를 통해 이러한 이익을 공공재로 환원하면, 공공 인프라 확충과 사회복지 확대에 활용할 수 있다. 한국의 개발부담금 제도는 개발 사업으로 인해 발생한 토지가치 상승분의 일부를 환수하여 공공 목적으로 사용하는 대표적인 사례이다.

네 번째로, 환경 규제는 지속가능한 공간 이용을 보장한다. 무분별한 개발은 자연 생태계를 훼손하고 장기적인 환경 안정성을 위협한다. 환경영향 평가 제도를 강화하고, 탄소 배출권 거래와 같은 메커니즘을 도입하면 환경 보호와 경제 발전 간의 균형을 유지할 수 있다. 유럽연합(EU)은 환경영향 평가 지침(EIA Directive)을 통해 모든 대규모 개발 프로젝트가 환경에 미치는 영향을 사전에 평가하고 이를 최소화하도록 요구하고 있다.

다섯 번째로, 디지털 기술은 공적규제의 효과성을 극대화할 수 있다. AI와 빅데이터 기술은 대규모 데이터를 실시간으로 처리하고 분석하여 정책결정 과정에서 신뢰할 수 있는 정보를 제공한다. 예를 들어, 머신러닝 알고리즘은 특정 지역의 토지가치 변화를 분석하여 투기 활동을 감지하고 이를 억제하기 위한 정책 대안을 제안할 수 있다. 또한 블록체인 기술은 모든 거래 기록을 투명하게 저장하고 관리할 수 있는 도구를 제공하며, 이를 통해 부패와 비리를 방지할 수 있다.

공정한 공간 이용을 위한 공적규제 강화 방안은 다음과 같은 사회경제적 효과를 가져올 수 있다:

- 자산불평등 완화: 특정 계층과 지역에 집중된 경제적 이익을 공공재로 전환하여 자산불평등을 완화한다.
- 주거 안정성 강화: 임대료 규제와 공공임대주택 공급 확대를 통해 저소득층과 취약 계층이 안정적인 주거 환경에서 생활할 수 있도록 지원한다.
- 환경 지속가능성 확보: 녹지 공간 보존과 탄소 배출권 거래 등을 통해 장기적인 환경 안정성을 확보한다.

- 사회통합 촉진: 모든 계층과 지역이 공정하게 자원의 혜택을 누릴 수 있도록 하여 사회적 갈등과 분열을 완화한다.
- 시장 투명성 제고: 블록체인 기술과 AI 기반 데이터 분석 도입을 통해 거래 과정의 투명성과 신뢰성을 강화한다.

이러한 전략을 설계하고 실행할 때 고려해야 할 몇 가지 원칙이 있다:

- 데이터 품질 관리: 신뢰할 수 있는 데이터를 확보하고 정기적으로 업데이트하여 분석 결과의 신뢰성을 유지해야 한다.
- 포괄성과 형평성: 모든 계층과 지역이 데이터와 기술 혜택에서 배제되지 않도록 포괄적인 접근을 취해야 한다.
- 투명성과 책임성: 데이터 사용과 분석 과정이 투명하게 공개되고 책임 있게 관리되어야 한다.
- 지속가능성과 장기성: 단기적인 성과에 그치지 않고 장기적으로 지속가능한 구조를 유지해야 한다.
- 디지털 접근성 확대: 디지털 격차 해소를 위해 모든 계층이 기술에 접근하고 활용할 수 있는 환경을 조성해야 한다.

미래 전망에서 공정한 공간 이용 문제는 더욱 중요해질 것이다. 특히 디지털 전환 시대에는 새로운 형태의 데이터와 기술이 등장하면서 더욱 정교한 해결책이 요구될 것이다.

디지털 기술은 이 문제 해결에서 중요한 도구가 될 수 있다. 예를 들어, 머신러닝 기반 자동화된 가치평가 모델이나 위성 이미지 데이터를 활용한 실시간 모니터링 시스템은 시장 투명성과 효율성을 극대화할 것이다.

또한 ESG 원칙을 반영한 정책 설계는 환경문제 해결과 사회적 가치 창출에 기여하면서도 경제 안정성을 강화하는 데 초점을 맞출 것이다.

결론적으로 공정한 공간 이용을 위한 공적규제 강화 방안은 개인과 사회 모두에게 중대한 영향을 미치는 혁신적인 접근법이다. 이를 효과적으로 구현하기 위해서는 혁신적인 기술 개발과 통합적인 정책 설계가 필요하며,

모든 계층이 참여하고 혜택을 누릴 수 있는 환경을 조성해야 할 것이다.

| 제7부 |

빈부격차 모니터링 시스템 구축

24장
빈부격차 모니터링 시스템 구축

25장
실시간 모니터링 체계 운영

26장
정책환류 시스템 구축

24장

빈부격차 모니터링 시스템 구축

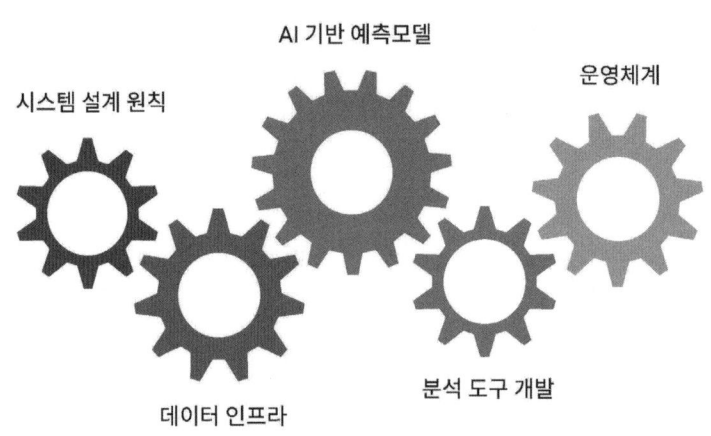

빈부격차 모니터링 시스템 구축

24.1 시스템 구축의 기본원칙

빈부격차 모니터링 시스템은 자산불평등 문제를 실시간으로 감지하고, 이를 해결하기 위한 정책적 대응을 지원하는 중요한 도구이다. 이 시스템은 데이터 수집, 분석, 시각화, 그리고 정책 환류 과정을 통합적으로 관리하며, 빈부격차 해소와 사회적 형평성 증진을 목표로 한다. 성공적인 모니터링 시스템 구축을 위해서는 명확한 기본원칙이 필요하며, 이러한 원칙은 데이터의 신뢰성과 투명성을 보장하고, 모든 계층과 지역이 공정하게 혜택을 누릴 수 있도록 설계되어야 한다.

첫 번째로, 데이터 품질 관리는 모니터링 시스템 구축의 핵심 원칙이다. 신뢰할 수 있는 데이터를 확보하고 정기적으로 업데이트하는 것은 분석 결과의 정확성과 신뢰성을 유지하는 데 필수적이다. 데이터 품질 관리를 위해서는 데이터 수집 과정에서 표준화된 절차를 따르고, 데이터의 완전성, 일관성, 정확성을 지속적으로 검토해야 한다. 예를 들어, 위성 이미지와 공공 데이터베이스를 결합하여 특정 지역의 자산 분포와 경제활동을 실시간으로 모니터링할 수 있다.

두 번째로, 포괄성과 형평성은 모든 계층과 지역이 모니터링 시스템의 혜택을 공정하게 누릴 수 있도록 보장하는 원칙이다. 이는 소외된 계층과 지역이 데이터 수집 및 분석 과정에서 배제되지 않도록 하는 것을 의미한다. 예를 들어, 농촌 지역이나 저소득층 밀집 지역에서도 동일한 수준의 데이터 접근성과 분석 결과를 제공해야 한다. 이를 통해 자산불평등 문제를 보다 정확히 진단하고, 맞춤형 정책 대안을 제시할 수 있다.

세 번째로, 투명성과 책임성은 모니터링 시스템 운영 과정에서 신뢰를 구축하는 데 중요한 역할을 한다. 데이터 사용과 분석 과정이 투명하게 공개되고 책임 있게 관리되어야 하며, 이를 위해 이해관계자들이 참여할 수 있는 거버넌스 구조가 필요하다. 예를 들어, 블록체인 기술을 활용하여 모든 데이터와 기록을 분산형 데이터베이스에 저장하고 조작 가능성을 차단함으로써 투명성을 확보할 수 있다.

네 번째로, 지속가능성과 장기성은 단기적인 성과에 그치지 않고 장기적으로 지속가능한 구조를 유지하는 것을 의미한다. 이는 모니터링 시스템이 변화하는 사회경제적 환경에 적응할 수 있도록 설계되어야 하며, 정기적인 평가와 개선 과정을 통해 시스템의 효과성을 유지해야 한다. 예를 들어, AI 기반 머신러닝 알고리즘을 활용하여 새로운 데이터를 학습하고 분석 모델을 지속적으로 업데이트할 수 있다.

다섯 번째로, 디지털 접근성 확대는 모든 계층이 기술에 접근하고 활용할 수 있는 환경을 조성하는 것을 목표로 한다. 이는 디지털 격차를 해소하고 소외된 계층이 모니터링 시스템의 혜택에서 배제되지 않도록 보장하는 것을 의미한다. 예를 들어, 모바일 애플리케이션이나 웹 플랫폼을 통해 누구나 쉽게 데이터를 조회하고 분석 결과를 확인할 수 있도록 해야 한다.

모니터링 시스템 구축의 기본원칙은 다음과 같은 사회경제적 효과를 가져올 수 있다:

- 자산불평등 완화: 특정 계층과 지역에 집중된 경제적 이익을 공공재로 전환하여 자산불평등을 완화한다.
- 정책 효과성 강화: 실시간 데이터를 기반으로 정책 효과를 평가하고 개선점을 도출함으로써 정책결정 과정을 강화한다.
- 사회통합 촉진: 모든 계층과 지역이 공정하게 자원의 혜택을 누릴 수 있도록 하여 사회적 갈등과 분열을 완화한다.
- 시장 투명성 제고: 블록체인 기술과 AI 기반 데이터 분석 도입을 통해 거래 과정의 투명성과 신뢰성을 강화한다.
- 환경 지속가능성 확보: 녹지 공간 보존과 재생 가능 에너지 프로젝트 투자 등을 통해 장기적인 환경 안정성을 확보한다.

이러한 원칙을 설계하고 실행할 때 고려해야 할 몇 가지 세부 사항이 있다:

- 표준화된 데이터 프로토콜 개발: 데이터 수집과 분석 과정에서 표준화된 프로토콜을 개발하여 일관성과 신뢰성을 유지해야 한다.
- 다양한 이해관계자 참여 유도: 정부, 민간기업, 시민사회 등 다양한 이해관계자가 참여할 수 있는 거버넌스 구조를 마련해야 한다.
- 교육 및 역량 강화 프로그램 제공: 디지털 기술 활용 능력을 향상시키기 위해 교육 프로그램과 역량 강화 워크숍을 제공해야 한다.
- 정기적인 성과 평가와 개선: 모니터링 시스템의 성과를 정기적으로 평가하고 개선점을 반영하여 지속적인 발전을 도모해야 한다.
- 국제 협력 강화: 글로벌 차원에서 빈부격차 문제 해결을 위한 데이터 공유와 협력을 강화해야 한다.

미래 전망에서 빈부격차 모니터링 시스템은 더욱 중요해질 것이다. 특히 디지털 전환 시대에는 새로운 형태의 데이터와 기술이 등장하면서 더욱 정교한 해결책이 요구될 것이다.

디지털 기술은 이 문제 해결에서 중요한 도구가 될 수 있다. 예를 들어, 머신러닝 기반 자동화된 가치평가 모델이나 위성 이미지 데이터를 활용한 실시간 모니터링 시스템은 시장 투명성과 효율성을 극대화할 것이다.

또한 ESG 원칙을 반영한 정책 설계는 환경문제 해결과 사회적 가치 창출에 기여하면서도 경제 안정성을 강화하는 데 초점을 맞출 것이다.

결론적으로 빈부격차 모니터링 시스템 구축의 기본원칙은 개인과 사회 모두에게 중대한 영향을 미치는 혁신적인 접근법이다. 이를 효과적으로 구현하기 위해서는 혁신적인 기술 개발과 통합적인 정책 설계가 필요하며, 모든 계층이 참여하고 혜택을 누릴 수 있는 환경을 조성해야 할 것이다.

24.2 핵심지표 선정과 측정방법

빈부격차 모니터링 시스템의 효과적인 운영을 위해서는 사회적 불평등과 자산분배 상태를 정확히 반영할 수 있는 핵심지표를 선정하고, 이를 측정하는 체계적인 방법론을 구축하는 것이 필수적이다. 핵심지표는 경제적, 사회적, 환경적 차원을 포괄하여 자산 불평등의 원인과 결과를 다각적으로 분석할 수 있도록 설계되어야 하며, 이러한 지표를 통해 정책결정자는 보다 정교하고 실효성 있는 대안을 제시할 수 있다.

첫 번째로, 경제적 불평등을 측정하는 핵심지표는 소득과 자산 분포의 상태를 평가하는 데 중점을 둔다. 대표적인 지표로는 지니계수(Gini Coefficient), 로렌츠 곡선(Lorenz Curve), 그리고 상위 10%와 하위 10% 간 소득 비율 등이 있다. 예를 들어, 지니계수는 소득이나 자산 분배의 불평등 정도를 0에서 1 사이의 값으로 나타내며, 값이 1에 가까울수록 불평등이 심하다는 것을 의미한다. 이러한 지표는 국가 및 지역 단위에서 자산불평등의 수준을 비교하고 추이를 분석하는 데 유용하다.

두 번째로, 사회적 형평성을 반영하는 지표는 공공서비스 접근성과 기회 균등성을 평가한다. 여기에는 주거 안정성 지표(예: 공공임대주택 비율), 교육 접근성 지표(예: 학교 밀도 및 학생당 교사 비율), 의료 서비스 접근성 지표(예: 병원 밀도 및 의료진 확보율) 등이 포함된다. 예를 들어, 특정 지역에서 저소득층이 공공임대주택에 접근할 수 있는 비율이 낮다면, 이는 해당 지역의 주거 불평등 문제를 나타내며 정책적 개입이 필요함을 시사한다.

세 번째로, 환경적 지속가능성을 평가하는 지표는 공간자원의 사용과 환경 보호 상태를 측정한다. 여기에는 녹지 면적 비율, 탄소 배출량, 재생에너지 사용 비율 등이 포함된다. 예를 들어, 도시 내 녹지 면적 비율은 열섬현상 완화와 대기질 개선에 중요한 역할을 하며, 이는 주민들의 건강과 삶의 질에 직접적인 영향을 미친다. 이러한 환경 지표는 장기적인 지속가능성을 평가하고 개선 방안을 도출하는 데 필수적이다.

네 번째로, 디지털 접근성과 기술 격차를 측정하는 지표는 현대 사회에서 점점 더 중요해지고 있다. 여기에는 인터넷 보급률, 디지털 기기 보유율, 디지털 리터러시 수준 등이 포함된다. 예를 들어, 특정 지역에서 인터넷 보급률이 낮다면, 이는 해당 지역 주민들이 디지털 경제와 공공서비스에서 배제될 가능성이 높음을 의미하며, 이를 해결하기 위한 정책적 지원이 필요하다.

다섯 번째로, 지역 간 격차를 분석하는 공간적 지표는 도시와 농촌 간 또는 중심부와 외곽 지역 간의 불균형을 평가한다. 여기에는 교통 접근성 지표(예: 대중교통 이용 가능성), 경제활동 참여율, 지역 내 총생산(GRDP) 등이 포함된다. 예를 들어, 농촌 지역의 교통 접근성이 낮다면 이는 해당 지역 주민들이 직장이나 교육기관에 접근하기 어려움을 나타내며, 이는 경제활동 참여 기회를 제한할 수 있다.

핵심지표 선정과 측정방법은 다음과 같은 사회경제적 효과를 가져올 수 있다:

- 자산불평등 진단 강화: 다양한 차원의 데이터를 통해 자산불평등의 원인과 결과를

보다 정확히 분석할 수 있다.
- 정책 효과성 증대: 실시간 데이터를 기반으로 정책 효과를 평가하고 개선점을 도출함으로써 정책결정 과정을 강화한다.
- 사회통합 촉진: 모든 계층과 지역이 공정하게 자원의 혜택을 누릴 수 있도록 하여 사회적 갈등과 분열을 완화한다.
- 환경 지속가능성 확보: 녹지 공간 보존과 재생 가능 에너지 프로젝트 투자 등을 통해 장기적인 환경 안정성을 확보한다.
- 디지털 격차 해소: 디지털 기술 활용 능력을 향상시키고 디지털 경제 참여 기회를 확대함으로써 기술 격차를 줄인다.

이러한 지표와 측정방법을 설계하고 실행할 때 고려해야 할 몇 가지 원칙이 있다:

- 데이터 표준화: 데이터 수집과 분석 과정에서 표준화된 프로토콜을 개발하여 일관성과 신뢰성을 유지해야 한다.
- 다양한 이해관계자 참여 유도: 정부, 민간기업, 시민사회 등 다양한 이해관계자가 데이터 선정과 분석 과정에 참여할 수 있도록 해야 한다.
- 정기적인 성과 평가와 개선: 모니터링 시스템의 성과를 정기적으로 평가하고 개선점을 반영하여 지속적인 발전을 도모해야 한다.
- 교육 및 역량 강화 프로그램 제공: 디지털 기술 활용 능력을 향상시키기 위해 교육 프로그램과 역량 강화 워크숍을 제공해야 한다.
- 국제 협력 강화: 글로벌 차원에서 빈부격차 문제 해결을 위한 데이터 공유와 협력을 강화해야 한다.

미래 전망에서 핵심지표 선정과 측정방법은 더욱 중요해질 것이다. 특히 디지털 전환 시대에는 새로운 형태의 데이터와 기술이 등장하면서 더욱 정교한 해결책이 요구될 것이다.

디지털 기술은 이 문제 해결에서 중요한 도구가 될 수 있다. 예를 들어, 머신러닝 기반 자동화된 데이터 분석 모델이나 위성 이미지 데이터를 활용한 실시간 모니터링 시스템은 시장 투명성과 효율성을 극대화할 것이다.

또한 ESG 원칙을 반영한 정책 설계는 환경문제 해결과 사회적 가치 창출에 기여하면서도 경제 안정성을 강화하는 데 초점을 맞출 것이다.

결론적으로 핵심지표 선정과 측정방법은 빈부격차 모니터링 시스템의 성공 여부를 결정짓는 중요한 요소이다. 이를 효과적으로 구현하기 위해서는 혁신적인 기술 개발과 통합적인 정책 설계가 필요하며, 모든 계층이 참여하고 혜택을 누릴 수 있는 환경을 조성해야 할 것이다.

24.3 데이터 수집·분석 체계

빈부격차 모니터링 시스템의 성공적인 운영을 위해서는 신뢰할 수 있는 데이터를 수집하고, 이를 체계적으로 분석하여 정책결정에 활용할 수 있는 데이터 수집·분석 체계를 구축하는 것이 필수적이다. 데이터는 빈부격차의 원인과 현황을 파악하고, 정책 효과를 평가하며, 개선 방안을 도출하는 데 있어 핵심적인 역할을 한다. 따라서 데이터 수집·분석 체계는 정확성, 포괄성, 실시간성을 기반으로 설계되어야 하며, 다양한 이해관계자가 참여하여 투명성과 신뢰성을 확보해야 한다.

첫 번째로, 데이터 수집은 다차원적이고 포괄적으로 이루어져야 한다. 빈부격차는 경제적, 사회적, 환경적 요인이 복합적으로 작용한 결과이므로, 다양한 차원의 데이터를 수집해야 한다. 예를 들어, 소득과 자산 데이터뿐만 아니라 공공서비스 접근성, 교육 수준, 의료 인프라 분포 등 사회적 요인과 녹지 면적 비율, 탄소 배출량 등 환경적 요인도 포함되어야 한다. 이러한 다차원적인 데이터는 빈부격차의 복잡한 원인을 분석하고 종합적인 해결책을 제시하는 데 기여한다.

두 번째로, 데이터 수집 과정에서 디지털 기술과 혁신적인 도구를 활용해야 한다. 위성 이미지, IoT(사물인터넷) 센서, 모바일 애플리케이션 등 첨단 기술은 데이터 수집의 정확성과 실시간성을 높이는 데 중요한 역할을 한다. 예를 들어, 위성 이미지는 특정 지역의 토지 이용 현황과 환경 상태를 실시간으로 모니터링할 수 있으며, IoT 센서는 대기질이나 교통 흐름과 같은 데이터를 자동으로 수집할 수 있다. 이러한 기술은 전통적인 데이터 수집 방식의 한계를 극복하고 보다 정교한 분석을 가능하게 한다.

세 번째로, 데이터 분석은 AI와 머신러닝 알고리즘을 활용하여 정교하게 이루어져야 한다. AI는 대규모 데이터를 처리하고 패턴을 발견하며 예측 모델을 생성하는 데 강력한 도구를 제공한다. 예를 들어, 머신러닝 알고리즘은 특정 지역의 경제활동 데이터와 인구 통계를 분석하여 빈부격차의 주요 원인을 식별하고 미래 추이를 예측할 수 있다. 또한 AI 기반 시뮬레이션은 다양한 정책 옵션의 효과를 사전에 검토하고 최적의 대안을 제시하는 데 기여한다.

네 번째로, 데이터 시각화는 정책결정자와 시민들이 데이터를 쉽게 이해하고 활용할 수 있도록 지원한다. 복잡한 데이터를 시각적으로 표현하면 정책결정자와 시민들이 빈부격차 문제를 보다 명확히 이해하고 효과적인 대응 방안을 논의할 수 있다. 예를 들어, 대시보드 형식의 시각화 도구는 특정 지역의 소득 분포나 공공서비스 접근성을 지도 형태로 표시하여 주요 문제점을 한눈에 파악할 수 있도록 돕는다.

다섯 번째로, 데이터 관리와 보안은 데이터 수집·분석 체계의 신뢰성을 확보하는 데 필수적이다. 모든 데이터는 투명하게 관리되고 조작 가능성이 없는 방식으로 저장되어야 하며, 이를 위해 블록체인 기술과 같은 분산형 데이터베이스가 활용될 수 있다. 또한 개인정보 보호와 사이버 보안 문제를 해결하기 위한 강력한 보안 프로토콜이 필요하다. 예를 들어, 블록체인은 모든 거래 기록을 분산형 네트워크에 저장하여 조작 가능성을 차단하며, 이는 데이터 관리 과정에서 높은 신뢰성을 제공한다.

데이터 수집·분석 체계는 다음과 같은 사회경제적 효과를 가져올 수 있다:

- 빈부격차 진단 강화: 다차원적 데이터를 통해 빈부격차의 원인과 결과를 보다 정확히 분석할 수 있다.
- 정책 효과성 증대: 실시간 데이터를 기반으로 정책 효과를 평가하고 개선점을 도출함으로써 정책결정 과정을 강화한다.
- 사회통합 촉진: 모든 계층과 지역이 공정하게 자원의 혜택을 누릴 수 있도록 하여 사회적 갈등과 분열을 완화한다.
- 환경 지속가능성 확보: 녹지 공간 보존과 재생 가능 에너지 프로젝트 투자 등을 통해 장기적인 환경 안정성을 확보한다.
- 디지털 격차 해소: 디지털 기술 활용 능력을 향상시키고 디지털 경제 참여 기회를 확대함으로써 기술 격차를 줄인다.

이러한 체계를 설계하고 실행할 때 고려해야 할 몇 가지 원칙이 있다:

- 표준화된 데이터 프로토콜 개발: 데이터 수집과 분석 과정에서 표준화된 프로토콜을 개발하여 일관성과 신뢰성을 유지해야 한다.
- 다양한 이해관계자 참여 유도: 정부, 민간기업, 시민사회 등 다양한 이해관계자가 데이터 선정과 분석 과정에 참여할 수 있도록 해야 한다.
- 정기적인 성과 평가와 개선: 모니터링 시스템의 성과를 정기적으로 평가하고 개선점을 반영하여 지속적인 발전을 도모해야 한다.
- 교육 및 역량 강화 프로그램 제공: 디지털 기술 활용 능력을 향상시키기 위해 교육 프로그램과 역량 강화 워크숍을 제공해야 한다.
- 국제 협력 강화: 글로벌 차원에서 빈부격차 문제 해결을 위한 데이터 공유와 협력을 강화해야 한다.

미래 전망에서 데이터 수집·분석 체계는 더욱 중요해질 것이다. 특히 디지털 전환 시대에는 새로운 형태의 데이터와 기술이 등장하면서 더욱 정교한 해결책이 요구될 것이다.

디지털 기술은 이 문제 해결에서 중요한 도구가 될 수 있다. 예를 들어, 머신러닝 기반 자동화된 가치평가 모델이나 위성 이미지 데이터를 활용한 실시간 모니터링 시스템은 시장 투명성과 효율성을 극대화할 것이다.

또한 ESG 원칙을 반영한 정책 설계는 환경문제 해결과 사회적 가치 창출에 기여하면서도 경제 안정성을 강화하는 데 초점을 맞출 것이다.

결론적으로 데이터 수집·분석 체계는 빈부격차 모니터링 시스템의 성공 여부를 결정짓는 중요한 요소이다. 이를 효과적으로 구현하기 위해서는 혁신적인 기술 개발과 통합적인 정책 설계가 필요하며, 모든 계층이 참여하고 혜택을 누릴 수 있는 환경을 조성해야 할 것이다.

25장

실시간 모니터링 체계 운영

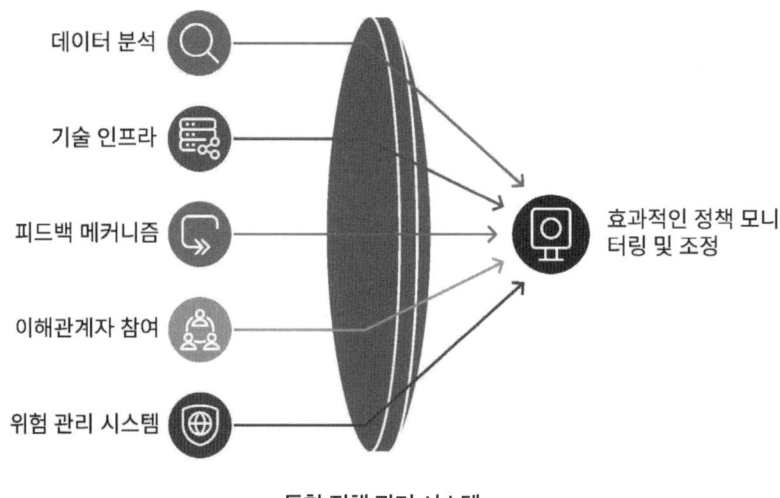

통합 정책 관리 시스템

25.1 자산빈곤 조기경보 시스템

자산빈곤 조기경보 시스템은 빈부격차 문제를 사전에 감지하고, 이를 해결하기 위한 정책적 대응을 신속히 실행할 수 있도록 설계된 중요한 도구이다. 이 시스템은 다양한 데이터와 지표를 실시간으로 모니터링하여 자산불평등의 심화나 특정 계층의 경제적 위기를 조기에 경고하며, 이를 통해 사회적 불안을 예방하고 지속가능한 발전을 도모한다. 자산빈곤 조기경보 시스템은 경제적, 사회적, 환경적 요인을 종합적으로 분석하여 빈곤 위험을 예측하고 정책결정자에게 실효성 있는 정보를 제공하는 데 중점을 둔다.

첫 번째로, 자산빈곤 조기경보 시스템은 다차원적인 데이터를 기반으로 작동해야 한다. 소득 수준, 자산 분포, 주거 안정성, 공공서비스 접근성 등 다양한 경제적·사회적 지표를 통합적으로 분석하여 빈곤 위험을 평가해야 한다. 예를 들어, 특정 지역에서 소득 감소와 임대료 상승이 동시에 발생한다면, 이는 해당 지역 주민들이 빈곤 상태에 빠질 가능성이 높음을 나타낼 수 있다. 이러한 다차원적인 접근은 빈부격차 문제의 복잡성을 이해하고 효과적인 대안을 제시하는 데 기여한다.

두 번째로, AI와 머신러닝 알고리즘은 자산빈곤 조기경보 시스템의 핵심 기술로 활용될 수 있다. AI는 대규모 데이터를 처리하고 패턴을 분석하며 예측 모델을 생성하는 데 강력한 도구를 제공한다. 예를 들어, 머신러닝 알고리즘은 특정 지역의 경제활동 데이터와 인구 통계를 분석하여 빈곤 위험이 높은 계층과 지역을 식별할 수 있다. 또한 AI 기반 시뮬레이션은 다양한 정책 옵션의 효과를 사전에 검토하고 최적의 대안을 제시하는 데 기여한다.

세 번째로, 실시간 데이터 모니터링은 조기경보 시스템의 효과성을 극대화한다. 위성 이미지, IoT(사물인터넷) 센서, 모바일 애플리케이션 등 첨단 기술은 데이터를 실시간으로 수집하고 분석하여 빈곤 위험을 신속히 감지할 수 있다. 예를 들어, 위성 이미지는 특정 지역의 토지 이용 변화와 주택 건설 현황을 모니터링하여 주거 불안정을 조기에 감지할 수 있으며, IoT 센서는 대기질이나 교통 흐름과 같은 데이터를 자동으로 수집하여 환경적 요인을 평가할 수 있다.

네 번째로, 데이터 시각화는 정책결정자와 시민들이 빈곤 위험을 쉽게 이해하고 대응할 수 있도록 지원한다. 복잡한 데이터를 시각적으로 표현하면 빈부격차 문제를 보다 명확히 이해하고 효과적인 대응 방안을 논의할 수 있다. 예를 들어, 대시보드 형식의 시각화 도구는 특정 지역의 소득 분포나 공공서비스 접근성을 지도 형태로 표시하여 주요 문제점을 한눈에 파악할 수 있도록 돕는다.

다섯 번째로, 블록체인 기술은 데이터 관리와 보안 문제를 해결하는 데 기여한다. 블록체인은 모든 데이터와 기록을 투명하게 저장하고 관리할 수 있는 분산형 데이터베이스를 제공하며, 이를 통해 부패와 비리를 방지할 수 있다. 또한 개인정보 보호와 사이버 보안 문제를 해결하기 위한 강력한 보안 프로토콜이 필요하다. 예를 들어, 블록체인은 모든 거래 기록을 분산형 네트워크에 저장하여 조작 가능성을 차단하며, 이는 데이터 관리 과정에서 높은 신뢰성을 제공한다.

자산빈곤 조기경보 시스템은 다음과 같은 사회경제적 효과를 가져올 수 있다:

- 빈부격차 진단 강화: 다차원적 데이터를 통해 빈부격차의 원인과 결과를 보다 정확히 분석할 수 있다.
- 정책 효과성 증대: 실시간 데이터를 기반으로 정책 효과를 평가하고 개선점을 도출함으로써 정책결정 과정을 강화한다.
- 사회통합 촉진: 모든 계층과 지역이 공정하게 자원의 혜택을 누릴 수 있도록 하여 사회적 갈등과 분열을 완화한다.
- 환경 지속가능성 확보: 녹지 공간 보존과 재생 가능 에너지 프로젝트 투자 등을 통해 장기적인 환경 안정성을 확보한다.
- 위험 예방 및 대응 강화: 빈곤 위험이 높은 계층과 지역에 대한 선제적인 지원을 통해 사회적 불안을 예방하고 안정성을 유지한다.

이러한 시스템을 설계하고 실행할 때 고려해야 할 몇 가지 원칙이 있다:

- 데이터 품질 관리: 신뢰할 수 있는 데이터를 확보하고 정기적으로 업데이트하여 분석 결과의 신뢰성을 유지해야 한다.
- 포괄성과 형평성: 모든 계층과 지역이 데이터와 기술 혜택에서 배제되지 않도록 포괄적인 접근을 취해야 한다.
- 투명성과 책임성: 데이터 사용과 분석 과정이 투명하게 공개되고 책임 있게 관리되어야 한다.

- 지속가능성과 장기성: 단기적인 성과에 그치지 않고 장기적으로 지속가능한 구조를 유지해야 한다.
- 디지털 접근성 확대: 디지털 격차 해소를 위해 모든 계층이 기술에 접근하고 활용할 수 있는 환경을 조성해야 한다.

미래 전망에서 자산빈곤 조기경보 시스템은 더욱 중요해질 것이다. 특히 디지털 전환 시대에는 새로운 형태의 데이터와 기술이 등장하면서 더욱 정교한 해결책이 요구될 것이다.

디지털 기술은 이 문제 해결에서 중요한 도구가 될 수 있다. 예를 들어, 머신러닝 기반 자동화된 가치평가 모델이나 위성 이미지 데이터를 활용한 실시간 모니터링 시스템은 시장 투명성과 효율성을 극대화할 것이다.

또한 ESG 원칙을 반영한 정책 설계는 환경문제 해결과 사회적 가치 창출에 기여하면서도 경제 안정성을 강화하는 데 초점을 맞출 것이다.

결론적으로 자산빈곤 조기경보 시스템은 개인과 사회 모두에게 중대한 영향을 미치는 혁신적인 접근법이다. 이를 효과적으로 구현하기 위해서는 혁신적인 기술 개발과 통합적인 정책 설계가 필요하며, 모든 계층이 참여하고 혜택을 누릴 수 있는 환경을 조성해야 할 것이다.

25.2 능력배양 프로그램 효과성 평가

능력배양 프로그램은 개인과 지역사회의 역량을 강화하여 빈부격차를 완화하고 지속가능한 발전을 도모하는 데 중요한 역할을 한다. 이러한 프로그램은 교육, 직업훈련, 금융 접근성 확대, 디지털 리터러시 향상 등 다양한 분야에서 실행되며, 특히 저소득층과 취약계층이 경제적 자립을 이루고 사회적 기회를 확대할 수 있도록 지원한다. 그러나 능력배양 프로그램의 성공 여부는 그 효과성을 체계적으로 평가하고, 이를 바탕으로 지속적인 개선을 도모하는 데 달려 있다. 효과성 평가는 프로그램의 목표 달성 여부를 측정하고, 정책결정자와 이해관계자들에게 신뢰할 수 있는 정보를 제공하여 보다 효율적이고 포괄적인 정책 설계를 가능하게 한다.

첫 번째로, 능력배양 프로그램의 효과성 평가는 명확한 목표와 지표 설정에서 시작된다. 각 프로그램은 구체적이고 측정 가능한 목표를 설정해야 하며, 이를 평가하기 위한 핵심 성과 지표(Key Performance Indicators, KPIs)를 정의해야 한다. 예를 들어, 직업훈련 프로그램의 경우 참가자의 고용률 증가, 소득 상승률, 기술 습득 수준 등이 주요 지표로 사용될 수 있다. 이러한 지표는 프로그램의 성과를 정량적으로 측정하고 비교할 수 있도록 한다.

두 번째로, 데이터 수집은 효과성 평가의 근간을 형성한다. 데이터는 프로그램 참가자의 초기 상태와 결과 상태를 비교하여 변화를 측정하는 데 사용된다. 예를 들어, 교육 프로그램의 경우 참가자의 학업 성취도, 자격증 취득 여부, 취업률 등을 데이터로 수집할 수 있다. 데이터 수집 과정에서는 표본의 대표성과 데이터의 신뢰성을 확보하기 위해 표준화된 절차를 따라야 한다.

세 번째로, AI와 머신러닝 알고리즘은 능력배양 프로그램의 효과성을 분석하는 데 강력한 도구로 활용될 수 있다. AI는 대규모 데이터를 처리하고 패턴을 분석하며 예측 모델을 생성하는 데 탁월한 능력을 갖추고 있다. 예를 들어, 머신러닝 알고리즘은 특정 직업훈련 프로그램이 참가자의 고용 가능성을 얼마나 향상시키는지 예측하거나, 디지털 리터러시 교육이 참가자의 디지털 경제 참여에 어떤 영향을 미치는지 분석할 수 있다. 이러한 기술은 정책결정자에게 실효성 있는 정보를 제공하고 최적의 대안을 제시하는 데 기여한다.

네 번째로, 실시간 모니터링은 능력배양 프로그램의 진행 상황을 평가하고 필요한 조정을 가능하게 한다. IoT(사물인터넷) 센서와 모바일 애플리케이션 등 첨단 기술은 데이터를 실시간으로 수집하고 분석하여 프로그램의 진행 상황을 모니터링할 수 있다. 예를 들어, 온라인 학습 플랫폼은 참가자의 학습 진도를 추적하고 학습 패턴을 분석하여 맞춤형 학습 계획을 제안할 수 있다. 이러한 실시간 피드백 메커니즘은 프로그램의 효과성을 극대화하는 데 중요한 역할을 한다.

다섯 번째로, 블록체인 기술은 데이터 관리와 보안 문제를 해결하는 데 기여한다. 블록체인은 모든 데이터와 기록을 투명하게 저장하고 관리할 수 있는 분산형 데이터베이스를 제공하며, 이를 통해 부패와 비리를 방지할 수 있다. 또한 개인정보 보호와 사이버 보안 문제를 해결하기 위한 강력한 보안 프로토콜이 필요하다. 예를 들어, 블록체인은 모든 거래 기록을 분산형 네트워크에 저장하여 조작 가능성을 차단하며, 이는 데이터 관리 과정에서 높은 신뢰성을 제공한다.

능력배양 프로그램 효과성 평가는 다음과 같은 사회경제적 효과를 가져올 수 있다:

- 빈부격차 완화: 저소득층과 취약계층이 경제적 자립을 이루고 사회적 기회를 확대할 수 있도록 지원하여 빈부격차를 완화한다.
- 정책 효과성 증대: 실시간 데이터를 기반으로 정책 효과를 평가하고 개선점을 도출함으로써 정책결정 과정을 강화한다.
- 사회통합 촉진: 모든 계층과 지역이 공정하게 자원의 혜택을 누릴 수 있도록 하여 사회적 갈등과 분열을 완화한다.
- 경제 성장 촉진: 효율적인 자원 배분과 지속가능한 개발 전략을 통해 경제활동 참여 기회를 확대하고 생산성을 높인다.
- 디지털 격차 해소: 디지털 기술 활용 능력을 향상시키고 디지털 경제 참여 기회를 확대함으로써 기술 격차를 줄인다.

이러한 평가 체계를 설계하고 실행할 때 고려해야 할 몇 가지 원칙이 있다:

- 데이터 품질 관리: 신뢰할 수 있는 데이터를 확보하고 정기적으로 업데이트하여 분석 결과의 신뢰성을 유지해야 한다.

- 포괄성과 형평성: 모든 계층과 지역이 데이터와 기술 혜택에서 배제되지 않도록 포괄적인 접근을 취해야 한다.
- 투명성과 책임성: 데이터 사용과 분석 과정이 투명하게 공개되고 책임 있게 관리되어야 한다.
- 지속가능성과 장기성: 단기적인 성과에 그치지 않고 장기적으로 지속가능한 구조를 유지해야 한다.
- 디지털 접근성 확대: 디지털 격차 해소를 위해 모든 계층이 기술에 접근하고 활용할 수 있는 환경을 조성해야 한다.

미래 전망에서 능력배양 프로그램 효과성 평가는 더욱 중요해질 것이다. 특히 디지털 전환 시대에는 새로운 형태의 데이터와 기술이 등장하면서 더욱 정교한 해결책이 요구될 것이다.

디지털 기술은 이 문제 해결에서 중요한 도구가 될 수 있다. 예를 들어, 머신러닝 기반 자동화된 가치평가 모델이나 위성 이미지 데이터를 활용한 실시간 모니터링 시스템은 시장 투명성과 효율성을 극대화할 것이다.

또한 ESG 원칙을 반영한 정책 설계는 환경문제 해결과 사회적 가치 창출에 기여하면서도 경제 안정성을 강화하는 데 초점을 맞출 것이다.

결론적으로 능력배양 프로그램 효과성 평가는 개인과 사회 모두에게 중대한 영향을 미치는 혁신적인 접근법이다. 이를 효과적으로 구현하기 위해서는 혁신적인 기술 개발과 통합적인 정책 설계가 필요하며, 모든 계층이 참여하고 혜택을 누릴 수 있는 환경을 조성해야 할 것이다.

25.3 생계복원 진행상황 추적

생계복원 진행상황 추적은 빈부격차 해소와 취약계층 지원을 위한 정책이 실제로 효과를 발휘하고 있는지 평가하고, 필요한 조정을 통해 지속가능한 발전을 도모하는 중요한 과정이다. 생계복원은 경제적 위기에 처한 개인과 가구가 안정된 생활을 회복하고 자립할 수 있도록 지원하는 것을 목표로 하며, 이를 위해 실시간 데이터를 기반으로 한 진행상황 추적 시스템이 필수적이다. 이러한 시스템은 정책의 효과성과 효율성을 평가하고, 정책결정자에게 신뢰할 수 있는 정보를 제공하여 보다 정교하고 실효성 있는 대응을 가능하게 한다.

첫 번째로, 생계복원 진행상황 추적은 다차원적인 데이터를 기반으로 이루어져야 한다. 생계복원은 단순히 소득 수준의 회복에 그치지 않고, 주거 안정성, 교육 및 의료 서비스 접근성, 사회적 참여 등 다양한 요인을 포함한다. 따라서 소득 데이터뿐만 아니라 주거 상태, 공공서비스 이용률, 취업 상태 등 다차원적인 데이터를 수집하고 분석해야 한다. 예를 들어, 특정 지역에서 공공임대주택 입주율과 취업률이 동시에 증가한다면, 이는 해당 지역의 생계복원이 성공적으로 이루어지고 있음을 나타낼 수 있다.

두 번째로, 실시간 데이터 모니터링은 생계복원 진행상황 추적의 효과성을 극대화한다. IoT(사물인터넷) 센서, 모바일 애플리케이션, 위성 이미지 등 첨단 기술은 데이터를 실시간으로 수집하고 분석하여 생계복원의 진행 상황을 신속히 파악할 수 있다. 예를 들어, IoT 센서는 특정 지역의 전력 사용량이나 물 소비량 변화를 모니터링하여 가구의 생활수준 변화를 간접적으로 평가할 수 있다. 이러한 실시간 데이터는 정책결정자가 신속하게 대응 방안을 마련하는 데 중요한 역할을 한다.

세 번째로, AI와 머신러닝 알고리즘은 생계복원 진행상황을 분석하고 예측하는 데 강력한 도구로 활용될 수 있다. AI는 대규모 데이터를 처리하고 패턴을 분석하며 예측 모델을 생성하는 데 탁월한 능력을 갖추고 있다. 예를 들어, 머신러닝 알고리즘은 특정 지역에서 소득 증가와 교육 수준 향상이 생계복원에 미치는 영향을 분석하거나, 다양한 정책 옵션의 효과를 시뮬레이션하여 최적의 대안을 제시할 수 있다. 이러한 기술은 정책결정자에게 실효성 있는 정보를 제공하고 전략적 결정을 지원한다.

네 번째로, 데이터 시각화는 진행상황을 명확히 이해하고 소통하는 데 기여한다. 복잡한 데이터를 시각적으로 표현하면 정책결정자와 시민들이 생계복원의 진행 상황을 보다 명확히 이해하고 효과적인 대응 방안을 논의할 수 있다. 예를 들어, 대시보드 형식의 시각화 도구는 특정 지역의 소득 분포나 공공서비스 이용률을 지도 형태로 표시하여 주요 문제점을 한눈에 파악할 수 있도록 돕는다.

다섯 번째로, 블록체인 기술은 데이터 관리와 보안 문제를 해결하는 데 기여한다. 블록체인은 모든 데이터와 기록을 투명하게 저장하고 관리할 수 있는 분산형 데이터베이스를 제공하며, 이를 통해 부패와 비리를 방지할 수 있다. 또한 개인정보 보호와 사이버 보안 문제를 해결하기 위한 강력한 보안 프로토콜이 필요하다. 예를 들어, 블록체인은 모든 거래 기록을 분산형 네트워크에 저장하여 조작 가능성을 차단하며, 이는 데이터 관리 과정에서 높은 신뢰성을 제공한다.

생계복원 진행상황 추적 시스템은 다음과 같은 사회경제적 효과를 가져올 수 있다:

- 빈부격차 완화: 저소득층과 취약계층이 경제적 자립을 이루고 사회적 기회를 확대할 수 있도록 지원하여 빈부격차를 완화한다.
- 정책 효과성 증대: 실시간 데이터를 기반으로 정책 효과를 평가하고 개선점을 도출함으로써 정책결정 과정을 강화한다.
- 사회통합 촉진: 모든 계층과 지역이 공정하게 자원의 혜택을 누릴 수 있도록 하여 사회적 갈등과 분열을 완화한다.
- 경제 성장 촉진: 효율적인 자원 배분과 지속가능한 개발 전략을 통해 경제활동 참여 기회를 확대하고 생산성을 높인다.
- 위험 예방 및 대응 강화: 빈곤 위험이 높은 계층과 지역에 대한 선제적인 지원을 통해 사회적 불안을 예방하고 안정성을 유지한다.

이러한 시스템을 설계하고 실행할 때 고려해야 할 몇 가지 원칙이 있다:

- 데이터 품질 관리: 신뢰할 수 있는 데이터를 확보하고 정기적으로 업데이트하여 분석 결과의 신뢰성을 유지해야 한다.
- 포괄성과 형평성: 모든 계층과 지역이 데이터와 기술 혜택에서 배제되지 않도록 포괄적인 접근을 취해야 한다.
- 투명성과 책임성: 데이터 사용과 분석 과정이 투명하게 공개되고 책임 있게 관리되어야 한다.
- 지속가능성과 장기성: 단기적인 성과에 그치지 않고 장기적으로 지속가능한 구조를 유지해야 한다.
- 디지털 접근성 확대: 디지털 격차 해소를 위해 모든 계층이 기술에 접근하고 활용할 수 있는 환경을 조성해야 한다.

미래 전망에서 생계복원 진행상황 추적 시스템은 더욱 중요해질 것이다. 특히 디지털 전환 시대에는 새로운 형태의 데이터와 기술이 등장하면서 더욱 정교한 해결책이 요구될 것이다.

디지털 기술은 이 문제 해결에서 중요한 도구가 될 수 있다. 예를 들어, 머신러닝 기반 자동화된 가치평가 모델이나 위성 이미지 데이터를 활용한 실시간 모니터링 시스템은 시장 투명성과 효율성을 극대화할 것이다.

또한 ESG 원칙을 반영한 정책 설계는 환경문제 해결과 사회적 가치 창출에 기여하면서도 경제 안정성을 강화하는 데 초점을 맞출 것이다.

결론적으로 생계복원 진행상황 추적 시스템은 개인과 사회 모두에게 중대한 영향을 미치는 혁신적인 접근법이다. 이를 효과적으로 구현하기 위해서는 혁신적인 기술 개발과 통합적인 정책 설계가 필요하며, 모든 계층이 참여하고 혜택을 누릴 수 있는 환경을 조성해야 할 것이다.

26장

정책환류 시스템 구축

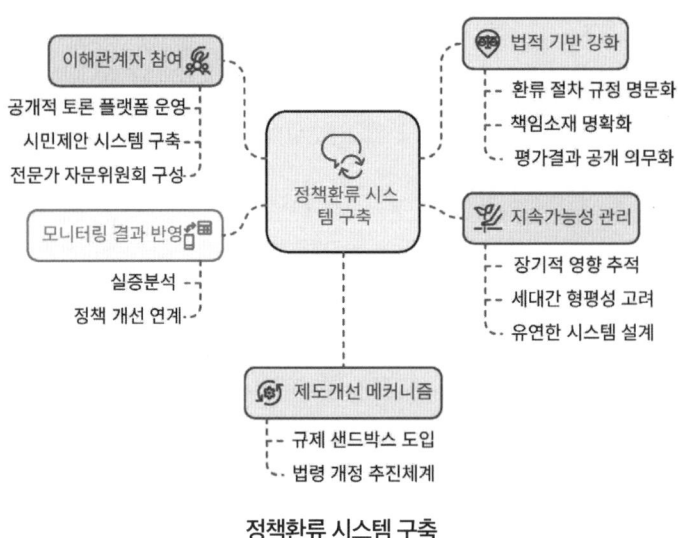

정책환류 시스템 구축

26.1 모니터링 결과의 정책반영

모니터링 결과의 정책반영은 빈부격차 해소와 사회적 형평성 증진을 위한 정책결정 과정에서 필수적인 단계로, 모니터링 시스템에서 수집된 데이터를 기반으로 정책을 설계하고 실행하며, 그 효과를 지속적으로 평가하는 것을 의미한다. 이는 데이터 기반 의사결정을 통해 정책의 실효성을 높이고, 자원의 효율적 배분과 사회적 통합을 도모하는 데 중요한 역할을 한다. 모니터링 결과를 정책에 반영하는 과정은 투명성과 책임성을 강화하며, 모든 이해관계자가 참여할 수 있는 거버넌스 구조를 통해 신뢰를 구축할 수 있다.

첫 번째로, 모니터링 결과는 정책 우선순위를 설정하는 데 활용된다. 모니터링 시스템은 빈부격차의 원인과 영향을 다차원적으로 분석하여 가장 시급한 문제를 식별하고, 이에 따라 정책 우선순위를 설정할 수 있도록 지원한다. 예를 들어, 특정 지역에서 소득 불평등과 주거 불안정이 동시에 심화되고 있다면, 해당 지역에 공공임대주택 공급 확대와 같은 주거 안정성 강화 정책을 우선적으로 시행할 필요가 있다. 이러한 데이터 기반 접근은 자원의 효율적 배분과 정책 효과 극대화를 가능하게 한다.

두 번째로, 모니터링 결과는 맞춤형 정책 설계를 가능하게 한다. 빈부격차의 원인과 양상은 지역과 계층에 따라 다르게 나타나므로, 모니터링 데이터를 기반으로 한 맞춤형 정책 설계가 필요하다. 예를 들어, 농촌 지역에서는 교통 접근성과 농업 지원 프로그램이 중요할 수 있는 반면, 도시 지역에서는 공공임대주택 공급과 대중교통망 확충이 더 큰 영향을 미칠 수 있다. 이러한 맞춤형 접근은 각 지역과 계층의 특성을 반영하여 보다 효과적인 해결책을 제공한다.

세 번째로, 모니터링 결과는 정책 효과를 평가하고 개선점을 도출하는 데 활용된다. 모니터링 시스템은 정책 실행 후 그 효과를 실시간으로 평가하고, 필요한 경우 조정을 통해 지속적인 개선을 도모할 수 있도록 지원한다. 예를 들어, 특정 지역에서 시행된 직업훈련 프로그램의 참가자 고용률 변화를 분석하여 프로그램의 효과를 평가하고, 부족한 점을 보완하기 위한 추가 조치를 취할 수 있다. 이러한 피드백 메커니즘은 정책결정 과정을 강화하고 신뢰성을 높이는 데 기여한다.

네 번째로, 모니터링 결과는 이해관계자 간 협력을 촉진한다. 정부, 민간기업, 시민사회 등 다양한 이해관계자가 모니터링 데이터를 공유하고 이를 바탕으로 협력하면, 보다 포괄적이고 통합적인 정책 설계가 가능하다. 예를 들어, 정부는 민간기업과 협력하여 저소득층 가구에 재정 지원을 제공하거나, 시민사회와 협력하여 지역사회 기반 프로젝트를 추진할 수 있다. 이러한 협력은 자원의 효율적 활용과 사회적 통합을 촉진한다.

다섯 번째로, 디지털 기술은 모니터링 결과의 정책반영 과정을 지원하는 핵심 도구이다. AI와 머신러닝 알고리즘은 대규모 데이터를 처리하고 패턴을 분석하며 예측 모델을 생성하여 정책결정자에게 신뢰할 수 있는 정보를 제공한다. 예를 들어, 머신러닝 알고리즘은 특정 지역에서 시행된 교육 프로그램이 참가자의 학업 성취도와 소득 수준에 미친 영향을 분석하거나, 다양한 정책 옵션의 효과를 시뮬레이션하여 최적의 대안을 제시할 수 있다.

모니터링 결과의 정책반영은 다음과 같은 사회경제적 효과를 가져올 수 있다:

- 빈부격차 완화: 데이터 기반 의사결정을 통해 자원의 효율적 배분과 맞춤형 정책 설계를 가능하게 하여 빈부격차를 완화한다.
- 정책 효과성 증대: 실시간 데이터를 기반으로 정책 효과를 평가하고 개선점을 도출함으로써 정책결정 과정을 강화한다.
- 사회통합 촉진: 모든 계층과 지역이 공정하게 자원의 혜택을 누릴 수 있도록 하여 사회적 갈등과 분열을 완화한다.
- 경제 성장 촉진: 효율적인 자원 배분과 지속가능한 개발 전략을 통해 경제활동 참여 기회를 확대하고 생산성을 높인다.
- 환경 지속가능성 확보: 녹지 공간 보존과 재생 가능 에너지 프로젝트 투자 등을 통해 장기적인 환경 안정성을 확보한다.

이러한 과정을 설계하고 실행할 때 고려해야 할 몇 가지 원칙이 있다:

- 데이터 품질 관리: 신뢰할 수 있는 데이터를 확보하고 정기적으로 업데이트하여 분석 결과의 신뢰성을 유지해야 한다.
- 포괄성과 형평성: 모든 계층과 지역이 데이터와 기술 혜택에서 배제되지 않도록 포괄적인 접근을 취해야 한다.
- 투명성과 책임성: 데이터 사용과 분석 과정이 투명하게 공개되고 책임 있게 관리되

어야 한다.
- 지속가능성과 장기성: 단기적인 성과에 그치지 않고 장기적으로 지속가능한 구조를 유지해야 한다.
- 디지털 접근성 확대: 디지털 격차 해소를 위해 모든 계층이 기술에 접근하고 활용할 수 있는 환경을 조성해야 한다.

미래 전망에서 모니터링 결과의 정책반영 문제는 더욱 중요해질 것이다. 특히 디지털 전환 시대에는 새로운 형태의 데이터와 기술이 등장하면서 더욱 정교한 해결책이 요구될 것이다.

디지털 기술은 이 문제 해결에서 중요한 도구가 될 수 있다. 예를 들어, 머신러닝 기반 자동화된 가치평가 모델이나 위성 이미지 데이터를 활용한 실시간 모니터링 시스템은 시장 투명성과 효율성을 극대화할 것이다.

또한 ESG 원칙을 반영한 정책 설계는 환경문제 해결과 사회적 가치 창출에 기여하면서도 경제 안정성을 강화하는 데 초점을 맞출 것이다.

결론적으로 모니터링 결과의 정책반영은 개인과 사회 모두에게 중대한 영향을 미치는 혁신적인 접근법이다. 이를 효과적으로 구현하기 위해서는 혁신적인 기술 개발과 통합적인 거버넌스 체계가 필요하며, 모든 계층이 참여하고 혜택을 누릴 수 있는 환경을 조성해야 할 것이다.

26.2 제도개선 환류체계

제도개선 환류체계는 빈부격차 모니터링 시스템에서 수집된 데이터를 기반으로 기존 제도의 한계를 파악하고, 이를 개선하기 위한 정책적 조치를 설계하고 실행하는 과정을 의미한다. 이 체계는 데이터 기반 의사결정을 통해 정책의 실효성을 높이고, 지속가능한 발전과 사회적 형평성을 도모하는 데 필수적인 역할을 한다. 제도개선 환류체계는 정책의 효과를 평가하고, 이를 바탕으로 새로운 대안을 도출하며, 정책결정 과정에서 투명성과 책임성을 강화하는 데 중점을 둔다.

첫 번째로, 제도개선 환류체계는 데이터 기반 문제 진단에서 시작된다. 모니터링 시스템에서 수집된 데이터는 기존 제도의 한계를 파악하고 개선이 필요한 영역을 식별하는 데 활용된다. 예를 들어, 특정 지역에서 공공임대주택 공급이 부족하거나 의료 서비스 접근성이 낮은 경우, 이는 해당 지역의 사회적 형평성을 저해하는 주요 원인으로 작용할 수 있다. 이러한 데이터를 기반으로 문제를 진단하고, 이를 해결하기 위한 정책적 대안을 설계할 수 있다.

두 번째로, 제도개선 환류체계는 실시간 데이터를 활용하여 정책 효과를 평가한다. 실시간 데이터는 정책 실행 후 그 효과를 즉각적으로 평가하고, 필요한 경우 조정을 통해 지속적인 개선을 도모할 수 있도록 지원한다. 예를 들어, 특정 지역에서 시행된 직업 훈련 프로그램의 참가자 고용률 변화를 실시간으로 모니터링하여 프로그램의 효과를 평가하고, 부족한 점을 보완하기 위한 추가 조치를 취할 수 있다. 이러한 피드백 메커니즘은 정책결정 과정을 강화하고 신뢰성을 높이는 데 기여한다.

세 번째로, AI와 머신러닝 알고리즘은 제도개선 환류체계의 핵심 기술로 활용될 수 있다. AI는 대규모 데이터를 처리하고 패턴을 분석하며 예측 모델을 생성하는 데 강력한 도구를 제공한다. 예를 들어, 머신러닝 알고리즘은 특정 지역에서 시행된 교육 프로그램이 참가자의 학업 성취도와 소득 수준에 미친 영향을 분석하거나, 다양한 정책 옵션의 효과를 시뮬레이션하여 최적의 대안을 제시할 수 있다. 이러한 기술은 정책결정자에게 실효성 있는 정보를 제공하고 전략적 결정을 지원한다.

네 번째로, 제도개선 환류체계는 다양한 이해관계자의 참여를 통해 투명성과 책임성을 강화한다. 정부, 민간기업, 시민사회 등 다양한 이해관계자가 데이터 분석과 정책 설계 과정에 참여하면, 보다 포괄적이고 통합적인 접근이 가능하다. 예를 들어, 지역사회 기반 거버넌스 모델은 주민들의 의견을 반영하여 맞춤형 정책을 설계하고 실행할 수 있는 구조를 제공한다. 이러한 협력은 자원의 효율적 활용과 사회적 통합을 촉진한다.

다섯 번째로, 디지털 기술은 제도개선 환류체계를 지원하는 핵심 도구이다. 블록체인 기술은 모든 데이터와 기록을 투명하게 저장하고 관리할 수 있는 분산형 데이터베이스를 제공하며, 이를 통해 부패와 비리를 방지할 수 있다. 또한 개인정보 보호와 사이버 보안 문제를 해결하기 위한 강력한 보안 프로토콜이 필요하다. 예를 들어, 블록체인은 모든 거래 기록을 분산형 네트워크에 저장하여 조작 가능성을 차단하며, 이는 데이터 관리 과정에서 높은 신뢰성을 제공한다.

제도개선 환류체계는 다음과 같은 사회경제적 효과를 가져올 수 있다:

- 빈부격차 완화: 데이터 기반 의사결정을 통해 자원의 효율적 배분과 맞춤형 정책 설계를 가능하게 하여 빈부격차를 완화한다.
- 정책 효과성 증대: 실시간 데이터를 기반으로 정책 효과를 평가하고 개선점을 도출함으로써 정책결정 과정을 강화한다.
- 사회통합 촉진: 모든 계층과 지역이 공정하게 자원의 혜택을 누릴 수 있도록 하여 사회적 갈등과 분열을 완화한다.
- 경제 성장 촉진: 효율적인 자원 배분과 지속가능한 개발 전략을 통해 경제활동 참여 기회를 확대하고 생산성을 높인다.
- 환경 지속가능성 확보: 녹지 공간 보존과 재생 가능 에너지 프로젝트 투자 등을 통해 장기적인 환경 안정성을 확보한다.

이러한 체계를 설계하고 실행할 때 고려해야 할 몇 가지 원칙이 있다:

- 데이터 품질 관리: 신뢰할 수 있는 데이터를 확보하고 정기적으로 업데이트하여 분석 결과의 신뢰성을 유지해야 한다.
- 포괄성과 형평성: 모든 계층과 지역이 데이터와 기술 혜택에서 배제되지 않도록 포괄적인 접근을 취해야 한다.

- 투명성과 책임성: 데이터 사용과 분석 과정이 투명하게 공개되고 책임 있게 관리되어야 한다.
- 지속가능성과 장기성: 단기적인 성과에 그치지 않고 장기적으로 지속가능한 구조를 유지해야 한다.
- 디지털 접근성 확대: 디지털 격차 해소를 위해 모든 계층이 기술에 접근하고 활용할 수 있는 환경을 조성해야 한다.

미래 전망에서 제도개선 환류체계는 더욱 중요해질 것이다. 특히 디지털 전환 시대에는 새로운 형태의 데이터와 기술이 등장하면서 더욱 정교한 해결책이 요구될 것이다.

디지털 기술은 이 문제 해결에서 중요한 도구가 될 수 있다. 예를 들어, 머신러닝 기반 자동화된 가치평가 모델이나 위성 이미지 데이터를 활용한 실시간 모니터링 시스템은 시장 투명성과 효율성을 극대화할 것이다.

또한 ESG 원칙을 반영한 정책 설계는 환경문제 해결과 사회적 가치 창출에 기여하면서도 경제 안정성을 강화하는 데 초점을 맞출 것이다.

결론적으로 제도개선 환류체계는 개인과 사회 모두에게 중대한 영향을 미치는 혁신적인 접근법이다. 이를 효과적으로 구현하기 위해서는 혁신적인 기술 개발과 통합적인 거버넌스 체계가 필요하며, 모든 계층이 참여하고 혜택을 누릴 수 있는 환경을 조성해야 할 것이다.

26.3 이해관계자 참여 거버넌스

이해관계자 참여 거버넌스는 빈부격차 해소와 지속가능한 발전을 위한 정책 설계와 실행 과정에서 정부, 민간기업, 시민사회, 지역주민 등 다양한 이해관계자가 협력하여 의사결정에 참여할 수 있도록 하는 체계를 의미한다. 이러한 거버넌스는 정책의 투명성과 책임성을 강화하며, 다양한 관점을 통합하여 보다 포괄적이고 효과적인 해결책을 도출하는 데 기여한다. 특히 빈부격차 문제는 다차원적이고 복잡한 특성을 가지므로, 이해관계자 간의 협력을 통해 자원의 효율적 배분과 사회적 형평성을 실현하는 것이 필수적이다.

첫 번째로, 이해관계자 참여 거버넌스는 정책결정 과정에서 투명성과 신뢰를 구축한다. 모든 이해관계자가 정책 설계와 실행 과정에 참여할 수 있는 구조를 마련하면, 정책결정 과정의 투명성과 신뢰성이 높아진다. 예를 들어, 지역사회 기반 거버넌스 모델은 주민들이 직접 의사결정에 참여하여 자신들의 요구와 필요를 반영할 수 있도록 한다. 이러한 접근은 정책의 효과성과 수용성을 동시에 강화하는 데 기여한다.

두 번째로, 이해관계자 참여 거버넌스는 다양한 관점을 통합하여 포괄적인 해결책을 도출한다. 빈부격차 문제는 경제적, 사회적, 환경적 요인이 복합적으로 작용한 결과이므로, 이를 해결하기 위해서는 다양한 이해관계자의 관점과 전문성을 통합하는 것이 필요하다. 예를 들어, 정부는 공공정책과 재정을 지원하고, 민간기업은 기술과 자본을 제공하며, 시민사회는 지역사회의 요구를 대변하는 역할을 할 수 있다. 이러한 협력은 자원의 효율적 활용과 정책 효과 극대화를 가능하게 한다.

세 번째로, 디지털 기술은 이해관계자 참여를 촉진하는 중요한 도구로 활용될 수 있다. 온라인 플랫폼과 모바일 애플리케이션은 이해관계자들이 시간과 장소에 구애받지 않고 정책 설계와 실행 과정에 참여할 수 있는 환경을 제공한다. 예를 들어, 스마트폰 애플리케이션을 통해 주민들이 지역 개발 프로젝트에 대한 의견을 제출하거나 투표에 참여할 수 있다. 이러한 디지털 도구는 의사결정 과정을 민주화하고 다양한 목소리를 반영하는 데 기여한다.

네 번째로, 이해관계자 참여 거버넌스는 사회적 갈등을 완화하고 통합을 촉진한다. 빈부격차 문제는 종종 사회적 갈등과 분열의 원인이 되며, 이를 해결하기 위해서는 다양한 계층과 지역 간의 상호작용과 협력이 필요하다. 이해관계자 간의 대화와 협력을 촉진하면 갈등을 완화하고 공동체 연대감을 강화할 수 있다. 예를 들어, 공공임대주택 공급 확대와 같은 민감한 이슈에서도 주민들과의 협의를 통해 갈등을 최소화하고 합의를 도출할 수 있다.

다섯 번째로, 이해관계자 참여 거버넌스는 지속가능한 발전 목표를 달성하는 데 기여한다. 빈부격차 문제는 단기적인 경제적 성과뿐만 아니라 장기적인 환경적 지속가능성과 사회적 형평성에도 영향을 미친다. 따라서 이해관계자 간의 협력을 통해 지속가능한 발전 목표를 반영한 정책을 설계하고 실행하는 것이 중요하다. 예를 들어, 녹지 공간 보존이나 재생 가능 에너지 프로젝트와 같은 환경 친화적인 정책은 경제적 이익뿐만 아니라 사회적 가치도 동시에 창출할 수 있다.

이해관계자 참여 거버넌스는 다음과 같은 사회경제적 효과를 가져올 수 있다:

- 빈부격차 완화: 다양한 관점을 통합하여 포괄적인 해결책을 도출함으로써 빈부격차를 완화한다.
- 정책 효과성 증대: 모든 이해관계자가 참여하여 정책 설계와 실행 과정을 개선함으로써 정책 효과를 극대화한다.
- 사회통합 촉진: 다양한 계층과 지역 간의 상호작용과 협력을 통해 사회적 갈등과 분열을 완화한다.
- 경제 성장 촉진: 효율적인 자원 배분과 지속가능한 개발 전략을 통해 경제활동 참여 기회를 확대하고 생산성을 높인다.
- 환경 지속가능성 확보: 녹지 공간 보존과 재생 가능 에너지 프로젝트 투자 등을 통해 장기적인 환경 안정성을 확보한다.

이러한 체계를 설계하고 실행할 때 고려해야 할 몇 가지 원칙이 있다:

- 포괄성과 형평성: 모든 계층과 지역이 의사결정 과정에서 배제되지 않도록 포괄적인 접근을 취해야 한다.
- 투명성과 책임성: 의사결정 과정이 투명하게 공개되고 책임 있게 관리되어야 한다.

- 데이터 기반 의사결정 지원: 신뢰할 수 있는 데이터를 기반으로 한 합리적인 의사결정을 지원해야 한다.
- 지속가능성과 장기성 유지: 단기적인 성과에 그치지 않고 장기적으로 지속가능한 구조를 유지해야 한다.
- 디지털 접근성 확대: 디지털 격차 해소를 위해 모든 계층이 기술에 접근하고 활용할 수 있는 환경을 조성해야 한다.

미래 전망에서 이해관계자 참여 거버넌스는 더욱 중요해질 것이다. 특히 디지털 전환 시대에는 새로운 형태의 데이터와 기술이 등장하면서 더욱 정교한 해결책이 요구될 것이다.

디지털 기술은 이 문제 해결에서 중요한 도구가 될 수 있다. 예를 들어, 머신러닝 기반 자동화된 데이터 분석 모델이나 위성 이미지 데이터를 활용한 실시간 모니터링 시스템은 시장 투명성과 효율성을 극대화할 것이다.

또한 ESG 원칙을 반영한 정책 설계는 환경문제 해결과 사회적 가치 창출에 기여하면서도 경제 안정성을 강화하는 데 초점을 맞출 것이다.

결론적으로 이해관계자 참여 거버넌스는 개인과 사회 모두에게 중대한 영향을 미치는 혁신적인 접근법이다. 이를 효과적으로 구현하기 위해서는 혁신적인 기술 개발과 통합적인 거버넌스 체계가 필요하며, 모든 계층이 참여하고 혜택을 누릴 수 있는 환경을 조성해야 할 것이다.

| 제8부 |

통합적 접근과 미래전략

27장
정책통합과 조정체계

28장
지속가능성 확보방안

29장
포용적 공간자산 관리를 위한 미래전략

30장
지속가능한 공간자산 관리를 위한 대전환

27장

정책통합과 조정체계

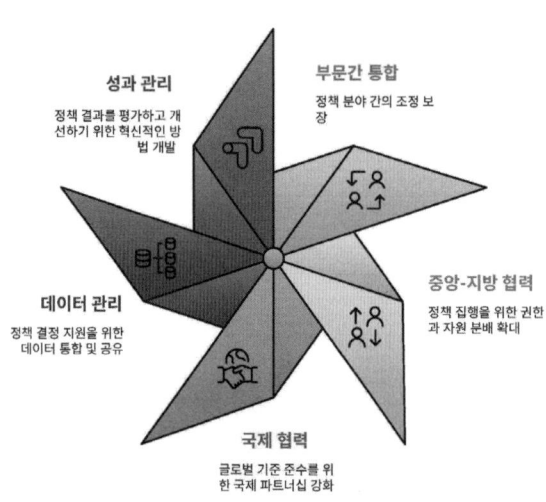

정책 통합 전략 개요

27.1 부문 간 정책조정 메커니즘

 부문 간 정책조정 메커니즘은 다양한 정책 분야와 이해관계자 간의 협력을 통해 자원의 효율적 배분과 정책 효과를 극대화하는 데 중점을 둔 체계이다. 빈부격차 해소와 지속가능한 발전을 위한 정책은 경제, 사회, 환경 등 여러 부문에 걸쳐 복합적으로 작용하므로, 이를 효과적으로 실행하기 위해서는 부문 간 조정과 통합이 필수적이다. 정책조정 메커니즘은 각 부문에서 독립적으로 추진되는 정책 간의 상충을 최소화하고, 시너지를 창출하며, 정책결정 과정의 투명성과 책임성을 강화하는 데 기여한다.

첫 번째로, 부문 간 정책조정 메커니즘은 정책 간 상충을 최소화한다. 각 부문에서 독립적으로 추진되는 정책이 서로 상충할 경우, 자원의 낭비와 정책 효과 저하가 발생할 수 있다. 예를 들어, 도시 개발 정책이 환경 보호 정책과 충돌하여 녹지 공간이 감소하거나 생태계가 파괴되는 경우가 이에 해당한다. 이러한 문제를 해결하기 위해서는 경제, 사회, 환경 부문 간의 조정을 통해 상충을 최소화하고, 지속가능한 발전 목표를 달성할 수 있는 통합적인 접근이 필요하다.

두 번째로, 부문 간 조정은 자원의 효율적 배분을 가능하게 한다. 제한된 자원을 여러 부문에 걸쳐 최적화하여 배분하면, 보다 효과적인 문제 해결이 가능하다. 예를 들어, 공공임대주택 공급 확대와 대중교통망 확충을 동시에 추진하면 주거 안정성과 이동성을 동시에 개선할 수 있다. 이러한 통합적인 접근은 자원의 낭비를 줄이고 정책 효과를 극대화하는 데 기여한다.

세 번째로, 디지털 기술은 부문 간 조정을 지원하는 핵심 도구로 활용될 수 있다. AI와 빅데이터 기술은 대규모 데이터를 처리하고 분석하여 각 부문의 상호작용과 영향을 평가하는 데 강력한 도구를 제공한다. 예를 들어, 머신러닝 알고리즘은 특정 지역에서 시행된 주거 정책이 교통 혼잡도와 환경 상태에 미치는 영향을 분석하거나, 다양한 정책 옵션의 효과를 시뮬레이션하여 최적의 대안을 제시할 수 있다. 이러한 기술은 데이터 기반 의사결정을 가능하게 하며, 부문 간 조정을 강화하는 데 기여한다.

네 번째로, 부문 간 조정 메커니즘은 다양한 이해관계자의 참여를 촉진한다. 정부, 민간기업, 시민사회 등 다양한 이해관계자가 참여하여 의사결정 과정에 기여하면, 보다 포괄적이고 통합적인 접근이 가능하다. 예를 들어, 정부는 공공정책과 재정을 지원하고, 민간기업은 기술과 자본을 제공하며, 시민사회는 지역사회의 요구를 대변하는 역할을 할 수 있다. 이러한 협력은 자원의 효율적 활용과 사회적 통합을 촉진한다.

다섯 번째로, 부문 간 조정 메커니즘은 지속가능한 발전 목표를 달성하는 데 기여한다. 빈부격차 문제는 단기적인 경제적 성과뿐만 아니라 장기적인 환경적 지속가능성과 사회적 형평성에도 영향을 미친다. 따라서 부문 간의 협력을 통해 지속가능한 발전 목표를 반영한 정책을 설계하고 실행하는 것이 중요하다. 예를 들어, 녹지 공간 보존이나 재생 가능 에너지 프로젝트와 같은 환경 친화적인 정책은 경제적 이익뿐만 아니라 사회적 가치도 동시에 창출할 수 있다.

부문 간 정책조정 메커니즘은 다음과 같은 사회경제적 효과를 가져올 수 있다:

- 빈부격차 완화: 다양한 부문의 협력을 통해 포괄적인 해결책을 도출함으로써 빈부격차를 완화한다.
- 정책 효과성 증대: 모든 이해관계자가 참여하여 정책 설계와 실행 과정을 개선함으로써 정책 효과를 극대화한다.
- 사회통합 촉진: 다양한 계층과 지역 간의 상호작용과 협력을 통해 사회적 갈등과 분열을 완화한다.
- 경제 성장 촉진: 효율적인 자원 배분과 지속가능한 개발 전략을 통해 경제활동 참여 기회를 확대하고 생산성을 높인다.
- 환경 지속가능성 확보: 녹지 공간 보존과 재생 가능 에너지 프로젝트 투자 등을 통해 장기적인 환경 안정성을 확보한다.

이러한 메커니즘을 설계하고 실행할 때 고려해야 할 몇 가지 원칙이 있다:

- 포괄성과 형평성: 모든 계층과 지역이 의사결정 과정에서 배제되지 않도록 포괄적인 접근을 취해야 한다.
- 투명성과 책임성: 의사결정 과정이 투명하게 공개되고 책임 있게 관리되어야 한다.
- 데이터 기반 의사결정 지원: 신뢰할 수 있는 데이터를 기반으로 한 합리적인 의사결정을 지원해야 한다.
- 지속가능성과 장기성 유지: 단기적인 성과에 그치지 않고 장기적으로 지속가능한 구조를 유지해야 한다.

- 디지털 접근성 확대: 디지털 격차 해소를 위해 모든 계층이 기술에 접근하고 활용할 수 있는 환경을 조성해야 한다.

미래 전망에서 부문 간 정책조정 메커니즘은 더욱 중요해질 것이다. 특히 디지털 전환 시대에는 새로운 형태의 데이터와 기술이 등장하면서 더욱 정교한 해결책이 요구될 것이다.

디지털 기술은 이 문제 해결에서 중요한 도구가 될 수 있다. 예를 들어, 머신러닝 기반 자동화된 데이터 분석 모델이나 위성 이미지 데이터를 활용한 실시간 모니터링 시스템은 시장 투명성과 효율성을 극대화할 것이다.

또한 ESG 원칙을 반영한 정책 설계는 환경문제 해결과 사회적 가치 창출에 기여하면서도 경제 안정성을 강화하는 데 초점을 맞출 것이다.

결론적으로 부문 간 정책조정 메커니즘은 개인과 사회 모두에게 중대한 영향을 미치는 혁신적인 접근법이다. 이를 효과적으로 구현하기 위해서는 혁신적인 기술 개발과 통합적인 거버넌스 체계가 필요하며, 모든 계층이 참여하고 혜택을 누릴 수 있는 환경을 조성해야 할 것이다.

27.2 중앙-지방정부 협력체계

중앙-지방정부 협력체계는 국가적 차원에서 빈부격차 해소와 지속가능한 발전을 도모하기 위해 필수적인 정책적 도구로, 중앙정부와 지방정부가 상호 보완적으로 협력하여 자원의 효율적 배분과 정책 효과를 극대화하는 것을 목표로 한다. 중앙정부는 국가적 차원의 정책 방향을 설정하고 재정적 지원을 제공하며, 지방정부는 지역 특성과 주민의 요구를 반영하여 정책을 실행하는 역할을 맡는다. 이러한 협력체계는 국가 전체의 균형 발전과 사회적 형평성을 실현하는 데 중요한 역할을 한다.

첫 번째로, 중앙-지방정부 협력체계는 정책의 일관성과 지역 맞춤형 접근을 동시에 가능하게 한다. 중앙정부는 국가적 차원의 정책 방향과 목표를 설정함으로써 정책의 일관성을 유지하고, 지방정부는 지역별 특성과 요구를 반영하여 맞춤형 해결책을 설계하고 실행할 수 있다. 예를 들어, 중앙정부가 전국적인 공공임대주택 공급 확대 정책을 추진하면, 지방정부는 해당 지역의 주거 상황과 주민들의 요구를 반영하여 적합한 위치와 규모로 주택을 공급할 수 있다. 이러한 협력은 국가적 목표와 지역적 필요를 조화롭게 결합하는 데 기여한다.

두 번째로, 중앙-지방정부 협력체계는 재정적 지원과 자원 배분의 효율성을 높인다. 중앙정부는 재정적 지원과 인프라 투자를 통해 지방정부가 자원을 효과적으로 활용할 수 있도록 돕는다. 예를 들어, 농촌 지역에서 교통 인프라 확충이 필요한 경우, 중앙정부는 예산을 지원하고, 지방정부는 지역 주민들과 협력하여 구체적인 실행 계획을 수립할 수 있다. 이러한 협력은 자원의 낭비를 줄이고 정책 효과를 극대화하는 데 기여한다.

세 번째로, 디지털 기술은 중앙-지방정부 간 협력을 강화하는 데 중요한 역할을 한다. 디지털 플랫폼과 데이터 공유 시스템은 중앙정부와 지방정부 간의 실시간 소통과 협력을 가능하게 한다. 예를 들어, 데이터 기반 의사결정 시스템은 각 지역에서 수집된 데이터를 중앙에서 통합적으로 분석하고, 이를 바탕으로 지방정부에 맞춤형 정책 권고를 제공할 수 있다. 또한 디지털 기술은 지방정부가 중앙정부의 지원 없이도 독립적으로 데이터를 활용하여 지역 문제를 해결할 수 있도록 지원한다.

네 번째로, 중앙-지방정부 협력체계는 지역 간 균형 발전을 촉진한다. 대도시와 농촌 지역 간의 경제적 격차는 사회적 갈등과 불평등의 주요 원인 중 하나이다. 중앙-지방정부 간의 협력을 통해 농촌 지역에 재정 지원과 인프라 투자를 확대하면 지역 경제 활성화와 일자리 창출에 기여할 수 있다. 예를 들어, 한국의 혁신도시 건설 프로젝트는 지방에 공공기관을 이전하고 지역 경제를 활성화하기 위해 중앙과 지방이 협력한 성공적인 사례로 꼽힌다.

다섯 번째로, 중앙-지방정부 협력체계는 지속가능한 발전 목표를 달성하는 데 기여한다. 빈부격차 문제는 단기적인 경제적 성과뿐만 아니라 장기적인 환경적 지속가능성과 사회적 형평성에도 영향을 미친다. 따라서 중앙-지방 간의 협력을 통해 지속가능한 발전 목표를 반영한 정책을 설계하고 실행하는 것이 중요하다. 예를 들어, 녹지 공간 보존이나 재생 가능 에너지 프로젝트와 같은 환경 친화적인 정책은 경제적 이익뿐만 아니라 사회적 가치도 동시에 창출할 수 있다.

중앙-지방정부 협력체계는 다음과 같은 사회경제적 효과를 가져올 수 있다:

- 빈부격차 완화: 다양한 계층과 지역 간의 자원 배분 격차를 줄이고 포괄적인 해결책을 도출함으로써 빈부격차를 완화한다.
- 정책 효과성 증대: 중앙-지방 간의 긴밀한 협력을 통해 정책 설계와 실행 과정을 개선함으로써 정책 효과를 극대화한다.
- 사회통합 촉진: 다양한 계층과 지역 간의 상호작용과 협력을 통해 사회적 갈등과 분열을 완화한다.
- 경제 성장 촉진: 효율적인 자원 배분과 지속가능한 개발 전략을 통해 경제활동 참여 기회를 확대하고 생산성을 높인다.
- 환경 지속가능성 확보: 녹지 공간 보존과 재생 가능 에너지 프로젝트 투자 등을 통해 장기적인 환경 안정성을 확보한다.

이러한 체계를 설계하고 실행할 때 고려해야 할 몇 가지 원칙이 있다:

- 포괄성과 형평성: 모든 계층과 지역이 의사결정 과정에서 배제되지 않도록 포괄적인 접근을 취해야 한다.
- 투명성과 책임성: 의사결정 과정이 투명하게 공개되고 책임 있게 관리되어야 한다.
- 데이터 기반 의사결정 지원: 신뢰할 수 있는 데이터를 기반으로 한 합리적인 의사결정을 지원해야 한다.
- 지속가능성과 장기성 유지: 단기적인 성과에 그치지 않고 장기적으로 지속가능한

구조를 유지해야 한다.
- 디지털 접근성 확대: 디지털 격차 해소를 위해 모든 계층이 기술에 접근하고 활용할 수 있는 환경을 조성해야 한다.

미래 전망에서 중앙-지방정부 협력체계는 더욱 중요해질 것이다. 특히 디지털 전환 시대에는 새로운 형태의 데이터와 기술이 등장하면서 더욱 정교한 해결책이 요구될 것이다.

디지털 기술은 이 문제 해결에서 중요한 도구가 될 수 있다. 예를 들어, 머신러닝 기반 자동화된 데이터 분석 모델이나 위성 이미지 데이터를 활용한 실시간 모니터링 시스템은 시장 투명성과 효율성을 극대화할 것이다.

또한 ESG 원칙을 반영한 정책 설계는 환경문제 해결과 사회적 가치 창출에 기여하면서도 경제 안정성을 강화하는 데 초점을 맞출 것이다.

결론적으로 중앙-지방정부 협력체계는 개인과 사회 모두에게 중대한 영향을 미치는 혁신적인 접근법이다. 이를 효과적으로 구현하기 위해서는 혁신적인 기술 개발과 통합적인 거버넌스 체계가 필요하며, 모든 계층이 참여하고 혜택을 누릴 수 있는 환경을 조성해야 할 것이다.

27.3 국제협력 네트워크 구축

국제협력 네트워크 구축은 빈부격차 해소와 지속가능한 발전을 위해 국가 간, 지역 간 협력을 강화하고, 글로벌 차원의 문제를 공동으로 해결하기 위한 중요한 전략이다. 빈부격차와 같은 구조적 문제는 특정 국가나 지역에 국한되지 않고, 전 세계적으로 상호 연결된 경제적·사회적·환경적 요인에 의해 영향을 받는다. 따라서 국제협력 네트워크를 통해 지식과 자원을 공유하고, 공동의 목표를 설정하며, 효과적인 해결책을 모색하는 것이 필수적이다. 이러한 네트워크는 글로벌 차원의 정책 조정과 실행을 가능하게 하며, 빈부격차 문제를 해결하는 데 있어 중요한 역할을 한다.

첫 번째로, 국제협력 네트워크는 글로벌 차원의 정책 조정을 가능하게 한다. 각국의 정책이 상호 연계되어 있는 현대 사회에서는 한 국가의 정책이 다른 국가에 영향을 미칠 수 있다. 예를 들어, 선진국의 무역 정책이나 금융 규제가 개발도상국의 경제 상황에 직접적인 영향을 미칠 수 있다. 국제협력 네트워크는 이러한 상호작용을 조정하고, 글로벌 차원에서 일관된 정책을 추진할 수 있도록 지원한다. 예를 들어, 유럽연합(EU)은 회원국 간의 경제정책 조정을 통해 지역 내 경제적 불평등을 줄이고 지속가능한 발전을 도모하고 있다.

두 번째로, 국제협력 네트워크는 지식과 기술의 공유를 촉진한다. 빈부격차 문제를 해결하기 위해서는 선진국과 개발도상국 간의 지식과 기술 교류가 필수적이다. 예를 들어, 선진국은 디지털 기술과 데이터 분석 능력을 개발도상국에 전수하여 이들이 빈부격차 문제를 보다 효과적으로 해결할 수 있도록 지원할 수 있다. 또한 국제기구와 비정부기구(NGO)는 글로벌 차원의 연구와 데이터를 제공하여 각국이 보다 정교한 정책을 설계할 수 있도록 돕는다.

세 번째로, 국제협력 네트워크는 재정적 지원과 자원 배분을 가능하게 한다. 빈부격차 문제는 종종 재정적 자원의 부족으로 인해 악화되며, 이를 해결하기 위해서는 국제적인 재정 지원이 필요하다. 예를 들어, 세계은행(World Bank)이나 국제통화기금(IMF)은 개발도상국에 재정 지원을 제공하여 이들이 사회 인프라를 개선하고 빈곤층을 지원할 수 있도록 돕는다. 또한 녹색기후기금(Green Climate Fund)과 같은 기구는 기후변화로 인한 불평등 문제를 해결하기 위해 재생 가능 에너지 프로젝트와 환경 보호 프로그램에 자금을 지원한다.

네 번째로, 디지털 기술은 국제협력 네트워크 구축을 지원하는 핵심 도구로 활용될 수 있다. 디지털 플랫폼과 온라인 협업 도구는 국가 간 실시간 소통과 협력을 가능하게 한다. 예를 들어, 데이터 공유 플랫폼은 각국이 빈부격차 문제와 관련된 데이터를 통합적으로 분석하고, 이를 바탕으로 공동의 목표와 전략을 설정할 수 있도록 지원한다. 또한 AI 기반 데이터 분석은 글로벌 차원의 빈부격차 원인을 식별하고, 이를 해결하기 위한 최적의 대안을 제시하는 데 기여한다.

다섯 번째로, 국제협력 네트워크는 지속가능한 발전 목표(SDGs)를 달성하는 데 기여한다. 빈부격차 해소는 유엔(UN)이 제시한 지속가능한 발전 목표(SDGs) 중 하나이며, 이를 달성하기 위해서는 국가 간 협력이 필수적이다. 예를 들어, SDG 10번 목표인 "불평등 감소"는 소득 불평등뿐만 아니라 교육, 의료, 공공서비스 접근성 등 다양한 차원의 불평등 문제를 다루고 있으며, 이를 해결하기 위해서는 글로벌 차원의 협력이 필요하다.

국제협력 네트워크 구축은 다음과 같은 사회경제적 효과를 가져올 수 있다:

- 빈부격차 완화: 글로벌 차원의 자원 배분과 정책 조정을 통해 빈부격차를 완화한다.
- 정책 효과성 증대: 국제적인 지식과 기술 교류를 통해 각국의 정책 설계와 실행 과정을 개선함으로써 정책 효과를 극대화한다.
- 사회통합 촉진: 다양한 국가와 지역 간의 상호작용과 협력을 통해 글로벌 차원의 사회적 갈등과 분열을 완화한다.
- 경제 성장 촉진: 효율적인 자원 배분과 지속가능한 개발 전략을 통해 글로벌 경제활동 참여 기회를 확대하고 생산성을 높인다.
- 환경 지속가능성 확보: 녹지 공간 보존과 재생 가능 에너지 프로젝트 투자 등을 통해 장기적인 환경 안정성을 확보한다.

이러한 네트워크를 설계하고 실행할 때 고려해야 할 몇 가지 원칙이 있다:

- 포괄성과 형평성: 모든 국가와 지역이 의사결정 과정에서 배제되지 않도록 포괄적인 접근을 취해야 한다.
- 투명성과 책임성: 의사결정 과정이 투명하게 공개되고 책임 있게 관리되어야 한다.

- 데이터 기반 의사결정 지원: 신뢰할 수 있는 데이터를 기반으로 한 합리적인 의사결정을 지원해야 한다.
- 지속가능성과 장기성 유지: 단기적인 성과에 그치지 않고 장기적으로 지속가능한 구조를 유지해야 한다.
- 디지털 접근성 확대: 디지털 격차 해소를 위해 모든 국가와 지역이 기술에 접근하고 활용할 수 있는 환경을 조성해야 한다.

미래 전망에서 국제협력 네트워크 구축은 더욱 중요해질 것이다. 특히 디지털 전환 시대에는 새로운 형태의 데이터와 기술이 등장하면서 더욱 정교한 해결책이 요구될 것이다.

디지털 기술은 이 문제 해결에서 중요한 도구가 될 수 있다. 예를 들어, 머신러닝 기반 자동화된 데이터 분석 모델이나 위성 이미지 데이터를 활용한 실시간 모니터링 시스템은 시장 투명성과 효율성을 극대화할 것이다.

또한 ESG 원칙을 반영한 국제협력 전략은 환경문제 해결과 사회적 가치 창출에 기여하면서도 글로벌 경제 안정성을 강화하는 데 초점을 맞출 것이다.

결론적으로 국제협력 네트워크 구축은 개인과 사회 모두에게 중대한 영향을 미치는 혁신적인 접근법이다. 이를 효과적으로 구현하기 위해서는 혁신적인 기술 개발과 통합적인 거버넌스 체계가 필요하며, 모든 국가가 참여하고 혜택을 누릴 수 있는 환경을 조성해야 할 것이다.

28장

지속가능성 확보방안

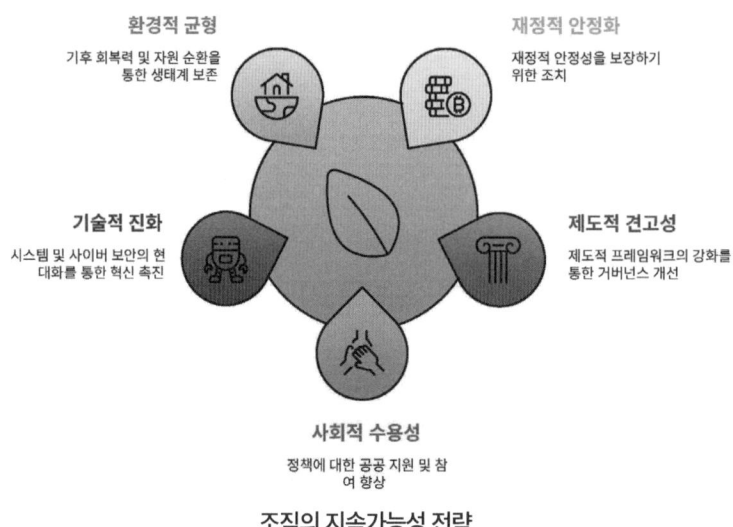

조직의 지속가능성 전략

28.1 재정적 지속가능성

재정적 지속가능성은 빈부격차 해소와 지속가능한 발전을 위한 정책을 설계하고 실행하는 데 있어 가장 중요한 요소 중 하나로, 국가와 지역사회가 장기적으로 안정적인 재원을 확보하고 이를 효율적으로 관리할 수 있는 능력을 의미한다. 이는 경제적 안정성을 유지하면서도 사회적 형평성과 환경적 지속가능성을 동시에 달성하기 위한 기반을 제공하며, 특히 빈부격차 문제를 해결하기 위해 필요한 공공재와 서비스 제공을 가능하게 한다. 재정적 지속가능성을 확보하기 위해서는 재정 수입과 지출 간의 균형을 유지하고, 자원의 낭비를 최소화하며, 투명성과 책임성을 강화하는 것이 필수적이다.

첫 번째로, 재정적 지속가능성은 안정적인 재원 확보에서 시작된다. 공공정책의 효과적인 실행을 위해서는 안정적인 재원이 필수적이며, 이를 위해 세수 확대와 새로운 수익 창출 방안을 모색해야 한다. 예를 들어, 개발이익 환수제나 탄소세와 같은 혁신적인 세제 정책은 추가적인 재원을 확보하는 데 기여할 수 있다. 개발이익 환수제는 부동산 개발로 인해 발생한 이익의 일부를 공공재로 환원하여 공공임대주택 공급이나 인프라 확충에 활용할 수 있으며, 탄소세는 환경 보호와 동시에 재정 수입을 증대시키는 효과를 제공한다.

두 번째로, 효율적인 재정 지출 관리는 재정적 지속가능성을 유지하는 데 핵심적인 역할을 한다. 제한된 재원을 최적화하여 배분하면 자원의 낭비를 줄이고 정책 효과를 극대화할 수 있다. 이를 위해 우선순위를 설정하고, 가장 시급한 문제를 해결하기 위한 자원을 집중적으로 투입해야 한다. 예를 들어, 빈부격차가 심각한 지역에서는 공공임대주택 공급 확대와 같은 주거 안정성 강화 정책에 우선적으로 투자할 필요가 있다. 또한 디지털 기술과 데이터 분석을 활용하여 정책의 효과를 실시간으로 평가하고 조정함으로써 재정 지출의 효율성을 높일 수 있다.

세 번째로, 재정적 지속가능성을 확보하기 위해서는 공공-민간 파트너십(PPP)을 활용해야 한다. 민간 부문의 자본과 전문성을 활용하면 공공재와 서비스 제공의 효율성을 높이고, 정부의 재정 부담을 줄일 수 있다. 예를 들어, 대규모 인프라 프로젝트에서는 정부가 토지를 제공하고 민간기업이 자금을 투자하는 방식으로 협력할 수 있다. 이러한 모델은 자원의 효율적 활용과 프로젝트의 실행 속도를 높이는 데 기여한다.

네 번째로, 디지털 기술은 재정적 지속가능성을 지원하는 중요한 도구이다. AI와 빅데이터 기술은 대규모 데이터를 처리하고 분석하여 재정 수입과 지출의 흐름을 실시간으로 모니터링하고 최적화할 수 있는 도구를 제공한다. 예를 들어, 머신러닝 알고리즘은 세수 예측 모델을 생성하거나, 특정 정책이 경제에 미치는 영향을 분석하여 최적의 재정 전략을 제안할 수 있다. 또한 블록체인 기술은 모든 거래 기록을 투명하게 저장하고 관리할 수 있는 분산형 데이터베이스를 제공하며, 이를 통해 부패와 비리를 방지할 수 있다.

다섯 번째로, 재정적 지속가능성은 글로벌 협력을 통해 강화될 수 있다. 빈부격차 문제는 글로벌 차원에서 상호 연결된 경제적 요인에 의해 영향을 받으므로, 국제기구와의 협력과 다자간 금융 지원이 필요하다. 예를 들어, 세계은행(World Bank)이나 국제통화기금(IMF)은 개발도상국에 재정 지원을 제공하여 이들이 사회 인프라를 개선하고 빈곤층을 지원할 수 있도록 돕는다. 또한 녹색기후기금(Green Climate Fund)과 같은 기구는 기후변화로 인한 불평등 문제를 해결하기 위해 재생 가능 에너지 프로젝트와 환경 보호 프로그램에 자금을 지원한다.

재정적 지속가능성은 다음과 같은 사회경제적 효과를 가져올 수 있다:

- 빈부격차 완화: 안정적인 재원을 바탕으로 공공임대주택 공급 확대나 교육 및 의료 서비스 강화 등 빈부격차 해소 정책을 효과적으로 실행할 수 있다.
- 경제 안정성 유지: 효율적인 재정 관리와 자원의 최적화를 통해 국가 경제의 안정성을 유지하고 성장 잠재력을 극대화한다.
- 사회통합 촉진: 모든 계층과 지역이 공공재와 서비스의 혜택을 공평하게 누릴 수 있도록 하여 사회적 갈등과 분열을 완화한다.
- 환경 지속가능성 확보: 탄소세나 녹색채권 발행 등을 통해 환경 보호와 동시에 추가적인 재원을 확보하여 장기적인 환경 안정성을 도모한다.
- 투명성과 신뢰성 강화: 디지털 기술과 데이터 기반 의사결정을 통해 재정 관리 과정에서 투명성과 책임성을 강화한다.

이러한 체계를 설계하고 실행할 때 고려해야 할 몇 가지 원칙이 있다:

- 포괄성과 형평성: 모든 계층과 지역이 재정 정책에서 배제되지 않도록 포괄적인 접

근을 취해야 한다.
- 투명성과 책임성: 의사결정 과정이 투명하게 공개되고 책임 있게 관리되어야 한다.
- 데이터 기반 의사결정 지원: 신뢰할 수 있는 데이터를 기반으로 한 합리적인 의사결정을 지원해야 한다.
- 지속가능성과 장기성 유지: 단기적인 성과에 그치지 않고 장기적으로 지속가능한 구조를 유지해야 한다.
- 디지털 접근성 확대: 디지털 격차 해소를 위해 모든 계층이 기술에 접근하고 활용할 수 있는 환경을 조성해야 한다.

미래 전망에서 재정적 지속가능성 문제는 더욱 중요해질 것이다. 특히 디지털 전환 시대에는 새로운 형태의 데이터와 기술이 등장하면서 더욱 정교한 해결책이 요구될 것이다.

디지털 기술은 이 문제 해결에서 중요한 도구가 될 수 있다. 예를 들어, 머신러닝 기반 자동화된 데이터 분석 모델이나 위성 이미지 데이터를 활용한 실시간 모니터링 시스템은 시장 투명성과 효율성을 극대화할 것이다.

또한 ESG 원칙을 반영한 국제 협력 전략은 환경문제 해결과 사회적 가치 창출에 기여하면서도 글로벌 경제 안정성을 강화하는 데 초점을 맞출 것이다.

결론적으로 재정적 지속가능성은 개인과 사회 모두에게 중대한 영향을 미치는 혁신적인 접근법이다. 이를 효과적으로 구현하기 위해서는 혁신적인 기술 개발과 통합적인 거버넌스 체계가 필요하며, 모든 계층이 참여하고 혜택을 누릴 수 있는 환경을 조성해야 할 것이다.

28.2 제도적 지속가능성

제도적 지속가능성은 빈부격차 해소와 지속가능한 발전을 위한 정책과 제도가 장기적으로 효과를 발휘할 수 있도록 설계하고 운영되는 것을 의미한다. 이는 사회적 형평성을 증진하고 경제적 안정성을 유지하며, 환경적 지속가능성을 확보하는 데 필수적인 요소로, 정책의 일관성과 신뢰성을 보장하는 기반이 된다. 제도적 지속가능성을 확보하기 위해서는 정책과 제도의 설계, 실행, 평가, 개선 과정에서 포괄성과 투명성, 책임성이 유지되어야 하며, 변화하는 사회경제적 환경에 적응할 수 있는 유연성이 필요하다.

첫 번째로, 제도적 지속가능성은 포괄성과 형평성을 바탕으로 설계되어야 한다. 모든 계층과 지역이 정책과 제도의 혜택을 공정하게 누릴 수 있도록 보장해야 하며, 특히 소외된 계층과 지역에 대한 지원이 강화되어야 한다. 예를 들어, 공공임대주택 공급 정책은 저소득층과 취약계층이 안정적인 주거 환경에서 생활할 수 있도록 지원함으로써 사회적 형평성을 증진한다. 이러한 포괄적인 접근은 자산불평등을 완화하고 사회통합을 촉진하는 데 기여한다.

두 번째로, 제도적 지속가능성은 투명성과 책임성을 통해 신뢰를 구축한다. 정책결정 과정과 자원 배분 과정에서 투명성과 책임성이 유지되면 시민들의 신뢰를 얻고, 정책의 수용성과 효과를 높일 수 있다. 예를 들어, 블록체인 기술을 활용하여 모든 데이터와 기록을 투명하게 저장하고 관리하면 부패와 비리를 방지할 수 있다. 또한 공공정책의 성과와 재정 사용 내역을 정기적으로 공개하면 시민들이 정책결정 과정에 대한 신뢰를 가질 수 있다.

세 번째로, 제도적 지속가능성은 변화하는 사회경제적 환경에 적응할 수 있는 유연성을 요구한다. 사회경제적 환경은 끊임없이 변화하며, 이에 따라 정책과 제도도 변화에 적응해야 한다. 예를 들어, 디지털 전환 시대에는 디지털 기술과 데이터를 활용한 정책 설계와 실행이 필요하다. 머신러닝 알고리즘과 빅데이터 분석은 빈부격차 문제의 원인을 보다 정교하게 분석하고, 최적의 해결책을 제시하는 데 기여할 수 있다. 이러한 유연성은 정책의 효과성과 지속가능성을 동시에 확보하는 데 중요하다.

네 번째로, 제도적 지속가능성은 이해관계자 간 협력을 통해 강화될 수 있다. 정부, 민간기업, 시민사회 등 다양한 이해관계자가 협력하여 정책 설계와 실행 과정에 참여하면 보다 포괄적이고 통합적인 접근이 가능하다. 예를 들어, 정부는 공공정책과 재정을 지원하고, 민간기업은 기술과 자본을 제공하며, 시민사회는 지역사회의 요구를 대변하는 역할을 할 수 있다. 이러한 협력은 자원의 효율적 활용과 사회적 통합을 촉진한다.

다섯 번째로, 제도적 지속가능성은 국제 협력을 통해 강화될 수 있다. 빈부격차 문제는 글로벌 차원에서 상호 연결된 경제적 요인에 의해 영향을 받으므로, 국제기구와의 협력과 다자간 협력이 필요하다. 예를 들어, 세계은행(World Bank)이나 국제통화기금(IMF)은 개발도상국에 재정 지원을 제공하여 이들이 사회 인프라를 개선하고 빈곤층을 지원할 수 있도록 돕는다. 또한 유엔(UN)의 지속가능한 발전 목표(SDGs)는 글로벌 차원의 협력을 통해 빈부격차 문제를 해결하기 위한 프레임워크를 제공한다.

제도적 지속가능성은 다음과 같은 사회경제적 효과를 가져올 수 있다:

- 빈부격차 완화: 포괄적인 정책 설계를 통해 소외된 계층과 지역에 대한 지원을 강화하여 빈부격차를 완화한다.
- 정책 효과성 증대: 투명성과 책임성을 바탕으로 한 정책결정 과정을 통해 정책의 효과성과 신뢰성을 강화한다.
- 사회통합 촉진: 모든 계층과 지역이 공정하게 자원의 혜택을 누릴 수 있도록 하여 사회적 갈등과 분열을 완화한다.
- 경제 성장 촉진: 효율적인 자원 배분과 지속가능한 개발 전략을 통해 경제활동 참여 기회를 확대하고 생산성을 높인다.
- 환경 지속가능성 확보: 녹지 공간 보존과 재생 가능 에너지 프로젝트 투자 등을 통해 장기적인 환경 안정성을 확보한다.

이러한 체계를 설계하고 실행할 때 고려해야 할 몇 가지 원칙이 있다:

- 포괄성과 형평성: 모든 계층과 지역이 의사결정 과정에서 배제되지 않도록 포괄적

인 접근을 취해야 한다.
- 투명성과 책임성: 의사결정 과정이 투명하게 공개되고 책임 있게 관리되어야 한다.
- 데이터 기반 의사결정 지원: 신뢰할 수 있는 데이터를 기반으로 한 합리적인 의사결정을 지원해야 한다.
- 지속가능성과 장기성 유지: 단기적인 성과에 그치지 않고 장기적으로 지속가능한 구조를 유지해야 한다.
- 디지털 접근성 확대: 디지털 격차 해소를 위해 모든 계층이 기술에 접근하고 활용할 수 있는 환경을 조성해야 한다.

미래 전망에서 제도적 지속가능성 문제는 더욱 중요해질 것이다. 특히 디지털 전환 시대에는 새로운 형태의 데이터와 기술이 등장하면서 더욱 정교한 해결책이 요구될 것이다.

디지털 기술은 이 문제 해결에서 중요한 도구가 될 수 있다. 예를 들어, 머신러닝 기반 자동화된 데이터 분석 모델이나 위성 이미지 데이터를 활용한 실시간 모니터링 시스템은 시장 투명성과 효율성을 극대화할 것이다.

또한 ESG 원칙을 반영한 국제 협력 전략은 환경문제 해결과 사회적 가치 창출에 기여하면서도 글로벌 경제 안정성을 강화하는 데 초점을 맞출 것이다.

결론적으로 제도적 지속가능성은 개인과 사회 모두에게 중대한 영향을 미치는 혁신적인 접근법이다. 이를 효과적으로 구현하기 위해서는 혁신적인 기술 개발과 통합적인 거버넌스 체계가 필요하며, 모든 계층이 참여하고 혜택을 누릴 수 있는 환경을 조성해야 할 것이다.

28.3 사회적 지속가능성

사회적 지속가능성은 빈부격차 해소와 지속가능한 발전을 위한 핵심적인 요소로, 모든 계층과 지역이 공정하게 자원의 혜택을 누리고, 기본적인 생활 조건과 기회를 보장받을 수 있도록 하는 것을 목표로 한다. 이는 개인과 공동체의 삶의 질을 향상시키고, 사회적 형평성과 통합을 증진하며, 장기적으로 안정적이고 조화로운 사회를 구축하는 데 필수적이다. 사회적 지속가능성을 확보하기 위해서는 포괄적인 정책 설계와 실행, 이해관계자 간 협력, 그리고 디지털 기술을 활용한 혁신적인 접근이 필요하다.

첫 번째로, 사회적 지속가능성은 포괄성과 형평성을 바탕으로 설계된 정책에서 시작된다. 모든 계층과 지역이 공공서비스와 자원의 혜택을 공정하게 누릴 수 있도록 보장해야 하며, 특히 소외된 계층과 지역에 대한 지원이 강화되어야 한다. 예를 들어, 공공임대주택 공급 확대와 같은 주거 안정성 강화 정책은 저소득층과 취약계층이 안정적인 생활을 영위할 수 있도록 지원함으로써 사회적 형평성을 증진한다. 또한 교육 및 의료 서비스 접근성을 높이는 정책은 모든 시민이 기본적인 권리를 누릴 수 있도록 보장한다.

두 번째로, 사회적 지속가능성은 사회적 통합과 공동체 연대감을 강화하는 데 중점을 둔다. 빈부격차는 종종 사회적 갈등과 분열의 원인이 되며, 이를 해결하기 위해서는 다양한 계층과 지역 간의 상호작용과 협력이 필요하다. 예를 들어, 지역사회 기반 프로젝트는 주민들이 공동의 목표를 위해 협력하고, 이를 통해 공동체 연대감을 강화할 수 있는 기회를 제공한다. 이러한 접근은 사회적 갈등을 완화하고 조화로운 사회를 구축하는 데 기여한다.

세 번째로, 디지털 기술은 사회적 지속가능성을 지원하는 중요한 도구로 활용될 수 있다. 디지털 플랫폼과 모바일 애플리케이션은 공공서비스 접근성을 높이고, 소외된 계층과 지역에 새로운 기회를 제공할 수 있다. 예를 들어, 온라인 학습 플랫폼은 저소득층 학생들에게 양질의 교육 콘텐츠를 제공하며, 디지털 헬스케어 애플리케이션은 의료 서비스 접근성이 낮은 지역 주민들에게 원격 의료 서비스를 제공할 수 있다. 이러한 디지털 도구는 사회적 형평성과 포괄성을 증진하는 데 중요한 역할을 한다.

네 번째로, 사회적 지속가능성은 이해관계자 간 협력을 통해 강화될 수 있다. 정부, 민간기업, 시민사회 등 다양한 이해관계자가 협력하여 정책 설계와 실행 과정에 참여하면 보다 포괄적이고 통합적인 접근이 가능하다. 예를 들어, 정부는 공공정책과 재정을 지원하고, 민간기업은 기술과 자본을 제공하며, 시민사회는 지역사회의 요구를 대변하는 역할을 할 수 있다. 이러한 협력은 자원의 효율적 활용과 사회적 통합을 촉진한다.

다섯 번째로, 사회적 지속가능성은 글로벌 협력을 통해 강화될 수 있다. 빈부격차 문제는 글로벌 차원에서 상호 연결된 경제적 요인에 의해 영향을 받으므로, 국제기구와의 협력과 다자간 협력이 필요하다. 예를 들어, 유엔(UN)의 지속가능한 발전 목표(SDGs)는 글로벌 차원의 협력을 통해 빈부격차 문제를 해결하기 위한 프레임워크를 제공한다. 또한 세계은행(World Bank)이나 국제통화기금(IMF)은 개발도상국에 재정 지원을 제공하여 이들이 사회 인프라를 개선하고 빈곤층을 지원할 수 있도록 돕는다.

사회적 지속가능성은 다음과 같은 사회경제적 효과를 가져올 수 있다:

- 빈부격차 완화: 포괄적인 정책 설계를 통해 소외된 계층과 지역에 대한 지원을 강화하여 빈부격차를 완화한다.
- 사회통합 촉진: 모든 계층과 지역이 공정하게 자원의 혜택을 누릴 수 있도록 하여 사회적 갈등과 분열을 완화한다.
- 경제 성장 촉진: 효율적인 자원 배분과 지속가능한 개발 전략을 통해 경제활동 참여 기회를 확대하고 생산성을 높인다.
- 공공서비스 접근성 향상: 교육 및 의료 서비스 접근성을 높이고 디지털 기술을 활용하여 소외된 계층에게 새로운 기회를 제공한다.
- 환경 지속가능성 확보: 녹지 공간 보존과 재생 가능 에너지 프로젝트 투자 등을 통해 장기적인 환경 안정성을 확보한다.

이러한 체계를 설계하고 실행할 때 고려해야 할 몇 가지 원칙이 있다:

- 포괄성과 형평성: 모든 계층과 지역이 의사결정 과정에서 배제되지 않도록 포괄적

인 접근을 취해야 한다.
- 투명성과 책임성: 의사결정 과정이 투명하게 공개되고 책임 있게 관리되어야 한다.
- 데이터 기반 의사결정 지원: 신뢰할 수 있는 데이터를 기반으로 한 합리적인 의사결정을 지원해야 한다.
- 지속가능성과 장기성 유지: 단기적인 성과에 그치지 않고 장기적으로 지속가능한 구조를 유지해야 한다.
- 디지털 접근성 확대: 디지털 격차 해소를 위해 모든 계층이 기술에 접근하고 활용할 수 있는 환경을 조성해야 한다.

미래 전망에서 사회적 지속가능성 문제는 더욱 중요해질 것이다. 특히 디지털 전환 시대에는 새로운 형태의 데이터와 기술이 등장하면서 더욱 정교한 해결책이 요구될 것이다.

디지털 기술은 이 문제 해결에서 중요한 도구가 될 수 있다. 예를 들어, 머신러닝 기반 자동화된 데이터 분석 모델이나 위성 이미지 데이터를 활용한 실시간 모니터링 시스템은 시장 투명성과 효율성을 극대화할 것이다.

또한 ESG 원칙을 반영한 국제 협력 전략은 환경문제 해결과 사회적 가치 창출에 기여하면서도 글로벌 경제 안정성을 강화하는 데 초점을 맞출 것이다.

결론적으로 사회적 지속가능성은 개인과 사회 모두에게 중대한 영향을 미치는 혁신적인 접근법이다. 이를 효과적으로 구현하기 위해서는 혁신적인 기술 개발과 통합적인 거버넌스 체계가 필요하며, 모든 계층이 참여하고 혜택을 누릴 수 있는 환경을 조성해야 할 것이다.

29장

포용적 공간자산 관리를 위한 미래전략

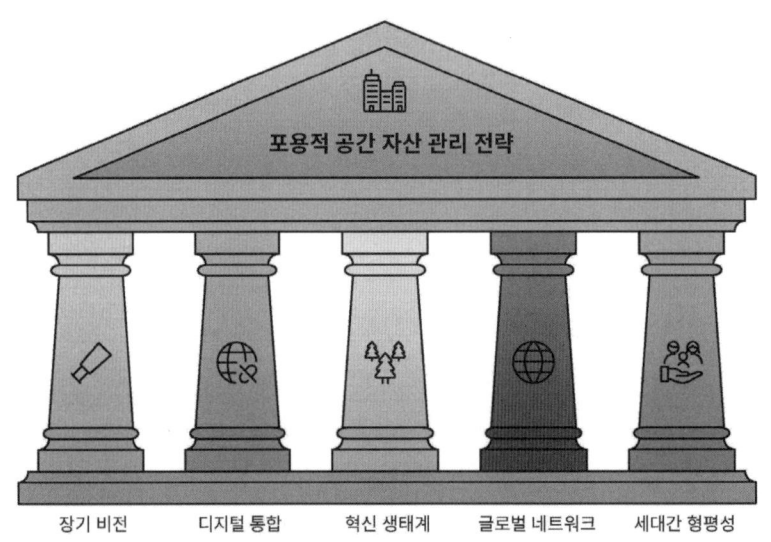

29.1 장기 비전과 단계적 접근

장기 비전과 단계적 접근은 빈부격차 해소와 지속가능한 발전을 위한 정책 설계와 실행에서 필수적인 요소로, 단기적인 성과에 그치지 않고 장기적으로 지속가능한 구조를 유지하며, 점진적이고 체계적인 방식으로 목표를 달성하는 것을 의미한다. 이는 사회적 형평성, 경제적 안정성, 환경적 지속가능성을 통합적으로 고려하며, 변화하는 사회경제적 환경에 유연하게 대응할 수 있는 정책 프레임워크를 제공한다. 장기 비전은 명확한 목표와 방향성을 설정하고, 단계적 접근은 이를 실행하기 위한 구체적인 계획과 실행 전략을 제시한다.

첫 번째로, 장기 비전은 명확한 목표와 방향성을 설정하는 데 중점을 둔다. 빈부격차 해소와 지속가능한 발전을 위해서는 구체적이고 측정 가능한 목표를 설정해야 하며, 이를 통해 정책의 일관성과 효과성을 확보할 수 있다. 예를 들어, 공공임대주택 공급 확대, 교육 및 의료 서비스 접근성 강화, 녹지 공간 보존 등의 구체적인 목표를 설정하고, 이를 달성하기 위한 세부 계획을 수립할 수 있다. 이러한 장기 비전은 정책결정자와 이해관계자들에게 명확한 방향성을 제공하며, 자원의 효율적 배분과 정책 효과 극대화를 가능하게 한다.

두 번째로, 단계적 접근은 장기 비전을 실행하기 위한 구체적인 계획과 실행 전략을 제공한다. 장기 목표를 달성하기 위해서는 이를 실현 가능한 단위로 나누고, 단계적으로 실행해야 한다. 예를 들어, 공공임대주택 공급 확대를 목표로 한다면, 1단계에서는 저소득층 밀집 지역에 우선적으로 공급하고, 2단계에서는 농촌 지역으로 확장하며, 3단계에서는 전국적으로 확대하는 방식으로 진행할 수 있다. 이러한 단계적 접근은 자원의 낭비를 줄이고 정책의 실효성을 높이는 데 기여한다.

세 번째로, 디지털 기술은 장기 비전과 단계적 접근을 지원하는 중요한 도구로 활용될 수 있다. AI와 빅데이터 기술은 대규모 데이터를 처리하고 분석하여 장기 목표 달성을 위한 최적의 전략을 제시할 수 있다. 예를 들어, 머신러닝 알고리즘은 특정 지역에서 시행된 정책이 빈부격차 해소에 미친 영향을 분석하거나, 다양한 정책 옵션의 효과를 시뮬레이션하여 최적의 대안을 제시할 수 있다. 또한 디지털 플랫폼은 정책 실행 과정에서 실시간 데이터를 수집하고 모니터링하여 필요한 조정을 가능하게 한다.

네 번째로, 장기 비전과 단계적 접근은 이해관계자 간 협력을 통해 강화될 수 있다. 정부, 민간기업, 시민사회 등 다양한 이해관계자가 협력하여 정책 설계와 실행 과정에 참여하면 보다 포괄적이고 통합적인 접근이 가능하다. 예를 들어, 정부는 공공정책과 재정을 지원하고, 민간기업은 기술과 자본을 제공하며, 시민사회는 지역사회의 요구를 대변하는 역할을 할 수 있다. 이러한 협력은 자원의 효율적 활용과 사회적 통합을 촉진한다.

다섯 번째로, 장기 비전과 단계적 접근은 글로벌 협력을 통해 강화될 수 있다. 빈부격차 문제는 글로벌 차원에서 상호 연결된 경제적 요인에 의해 영향을 받으므로, 국제기구와의 협력과 다자간 협력이 필요하다. 예를 들어, 유엔(UN)의 지속가능한 발전 목표(SDGs)는 글로벌 차원의 협력을 통해 빈부격차 문제를 해결하기 위한 프레임워크를 제공한다. 또한 세계은행(World Bank)이나 국제통화기금(IMF)은 개발도상국에 재정 지원을 제공하여 이들이 사회 인프라를 개선하고 빈곤층을 지원할 수 있도록 돕는다.

장기 비전과 단계적 접근은 다음과 같은 사회경제적 효과를 가져올 수 있다:

- 빈부격차 완화: 포괄적인 정책 설계를 통해 소외된 계층과 지역에 대한 지원을 강화하여 빈부격차를 완화한다.
- 정책 효과성 증대: 명확한 목표와 단계적인 실행 전략을 통해 정책의 효과성과 신뢰성을 강화한다.
- 사회통합 촉진: 모든 계층과 지역이 공정하게 자원의 혜택을 누릴 수 있도록 하여 사회적 갈등과 분열을 완화한다.
- 경제 성장 촉진: 효율적인 자원 배분과 지속가능한 개발 전략을 통해 경제활동 참여 기회를 확대하고 생산성을 높인다.
- 환경 지속가능성 확보: 녹지 공간 보존과 재생 가능 에너지 프로젝트 투자 등을 통해 장기적인 환경 안정성을 확보한다.

이러한 체계를 설계하고 실행할 때 고려해야 할 몇 가지 원칙이 있다:

- 포괄성과 형평성: 모든 계층과 지역이 의사결정 과정에서 배제되지 않도록 포괄적인 접근을 취해야 한다.
- 투명성과 책임성: 의사결정 과정이 투명하게 공개되고 책임 있게 관리되어야 한다.
- 데이터 기반 의사결정 지원: 신뢰할 수 있는 데이터를 기반으로 한 합리적인 의사

결정을 지원해야 한다.
- 지속가능성과 장기성 유지: 단기적인 성과에 그치지 않고 장기적으로 지속가능한 구조를 유지해야 한다.
- 디지털 접근성 확대: 디지털 격차 해소를 위해 모든 계층이 기술에 접근하고 활용할 수 있는 환경을 조성해야 한다.

미래 전망에서 장기 비전과 단계적 접근 문제는 더욱 중요해질 것이다. 특히 디지털 전환 시대에는 새로운 형태의 데이터와 기술이 등장하면서 더욱 정교한 해결책이 요구될 것이다.

디지털 기술은 이 문제 해결에서 중요한 도구가 될 수 있다. 예를 들어, 머신러닝 기반 자동화된 데이터 분석 모델이나 위성 이미지 데이터를 활용한 실시간 모니터링 시스템은 시장 투명성과 효율성을 극대화할 것이다.

또한 ESG 원칙을 반영한 국제 협력 전략은 환경문제 해결과 사회적 가치 창출에 기여하면서도 글로벌 경제 안정성을 강화하는 데 초점을 맞출 것이다.

결론적으로 장기 비전과 단계적 접근은 개인과 사회 모두에게 중대한 영향을 미치는 혁신적인 접근법이다. 이를 효과적으로 구현하기 위해서는 혁신적인 기술 개발과 통합적인 거버넌스 체계가 필요하며, 모든 계층이 참여하고 혜택을 누릴 수 있는 환경을 조성해야 할 것이다.

29.2 선도사업 발굴과 시범운영

선도사업 발굴과 시범운영은 빈부격차 해소와 지속가능한 발전을 위한 정책과 전략을 실험하고 검증하는 중요한 과정으로, 새로운 아이디어와 접근법을 실제 환경에서 테스트하여 그 효과를 평가하고 개선점을 도출하는 데 중점을 둔다. 선도사업은 특정 지역이나 계층을 대상으로 한 파일럿 프로젝트 형태로 실행되며, 성공적인 사례는 확대

적용되어 보다 넓은 범위에서 정책 효과를 발휘할 수 있다. 이러한 접근은 자원의 낭비를 최소화하고, 정책의 실효성을 극대화하며, 사회적 수용성을 높이는 데 기여한다.

첫 번째로, 선도사업은 혁신적인 아이디어와 접근법을 실험할 수 있는 기회를 제공한다. 빈부격차 문제는 복잡하고 다차원적인 특성을 가지므로, 이를 해결하기 위해서는 기존의 방식에서 벗어난 새로운 아이디어와 접근법이 필요하다. 예를 들어, 디지털 기술을 활용한 스마트 공공임대주택 프로젝트는 저소득층 가구가 안정적인 주거 환경에서 생활할 수 있도록 지원하는 동시에 에너지 효율성과 환경 지속가능성을 강화할 수 있다. 이러한 선도사업은 새로운 기술과 정책의 가능성을 탐색하고, 이를 현실에 적용할 수 있는 기반을 마련한다.

두 번째로, 시범운영은 정책의 실효성을 검증하고 개선점을 도출하는 데 중요한 역할을 한다. 선도사업은 제한된 범위에서 실행되기 때문에, 정책의 효과와 한계를 보다 명확히 파악할 수 있다. 예를 들어, 특정 지역에서 시행된 직업훈련 프로그램의 참가자 고용률 변화를 분석하여 프로그램의 효과를 평가하고, 부족한 점을 보완하기 위한 추가 조치를 취할 수 있다. 이러한 피드백 메커니즘은 정책결정 과정을 강화하고 신뢰성을 높이는 데 기여한다.

세 번째로, 디지털 기술은 선도사업 발굴과 시범운영을 지원하는 중요한 도구로 활용될 수 있다. AI와 빅데이터 기술은 대규모 데이터를 처리하고 분석하여 선도사업의 설계와 실행 과정을 최적화할 수 있다. 예를 들어, 머신러닝 알고리즘은 특정 지역에서 시행된 교육 프로그램이 참가자의 학업 성취도와 소득 수준에 미친 영향을 분석하거나, 다양한 정책 옵션의 효과를 시뮬레이션하여 최적의 대안을 제시할 수 있다. 또한 디지털 플랫폼은 선도사업의 진행 상황을 실시간으로 모니터링하고 필요한 조정을 가능하게 한다.

네 번째로, 선도사업 발굴과 시범운영은 이해관계자 간 협력을 통해 강화될 수 있다. 정부, 민간기업, 시민사회 등 다양한 이해관계자가 협력하여 선도사업을 설계하고 실행하면 보다 포괄적이고 통합적인 접근이 가능하다. 예를 들어, 정부는 공공정책과 재정을 지원하고, 민간기업은 기술과 자본을 제공하며, 시민사회는 지역사회의 요구를 대변하는 역할을 할 수 있다. 이러한 협력은 자원의 효율적 활용과 사회적 통합을 촉진한다.

다섯 번째로, 선도사업 발굴과 시범운영은 글로벌 협력을 통해 강화될 수 있다. 빈부격차 문제는 글로벌 차원에서 상호 연결된 경제적 요인에 의해 영향을 받으므로, 국제기구와의 협력과 다자간 협력이 필요하다. 예를 들어, 세계은행(World Bank)이나 국제통화기금(IMF)은 개발도상국에서 선도사업을 지원하여 이들이 사회 인프라를 개선하고 빈곤층을 지원할 수 있도록 돕는다. 또한 유엔(UN)의 지속가능한 발전 목표(SDGs)는 글로벌 차원의 협력을 통해 빈부격차 문제를 해결하기 위한 프레임워크를 제공한다.

선도사업 발굴과 시범운영은 다음과 같은 사회경제적 효과를 가져올 수 있다:

- 빈부격차 완화: 혁신적인 아이디어와 접근법을 통해 소외된 계층과 지역에 대한 지원을 강화하여 빈부격차를 완화한다.
- 정책 효과성 증대: 제한된 범위에서 정책의 실효성을 검증하고 개선점을 도출함으로써 정책결정 과정을 강화한다.
- 사회통합 촉진: 모든 계층과 지역이 공정하게 자원의 혜택을 누릴 수 있도록 하여 사회적 갈등과 분열을 완화한다.
- 경제 성장 촉진: 효율적인 자원 배분과 지속가능한 개발 전략을 통해 경제활동 참여 기회를 확대하고 생산성을 높인다.
- 환경 지속가능성 확보: 녹지 공간 보존과 재생 가능 에너지 프로젝트 투자 등을 통해 장기적인 환경 안정성을 확보한다.

이러한 체계를 설계하고 실행할 때 고려해야 할 몇 가지 원칙이 있다:

- 포괄성과 형평성: 모든 계층과 지역이 의사결정 과정에서 배제되지 않도록 포괄적인 접근을 취해야 한다.

- 투명성과 책임성: 의사결정 과정이 투명하게 공개되고 책임 있게 관리되어야 한다.
- 데이터 기반 의사결정 지원: 신뢰할 수 있는 데이터를 기반으로 한 합리적인 의사결정을 지원해야 한다.
- 지속가능성과 장기성 유지: 단기적인 성과에 그치지 않고 장기적으로 지속가능한 구조를 유지해야 한다.
- 디지털 접근성 확대: 디지털 격차 해소를 위해 모든 계층이 기술에 접근하고 활용할 수 있는 환경을 조성해야 한다.

미래 전망에서 선도사업 발굴과 시범운영 문제는 더욱 중요해질 것이다. 특히 디지털 전환 시대에는 새로운 형태의 데이터와 기술이 등장하면서 더욱 정교한 해결책이 요구될 것이다.

디지털 기술은 이 문제 해결에서 중요한 도구가 될 수 있다. 예를 들어, 머신러닝 기반 자동화된 데이터 분석 모델이나 위성 이미지 데이터를 활용한 실시간 모니터링 시스템은 시장 투명성과 효율성을 극대화할 것이다.

또한 ESG 원칙을 반영한 국제 협력 전략은 환경문제 해결과 사회적 가치 창출에 기여하면서도 글로벌 경제 안정성을 강화하는 데 초점을 맞출 것이다.

결론적으로 선도사업 발굴과 시범운영은 개인과 사회 모두에게 중대한 영향을 미치는 혁신적인 접근법이다. 이를 효과적으로 구현하기 위해서는 혁신적인 기술 개발과 통합적인 거버넌스 체계가 필요하며, 모든 계층이 참여하고 혜택을 누릴 수 있는 환경을 조성해야 할 것이다.

29.3 민관학 협력 플랫폼 구축

민관학 협력 플랫폼 구축은 빈부격차 해소와 지속가능한 발전을 위해 정부, 민간기업, 학계가 협력하여 혁신적인 정책과 솔루션을 개발하고 실행하는 체계를 의미한다.

이러한 플랫폼은 각 분야의 강점을 결합하여 보다 포괄적이고 효과적인 접근법을 제공하며, 자원의 효율적 활용과 정책 효과를 극대화하는 데 기여한다. 특히 빈부격차 문제와 같은 복잡한 사회적 과제를 해결하기 위해서는 다양한 이해관계자의 협력이 필수적이며, 민관학 협력 플랫폼은 이를 실현하기 위한 중요한 도구로 작용한다.

첫 번째로, 민관학 협력 플랫폼은 각 분야의 강점을 결합하여 시너지를 창출한다. 정부는 공공정책과 재정을 지원하고, 민간기업은 기술과 자본을 제공하며, 학계는 연구와 데이터를 통해 정책 설계와 실행에 필요한 지식을 제공한다. 예를 들어, 공공임대주택 공급 프로젝트에서는 정부가 토지를 제공하고 민간기업이 건설과 관리를 담당하며, 학계가 주거 안정성과 사회적 형평성에 미치는 영향을 평가하는 역할을 할 수 있다. 이러한 협력은 자원의 낭비를 줄이고 정책의 실효성을 높이는 데 기여한다.

두 번째로, 민관학 협력 플랫폼은 혁신적인 아이디어와 기술을 실험하고 검증할 수 있는 환경을 제공한다. 빈부격차 문제는 기존의 방식으로는 해결하기 어려운 복잡한 특성을 가지므로, 이를 해결하기 위해서는 새로운 아이디어와 기술이 필요하다. 예를 들어, 디지털 기술을 활용한 스마트 도시 프로젝트는 빈부격차 해소와 지속가능한 발전을 동시에 달성할 수 있는 가능성을 탐색하고, 이를 현실에 적용할 수 있는 기반을 마련한다. 이러한 플랫폼은 혁신적인 솔루션을 개발하고 이를 실제 환경에서 테스트하는 데 중요한 역할을 한다.

세 번째로, 디지털 기술은 민관학 협력 플랫폼 구축을 지원하는 핵심 도구로 활용될 수 있다. 디지털 플랫폼과 온라인 협업 도구는 시간과 장소에 구애받지 않고 다양한 이해관계자가 소통하고 협력할 수 있는 환경을 제공한다. 예를 들어, 데이터 공유 플랫폼은 정부, 민간기업, 학계가 빈부격차 문제와 관련된 데이터를 통합적으로 분석하고, 이를 바탕으로 공동의 목표와 전략을 설정할 수 있도록 지원한다. 또한 AI 기반 데이터 분석은 정책 설계와 실행 과정에서 최적의 대안을 제시하는 데 기여한다.

네 번째로, 민관학 협력 플랫폼은 사회적 통합과 신뢰를 강화하는 데 기여한다. 다양한 이해관계자가 참여하여 공동의 목표를 위해 협력하면, 사회적 갈등과 분열을 완화하고 공동체 연대감을 강화할 수 있다. 예를 들어, 지역사회 기반 프로젝트에서는 주민들이 직접 참여하여 자신들의 요구와 필요를 반영할 수 있으며, 이를 통해 정책의 수용성과 효과를 동시에 높일 수 있다. 이러한 접근은 조화로운 사회를 구축하는 데 중요한 역할을 한다.

다섯 번째로, 민관학 협력 플랫폼은 글로벌 차원의 협력을 촉진할 수 있다. 빈부격차 문제는 글로벌 차원에서 상호 연결된 경제적 요인에 의해 영향을 받으므로, 국제기구와의 협력과 다자간 협력이 필요하다. 예를 들어, 세계은행(World Bank)이나 국제통화기금(IMF)은 개발도상국에서 민관학 협력 프로젝트를 지원하여 이들이 사회 인프라를 개선하고 빈곤층을 지원할 수 있도록 돕는다. 또한 유엔(UN)의 지속가능한 발전 목표(SDGs)는 글로벌 차원의 협력을 통해 빈부격차 문제를 해결하기 위한 프레임워크를 제공한다.

민관학 협력 플랫폼 구축은 다음과 같은 사회경제적 효과를 가져올 수 있다:

- 빈부격차 완화: 혁신적인 아이디어와 기술을 통해 소외된 계층과 지역에 대한 지원을 강화하여 빈부격차를 완화한다.
- 정책 효과성 증대: 다양한 이해관계자의 참여를 통해 정책 설계와 실행 과정을 개선함으로써 정책 효과를 극대화한다.
- 사회통합 촉진: 모든 계층과 지역이 공정하게 자원의 혜택을 누릴 수 있도록 하여 사회적 갈등과 분열을 완화한다.
- 경제 성장 촉진: 효율적인 자원 배분과 지속가능한 개발 전략을 통해 경제활동 참여 기회를 확대하고 생산성을 높인다.
- 환경 지속가능성 확보: 녹지 공간 보존과 재생 가능 에너지 프로젝트 투자 등을 통해 장기적인 환경 안정성을 확보한다.

이러한 체계를 설계하고 실행할 때 고려해야 할 몇 가지 원칙이 있다:

- 포괄성과 형평성: 모든 계층과 지역이 의사결정 과정에서 배제되지 않도록 포괄적인 접근을 취해야 한다.
- 투명성과 책임성: 의사결정 과정이 투명하게 공개되고 책임 있게 관리되어야 한다.
- 데이터 기반 의사결정 지원: 신뢰할 수 있는 데이터를 기반으로 한 합리적인 의사결정을 지원해야 한다.
- 지속가능성과 장기성 유지: 단기적인 성과에 그치지 않고 장기적으로 지속가능한 구조를 유지해야 한다.
- 디지털 접근성 확대: 디지털 격차 해소를 위해 모든 계층이 기술에 접근하고 활용할 수 있는 환경을 조성해야 한다.

미래 전망에서 민관학 협력 플랫폼 구축 문제는 더욱 중요해질 것이다. 특히 디지털 전환 시대에는 새로운 형태의 데이터와 기술이 등장하면서 더욱 정교한 해결책이 요구될 것이다.

디지털 기술은 이 문제 해결에서 중요한 도구가 될 수 있다. 예를 들어, 머신러닝 기반 자동화된 데이터 분석 모델이나 위성 이미지 데이터를 활용한 실시간 모니터링 시스템은 시장 투명성과 효율성을 극대화할 것이다.

또한 ESG 원칙을 반영한 국제 협력 전략은 환경문제 해결과 사회적 가치 창출에 기여하면서도 글로벌 경제 안정성을 강화하는 데 초점을 맞출 것이다.

결론적으로 민관학 협력 플랫폼 구축은 개인과 사회 모두에게 중대한 영향을 미치는 혁신적인 접근법이다. 이를 효과적으로 구현하기 위해서는 혁신적인 기술 개발과 통합적인 거버넌스 체계가 필요하며, 모든 이해관계자가 참여하고 혜택을 누릴 수 있는 환경을 조성해야 할 것이다.

30장

지속가능한 공간자산 관리를 위한 대전환

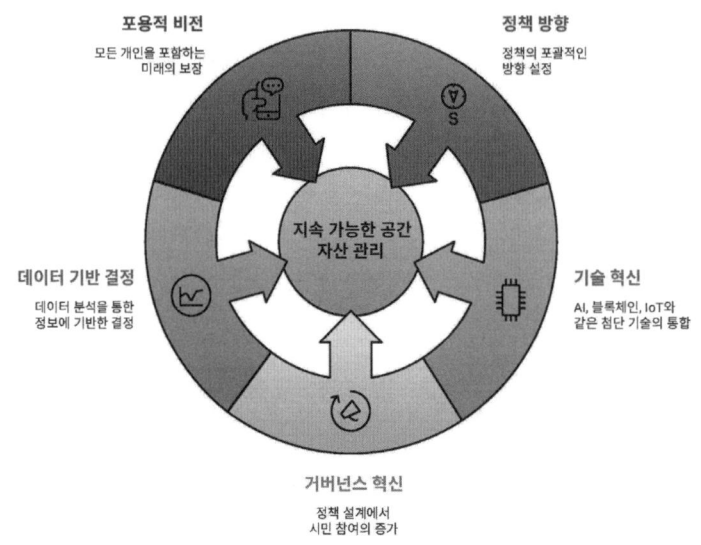

지속가능한 공간 자산 관리를 위한 전략

30.1 공간자산 불평등 해소를 위한 종합적 정책방향

공간자산 불평등 해소를 위한 종합적 정책방향은 도시와 지역사회의 지속가능한 발전과 사회적 형평성을 증진하기 위해 다차원적이고 통합적인 접근을 필요로 한다. 공간자산 불평등은 특정 계층과 지역에 자원이 집중되고, 다른 계층과 지역은 배제되는 문제로, 이는 경제적 불평등뿐만 아니라 사회적 갈등과 환경적 지속가능성 저하를 초래한다. 이를 해결하기 위해서는 공공정책, 민간 협력, 디지털 기술 활용, 그리고 국제 협력을 결합한 종합적인 정책 프레임워크가 요구된다.

첫 번째로, 공공정책은 공간자산 불평등 해소의 핵심적인 역할을 한다. 정부는 공공임대주택 공급 확대, 공공서비스 접근성 강화, 그리고 녹지 공간 보존과 같은 정책을 통해 자원의 공정한 배분을 촉진할 수 있다. 예를 들어, 싱가포르의 공공주택 정책은 국가가 직접 주택을 제공하여 모든 시민이 안정적인 주거 환경에서 생활할 수 있도록 지원함으로써 주거 불평등 문제를 효과적으로 해결한 사례로 평가받고 있다. 이러한 정책은 저소득층과 취약계층의 삶의 질을 향상시키고 사회적 형평성을 증진하는 데 기여한다.

두 번째로, 민간 협력은 자원의 효율적 활용과 혁신적인 솔루션 개발을 가능하게 한다. 민간기업은 기술과 자본을 제공하며, 정부와 협력하여 공공재와 서비스를 제공하는 데 중요한 역할을 할 수 있다. 예를 들어, 공공-민간 파트너십(PPP)을 통해 대규모 인프라 프로젝트를 추진하면 정부가 토지를 제공하고 민간기업이 건설과 관리를 담당하는 방식으로 협력할 수 있다. 이러한 모델은 자원의 낭비를 줄이고 프로젝트의 실행 속도를 높이는 데 기여한다.

세 번째로, 디지털 기술은 공간자산 불평등 해소를 위한 혁신적인 도구로 활용될 수 있다. AI와 빅데이터 기술은 대규모 데이터를 처리하고 분석하여 공간자산 분포와 접근성을 실시간으로 모니터링하고 최적화할 수 있는 도구를 제공한다. 예를 들어, 머신러닝 알고리즘은 특정 지역에서 시행된 정책이 빈부격차 해소에 미친 영향을 분석하거나, 다양한 정책 옵션의 효과를 시뮬레이션하여 최적의 대안을 제시할 수 있다. 또한 디지털 플랫폼은 주민들이 공공서비스에 쉽게 접근할 수 있도록 지원하며, 소외된 계층과 지역에 새로운 기회를 제공한다.

네 번째로, 국제 협력은 글로벌 차원의 공간자산 불평등 문제를 해결하는 데 중요한 역할을 한다. 빈부격차 문제는 글로벌 차원에서 상호 연결된 경제적 요인에 의해 영향을 받으므로, 국제기구와의 협력과 다자간 협력이 필요하다. 예를 들어, 세계은행(World Bank)이나 국제통화기금(IMF)은 개발도상국에 재정 지원을 제공하여 이들이 사회 인프라를 개선하고 빈곤층을 지원할 수 있도록 돕는다. 또한 유엔(UN)의 지속가능한 발전 목표(SDGs)는 글로벌 차원의 협력을 통해 빈부격차 문제를 해결하기 위한 프레임워크를 제공한다.

다섯 번째로, 환경 지속가능성을 고려한 정책 설계는 공간자산 불평등 해소와 동시에 장기적인 안정성을 확보한다. 녹지 공간 보존, 재생 가능 에너지 프로젝트 투자, 그리고 탄소 배출 감소와 같은 환경 친화적인 정책은 경제적 이익뿐만 아니라 사회적 가치도 동시에 창출할 수 있다. 예를 들어, 독일의 "에너지 전환(Energiewende)" 정책은 재생 가능 에너지 사용 확대와 에너지 효율성 강화를 통해 환경 보호와 사회적 형평성을 동시에 달성한 사례이다.

공간자산 불평등 해소를 위한 종합적 정책방향은 다음과 같은 사회경제적 효과를 가져올 수 있다:

- 빈부격차 완화: 포괄적인 정책 설계를 통해 소외된 계층과 지역에 대한 지원을 강화하여 빈부격차를 완화한다.
- 사회통합 촉진: 모든 계층과 지역이 공정하게 자원의 혜택을 누릴 수 있도록 하여 사회적 갈등과 분열을 완화한다.
- 경제 성장 촉진: 효율적인 자원 배분과 지속가능한 개발 전략을 통해 경제활동 참여 기회를 확대하고 생산성을 높인다.
- 환경 지속가능성 확보: 녹지 공간 보존과 재생 가능 에너지 프로젝트 투자 등을 통해 장기적인 환경 안정성을 확보한다.
- 정책 효과성 증대: 데이터 기반 의사결정을 통해 정책 효과를 평가하고 개선점을 도출함으로써 정책결정 과정을 강화한다.

이러한 체계를 설계하고 실행할 때 고려해야 할 몇 가지 원칙이 있다:

- 포괄성과 형평성: 모든 계층과 지역이 의사결정 과정에서 배제되지 않도록 포괄적

인 접근을 취해야 한다.
- 투명성과 책임성: 의사결정 과정이 투명하게 공개되고 책임 있게 관리되어야 한다.
- 데이터 기반 의사결정 지원: 신뢰할 수 있는 데이터를 기반으로 한 합리적인 의사결정을 지원해야 한다.
- 지속가능성과 장기성 유지: 단기적인 성과에 그치지 않고 장기적으로 지속가능한 구조를 유지해야 한다.
- 디지털 접근성 확대: 디지털 격차 해소를 위해 모든 계층이 기술에 접근하고 활용할 수 있는 환경을 조성해야 한다.

미래 전망에서 공간자산 불평등 해소 문제는 더욱 중요해질 것이다. 특히 디지털 전환 시대에는 새로운 형태의 데이터와 기술이 등장하면서 더욱 정교한 해결책이 요구될 것이다.

디지털 기술은 이 문제 해결에서 중요한 도구가 될 수 있다. 예를 들어, 머신러닝 기반 자동화된 데이터 분석 모델이나 위성 이미지 데이터를 활용한 실시간 모니터링 시스템은 시장 투명성과 효율성을 극대화할 것이다.

또한 ESG 원칙을 반영한 국제 협력 전략은 환경문제 해결과 사회적 가치 창출에 기여하면서도 글로벌 경제 안정성을 강화하는 데 초점을 맞출 것이다.

결론적으로 공간자산 불평등 해소를 위한 종합적 정책방향은 개인과 사회 모두에게 중대한 영향을 미치는 혁신적인 접근법이다. 이를 효과적으로 구현하기 위해서는 혁신적인 기술 개발과 통합적인 거버넌스 체계가 필요하며, 모든 계층이 참여하고 혜택을 누릴 수 있는 환경을 조성해야 할 것이다.

30.2 혁신적 공간관리를 위한 정책 통합과 민관 협력

혁신적 공간관리를 위한 정책 통합과 민관 협력은 빈부격차 해소와 지속가능한 발전을 실현하기 위해 다양한 정책 분야와 이해관계자 간의 협력을 통해 자원의 효율적 배분과 정책 효과를 극대화하는 체계를 의미한다. 공간관리란 도시와 지역사회의 자원을 효율적으로 활용하고, 사회적 형평성과 환경적 지속가능성을 증진하기 위해 설계된 정책과 제도를 포함한다. 이를 효과적으로 구현하기 위해서는 경제, 사회, 환경 등 여러 부문에서의 정책 통합과 정부, 민간, 시민사회 간의 협력이 필수적이다.

첫 번째로, 정책 통합은 공간관리에서 발생할 수 있는 상충을 최소화하고 시너지를 창출한다. 각 부문에서 독립적으로 추진되는 정책이 서로 상충할 경우 자원의 낭비와 정책 효과 저하가 발생할 수 있다. 예를 들어, 도시 개발 정책이 환경 보호 정책과 충돌하여 녹지 공간이 감소하거나 생태계가 파괴되는 경우가 이에 해당한다. 이러한 문제를 해결하기 위해서는 경제, 사회, 환경 부문 간의 조정을 통해 상충을 최소화하고, 지속가능한 발전 목표를 달성할 수 있는 통합적인 접근이 필요하다. 예를 들어, 독일의 "에너지 전환(Energiewende)" 정책은 재생 가능 에너지 사용 확대와 에너지 효율성 강화를 통해 환경 보호와 경제 성장을 동시에 달성한 사례이다.

두 번째로, 민관 협력은 자원의 효율적 활용과 혁신적인 솔루션 개발을 가능하게 한다. 정부는 공공정책과 재정을 지원하고, 민간기업은 기술과 자본을 제공하며, 시민사회는 지역사회의 요구를 대변하는 역할을 할 수 있다. 예를 들어, 공공-민간 파트너십(PPP)을 통해 대규모 인프라 프로젝트를 추진하면 정부가 토지를 제공하고 민간기업이 건설과 관리를 담당하는 방식으로 협력할 수 있다. 이러한 모델은 자원의 낭비를 줄이고 프로젝트의 실행 속도를 높이는 데 기여한다.

세 번째로, 디지털 기술은 정책 통합과 민관 협력을 지원하는 중요한 도구로 활용될 수 있다. AI와 빅데이터 기술은 대규모 데이터를 처리하고 분석하여 공간자산 분포와 접근성을 실시간으로 모니터링하고 최적화할 수 있는 도구를 제공한다. 예를 들어, 머신러닝 알고리즘은 특정 지역에서 시행된 정책이 빈부격차 해소에 미친 영향을 분석하거나, 다양한 정책 옵션의 효과를 시뮬레이션하여 최적의 대안을 제시할 수 있다. 또한 디지털 플랫폼은 주민들이 공공서비스에 쉽게 접근할 수 있도록 지원하며, 소외된 계층과 지역에 새로운 기회를 제공한다.

네 번째로, 정책 통합과 민관 협력은 사회적 통합과 신뢰를 강화하는 데 기여한다. 다양한 이해관계자가 참여하여 공동의 목표를 위해 협력하면 사회적 갈등과 분열을 완화하고 공동체 연대감을 강화할 수 있다. 예를 들어, 지역사회 기반 프로젝트에서는 주민들이 직접 참여하여 자신들의 요구와 필요를 반영할 수 있으며, 이를 통해 정책의 수용성과 효과를 동시에 높일 수 있다. 이러한 접근은 조화로운 사회를 구축하는 데 중요한 역할을 한다.

다섯 번째로, 정책 통합과 민관 협력은 글로벌 차원의 협력을 촉진할 수 있다. 빈부격차 문제는 글로벌 차원에서 상호 연결된 경제적 요인에 의해 영향을 받으므로 국제기구와의 협력과 다자간 협력이 필요하다. 예를 들어, 세계은행(World Bank)이나 국제통화기금(IMF)은 개발도상국에서 민관 협력 프로젝트를 지원하여 이들이 사회 인프라를 개선하고 빈곤층을 지원할 수 있도록 돕는다. 또한 유엔(UN)의 지속가능한 발전 목표(SDGs)는 글로벌 차원의 협력을 통해 빈부격차 문제를 해결하기 위한 프레임워크를 제공한다.

정책 통합과 민관 협력은 다음과 같은 사회경제적 효과를 가져올 수 있다:

- 빈부격차 완화: 다양한 이해관계자의 참여와 협력을 통해 소외된 계층과 지역에 대한 지원을 강화하여 빈부격차를 완화한다.
- 정책 효과성 증대: 부문 간 조정과 민관 협력을 통해 정책 설계와 실행 과정을 개선함으로써 정책 효과를 극대화한다.
- 사회통합 촉진: 모든 계층과 지역이 공정하게 자원의 혜택을 누릴 수 있도록 하여 사회적 갈등과 분열을 완화한다.
- 경제 성장 촉진: 효율적인 자원 배분과 지속가능한 개발 전략을 통해 경제활동 참여 기회를 확대하고 생산성을 높인다.
- 환경 지속가능성 확보: 녹지 공간 보존과 재생 가능 에너지 프로젝트 투자 등을 통

해 장기적인 환경 안정성을 확보한다.

이러한 체계를 설계하고 실행할 때 고려해야 할 몇 가지 원칙이 있다:

- 포괄성과 형평성: 모든 계층과 지역이 의사결정 과정에서 배제되지 않도록 포괄적인 접근을 취해야 한다.
- 투명성과 책임성: 의사결정 과정이 투명하게 공개되고 책임 있게 관리되어야 한다.
- 데이터 기반 의사결정 지원: 신뢰할 수 있는 데이터를 기반으로 한 합리적인 의사결정을 지원해야 한다.
- 지속가능성과 장기성 유지: 단기적인 성과에 그치지 않고 장기적으로 지속가능한 구조를 유지해야 한다.
- 디지털 접근성 확대: 디지털 격차 해소를 위해 모든 계층이 기술에 접근하고 활용할 수 있는 환경을 조성해야 한다.

미래 전망에서 혁신적 공간관리를 위한 정책 통합과 민관 협력 문제는 더욱 중요해질 것이다. 특히 디지털 전환 시대에는 새로운 형태의 데이터와 기술이 등장하면서 더욱 정교한 해결책이 요구될 것이다.

디지털 기술은 이 문제 해결에서 중요한 도구가 될 수 있다. 예를 들어, 머신러닝 기반 자동화된 데이터 분석 모델이나 위성 이미지 데이터를 활용한 실시간 모니터링 시스템은 시장 투명성과 효율성을 극대화할 것이다.

또한 ESG 원칙을 반영한 국제 협력 전략은 환경문제 해결과 사회적 가치 창출에 기여하면서도 글로벌 경제 안정성을 강화하는 데 초점을 맞출 것이다.

결론적으로 혁신적 공간관리를 위한 정책 통합과 민관 협력은 개인과 사회 모두에게 중대한 영향을 미치는 혁신적인 접근법이다. 이를 효과적으로 구현하기 위해서는 혁신적인 기술 개발과 통합적인 거버넌스 체계가 필요하며, 모든 이해관계자가 참여하고 혜택을 누릴 수 있는 환경을 조성해야 할 것이다.

30.3 더 나은 공간의 미래, 포용과 상생의 공간 만들기

더 나은 공간의 미래를 설계하는 것은 빈부격차 해소와 지속가능한 발전을 위한 최종 목표로, 모든 계층과 지역이 공정하게 자원의 혜택을 누리고, 사회적 형평성과 환경적 지속가능성을 동시에 달성할 수 있는 포용적이고 상생적인 공간을 만드는 것을 의미한다. 이는 단순히 물리적 공간의 재구성을 넘어, 경제적 기회와 사회적 통합, 환경적 안정성을 아우르는 다차원적인 접근을 요구한다. 포용과 상생의 공간을 만들기 위해서는 정책 통합, 민관 협력, 디지털 기술 활용, 그리고 국제 협력을 결합한 종합적인 전략이 필요하다.

첫 번째로, 포용과 상생의 공간은 모든 계층과 지역이 공정하게 자원의 혜택을 누릴 수 있도록 설계되어야 한다. 이는 저소득층과 취약계층이 안정적인 주거 환경에서 생활하고, 양질의 교육과 의료 서비스를 제공받으며, 경제적 기회를 공정하게 누릴 수 있도록 보장하는 것을 포함한다. 예를 들어, 공공임대주택 공급 확대와 같은 정책은 저소득층 가구가 안정적인 생활을 영위할 수 있도록 지원하며, 교육 및 의료 서비스 접근성을 높이는 정책은 모든 시민이 기본적인 권리를 누릴 수 있도록 보장한다.

두 번째로, 포용과 상생의 공간은 사회적 통합과 공동체 연대감을 강화하는 데 중점을 둔다. 빈부격차는 종종 사회적 갈등과 분열의 원인이 되며, 이를 해결하기 위해서는 다양한 계층과 지역 간의 상호작용과 협력이 필요하다. 예를 들어, 지역사회 기반 프로젝트는 주민들이 공동의 목표를 위해 협력하고, 이를 통해 공동체 연대감을 강화할 수 있는 기회를 제공한다. 이러한 접근은 사회적 갈등을 완화하고 조화로운 사회를 구축하는 데 기여한다.

세 번째로, 디지털 기술은 포용과 상생의 공간을 지원하는 중요한 도구로 활용될 수 있다. 디지털 플랫폼과 모바일 애플리케이션은 공공서비스 접근성을 높이고, 소외된 계층과 지역에 새로운 기회를 제공할 수 있다. 예를 들어, 온라인 학습 플랫폼은 저소득층 학생들에게 양질의 교육 콘텐츠를 제공하며, 디지털 헬스케어 애플리케이션은 의료 서비스 접근성이 낮은 지역 주민들에게 원격 의료 서비스를 제공할 수 있다. 이러한 디지털 도구는 사회적 형평성과 포괄성을 증진하는 데 중요한 역할을 한다.

네 번째로, 포용과 상생의 공간은 이해관계자 간 협력을 통해 강화될 수 있다. 정부, 민간기업, 시민사회 등 다양한 이해관계자가 협력하여 정책 설계와 실행 과정에 참여하면 보다 포괄적이고 통합적인 접근이 가능하다. 예를 들어, 정부는 공공정책과 재정을 지원하고, 민간기업은 기술과 자본을 제공하며, 시민사회는 지역사회의 요구를 대변하는 역할을 할 수 있다. 이러한 협력은 자원의 효율적 활용과 사회적 통합을 촉진한다.

다섯 번째로, 포용과 상생의 공간은 글로벌 협력을 통해 강화될 수 있다. 빈부격차 문제는 글로벌 차원에서 상호 연결된 경제적 요인에 의해 영향을 받으므로 국제기구와의 협력과 다자간 협력이 필요하다. 예를 들어, 유엔(UN)의 지속가능한 발전 목표(SDGs)는 글로벌 차원의 협력을 통해 빈부격차 문제를 해결하기 위한 프레임워크를 제공한다. 또한 세계은행(World Bank)이나 국제통화기금(IMF)은 개발도상국에 재정 지원을 제공하여 이들이 사회 인프라를 개선하고 빈곤층을 지원할 수 있도록 돕는다.

더 나은 공간의 미래는 다음과 같은 사회경제적 효과를 가져올 수 있다:

- 빈부격차 완화: 포괄적인 정책 설계를 통해 소외된 계층과 지역에 대한 지원을 강화하여 빈부격차를 완화한다.
- 사회통합 촉진: 모든 계층과 지역이 공정하게 자원의 혜택을 누릴 수 있도록 하여 사회적 갈등과 분열을 완화한다.
- 경제 성장 촉진: 효율적인 자원 배분과 지속가능한 개발 전략을 통해 경제활동 참여 기회를 확대하고 생산성을 높인다.
- 공공서비스 접근성 향상: 교육 및 의료 서비스 접근성을 높이고 디지털 기술을 활용하여 소외된 계층에게 새로운 기회를 제공한다.

- 환경 지속가능성 확보: 녹지 공간 보존과 재생 가능 에너지 프로젝트 투자 등을 통해 장기적인 환경 안정성을 확보한다.

이러한 체계를 설계하고 실행할 때 고려해야 할 몇 가지 원칙이 있다:

- 포괄성과 형평성: 모든 계층과 지역이 의사결정 과정에서 배제되지 않도록 포괄적인 접근을 취해야 한다.
- 투명성과 책임성: 의사결정 과정이 투명하게 공개되고 책임 있게 관리되어야 한다.
- 데이터 기반 의사결정 지원: 신뢰할 수 있는 데이터를 기반으로 한 합리적인 의사결정을 지원해야 한다.
- 지속가능성과 장기성 유지: 단기적인 성과에 그치지 않고 장기적으로 지속가능한 구조를 유지해야 한다.
- 디지털 접근성 확대: 디지털 격차 해소를 위해 모든 계층이 기술에 접근하고 활용할 수 있는 환경을 조성해야 한다.

미래 전망에서 더 나은 공간의 미래를 설계하는 문제는 더욱 중요해질 것이다. 특히 디지털 전환 시대에는 새로운 형태의 데이터와 기술이 등장하면서 더욱 정교한 해결책이 요구될 것이다.

디지털 기술은 이 문제 해결에서 중요한 도구가 될 수 있다. 예를 들어, 머신러닝 기반 자동화된 데이터 분석 모델이나 위성 이미지 데이터를 활용한 실시간 모니터링 시스템은 시장 투명성과 효율성을 극대화할 것이다.

또한 ESG 원칙을 반영한 국제 협력 전략은 환경문제 해결과 사회적 가치 창출에 기여하면서도 글로벌 경제 안정성을 강화하는 데 초점을 맞출 것이다.

결론적으로 더 나은 공간의 미래는 개인과 사회 모두에게 중대한 영향을 미치는 혁신적인 접근법이다. 이를 효과적으로 구현하기 위해서는 혁신적인 기술 개발과 통합적인 거버넌스 체계가 필요하며, 모든 계층이 참여하고 혜택을 누릴 수 있는 환경을 조성해야 할 것이다.

| 제9부 |

공간문화자산 연구논문 모델 개발(불평등 & 해소)

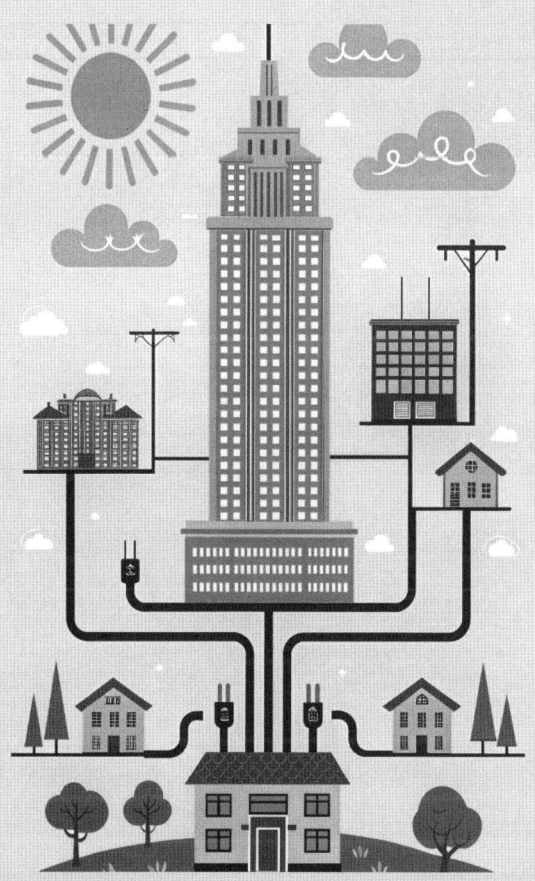

31장
공간문화자산 불평등 해소를 위한 연구

박운선·권창희(2025), "성수동 수제화 산업의 ESG 실천과 공간문화자산 불평등 해소에 관한 연구", 「한국행정사학지」 제63호.

31장

공간문화자산 불평등 해소를 위한 연구

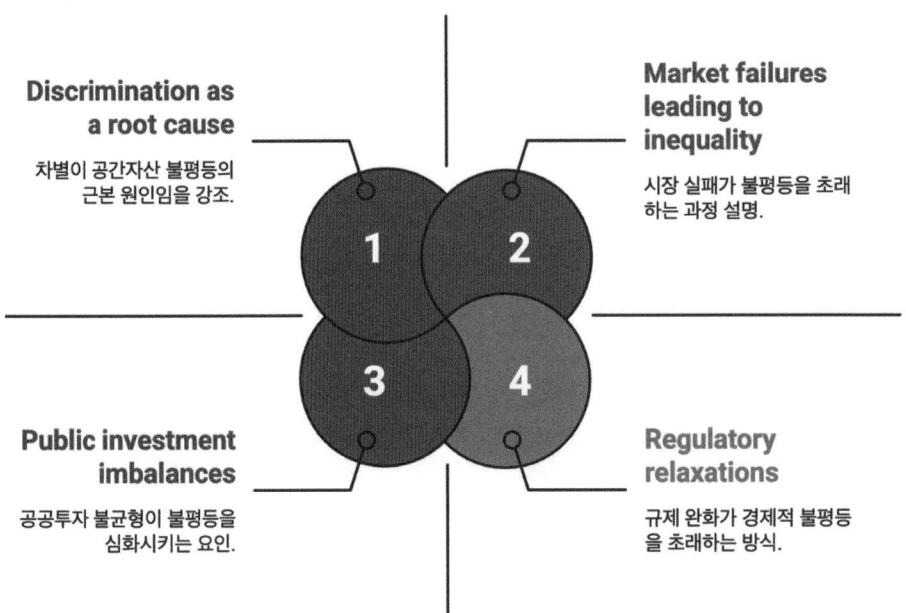

causes and Effects of spatial asset inequality
공간 자산 불평등의 원인과 영향

31.1. 서론

1. 연구 배경 및 필요성

도시는 끊임없이 변화하는 복잡한 시스템이다. 이러한 변화는 종종 특정 지역에 문화적, 경제적 불평등을 초래하며, 이는 도시의 지속가능성과 사회적 통합을 저해하는 중요한 문제로 작용한다. 특히, 서울 성수동 수제구두거리는 한때 전통 산업과 현대적 변화가 조화를 이루던 공간이었으나, 최근 급격한 도시 개발과 문화 자산의 편중으로 인해 심각한 공간 불평등을 드러내고 있다. 성수동은 수제구두라는 전통적 산업의 중심지였으며, 최근 들어 현대적 공방과 문화적 핫플레이스로 부상했다. 그러나 이러한 변화는 특정 구역에 자원이 집중되고, 다른 지역은 소외되는 현상을 초래했다. 이는 도시 공간 내 불평등의 전형적인 예로, 이 문제를 해결하기 위한 구체적인 접근과 실천 방안을 제시하는 것은 중요한 학문적·실천적 의미를 가진다.

1) 문화 자산의 정의와 역할

(1) 문화 자산의 정의

문화 자산(Cultural Asset)이란 지역 주민들의 역사, 전통, 문화적 정체성을 담고 있는 유·무형의 자산을 의미한다. 이는 다음과 같은 두 가지로 구분된다.

1) 유형 자산	건축물, 유적, 박물관, 지역 특산물과 같은 물리적 자산.
2) 무형 자산	지역 고유의 기술, 장인 정신, 예술적 표현, 공동체 문화.

성수동의 수제구두 산업은 유형 자산(구두 제작 공방과 장비)과 무형 자산(장인 정신과 기술)을 모두 포함하는 사례이다. 다음은 문화 자산은 다음 〈표 1〉과 같은 주요 역할을 한다.

(2) 문화 자산의 역할

〈표 1〉 문화자산의 역할

지역만의 고유한 정체성을 유지하고 홍보.
관광, 상업화, 문화 소비를 통해 지역 경제 활성화.
주민들 간의 소속감과 연대를 강화하고, 공동체 정신을 유지.
전통적 기술과 역사적 가치를 다음 세대에 전수.

성수동 수제구두거리의 경우, 전통적 수제 기술은 지역의 문화적 자산으로 보존되어야 하지만, 상업적 개발로 인해 전통 자산의 가치가 저평가되거나 소멸될 위험이 있다.

2) 도시 공간에서의 접근성 문제

접근성(Accessibility)은 사람들이 특정 자원, 서비스, 또는 장소에 얼마나 쉽게 도달할 수 있는지를 의미하며, 물리적 거리, 경제적 비용, 시간적 제약, 그리고 심리적 요소에 의해 영향을 받는다. 도시 공간에서는 특정 구역에 자원이 집중되거나 교통과 기반 시설이 불균형적으로 배치될 경우, 접근성이 제한되며 불평등이 발생한다. 도시 공간 내 접근성 문제는 다음 〈표 2〉와 같은 형태로 나타난다.

〈표 2〉 도시 공간에서의 접근성 문제

공간적 불균형	자원이 특정 지역에 집중되면서 다른 지역은 소외.
경제적 장벽	저소득층이 문화 자산이나 서비스에 접근하기 어려움.
사회적 배제	특정 계층 또는 지역 주민이 문화적, 경제적 활동에서 배제.

성수동 사례에서 중심부에 위치한 상업적 자원(갤러리, 카페 등)은 상대적으로 부유한 방문객들에게만 접근 가능하며, 외곽 지역의 주민들은 이러한 자원에서 소외되고 있다.

3) 도시 공간 불평등 이론

도시 공간 불평등은 경제적, 사회적, 문화적 자원의 불균등한 분배와 이용 가능성에서 비롯되는 문제로, 도시화 과정에서 중요한 사회적 쟁점으로 부각되어 왔다. 이러한 불평등은 도시의 경제적 성장과 물리적 발전에도 불구하고 여전히 심화되고 있으며, 이는 다음과 같은 주요 이론적 틀에서 설명될 수 있다.

도시 생태학 이론 (Urban Ecology Theory)
어니스트 버지스(Ernest Burgess)의 동심원 이론은 도시가 중심부, 이행 구역, 외곽 구역으로 구분되며, 각 구역의 경제적, 사회적 특성이 상이하다는 것을 설명한다. 성수동 수제구두거리와 같은 전통적 산업 지역은 이러한 중심-외곽 구분에서 이행 구역의 특성을 가지며, 개발 압력과 전통 보존 간의 갈등이 나타난다.
도시 정치경제학 이론 (Urban Political Economy Theory)
데이비드 하비(David Harvey)와 마누엘 카스텔(Manuel Castells)은 도시 불평등의 원인을 자본주의적 도시화 과정에서 찾는다. 이들은 도시 공간이 자본의 축적과 이윤 창출의 도구로 활용되면서 특정 지역의 자원이 집중되고, 다른 지역은 소외되는 현상을 지적했다. 성수동은 상업화와 자본 유입으로 인해 특정 구역이 빠르게 성장하는 동시에, 전통 산업이 쇠퇴하며 불평등이 발생하는 사례로 볼 수 있다.
공간 정의 이론 (Spatial Justice Theory)
박운선(Park Woon-seon)·권창희(Kwon Chang-hee)는 도시 공간 내 자원의 불평등 배분이 공간 정의의 문제임을 강조하며, 공간적 불평등은 지역 주민들의 삶의 질을 저하시키고 사회적 배제와 연결된다고 주장했다. 성수동 사례는 문화 자산과 경제적 자원의 불평등이 공간적 정의 문제와 어떻게 연결되는지를 잘 보여 준다.

주) 1. 어니스트 버제스: 도시계획, 설계, 관리 등 실제 문제 해결에 기여하는 것을 목표로 하는 인간, 환경 상호작용을 강조하고 생물, 지리, 사회, 경제학 등 지식과 방법을 통합하여 도시현상 이해.

주) 2. 데이비드 하비와 마누엘 카스텔: 도시의 발전, 구조, 문제 등을 자본 축적, 계급 관계, 국가의 역할 등 자본주의 작동 원리와 관련하여 분석하고, 사회 구조, 제도, 권력 관계 등이 도시 현상을 형성하며, 사회적 관계와 자본의 흐름을 조직하고 형성하는 적극적인 요소로서 공간의 역할을 강조.

주) 3. 헨리 르페브르는 공간이 사회적 불평등을 재생산하는 메커니즘을 밝히는 데 초점을 두고 사회적 관계, 문화, 정치, 경제적 요인들에 의해 불평등한 공간 구조를 변화시키고 사회 정의를 실현하기 위한 정책 및 실천 방안을 모색하는 것을 중요하게 생각했고, 박운선·권창희는 도시 이론과 문화자본의 불균등한 분배와 이용.

  도시 공간 불평등은 경제적, 사회적, 문화적 자원의 배분이 특정 지역에 편중되면서 발생한다. 이는 주거지, 공공시설, 문화적 공간 등에서 두드러지며, 도시 거주민들의 삶의 질에 직간접적으로 영향을 미친다.

Harvey(1989)의 도시권 이론은 이러한 불평등이 자본의 축적과 도시 개발 과정에서 불가피하게 발생한다고 설명한다.

4) 성수동 수제구두거리의 사례 선택 이유

성수동 수제구두거리는 전통과 혁신, 그리고 문화적 변화가 공존하는 공간이라는 점에서 독특한 연구 사례로 선택하였다. 이는 단순한 경제적 불평등뿐만 아니라, 공간적, 사회적 접근성의 문제를 복합적으로 보여 주며, 도시 공간 내 문화 자산의 분배와 활용 방식에 대한 실질적 해법을 모색하는 데 적합한 모델을 제공한다.

문화 자산은 도시 공간의 정체성을 형성하고, 지역 주민과 방문객의 경험에 중요한 역할을 한다. 문화 자산의 공정한 배분은 단순히 문화 향유의 기회를 제공하는 것뿐만 아니라, 지역 경제 활성화, 사회적 통합, 정체성 강화에도 기여한다.

도시 공간에서의 접근성은 문화 자산의 분배를 논의할 때 핵심적이다. Hansen(1959)이 제시한 접근성 개념은 공간적 위치와 자원 배치의 상호작용을 통해 특정 지역의 매력도와 유용성을 평가하는 데 사용된다. 성수동 수제구두거리 사례에서는 접근성이 도시 불평등 해소의 중요한 지표로 작용한다.

2. 본 연구의 방향성 설정

본 연구는 성수동 수제구두거리를 중심으로 도시 공간에서의 문화 자산 활용과 불평등 해소 방안을 탐구하고자 하였다. 이를 위해 제시된 선행 연구를 핵심 테마별로 분류하고, 각 분야에서의 주요 논점을 분석하여 본 연구의 방향성을 설정하였다.

1) 문화 자산과 도시 재생

성수동 수제구두거리는 지역의 역사와 문화를 반영한 상업 공간으로, 도시 재생의 성공적인 사례로 평가받고 있다. 이러한 문화 자산을 활용한 도시 재생에 관한 연구들은 문화 자산을 중심으로 한 도시 재생의 필요성과 그 효과를 분석한다. 그리고 문화 자산을 활용한 상업 공간의 경제적 성과와 그 요인을 연구한다.

2) 주민 참여와 문화 정책

주민들의 적극적인 참여는 문화 자산의 활용과 도시 재생에 중요한 역할을 한다. 주민 참여와 관련된 연구들은 주민들의 참여를 통한 문화 프로그램의 효과와 한계를 분석한다. 즉, 문화 자산을 통한 사회적 통합과 그 중요성을 다룬다.

3) 디지털 기술과 문화 자산 접근성

디지털 기술의 발전은 문화 자산의 접근성을 향상시키는 중요한 요소이다. 이와 관련된 연구들은 다음과 같은 주제를 다룬다.

- 문화 자산의 디지털화를 통한 접근성 향상 방안을 연구한다.
- 온라인 플랫폼을 통한 문화 자산의 홍보와 접근성 증진 방안을 제시한다.

4) 정책 실행 가능성과 전략

문화 자산을 활용한 정책이 실제로 실행되기 위해서는 현실적인 전략과 실행 가능성이 중요하다. 정책 실행과 관련된 연구들은 다음과 같은 내용을 포함한다.

- 문화 자산 활용 정책의 실행을 위한 전략과 그 효과를 분석한다.
- 추진 과정에서의 이해관계자들의 역할과 협력 방안을 연구한다.

5) 성수동 모델의 확장 가능성

성수동 수제구두거리는 문화 자산을 활용한 도시 재생의 성공적인 사례로, 다른 지역으로의 확장 가능성이 연구되고 있다. 이와 관련된 연구들은 다음과 같은 주제를 다룬다.

- 성수동 모델의 다른 지역 적용 가능성과 그 조건을 분석한다.
- 다른 지역의 문화적, 경제적 특성에 맞춘 성수동 모델의 적용 방안을 제시 한다.

6) 본 연구에의 시사점

위의 선행 연구들을 종합하면, 문화 자산을 활용한 도시 재생과 불평등 해소에는 주민 참여, 디지털 기술 활용, 정책 실행 전략 등이 중요한 요소로 작용함을 알 수 있다. 특히, 성수동 수제구두거리는 이러한 요소들이 결합되어 성공적인 사례를 만들어낸 것으로 평가된다. 따라서 본 연구에서는 성수동 모델의 핵심 요소들을 분석하고, 이를 다른 지역에 적용할 수 있는 방안을 모색하고자 한다

3. 공간문화자산에 대한 주요 사례

다음은 우리나라 공간문화자산에 대한 주요 사례들을 정리하였다.

1) 서울 성수동 수제구두거리

성수동은 한때 공업 지역으로 알려져 있었으나, 지역의 수제구두 제조업체들이 모여들면서 '수제구두거리'로 발전하였다. 이곳은 전통적인 제조 기술과 현대적인 디자인이 결합된 제품들을 선보이며, 지역 경제 활성화와 일자리 창출에 기여하고 있다. 또한, 다양한 문화 행사와 축제를 통해 지역 주민들의 참여를 이끌어 내고, 외부 관광객들의 방문을 유도하여 문화와 상업이 융합된 성공적으로 평가받고 있다.

2) 부산 영도다리 일대의 문화 재생 프로젝트

부산의 영도다리는 일제강점기부터 사용된 역사적인 다리로, 주변 지역은 오랜 세월 동안 산업화로 인해 쇠퇴하였다. 그러나 지역 주민들과 예술가들의 노력으로 영도다리 주변을 문화 예술 공간으로 탈바꿈시키는 프로젝트가 진행되었다. 이 프로젝트를 통해 폐공장과 빈집을 갤러리와 공연장으로 변모시키고, 벽화와 조형물을 설치하여 지역의 역사와 문화를 표현하였다. 그 결과, 지역 주민들의 자긍심이 향상되고, 외부 방문객들의 발길이 이어지며 지역 경제와 문화 활동이 활성화되었다.

3) 전주 한옥마을의 보존과 활용

전주 한옥마을은 700여 채의 전통 한옥이 밀집한 지역으로, 한국의 전통 건축 문화를 대표하는 장소이다. 이곳은 한옥을 보존하면서도 현대적인 편의시설을 도입하여 관광객들에게 숙박, 음식, 체험 프로그램 등을 제공하고 있다. 지역 주민들은 전통 공예품 제작과 판매를 통해 소득을 창출하고, 다양한 문화 행사를 개최하여 지역 사회의 결속력을 강화하고 있다. 이러한 노력으로 한옥마을은 지속 가능한 관광 모델로서 국내외적으로 인정받고 있다.

4) 광주 국립아시아문화전당 주변의 문화 재생

광주의 국립아시아문화전당은 아시아의 다양한 문화를 소개하고 교류하는 복합 문화 공간으로, 주변 지역의 재생을 위한 중심 역할을 하고 있다. 전당 주변의 낙후된 상권을 활성화하기 위해 문화 행사와 축제를 개최하고, 예술가들의 창작 활동을 지원하는 공간을 마련하였다. 또한, 지역 주민들을 위한 문화 프로그램을 운영하여 주민들의 삶의 질 향상과 사회적 통합으로 평가받고 있다.

5) 대구 근대골목의 역사와 문화 자원화

대구의 근대골목은 일제강점기와 근대화 시기의 건축물들이 밀집한 지역으로, 역사적 가치가 높은 장소이다. 이곳은 골목길을 따라 역사 해설 프로그램을 운영하고, 근대 건축물을 리모델링하여 카페, 갤러리, 상점 등으로 활용하였다. 이를 통해 지역의 역사와 문화를 보존하면서도 경제적 가치를 창출하고, 주민들의 자긍심을 높이는 성과를 거두어 높이 평가받고 있다.

6) 제주 올레길을 통한 지역 활성화

제주 올레길은 제주도의 아름다운 해안과 자연을 따라 조성된 도보 여행 코스로, 지역 주민들의 참여로 시작되었다. 올레길 주변의 마을들은 이를 관광 자원으로 활용하여 숙박시설, 음식점, 체험 프로그램 등을 운영하고 있다. 이로써 지역 경제가 활성화되고, 주민들의 삶의 질 향상과 지역 공동체 의식이 강화되는 긍정적인 변화를 가져왔다.

7) 서울 홍익대 지역의 예술과 상업의 융합

홍익대 지역은 젊은 예술가들의 활동으로 유명하며, 거리 공연과 갤러리, 개성 있는 상점들이 모여 있는 곳이다. 이곳은 예술과 상업이 조화롭게 공존하는 공간으로, 지역 경제와 문화 활동이 상호 작용하며 발전하고 있다. 또한, 다양한 문화 행사가 개최되어 지역 주민들과 방문객들의 참여를 이끌어내고 있다.

이러한 국내 사례들은 문화 자산을 활용한 도시 재생과 불평등 해소의 다양한 접근 방식을 보여 주며, 지역의 특성과 주민들의 참여가 성공적인 재생의 핵심 요소임을 시사한다. 각 지역의 고유한 문화와 역사를 존중하면서도 현대적인 요소를 도입하는 균형 잡힌 접근이 중요하다.

이러한 사례들은 공간 문화 자산을 활용하여 도시 불평등을 해소하고자 하는 다양한 접근 방식을 제시하고 있다. 즉, 특정 지역이나 사례를 중심으로 문화 자산의 역할과 효과를 분석하고 있으며, 본 연구의 이론적 배경과 비교 분석에 유용한 자료들이다.

4. 서울 성수동 수제구두거리 공간문화자산 도시, 부동산 개발

서울 성수동 수제구두거리의 공간문화자산 역사는 아래의 4단계로 진행되어 왔다.

1단계: 형성기

1925년 경성역(현 서울역) 인근 염천교 일대에서 구두점들이 밀집하기 시작하며 수제화 산업이 태동하였다. 이후 1990년대에 이르러 성수동으로 그 중심지가 이동하였다.

2단계: 성장기

성수동은 수제화 산업의 메카로 자리매김하며 장인들의 기술과 노하우가 축적되었다.

3단계: 전환기 외부 변화와 내부 갈등

최근 들어 성수동은 폐공장과 창고를 개조한 카페와 맛집 등이 들어서며 새로운 문화공간으로 변모하고 있다. 이러한 변화는 전통적인 수제화 산업과 현대적인 문화가 공존하는 가운데, 일부 갈등과 조정이 필요한 시기를 맞이하고 있다.

4단계: 성숙기 새로운 조화와 균형 추구

성동구는 성수 수제화 특화 사업을 통해 야간경관조명 설치, 명장 홍보관 운영 등으로 수제구두 거리의 활성화를 도모하고 있다. 이는 전통과 현대, 산업과 문화가 조화를 이루며 새로운 균형을 추구하는 단계이다.

주) 성수동 수제화 역사 배경 및 사건

1920년대: 서울역 및 염천교 일대에서 구도 제조업 시작.

1930~1940년대: 일제강점기 시대, 구두 수선업 점차 성장.

1950~1960년대: 서울역과 염천교 지역 구두산업이 확대됨.

1960~1980년대: 봉제 및 구두 제조업이 국가 수출산업으로 지정됨.

1990년대: 금호동의 구두공장이 성수동으로 이전하기 시작.

2000년대 이후: 성수 수제화 거리라는 브랜드가 형성되고, 국내외 브랜드 형성.

현대: 성수동이 수제화 거리로서 새로운 문화적 중심지로 자리잡음.

소비 트렌드 변화에 따라 맞춤 제작 및 독특한 디자인을 강조.

서울 성수동 수제구두거리의 공간문화자산 생애주기는 땅의 기운이 만나 조화를 이루듯, 전통과 현대, 산업과 문화가 어우러져 성수동만의 독특한 매력을 만들어 가고 있다. 다음 〈표 3〉는 성수동 수제구두거리의 공간문화자산 생애주기를 간단하게 표로 나타냈다.

〈표 3〉 성수동 수제구두거리의 공간문화자산 생애주기 단계

단계	성수동 수제구두거리 변화	지천태(地天泰)괘 의미
1단계 형성기	1925년 경성역 인근 염천교 일대에서 구두점들이 밀집하며 수제화 산업이 시작되었고, 1990년대에 성수동으로 중심지가 이동하였습니다.	하늘과 땅의 기운이 만나기 시작하는 단계로, 새로운 조화의 시작을 의미한다.
2단계 성장기	성수동은 수제화 산업의 중심지로 자리매김하며 장인들의 기술과 노하우가 축적되었다.	천지기운이 원활하게 소통하며 조화를 이루는 단계로, 발전과 번영을 상징한다.
3단계 전환기	최근 폐공장과 창고를 개조한 카페와 맛집 등이 들어서며 새로운 문화공간으로 변모하고 있다.	전통과 현대의 요소가 만나 갈등과 조정이 필요한 시기로, 변화와 적응을 요구한다.
4단계 성숙기	성동구는 수제화 특화 사업을 통해 야간경관 조명 설치, 명장 홍보관 운영 등으로 거리를 활성화하고 있다.	전통과 현대, 산업과 문화가 조화를 이루며 새로운 균형을 추구하는 단계로, 이상적인 상태를 지향한다.

위 〈표 3〉을 통해 성수동 수제구두거리의 공간문화자산 생애주기가 지천태 괘의 흐름과 유사하게 전개되어 왔음을 알 수 있다. 지천태(地天泰) 괘는 주역의 64괘 중 11번째 괘로 땅(坤)이 위에 있고, 하늘(乾)이 아래에 있는 형상이다. 이는 음(땅)의 기운은 아래로 내려오고 양(하늘)의 기운은 위로 올라가 서로 교류하고 화합하여 만물이 소통하고 태평한 상태를 의미한다(이치문, 2009).

1) 불평등 정도 측정 및 평가

공간문화자산 불평등 정도를 측정하기 위해 다양한 지표를 활용할 수 있다. 예를 들

어, 역사적 가치의 경우 전통 공방의 수와 변화 추이를 분석하고, 경제적 가치는 수제화 산업의 매출과 시장 점유율을 조사할 수 있다. 사회적 가치는 지역 주민들의 만족도와 공동체 활동 참여도를 평가하며, 문화적 가치는 문화 행사 개최 빈도와 참여 인원을 측정할 수 있다. 공간적 가치는 전통적인 공간 구조의 보존 상태와 재개발 면적을 비교하여 평가할 수 있다. 이러한 평가를 통해 성수동 수제구두거리의 공간문화자산에서 나타나는 불평등을 파악하고, 이를 해소하기 위한 정책과 노력이 필요하다. 전통과 현대, 보존과 개발 사이의 균형을 맞추는 것이 성수동의 가치를 지속시키는 길일 것이다.

성수동 수제구두거리는 서울의 독특한 공간문화자산으로, 전통적인 수제화 산업과 현대적인 문화가 공존하는 지역이다. 즉, 이 거리는 서울의 독특한 공간문화자산으로, 전통과 현대가 어우러진 특별한 장소이다.

다음은 공간문화자산을 항목별로 살펴보고, 각 항목에서 나타나는 불평등 정도를 측정하는 가치의 종류를 살펴보면 다음 〈표 4〉와 같다.

〈표 4〉 공간문화자산 가치의 종료

역사적 가치
성수동은 오랜 기간 수제화 산업의 중심지로, 장인들의 기술과 노하우가 축적된 곳이다. 이러한 역사적 가치는 지역의 정체성을 형성하는 데 중요한 역할을 한다. 그러나 최근 산업 구조의 변화로 인해 전통적인 수제화 공방이 감소하고 있으며, 이는 역사적 가치의 보존에 위협이 되고 있다. 불평등 정도는 전통 산업과 현대 산업 간의 균형이 무너지는 것으로 나타난다.

경제적 가치
수제화 산업은 지역 경제에 큰 기여를 해 왔다. 장인들의 손길로 만들어진 고품질의 제품은 국내외에서 인정받고 있다. 그러나 대량 생산과 저가 제품의 시장 진입으로 인해 수제화 산업은 경쟁력을 잃어 가고 있다. 이는 경제적 가치의 하락을 초래하며, 소규모 공방과 대형 기업 간의 경제적 불평등을 심화시키고 있다.

사회적 가치

성수동은 지역 주민들과 장인들이 함께 어우러져 살아가는 공동체의 모습을 보여 줍니다. 공방과 상점들이 밀집해 있어 사람들 간의 교류와 협력이 활발하게 이루어집니다. 그러나 도시 개발과 젠트리피케이션으로 인해 원주민들이 떠나고, 새로운 상업 시설이 들어서면서 사회적 결속력이 약화되고 있다. 이는 사회적 가치의 불평등을 초래하며, 지역 공동체의 붕괴로 이어질 수 있다.

문화적 가치

수제구두거리는 독특한 문화적 풍경을 자아냅니다. 장인들의 작업 과정, 공방의 분위기, 거리의 예술적 요소 등은 관광객들에게 특별한 경험을 제공한다. 그러나 이러한 문화적 요소들이 상업화되거나 사라지는 경우, 문화적 가치의 불평등이 발생할 수 있다. 전통적인 문화 요소와 현대적인 변화 사이의 균형을 유지하는 것이 중요하다.

공간적 가치

성수동의 골목길과 공방들은 독특한 공간적 구성을 이루고 있다. 이러한 공간은 사람들에게 친근함과 따뜻함을 느끼게 한다. 그러나 도시 재개발로 인해 이러한 공간들이 사라지거나 변형되는 경우, 공간적 가치의 불평등이 나타납니다. 전통적인 공간 구조를 보존하면서 현대적인 편의성을 추가하는 노력이 필요하다.

2) 선행 연구를 통한 시사점

변종범(2021)의 연구에서는 성수동 수제화 특화거리의 공공시설을 중심으로 한 개선 방안을 제시하며, 공공시설이 지역 활성화에 중요한 역할을 함을 강조하였습니다. 또한, 심소희와 구자훈(2017)은 성수동 도시재생사업이 산업 지원과 도시 재생의 통합적 관점에서 분석되어야 함을 지적하였습니다. 이러한 연구들은 공간 문화 자산을 활용한 도시 재생이 지역 경제와 사회에 긍정적인 영향을 미칠 수 있음을 시사한다.

성수동 수제구두거리는 서울의 대표적인 전통 산업 지역으로, 도시 재생과 문화 자산 활용을 통한 불평등 해소의 중요한 사례로 주목받고 있다. 이러한 맥락에서, 성수동 수제화 산업 활성화와 관련된 선행 연구들은 다양한 시사점을 제공하고 있다.

5. 공간문화자산 불평등 해소 필요성과 선행 사례

1) 공간 문화 자본의 불평등 해소 필요성

도시 내 문화 자산의 불균등한 분포는 지역 간 경제적, 사회적 격차를 심화시킬 수 있다. 따라서, 공간 문화 자본의 균형 있는 배분과 활용은 도시 불평등을 완화하는 데 필수적이다. 성수동의 사례는 전통 산업과 현대적 요소의 조화를 통해 지역 활성화를 이루어낸 대표적인 예로, 이를 다른 지역에도 적용하여 불평등 해소를 모색하는 연구가 필요하다.

성수동은 1970년대 이후 수제화 산업의 중심지로 성장하였으나, 최근 산업의 쇠퇴와 함께 다양한 문제점이 부각되었다. 김영진(2019)의 연구에 따르면, 디자인 기획 및 개발력 부족, 고령화로 인한 고급 기술 개발의 어려움, 가격 경쟁력 약화, 마케팅 전략 미비 등이 주요 문제로 지적되었다. 또한, 지역 마케팅의 부재로 인해 성수동 수제화 산업의 인지도가 낮아지는 문제도 제기되었다. 성수동 수제화 특화 거리 조성 사업은 이러한 문제를 해결하고자 추진되었으나, 그 효과성에 대한 평가가 필요하다, 이러한 측면에서 박지현(2020)의 연구에서는 설문조사를 통해 새로운 콘텐츠 개발, 국내외 판로 개척, 대학 및 기업과의 공동 프로젝트 개발 등의 필요성이 높게 나타났다. 그러나 브랜드 간 네트워크 활성화나 지식 정보 교환은 미흡한 것으로 평가되었다. 성수동 수제화 산업 활성화를 위한 다양한 정책이 시행되었지만, 그 효과는 제한적이었다. 이상훈(2018)의 연구에 따르면, 작업 환경 개선 정책은 긍정적인 평가를 받았으나, 교육 정책에 대한 평가는 낮았다. 이는 정책이 산업 현장의 현실을 충분히 반영하지 못했음을 시사한다. 성수동 수제화 산업의 활성화는 서울시의 도시 재생 전략과도 밀접한 관련이 있다. 서울시 도시재생 전략계획(2025)에서는 성수동 일대의 수제화 산업 보호 및 육성을 위한 디자인, 제조, 판매 지원 방안을 제시하였다. 최근에는 ESG(환경·사회·지배구조) 원칙을 반영한 지속 가능한 발전 전략이 강조되고 있다. 박운선, 권창희(2024)의 연구에서는 도플러 효과를 활용하여 성수동 수제구두거리의 상업적 및 문화적 파급 효과를 분석하고, 탄소중립을 목표로 한 스마트 기술 도입과 문화 자산의 다층적 활용 방안을 제시하였다.

성수동은 최근 예술가들과 문화 예술 공간이 형성되며 새로운 활기를 찾고 있다. 이는 전통 산업과 현대적 문화 요소의 융합을 통해 지역 활성화를 도모하는 방향으로 나아가고 있음을 보여 준다. 위의 연구들은 공간 문화 자산을 활용하여 도시 불평등을 해소하고자 하는 다양한 접근 방식을 제시하고 있다. 각 연구는 특정 지역이나 사례를 중심으로 문화 자산의 역할과 효과를 분석하고 있으며, 본 연구의 이론적 배경과 비교 분석에 유용한 자료들이다.

2) 해외 공간문화자산 불평등 해소 정책과 시사점

성수동 수제구두거리는 서울의 전통 산업과 현대 문화가 공존하는 지역으로, 공간문화자산의 불평등을 해소하기 위한 도시공간설계가 필요하다. 이를 위해 일본, 미국, 유럽의 선행 연구와 싱가폴, 독일, 스웨덴의 성공 사례를 분석하여 시사점을 도출하고자 한다.

(1) 일본의 창의도시 정책과 문화자산 활용

일본은 창의도시 정책을 통해 문화자산을 도시 발전의 핵심 요소로 활용해왔다. 가키우치(2016)는 창의도시 정책이 문화자산을 강화하고 방문객 증가와 소비 촉진에 기여함을 밝혔다. 이러한 접근은 전통 산업과 현대 문화의 융합을 통해 도시의 활력을 높이는 데 기여하였다. 따라서 성수동에서도 전통 수제화 산업과 현대적 디자인, 예술 요소를 결합하여 지역의 매력을 증대시킬 수 있다.

(2) 미국의 젠트리피케이션과 문화적 불평등

미국 도시들은 젠트리피케이션으로 인한 문화적 불평등과 사회적 배제를 경험하였다. NCRC(2019)의 연구에 따르면, 2000년부터 2013년 사이 주요 도시에서 젠트리피케이션이 진행되었으며, 이로 인해 원주민들이 내몰리는 현상이 발생하였다. 따라서 성수동의 도시공간설계 시, 지역 주민들의 참여를 보장하고 그들의 생활 터전을 유지할 수 있는 방안을 마련해야 한다.

(3) 유럽의 문화정책과 사회적 포용

유럽에서는 문화정책이 사회적 포용과 도시 지속가능성에 중요한 역할을 한다. Duxbury(2015)는 유럽 도시들이 문화 프로젝트를 통해 도시 지속가능성 정책에 문화를 통합하고 있음을 지적하였다. 이는 문화자산을 활용하여 사회적 통합과 지역 활성화를 도모하는 방향성을 제시한다. 성수동에서도 문화 프로그램과 커뮤니티 활동을 통해 지역 주민들의 참여를 촉진하고 사회적 결속을 강화할 수 있다.

(4) 사례 분석 : 싱가포르의 통합적 도시 계획

싱가포르의 경우, 주택개발청(HDB), 도시재개발청(URA), 육상교통청(LTA) 등 다양한 부처가 통합적으로 협력하여 도시 공간을 계획하고 관리하는 시스템을 구축하였다. 이러한 통합적 접근은 주거, 교통, 환경, 경제 등 다양한 부문의 정책이 조화롭게 추진되도록 하며, 공간자산 불평등을 최소화하는 데 기여하였다.

(5) 사례 분석 : 독일 루르 지역

독일 루르(Ruhr) 지역은 한때 유럽 최대의 석탄 및 철강 산업 중심지였으나, 20세기 후반 산업 구조 변화로 인해 심각한 경제적 쇠퇴와 사회적 문제를 겪었다. 이러한 위기를 극복하고 지속가능한 발전을 이룩한 루르 지역의 재생 사례는 공간문화자산 불평등 해소의 중요한 모델이 되고 있다.

첫째, 장기적인 비전과 통합적인 접근이 이루어졌다.

둘째, 다양한 이해관계자의 참여와 협력이 강조되었다. 주정부, 지방정부, 기업, 노동조합, 시민사회, 학계 등 다양한 이해관계자가 참여하는 거버넌스 체계를 구축하여, 포괄적이고 민주적인 의사결정 과정을 통해 재생 전략을 수립하고 실행하였다.

셋째, 지식 기반 경제로의 전환을 추진하였다. 전통적인 제조업에서 지식, 창의성, 혁신 기반의 산업으로 전환하기 위해 대학, 연구소, 기술 센터 등 교육 및 연구 인프라를 확충하였다.

이러한 노력의 결과, 루르 지역은 산업 쇠퇴로 인한 위기를 극복하고 지속가능한 발전을 이룩하였다. 이는 산업 구조 변화로 인한 공간자산 불평등 문제를 장기적인 비전, 통합적인 접근, 다양한 이해관계자의 참여와 협력을 통해 해결할 수 있음을 보여주는 중요한 사례이다.

(6) 사례 분석 : 스웨덴의 지속가능한 도시 개발

스웨덴의 지속가능한 도시 개발은 도시계획, 에너지, 교통, 사회 정책의 통합을 통해 환경적 지속가능성과 사회적 형평성을 동시에 추구하는 성공적인 사례로 평가받고 있다. 스톡홀름의 함마르비 호스타드(Hammarby Sjöstad)와 같은 생태도시 프로젝트는 환경, 에너지, 교통, 주거 정책의 통합적 접근을 통해 지속가능한 도시 모델을 구현하고 있다.

(7) 사례 분석의 시사점

서울 성수동과 싱가포르, 독일 루르 지역, 스웨덴 사례 분석을 통해 다음과 같은 시사점을 돌출할 수 있다.

첫째, 공간문화자산 불평등 해소를 위해서는 장기적인 비전과 통합적인 접근이 필요하다.

둘째, 다양한 이해관계자의 참여와 협력이 성공의 핵심 요소이다.

셋째, 디지털 기술과 문화의 접근을 활용한 혁신적 전략이 효과적이다.

넷째, 지속가능성의 다차원적 고려가 필요하다. 재정적, 제도적, 사회적 지속가능성을 동시에 고려하여 장기적으로 효과를 발휘할 수 있는 정책과 제도를 설계해야 한다. 특히, ESG 원칙을 반영한 지속가능한 비즈니스 모델과 거버넌스 구조는 공간자산 불평등 해소의 중요한 기반이 된다.

이러한 사시점은 공간문화자산 불평등 해소를 위한 정책과 전략을 수립하는데 중요한 지침이 될 수 있다. 특히, 우리나라의 도시 재생 및 지역 발전 정책에 있어서, 장기적인 비전, 통합적인 접근, 다양한 이해관계자의 참여와 협력, 디지털 기술과 문화적 접근의 활용, 다차원적 지속가능성의 고려 등을 강화할 필요가 있다.

6. 공간문화자산 불평등을 주역적 해석

1) 주역과 공간문화자산

〈표 5〉 주역과 공간문화자산

물질적 측면에서의 음의 메커니즘
음의 수용적 특성은 다양한 물질이 결합하여 새로운 형태를 이루는 과정에서 나타난다. 예를 들어, 흙(음)은 씨앗(양)을 받아들여 식물을 성장시키는 기반이 된다. 이러한 관점에서 음은 물질의 결합과 형성에 있어 필수적인 요소로 작용하며, 다양한 자원이 모여 새로운 가치를 창출하는 데 기여한다.

부동산 측면에서의 음의 메커니즘
부동산에서 음의 특성은 공간의 수용성과 포용성으로 나타난다. 토지나 건물은 사람과 활동을 받아들이는 그릇으로, 다양한 기능과 문화를 담아낸다. 특히, 도시 계획에서 공공 공간이나 주거 지역은 음의 성격을 지니며, 다양한 사람들의 활동과 문화를 포용하여 커뮤니티를 형성한다. 이러한 공간의 수용성은 지역 사회의 안정성과 조화에 중요한 역할을 한다.

문화자산 측면에서의 음의 메커니즘
문화자산은 지식, 신념, 예술, 법률 등 사회 구성원들이 공유하는 가치와 규범을 포함한 포용성과 수용성은 다양한 문화 요소를 받아들이고 융합하여 새로운 문화를 창출하는 데 핵심적인 역할을 한다. 예를 들어, 다문화 사회에서는 다양한 문화적 배경을 가진 사람들이 서로의 문화를 존중하고 받아들임으로써 풍부한 문화자본을 형성하게 된다. 이러한 과정에서 음의 끌어당기는 힘은 문화 간의 조화를 이루는 데 중요한 메커니즘으로 작용한다.

주역의 음양 이론은 이러한 다양한 분야에서의 상호작용과 변화를 이해하는 데 유용한 틀을 제공한다. 음의 수용성과 포용성은 물질의 결합, 부동산의 공간 활용, 문화자본의 형성 등에서 핵심적인 역할을 하며, 이를 통해 새로운 가치와 조화를 창출하는 데 기여할 것이 예상된다.

(1) 공간(地)의 해석

주역에서 '지(地)'는 포용과 생명의 근원으로, 만물을 길러내는 역할을 한다. 성수동의 공간은 전통 수제화 산업의 터전으로서, 지역 주민들의 삶과 문화를 담아온 그릇이다. 그러나 최근 도시 개발로 인해 이러한 전통 산업이 쇠퇴하고 있으며, 이는 공간의 본래적 가치가 훼손되고 있음을 의미한다. 따라서, 공간의 포용성과 생명력을 회복하기 위해서는 전통 산업과 현대적 요소가 조화를 이루는 도시 설계가 필요하다. 예를 들어, 수제화 공방과 현대적 디자인 스튜디오를 한데 모아 창의적인 산업 클러스터를 형성함으로써 공간의 활력을 되찾을 수 있다.

(2) 하늘(天)의 해석

'천(天)'은 변화와 창조의 원천으로, 끊임없는 움직임을 상징한다. 성수동의 하늘은 과거와 현재, 그리고 미래를 연결하는 변화의 무대로 볼 수 있다. 전통 수제화 산업은 과거의 유산이지만, 이를 현대적 감각으로 재해석하여 새로운 가치를 창출할 수 있다. 이는 하늘의 창조적 속성과 부합하며, 지역의 정체성을 유지하면서도 시대의 흐름에 맞는 혁신을 이루는 길이다. 따라서, 전통과 현대의 융합을 통해 성수동의 하늘 아래 새로운 문화를 창조하는 노력이 필요하다.

2) 공간문화자산 불평등 해소를 위한 전략

아래 〈표 6〉은 방안은 공간문화자산 불평등 해소를 위한 전략을 정리한 것이다.

<표 6> 공간문화자산 불평등 해소를 위한 전략

공간문화자산 불평등 해소를 위한 전략	
전통 산업의 현대적 재해석	수제화 산업의 전통을 현대적 디자인과 기술로 재해석하여, 젊은 층과 외국인 관광객들에게 매력적인 상품을 개발한다.
공동체 중심의 공간 조성	지역 주민과 상인들이 함께 참여하는 커뮤니티 공간을 마련하여, 지역의 문화와 산업을 공유하고 발전시킨다.
정기적인 문화 행사 개최	수제화와 관련된 전시, 워크숍, 패션쇼 등을 정기적으로 개최하여 지역의 문화적 가치를 홍보하고 방문객을 유치한다.
정책적 지원 강화	지자체와 정부의 지원을 통해 전통 산업의 보존과 발전을 위한 재정적, 행정적 지원을 확대한다.

이러한 방안들을 통해 성수동 수제구두거리는 전통과 현대가 어우러진 창조적인 공간으로 거듭날 수 있으며, 공간문화자산의 불평등 문제도 완화될 수 있을 것이다.

31.2. 본론

1. 공간문화자산 메커니즘 분석

1) 공간문화자산 도플러효과 시스템 모델링

성수동 수제구두거리를 대상으로 도플러효과를 활용한 공간문화자산 불평등 해소를 위한 시스템 모델링 분석하는 내용이다.

(1) 불평등 지표 산출

도플러 주파수 변이 데이터를 공간적으로 분석하여, 특정 지역에서의 이동성 제한이나 교통 혼잡도를 파악한다. 이러한 데이터를 기반으로 불평등 지표를 정의할 수 있다. 예를 들어, 평균 이동 속도의 표준 편차를 활용하여 지역 간 이동성 격차를 수량화할 수 있다.

$$I(x,y) = \sqrt{\frac{1}{N}\sum_{i=1}^{N}(v_i(x,y) - \bar{v}(x,y))^2}$$

여기서:
- N: 해당 지역에서의 측정 횟수
- $v_i(x,y)$: 각 측정된 이동 속도
- $\bar{v}(x,y)$: 해당 지역의 평균 이동 속도

2) 불평등 해소를 위한 혁신적 접근법

도플러 효과를 활용한 모니터링 결과를 바탕으로, 다음 〈표 7〉과 같은 전략을 수립할 수 있다.

〈표 7〉 도플러 효과를 활용한 공간문화자산 불평등 해소를 위한 전략

교통 인프라 개선	이동성이 낮은 지역을 파악하여 도로 확장, 보행자 전용 구역 설정 등 교통 인프라를 개선한다.
경제 활동 촉진	경제 활동이 저조한 지역을 대상으로 창업 지원, 문화 행사 개최 등을 통해 지역 경제를 활성화한다.
정책적 지원	불평등 지표가 높은 지역에 대한 정책적 관심을 높이고, 주민 참여를 통한 해결 방안을 모색한다.

이러한 접근법을 통해 성수동 수제구두거리의 공간적 불평등을 효과적으로 모니터링하고 해소할 수 있을 것으로 기대된다.

2. 공간문화자산 응축과 확산

도플러 효과를 기반으로 공간문화자산의 불평등 경향을 벡터화하여 크기, 축소, 확대, 융합하는 방법을 설명하고자 한다.

1) 도플러 효과 기반 불평등 경향 분석

도플러 효과는 파동의 송신원과 수신원 간의 상대적 운동에 의해 주파수가 변하는 현

상이다. 이를 공간문화자산에 적용하면, 문화적 활동의 강도와 방향을 분석할 수 있다.

<표 8> 공간문화자산 불평등 경향

응축	특정 지역에 문화적 자산이 집중되는 현상으로, 예를 들어 성수동 수제구두거리와 같은 지역이 대표적이다.
확산	문화적 자산이 주변 지역으로 퍼져나가는 현상으로, 문화 행사나 프로그램을 통해 이루어집니다.

(1) 속도 벡터 계산

문화적 활동의 변화 속도와 방향을 벡터로 표현한다.

$$\mathbf{v}(x, y) = \frac{\Delta I(x,y)}{\Delta t}$$

여기서:
- $\mathbf{v}(x, y)$는 위치 (x, y)에서의 속도 벡터입니다.
- $\Delta I(x, y)$는 문화적 활동의 변화량입니다.
- Δt는 시간 간격입니다.

(2) 속도 크기 계산

$$v = \sqrt{v_x^2 + v_y^2}$$

여기서:
- v_x와 v_y는 각각 x축과 y축 방향의 속도

(3) 불평등 지표 산출

지역별 문화적 활동의 불평등 정도를 지표화한다.

$$I_{unequal}(x,y) = \frac{v(x,y)}{\bar{v}}$$

여기서:

- $\bar{v}$는 전체 지역의 평균 속도'

2) 분석 결과 활용

아래 〈표 9〉과 같이 본 연구를 통해 공간문화자산의 응축과 확산을 분석하고, 도플러 효과를 기반으로 한 불평등 경향을 파악하여 효과적인 문화 정책을 수립할 수 있다.

〈표 9〉 분석 결과 활용

정책 수립	문화적 활동이 부족한 지역에 대한 지원 정책을 개발한다.
자원 배분	문화 자원을 효율적으로 배분하여 지역 간 불평등을 해소한다.
모니터링	시간에 따른 문화적 활동의 변화를 지속적으로 관찰하여 정책의 효과를 평가한다.

성수동 수제구두거리는 예전부터 수제화로 유명한 곳인데, 최근에는 문화와 예술이 어우러진 핫플레이스로 떠오르고 있다. 아래 〈표 10〉과 같이 서울 성수동 수제구두거리는 시대의 변화에 맞춰 계속 변화하고 있다. 공간 문화 자산의 생애주기를 시간에 따라 분석하게 되는데 각 단계별 중요도를 반영하는 가중치를 통해 문화 자산의 가치를 평가한다.

〈표 10〉 새로운 변화, 재생

형성기	예전에는 그냥 구두만 팔던 곳.
성장기	요즘은 예술 전시나 다양한 문화 행사 열리는 곳.
성숙기	상점들도 개성있게 꾸며져서 사람들이 많이 찾는 명소.
쇠퇴기	온라인 쇼핑의 영향으로 예전만큼 붐비지 않음.
재생기	지역 주민들과 상인들이 힘을 합쳐 다양한 어프로치 탐구.

(4) 공간 문화 자산 가치 모델 수식

$$S(t) = \alpha \cdot I(t) + \beta \cdot G(t) + \gamma \cdot M(t) - \delta \cdot D(t)$$

여기서:

- $S(t)$: 시간 t에서의 공간 문화 자산 가치
- $I(t)$: 형성기(초기 투자 비용, 인프라 구축 정도 등) 지표
- $G(t)$: 성장기(방문객 수 증가, 매출 증가율 등) 지표
- $M(t)$: 성숙기(고객 유지율, 브랜드 인지도 등) 지표
- $D(t)$: 쇠퇴기(방문객 감소율, 상점 수 감소 등) 지표
- $\alpha, \beta, \gamma, \delta$: 각 지표의 중요도를 나타내는 가중치

〈표 11〉 공간 문화 자산 가치 모델 수식의 구성 요소

형성기(I(t))	공간 문화 자산이 처음 개발될 때의 투자와 인프라 구축 정도를 나타냅니다.
성장기(G(t))	자산이 성장하면서 방문객 수나 매출 등이 증가하는 단계를 나타냅니다.
성숙기(M(t))	자산이 안정기에 접어들어 고객 유지율이나 브랜드 인지도 등이 높아지는 단계를 나타냅니다.
쇠퇴기(D(t))	자산의 가치가 감소하는 단계로, 방문객 수나 상점 수의 감소를 포함한다.

3) 가중치의 역할

각 지표에 부여된 가중치(α, β, χ, δ)는 해당 지표가 전체 자산 가치에 미치는 영향을 나타낸다. 예를 들어, 성장기가 자산 가치에 더 큰 영향을 미친다고 판단되면 β 값을 높게 설정할 수 있다. **적용 방법은 아래의 〈표 12〉과 같다**

〈표 12〉 데이터 설정 및 관련 지표

데이터 수집	각 지표에 해당하는 데이터를 정기적으로 수집한다.
가중치 설정	분석가나 전문가의 판단을 통해 각 지표의 가중치를 설정한다.
가치 계산	수집된 데이터와 설정된 가중치를 바탕으로 수식을 적용하여 시간별 자산 가치를 계산한다.

분석 및 전략 수립	계산된 자산 가치를 분석하여 자산의 현재 상태를 평가하고, 향후 발전 방향을 모색한다.

이러한 모델을 통해 공간 문화 자산의 생애주기를 체계적으로 분석하고, 각 단계별로 필요한 전략을 수립하는 데 활용할 수 있다. 공간 문화 자산의 생애주기를 수식으로 분석하는 건 마치 우리가 일상에서 경험하는 여러 단계를 숫자와 식으로 표현하는 것과 비슷하다. 이러한 과정을 수학적으로 모델링하면, 그 흐름과 변화를 더 잘 이해하고 예측할 수 있다.

4) 공간 문화 자산의 생애주기 단계

먼저, 공간 문화 자산이 겪는 단계는 다음 〈표 13〉과 같다

〈표 13〉 공간 문화 자산의 생애주기 단계

형성기 (Initiation)	새로운 아이디어나 프로젝트를 시작할 때의 단계예요. 이때는 계획을 세우고 필요한 자원을 모으는 시기.
성장기 (Growth)	시작한 프로젝트나 활동이 점점 알려지고, 참여자나 관심이 늘어나는 단계예요. 에너지가 넘치고 활발하게 진행.
성숙기 (Maturity)	활동이나 프로젝트가 안정기에 접어들어, 일정한 수준을 유지하는 단계예요. 큰 변화 없이 꾸준히 이어짐.
쇠퇴기 (Decline)	관심이나 참여도가 줄어들고, 예전만큼 활발하지 않은 시기. 변화나 새로운 자극이 필요할 수 있음.

(1) 각 단계의 지표 정의

이제 각 단계를 어떻게 측정 진행 상황을 평가할 때 사용하는 지표들은 다음과 같다.

- **형성기 (I)** 프로젝트를 시작할 때 드는 초기 비용이나, 계획 수립에 소요되는 시간 등
- **성장기 (G)** 프로젝트나 활동에 참여하는 사람들의 수 증가, 관심도나 참여도 상승 등

- **성숙기 (M)** 활동이 안정적으로 유지되면서, 참여자들의 만족도나 활동 지속 기간 등
- **쇠퇴기 (D)** 참여자 수 감소, 관심도 하락, 활동 참여율 감소 등

(2) 중치

$$S(t) = \alpha \cdot I(t) + \beta \cdot G(t) + \gamma \cdot M(t) - \delta \cdot D(t)$$

여기서:

- $S(t)$: 시간 t에서의 전체 공간 문화 자산의 가치
- $I(t)$: 형성기 지표 (예: 초기 투자 비용, 계획 수립 시간 등)
- $G(t)$: 성장기 지표 (예: 참여자 수 증가, 관심도 상승 등)
- $M(t)$: 성숙기 지표 (예: 만족도, 활동 지속 기간 등)
- $D(t)$: 쇠퇴기 지표 (예: 참여자 수 감소, 관심도 하락 등)
- $\alpha, \beta, \gamma, \delta$: 각 지표의 중요도를 나타내는 가중치

일상생활에서도 어떤 일이 더 중요하거나 영향력이 크다고 생각하면, 그 부분에 더 많은 자원이나 시간을 투자하듯이 각 지표가 전체 가치에 미치는 영향을 조절하기 위해 가중치를 사용한다.

- **α(형성기 가중치)** 프로젝트나 활동을 시작할 때의 중요도를 나타내요. 초기 투자나 계획이 전체 성공에 얼마나 영향을 미치는지를 보여 줌.
- **β(성장기 가중치)** 성장 단계의 중요도를 나타내요. 참여자 수 증가나 관심도 상승이 전체 가치에 얼마나 영향을 주는지를 보여 줌.
- **γ(성숙기 가중치)** 안정기의 중요도를 나타내요. 만족도나 지속 기간이 전체 가치에 미치는 영향을 나타냄.
- **δ(쇠퇴기 가중치)** 쇠퇴기의 영향을 나타냄. 참여자 수 감소나 관심도 하락이 전체 가치에 얼마나 영향을 미치는지를 보여 줌.

이렇게 공간 문화 자산의 생애주기를 수식으로 분석하는 것은 마치 우리가 일상에서

경험하는 다양한 단계를 숫자와 식으로 표현하는 것과 비슷하다고 할 수 있겠다.

3. 공간문화자산 도플러 효과

공간문화자산은 특정 지역의 문화적·역사적·사회적 가치를 지니는 공간적 자원을 의미한다. 이러한 자산은 시간과 함께 변화하며, 그 변화 양상은 도플러 효과와 유사한 측면을 가질 수 있다. 즉, 본 연구는 공간문화자산이 특정 시점이나 위치에서 어떻게 인식되고 변화하는지를 분석할 때 도플러 효과의 개념을 적용할 수 있다는 점을 착안하였다.

접근성과 인식의 변화
공간문화자산에 대한 접근성과 인식은 시간과 공간에 따라 변한다. 예를 들어, 특정 문화재가 보수 공사로 인해 일시적으로 접근이 제한되면 해당 자산에 대한 관심도와 인식이 변화할 수 있다. 이는 도플러 효과에서 관측자의 위치에 따라 파동의 주파수가 변하는 것과 유사하다.
사회적 관심도의 변화
사회적 관심도나 미디어의 보도에 따라 공간문화자산에 대한 관심이 증가하거나 감소할 수 있다. 이러한 관심도의 변화는 도플러 효과에서 발생원과 관측자 간의 상대적 속도에 따라 파동의 특성이 변하는 것과 유사한 패턴을 보일 수 있다.
경제적 가치의 변화
관광객의 방문 패턴이나 지역 경제 활동에 따라 공간문화자산의 경제적 가치가 변동한다. 이는 도플러 효과에서 파동의 에너지나 세기가 관측자와의 거리나 속도에 따라 변하는 것과 비슷한 맥락이다.

1) 검증 방법

시뮬레이션 결과를 검증하기 위해 다양한 지표를 사용한다. 주요 지표는 **공간 접근성, 경제적 효율성, 문화 자산 활용도** 등이며, 각 지표를 측정하기 위해 수치화된 데이터를 사용한다. 이를 바탕으로 시나리오별 비교 분석을 통해 예상 효과를 평가한다.

공간문화자산 검증 방법	
공간 접근성	성수동 내 주요 상업 시설, 문화 자산으로의 이동 시간을 측정하고, 이를 각 시나리오에서 개선된 정도를 분석한다.
경제적 효율성	시뮬레이션을 통해 얻어진 상업 시설의 수익 증가율을 계산하고, 이전 수익과 비교한다.
문화 자산 활용도	문화 자산(박물관, 전시회 등)의 방문자 수와 활용도를 측정하여, 각 시나리오에서의 변화 정도를 분석한다.

2) 검증 결과 분석

아래 〈표 14〉는 각 시나리오에서의 예상 효과를 측정한 결과를 요약한 것이다. 각 지표는 시뮬레이션 후 얻어진 수치를 기반으로, 개선된 정도를 백분율로 나타내었다.

〈표 14〉 검증 결과 분석

지표	기존 상태 (기준값)	시나리오 1 (기존 구조 유지)	시나리오 2 (문화 자산 재배치)	시나리오 3 (교통망 개선)	시나리오 4 (사회적 제약 해소)
평균 이동 시간(분)	15	14	10	12	13
방문자 수 (명)	5000	5200	8000	6500	6000
수익증가율 (%)	0	2	10	5	8
문화자산 활용도 (%)	40%	42%	60%	50%	48%

(1) 평균 이동 시간

- 시나리오 2(문화 자산 재배치)에서 이동 시간이 가장 크게 단축되었으며, 이는 상업 시설과 문화 자산의 위치가 전략적으로 재배치되어 접근성이 크게 향상되었음

을 시사한다.
- 시나리오 3(교통망 개선)에서도 이동 시간이 감소했지만, 문화 자산 재배치만큼의 효과는 나타나지 않았다.

(2) 문화 자산 방문자 수
- 시나리오 2에서 방문자 수가 가장 크게 증가한 것으로 나타났다. 문화 자산의 재배치가 방문자 수를 증가시키는 중요한 요인으로 작용했다.
- 시나리오 3에서도 방문자 수가 증가했지만, 교통망 개선이 문화 자산 방문을 증가시키는 데 중요한 요인임을 확인할 수 있었다.

(3) 상업 시설 수익 증가율
- 시나리오 2에서 상업 시설의 수익 증가율이 가장 높았다. 이는 문화 자산과 상업 시설이 보다 균형적으로 배치되어 사람들이 더 많이 방문하게 되었기 때문으로 분석된다.
- 시나리오 4(사회적 제약 해소)에서도 수익이 증가했지만, 다른 시나리오만큼의 효과는 나타나지 않았다.

(4) 문화 자산 활용도
문화 자산의 활용도 역시 시나리오 2에서 가장 높았으며, 이는 문화 자산의 재배치와 방문자 수 증가에 기인한다.

3) 결과 해석
(1) 공간 접근성 향상
시나리오 2에서 문화 자산과 상업 시설의 배치가 재조정된 결과, 주민들이 더 쉽게 문화 자산에 접근할 수 있게 되었다. 이는 문화 자산의 활용도를 높이고, 지역 경제에 긍정적인 영향을 미쳤음을 시사한다. 또한, 시나리오 3에서도 교통망 개선이 일부 효과를 보였으나, 문화 자산의 재배치만큼의 효과는 나타나지 않았다.

(2) 문화 자산 활용도의 증가

문화 자산의 방문자 수와 활용도가 증가한 시나리오 2는 지역 경제와 문화적 참여를 동시에 증진시킬 수 있는 모델로 평가된다. 이는 성수동 지역에서 문화 자산을 활용한 상업적 발전과 지역 활성화가 유기적으로 연결될 수 있음을 시사한다.

(3) 경제적 효과

상업 시설의 수익 증가율은 시나리오 2에서 가장 높았으며, 이는 상업 시설과 문화 자산 간의 상호작용이 상업적 성과에 큰 영향을 미친다는 것을 보여준다. 또한, 사회적 제약 해소가 상인들의 수익에 긍정적인 영향을 미친 것으로 분석되었다.

시뮬레이션 결과, **문화 자산의 재배치**와 **교통망 개선**은 성수동 수제구두거리의 공간 불평등 해소 및 경제 활성화에 중요한 역할을 하며, 상업 시설과 문화 자산의 균형적 배치가 지역 경제와 사회적 평등을 동시에 촉진할 수 있는 가능성을 보여 주었다. 이를 통해 향후 성수동과 유사한 지역에서의 정책 결정에 중요한 기준을 제공할 수 있을 것이다.

(4) 연도별 성수동 공간문화자산 변화

2025년부터 10년간의 공간문화자산의 변화와 그에 따른 불평등 정도, 그리고 이를 해소하기 위한 엔트로피 이동을 연도별로 점검해 보겠다.

〈표 15〉 미래 10년 서울 성수동 수제구두거리 공간문화자산 불평등, 해소

연도	공간문화자산 변화	불평등 정도	해소 방안
2025년	전통 수제화 공방의 감소와 현대적 카페 및 상점의 증가로 공간문화자산의 다양성 감소.	전통 장인과 신생 상업 시설 간의 경제적 격차 확대.	전통 공방 지원 정책 시행으로 엔트로피 증가를 억제하고 다양성 유지.
2026년	지역 주민들의 문화 활동 공간 부족으로 문화 자산 활용의 불균형 심화.	문화 참여 기회의 불평등 증가.	공공 문화 공간 조성 및 주민 참여 프로그램 확대를 통해 엔트로피 증가를 완화.
2027년	관광객 유입 증가로 지역 상권 활성화되나, 일부 지역에 집중되어 불균형 발생.	상권 집중 지역과 주변 지역 간의 경제적 격차 확대.	상권 분산 정책 및 지역 특화 상품 개발로 엔트로피 균형 유지.
2028년	부동산 가격 상승으로 원주민 이주 증가, 지역 정체성 약화.	원주민과 신규 유입 인구 간의 사회적 불평등 심화.	임대료 안정화 정책 및 원주민 지원 프로그램 도입으로 엔트로피 안정화.
2029년	문화 행사 및 축제의 상업화로 전통 문화의 변질 우려.	전통 문화 보존과 상업화 간의 가치 충돌.	전통 문화 중심의 행사 기획 및 상업적 요소 제한으로 엔트로피 증가 방지.
2030년	청년 예술가들의 유입으로 새로운 문화 콘텐츠 생성, 그러나 기존 장인들과의 갈등 발생.	세대 간 문화적 이해의 차이로 인한 사회적 불평등.	세대 간 교류 프로그램 및 협업 프로젝트 추진으로 엔트로피 조화.
2031년	환경 개선 사업으로 공공 공간의 질 향상, 그러나 일부 지역에만 집중.	환경 개선의 지역적 불균형으로 인한 생활 질 격차.	균형 있는 환경 개선 사업 추진으로 엔트로피 균등화.
2032년	디지털 기술 도입으로 스마트 상권 형성, 그러나 디지털 격차 발생.	기술 접근성의 차이로 인한 경제적 불평등.	디지털 교육 프로그램 제공 및 기술 지원으로 엔트로피 감소.
2033년	지역 내 문화 자산의 국제적 인지도 상승, 그러나 지역 주민들의 참여 저조.	글로벌 관심과 지역 주민 간의 문화적 격차 확대.	지역 주민 중심의 국제 교류 프로그램 개발로 엔트로피 통합.

2034년	지속 가능한 발전 모델 도입으로 친환경 공간 조성, 그러나 초기 비용 부담으로 일부 사업 중단.	친환경 정책 수혜 지역과 미수혜 지역 간의 격차 발생.	재정 지원 확대 및 단계적 시행으로 엔트로피 안정화.

위의 〈표 15〉를 통해 성수동 수제구두거리의 공간문화자산 변화와 그에 따른 불평등 정도를 연도별로 살펴보았다. 각 연도별로 나타나는 불평등을 해소하기 위해 다양한 정책과 프로그램을 도입하는 것이 중요하다. 이를 통해 성수동의 전통과 현대가 조화롭게 공존하는 지속 가능한 발전을 이룰 수 있을 것이다.

4) 성수동 수제구두거리의 도시공간설계 방안

성수동 수제구두거리의 공간문화자산 불평등 해소를 위한 정책을 다음 〈표 16〉과 같이 제안한다.

〈표 16〉 수제구두거리의 공간문화자산 불평등 해소를 위한 정책 제안

제안1	수제화 산업의 전통을 유지하면서 현대적 디자인과 예술 요소를 접목하여 지역의 독특한 정체성을 강화.
제안2	도시 재생 과정에서 지역 주민들의 의견을 수렴하고 그들이 주도적으로 참여할 수 있는 구조를 마련하여 젠트리피케이션으로 인한 부작용을 최소화.
제안3	지역 내 문화 행사, 워크숍, 전시 등을 통해 주민들과 방문객들의 문화적 경험을 풍부하게 하여 사회적 포용과 지역 경제 활성화를 도모.
제안4	보행자 중심의 거리 조성, 휴식 공간 마련 등으로 지역의 접근성과 편의성을 높여 주민들의 삶의 질을 향상.

성수동 수제구두거리에 대한 본 연구 모델은 다른 지역에 확장 가능하며, 각 지역의 특성에 맞춰 문화 자산을 활용하는 것이 중요하다.

5) 성수동 모델의 다른 지역 확장 가능성

〈표 17〉 공간문화자산 확장

항목	세부 내용	정책 제언
지역 특성에 맞는 문화 자산의 활용	각 지역의 역사적, 문화적 특성을 반영하여 문화 자산을 발굴.	지역 특성을 고려한 문화 자산 개발, 전통적 산업을 현대적 방식으로 재해석.
지역 기반의 경제 활성화	지역 상업 시설과 문화 자산의 연계를 통한 경제 활성화.	상업 시설과 문화 자산의 상호보완적 관계 구축, 관광객 유치 전략 개발.
주민 참여와 소통의 중요성	주민들의 참여와 소통을 통해 지역 발전을 촉진.	주민 참여형 문화 프로그램 확대, 주민의 자발적 문화 자산 활용 기회 제공.

특히, 지역 경제 활성화와 주민 참여를 중심으로, 문화 자산을 통한 불평등 해소 및 경제적 기회를 창출할 수 있다 이와 같이 성수동 수제구두거리 모델은 도시 불평등 해소와 지역 경제 활성화라는 측면에서 다른 지역으로 확장 적용하기 위하여 필요한 요건은 다음 〈표 18〉과 같다.

〈표 18〉 지역거리 공간문화자산 불평등 해소에 적용할 요건

문화자산의 균형적 배치	지역 내 다양한 문화 자산 배치로 불평등 해소와 접근성 향상.
문화 산업의 창업 지원	창업자에게 인센티브를 제공하고, 창업 초기 비용을 줄여 경제 활성화.
주민 참여형 문화 정책	주민들의 문화 자산 참여를 통해 소속감을 강화하고, 지역 경제 기여도를 높임.
디지털 기술 활용	디지털 플랫폼을 통해 문화 자산의 접근성을 높여 더 많은 사람들이 문화 자산에 접근 가능하게 만듦.

본 연구결과로서 도출된 결과를 종합해 보면, 도시 재생, 문화 자산 활용, 지속 가능한 발전 전략 등 복합적인 접근을 통하여 성수동 수제화 산업 및 공간문화자산 활성화 가능성이 있다는 것을 알 수 있었다. 결국, 성수동은 전통과 현대가 공존하는 창의적이고

활력 있는 지역으로 거듭날 수 있을 것으로 파악되었다. 이러한 도시공간설계를 통해 성수동 수제구두거리는 공간문화자산의 불평등을 해소하고, 지속가능한 도시 발전의 모델로 자리매김할 수 있을 것이다.

31.3. 결론 (시사점) 향후 연구 방향

도플러 효과는 물리학적인 개념이지만, 이를 본 연구에서는 공간문화자산의 분석에 적용함으로써 시간과 공간에 따른 문화자산의 변화를 이해하는 데 도움을 줄 수 있었다. 이러한 접근은 문화자산의 관리와 보존, 그리고 지역 사회의 발전 전략 수립에 유용한 통찰을 제공할 수 있다.

1. 문화 자산의 균형적 배치와 접근성 향상

도시 내의 문화 자산은 일반적으로 특정 지역에 집중되어 있는 경향이 있다. 이는 특정 계층이나 지역에만 문화적 혜택을 집중시키는 결과를 초래하며, 문화 자산에 대한 접근성이 낮은 지역 주민들에게는 사회적 불평등을 심화시킬 수 있다. 성수동 수제구두거리 사례에서는 문화 자산(수제구두 관련 박물관, 전시 공간, 교육 프로그램 등)을 지역 내 다양한 위치에 균형적으로 배치함으로써 지역 주민들의 접근성을 높이고, 이를 통해 지역 경제를 활성화할 수 있었다.

정책 제언
• 도심 내 여러 지역에 문화 자산을 균형적으로 배치함으로써, 사람들이 쉽게 접근할 수 있도록 하고, 지역 주민들의 문화 참여도를 높인다. 특히, 교통이 불편한 지역에도 문화 자산을 배치하여, 문화적 혜택이 특정 지역에 집중되지 않도록 한다. • 문화 자산으로의 접근을 쉽게 만들기 위해, 교통 인프라와 연결된 정책을 개발한다. 예를 들어, 문화 자산이 집중된 지역과 대중교통 시스템을 연계하고, 도보 거리로 이동할 수 있는 문화적 루트를 구축하여 이동의 편리성을 높인다.

2. 문화 산업의 활성화와 창업 지원

성수동의 경우, 수제구두거리와 관련된 다양한 상업적 활동이 문화 자산을 활용한 경제적 효과를 가져왔다. 문화 자산과 상업 활동의 연계를 통해, 지역 경제가 활성화되고 상업 시설들이 수익을 증가시킬 수 있었다. 이는 문화 자산이 단순히 방문자의 만족도를 높이는 데 그치지 않고, 실질적으로 지역 경제를 활성화시키는 중요한 동력임을 보여 준다.

정책 제언
- 문화 자산을 활용한 창업을 유도하고, 이를 통해 지역 경제를 활성화한다. 예를 들어, 지역의 특색을 살린 전통적인 산업을 현대적이고 창의적인 방식으로 발전시킬 수 있도록 지원한다.
- 문화 자산을 기반으로 한 창업자들에게 인센티브를 제공하여, 창업 초기 비용 부담을 줄이고 지속적인 성장 기회를 제공한다. 또한, 창업자들에게 문화 자산의 활용 방안을 교육하여, 문화 자산을 상업적으로 활용할 수 있는 역량을 키운다.

3. 주민 참여형 문화 정책

문화 자산의 활성화와 경제적 효과를 극대화하기 위해서는 주민들의 적극적인 참여가 필요하다. 성수동의 경우, 주민들이 문화 자산과 상업 시설 간의 상호작용을 통해 지역 경제에 기여하는 구조를 형성했다. 이는 주민들의 문화적 참여와 상호작용을 통해 이루어진 성과이므로, 주민 참여를 중심으로 한 문화 정책이 중요하다.

정책 제언
- 주민들이 직접 참여할 수 있는 문화 프로그램을 개발하여, 문화 자산에 대한 주민들의 소속감과 애착을 높인다. 예를 들어, 지역 주민들이 참여하는 전시회, 공연, 체험 프로그램 등을 활성화한다.
- 지역 주민들에게 문화 자산의 가치와 활용 방법에 대한 교육을 제공하여, 문화 자산을 적극적으로 활용하고 그 가치를 체감할 수 있도록 한다.

4. 디지털 기술을 활용한 문화 자산 접근성 향상

디지털 기술의 발전은 문화 자산에 대한 접근 방식을 변화시키고 있으며, 특히 팬데믹 이후에는 디지털 플랫폼을 통한 문화 자산의 접근이 중요해졌다. 성수동 수제구두거리 또한 디지털 전시와 온라인 상점을 통해 문화 자산의 가시성과 접근성을 높일 수 있었다.

정책 제언

- 문화 자산을 온라인 플랫폼에 통합하여, 물리적 방문이 어려운 사람들도 디지털 채널을 통해 문화 자산에 접근할 수 있도록 한다. 예를 들어, 가상 전시회, 온라인 박물관, VR 체험 등을 통해 문화 자산을 더욱 많은 사람들에게 알릴 수 있다.
- 지역의 문화 자산을 디지털화하여, 언제 어디서나 사람들이 쉽게 접근하고 체험할 수 있도록 한다. 특히, 디지털 플랫폼을 통해 지역의 문화적 특색을 전 세계에 알리고, 관광 및 교육적 기회를 확대한다.

---

5. 성수동 모델의 다른 지역 확장 가능성

성수동 수제구두거리의 모델은 다른 지역에서도 성공적으로 적용될 수 있는 가능성을 가지고 있다. 성수동의 사례는 특정 지역 내의 문화 자산을 활용해 불평등을 해소하고, 지역 경제를 활성화시키는 좋은 예로, 이 모델을 다른 지역에 적용하는 데 있어 중요한 교훈을 제공한다.

1) 지역 특성에 맞는 문화 자산의 활용

성수동의 경우, 수제구두라는 독특한 산업 특성을 문화 자산으로 활용했으나, 다른 지역에서는 그 지역 특성에 맞는 문화 자산을 발굴하고 활성화할 필요가 있다. 예를 들어, 부산의 해운대 지역은 해양과 관련된 문화 자산을, 전주 지역은 전통적인 한옥과 관련된 문화 자산을 활용할 수 있다.

정책 제언
• 각 지역의 역사적, 문화적 특성을 고려하여, 그 지역만의 특화된 문화 자산을 발굴하고 활성화한다. 이는 지역 주민들의 자부심을 증대시키고, 외부 방문객들에게도 특별한 경험을 제공할 수 있다.

2) 지역 기반의 경제 활성화

성수동의 경제 활성화 모델은 지역 경제와 문화 자산 간의 상호작용을 통해 이루어졌다. 다른 지역에서도 유사한 방식으로 지역 상업 시설과 문화 자산을 연결시켜 경제적 효과를 거둘 수 있다. 이를 위해, 지역의 상업 시설과 문화 자산을 연결하는 교통망과 상업적 인프라를 구축하는 것이 중요하다.

정책 제언
• 지역 경제와 문화 자산의 연계 강화 각 지역의 상업 시설과 문화 자산을 연계하여, 상호보완적인 관계를 구축한다. 예를 들어, 상업 거리와 문화 자산을 연결하는 테마를 설정하고, 이를 홍보하는 전략을 구사하여, 관광객을 유치하고 지역 경제를 활성화시킨다.

3) 주민 참여와 소통의 중요성

성수동에서는 주민들의 적극적인 참여가 지역 발전의 중요한 원동력이 되었다. 다른 지역에서도 주민들이 문화 자산을 활용하고 경제적 기회를 창출할 수 있도록 유도하는 것이 중요하다. 주민들의 참여가 문화 자산의 활성화에 중요한 역할을 하며, 이로 인해 지역 경제가 더욱 활성화될 수 있다.

정책 제언
• 다른 지역에서도 주민들의 참여를 촉진할 수 있는 다양한 문화 프로그램을 개발하고, 주민들이 자발적으로 문화 자산을 활용할 수 있는 기회를 제공한다.

성수동 수제구두거리의 모델은 도시 불평등 해소와 지역 경제 활성화에 중요한 기여를 한 사례로, 다른 지역에서도 유사한 모델을 적용할 수 있는 가능성을 보여 준다. 이를 위해서는 지역 특성에 맞는 문화 자산의 발굴, 상업 시설과 문화 자산의 연계 강화, 주민 참여 중심의 정책이 필수적이다. 또한, 디지털 기술을 활용한 문화 자산 접근성 향상은 향후 중요한 방향이 될 것이다. 이러한 정책적 제언을 통해, 다양한 지역에서 문화 자산을 활용한 불평등 해소 및 경제 활성화를 이루어 낼 수 있을 것이다.

다음은 "도시 불평등 해소를 위한 문화 정책 방향"과 "성수동 모델의 다른 지역 확장 가능성"에 대한 각 항목을 표로 정리하였다.

4) 도시 불평등 해소를 위한 문화 정책 방향

항목	세부 내용	정책 제언
문화 자산의 균형적 배치와 접근성 향상	문화 자산이 특정 지역에 집중되기 쉬움. 접근성 문제 해결 필요.	문화 자산의 균형적 배치, 지역 내 다양한 위치에 문화 자산 배치, 교통 인프라와 연계한 정책 개발.
문화 산업의 활성화와 창업 지원	문화 자산을 활용한 창업과 상업적 활동이 경제 활성화에 기여.	창업 지원 정책, 문화 기업 인센티브 제공, 창업자 교육 프로그램 활성화.
주민 참여형 문화 정책	문화 자산의 활용을 위해 주민들의 적극적 참여 필요.	주민 참여 문화 프로그램, 교육 및 워크숍 제공, 지역 주민들의 문화적 소속감 증진.
디지털 기술을 활용한 접근성 향상	디지털 기술을 활용하여 물리적 방문이 어려운 사람들도 문화 자산에 접근 가능.	디지털 플랫폼 구축, 문화 자산의 디지털화, VR 체험과 온라인 전시회를 통한 접근성 향상.

본 연구는 성수동 수제구두거리라는 사례를 통해 도시 공간에서의 문화 자산 활용과 그로 인한 불평등 해소 방안을 제시하였으며, 이 모델을 다른 지역으로 확장할 수 있는

가능성에 대해서도 탐구하였다. 이를 통해 얻어진 주요 결과는 다음과 같다.

첫째, 성수동을 비롯한 도시 지역에서 문화 자산은 경제적, 사회적 활성화의 중요한 원천이 될 수 있으며, 지역 내 경제적 불평등을 해소하는 데 중요한 역할을 한다는 점이 확인되었다.

둘째, 문화 자산에 대한 주민들의 적극적인 참여와 접근성 향상은 지역 경제 활성화와 함께 사회적 통합을 촉진하는데 기여할 수 있다는 것을 보여 주었다.

셋째, 문화 자산을 활용한 지역 발전은 단순히 문화적 요소에 그치지 않고, 경제적, 사회적 요소와도 밀접하게 연관되어 있어, 종합적이고 지속 가능한 정책 개발이 필요함을 시사한다.

이러한 연구 결과는 도시 공간에서의 문화 자산 활용을 통해 불평등을 해소하고, 지역 경제를 활성화시키는 다양한 방안을 제시하며, 특히 성수동 모델을 다른 지역에 적용할 수 있는 가능성을 보여 준다.

본 연구는 도시 공간에서의 **문화 자산 활용**을 통한 **불평등 해소** 방안을 제시한 점에서 큰 의의가 있다. 특히, 성수동 수제구두거리는 지역 특성에 맞는 문화 자산의 활용을 통해 불평등 해소와 경제 활성화라는 두 가지 주요 목표를 달성한 사례로, 다른 지역에 적용 가능한 실질적인 모델을 제공하였습니다. 또한, **디지털 기술과 주민 참여**를 중심으로 한 접근 방식을 통해 문화 자산에 대한 **접근성 향상**을 시도하였으며, 이는 도시 내 다양한 계층이 문화적 혜택을 누릴 수 있도록 돕는 중요한 기여를 하였다.

본 연구에는 몇 가지 한계점이 존재한다.

첫째, 성수동 수제구두거리는 특정한 역사적, 문화적 배경을 가지고 있어, 다른 지역에 그대로 적용하기에는 지역적 특성을 충분히 반영하지 못할 수 있다. 특히 각 지역의 문화적 차이나 경제적 수준에 따라 다르게 적용될 수 있다는 점에서, 보다 많은 지역에서의 사례 연구가 필요하다.

둘째, 본 연구에서 다룬 문화 자산은 제한적인 범위의 사례만을 다루었으며, 보다 다양한 형태의 문화 자산(예 지역적 전통, 예술, 디지털 자산 등)에 대한 연구가 부족하였다. 이에 따라 문화 자산의 범위 확장과 구체적인 분류가 필요하다.

셋째, 본 연구는 비교적 짧은 기간 내에 성과를 분석하였으며, 장기적인 변화와 그에 따른 사회적 영향에 대한 충분한 분석이 부족하였다. 문화 자산의 활용이 장기적으로 지역 경제 및 사회에 미치는 영향을 추적할 필요가 있다.

넷째, 이 연구에서 제시된 정책 제언들은 이론적이고 개념적인 측면이 강하며, 실제 정책으로 실행될 경우 발생할 수 있는 실현 가능성에 대한 구체적인 검토가 필요하다. 정책 제안이 다양한 이해관계자들에게 수용되고 실행되기 위한 전략이 보강되어야 할 필요가 있다.

6. 향후 연구 방향

본 연구를 바탕으로 향후 연구에서는 다음과 같은 사항들을 다루는 것이 중요하다.

첫째, 성수동 외에도 다양한 지역에서의 문화 자산 활용 사례를 분석하여, 지역적 특성을 고려한 맞춤형 정책 제안을 더욱 심화시킬 필요가 있다. 둘째, 문화 자산 활용이 지역 경제와 사회에 미치는 장기적 영향을 연구하여, 정책의 지속가능성을 평가하고 이를 개선할 수 있는 방법을 모색해야 한다. 셋째로는 제시된 정책들이 실제로 실행 가능한지, 그리고 그 실행을 위한 구체적인 전략을 세우는 것이 중요하다 이는 다양한 이해당사자들의 의견을 반영하고, 실제 정책에 적용할 수 있는 방안을 모색하는 과정이 필요하다, 끝으로는 디지털 기술을 활용한 문화 자산 접근성 향상에 관한 연구를 보다 심화시켜, 다양한 디지털 플랫폼을 활용한 문화 자산의 보급 방안을 연구해야 한다.

1) 후속 연구 제언

본 연구는 성수동 수제구두거리의 사례를 중심으로 문화 자산을 활용한 도시 공간의 불평등 해소 방안을 탐구하였으며, 향후 보다 실질적인 변화를 이끌어내기 위한 추가 연구가 필요하다. 아래에 제시된 후속 연구 제언은 이론적, 실천적 측면에서 도시 공간의 문화 자산을 보다 효과적으로 활용하기 위한 방향성을 제시한다.

2) 다양한 지역에서의 문화 자산 활용 연구

성수동을 포함한 다양한 지역에서의 문화 자산 활용 사례를 비교 분석하여, 문화 자산이 도시 불평등 해소에 미치는 영향을 보다 심층적으로 이해하고, 지역 특성에 맞춘 정책을 개발할 수 있는 기초 자료를 마련하는 것이다. 성수동의 사례는 특정 지역적 특성과 역사적 배경을 가지고 있기 때문에, 다른 지역에 이 모델을 적용하기 위해서는 각 지역의 문화적, 경제적 특성을 고려한 맞춤형 연구가 필요하다. 예를 들어, **대도시와 소도시, 문화유산이 풍부한 지역과 문화 자산이 적은 지역, 경제적 격차가 큰 지역** 등에서의 분석을 통해, 문화 자산 활용 방안을 차별화하고 정책을 세분화할 수 있다.

3) 문화 자산의 정의와 범위 확장 연구

본 연구에서 다룬 문화 자산의 정의를 확장하고, 더 다양한 문화 자산이 도시 불평등 해소에 어떻게 기여할 수 있는지에 대해 연구한다. 예술, 역사적 유산, 지역적 전통, 디지털 자산 등 다양한 형태의 문화 자산이 포함될 수 있다. 현재 문화 자산은 주로 **물리적 공간**이나 **상징적 자원**으로 정의되지만, **디지털 자산, 창의적 산업, 문화적 창조물** 등의 범위도 고려해야 한다. 예를 들어, 디지털 미디어와 플랫폼을 활용한 문화 자산의 경제적 효과, 또는 창의 산업의 경제적 가치 등을 분석할 수 있다. 이를 통해 도시 문화 자산의 **종합적 정의**를 개발하고, 그 활용 방안을 도출할 수 있을 것이다.

4) 장기적인 사회 경제적 변화 분석
- 문화 자산 활용을 통한 변화가 단기적인 경제 활성화에 그치지 않고, **장기적인 경제적, 사회적 변화**로 이어지는지에 대한 평가를 연구한다. 장기적으로 문화 자산이 지역 경제에 미치는 **지속 가능한 영향**을 분석하는 것이다.
- 문화 자산 활용은 단기적인 경제적 효과뿐만 아니라, **사회적 통합, 정서적 안정, 주민들의 삶의 질 향상** 등 다양한 장기적인 영향을 미칠 수 있다. 이러한 장기적인 효과를 연구하여, 문화 자산이 사회 전반에 미치는 **총체적 효과**를 파악하고, 그에 맞는 정책을 제시할 필요가 있다.

5) 정책 실현 가능성 및 실행 전략 연구
- 본 연구에서 제시한 문화 자산 활용 방안이 실제로 정책으로 실행 가능한지, 이를 위한 **실행 가능한 전략**을 제시한다. 정책을 실제로 실행하기 위한 **자원 확보, 이해 관계자 조율, 정책 추진 방법** 등을 구체적으로 제시하는 연구가 필요하다.
- 정책 제안은 이론적인 측면에 그칠 수 있기 때문에, 이를 실제 현장에서 **효과적으로 실행**하기 위한 실질적인 방법론을 개발해야 한다. 예를 들어, 지역 정부, 민간 기업, 주민 등의 이해 관계자들과의 협력을 통해 **다양한 자원의 동원, 정책 추진 일정 조정, 실행 가능성 평가** 등을 구체적으로 설정할 필요가 있다.

6) 디지털 기술을 활용한 문화 자산 접근성 향상

디지털 플랫폼과 **기술**을 활용하여 문화 자산에 대한 접근성을 향상시키는 방법에 대한 연구를 진행한다. 특히, **가상 현실 (VR), 증강 현실 (AR), 디지털 콘텐츠** 등 현대 기술을 활용하여 문화 자산의 접근성을 높이고, 이를 통해 도시 불평등을 해소할 수 있는 방안을 제시한다. 디지털 기술은 문화 자산의 **디지털화**와 **온라인 접근성**을 향상시킬 수 있는 중요한 도구가 될 수 있다. 예를 들어, 성수동 수제구두거리와 같은 전통적 문화 자산을 **온라인으로 전시**하거나, **디지털 투어**를 제공하여 **더 넓은 지역사회**가 이를 경험하고 즐길 수 있도록 만드는 것이다. 이러한 접근은 **디지털 소외 계층**을 포함한 모든 주민들이 문화 자산을 쉽게 접할 수 있도록 돕는다.

7) 다양한 문화적 배경을 가진 지역에 대한 연구

다양한 문화적 배경을 가진 지역에서 문화 자산 활용 방안을 연구하여, **문화적 다양성**을 존중하면서도 지역의 경제와 사회를 **통합**할 수 있는 방안을 제시한다. 한국은 물론, 전 세계적으로 **문화적 다양성**이 중요한 이슈가 되고 있다. 문화 자산을 활용하는 데 있어 각 지역의 **문화적 배경**을 고려한 맞춤형 접근이 필요하다. 예를 들어, **다문화 지역**이나 **전통과 현대가 충돌하는 지역**에서 문화 자산을 활용하여 **통합적 발전**을 도모하는 연구가 필요하다.

후속 연구 제언은 성수동 모델의 확장 가능성과 더 나아가 다른 지역에서의 문화 자산 활용 방안을 심화하고, 정책적 실현 가능성을 고려한 연구 방향을 제시하는 데 초점을 맞추고 있다. 문화 자산의 활용이 도시 불평등 해소에 기여할 수 있는 잠재력을 갖추고 있지만, 이를 실제로 구현하기 위해서는 **다양한 지역적 특성**을 고려한 접근이 필요하며, **디지털 기술**의 활용과 **정책적 실행 전략** 또한 필수적이다. 이러한 연구를 통해 문화 자산을 통한 지속 가능한 도시 발전 모델을 제시할 수 있을 것이다.

에필로그

『ESG 공간자산 경제학』 불평등 해소는 단순히 학문적 논의에 그치는 것이 아니라, 우리가 살아가는 사회를 더 공정하고 지속가능하게 만들기 위한 행동의 방향성을 제시한다. 이 책의 여정을 통해 우리는 공간자산 불평등이 단순한 경제적 문제를 넘어, 사회적 형평성과 환경적 지속가능성, 그리고 세대 간 공정성에 이르는 복합적인 영향을 미친다는 사실을 확인했다. 이제 중요한 질문은 이것이다: 우리는 이 지식을 바탕으로 무엇을 해야 할 것인가?

첫째, 우리는 공간자산 불평등 문제를 해결하기 위해 행동해야 한다. 이는 단순히 정책결정자나 전문가들의 몫이 아니다. 개인, 지역사회, 기업, 정부 모두가 각자의 역할을 수행해야 한다. 개인은 자신의 지역사회에서 발생하는 불평등 문제를 인식하고, 이를 해결하기 위한 활동에 참여하거나 지지할 수 있다. 예를 들어, 지역사회의 공공임대주택 프로젝트나 녹지 공간 보존 캠페인에 참여하는 것은 작은 행동이지만 큰 변화를 만들어낼 수 있다. 또한 기업은 ESG(환경, 사회, 지배구조) 원칙을 준수하며, 지속가능한 비즈니스 모델을 채택하고 지역사회와 협력해야 한다. 정부는 공공정책을 통해 자원의 공정한 배분과 지속가능한 발전을 도모하며, 이를 위해 시민들과 투명하고 책임 있는 소통을 유지해야 한다.

둘째, 우리는 디지털 기술과 데이터를 활용하여 문제를 보다 정교하게 이해하고 해결해야 한다. AI와 빅데이터 기술은 공간자산 분포와 접근성을 실시간으로 모니터링하고 최적화할 수 있는 강력한 도구를 제공한다. 예를 들어, 머신러닝 알고리즘은 특정 지역에서 시행된 정책이 빈부격차 해소에 미친 영향을 분석하거나, 다양한 정책 옵션의 효과를 시뮬레이션하여 최적의 대안을 제시할 수 있다. 이러한 기술은 단순히 문제를 진단하는 것을 넘어, 실질적인 해결책을 제시하는 데 기여할 수 있다.

셋째, 우리는 국제 협력을 강화해야 한다. 공간자산 불평등 문제는 특정 국가나 지역에 국한되지 않고 글로벌 차원에서 상호 연결된 경제적 요인에 의해 영향을 받는다. 따라서 국제기구와의 협력과 다자간 협력이 필요하다. 예를 들어, 세계은행(World Bank)이나 국제통화기금(IMF)은 개발도상국에 재정 지원을 제공하여 이들이 사회 인프라를 개선하고 빈곤층을 지원할 수 있도록 돕는다. 또한 유엔(UN)의 지속가능한 발전 목표(SDGs)는 글로벌 차원의 협력을 통해 빈부격차 문제를 해결하기 위한 프레임워크를 제공한다.

넷째, 우리는 미래 세대를 위해 지속가능한 구조를 만들어야 한다. 이는 환경적 지속가능성을 고려한 정책 설계와 실행을 포함한다. 녹지 공간 보존, 재생 가능 에너지 프로젝트 투자, 그리고 탄소 배출 감소와 같은 환경 친화적인 정책은 경제적 이익뿐만 아니라 사회적 가치도 동시에 창출할 수 있다. 예를 들어, 독일의 "에너지 전환(Energiewende)" 정책은 재생 가능 에너지 사용 확대와 에너지 효율성 강화를 통해 환경 보호와 사회적 형평성을 동시에 달성한 사례이다.

마지막으로, 우리는 공간자산 불평등 문제를 해결하기 위해 끊임없이 질문하고 배우며 행동해야 한다. 이 책은 독자들에게 근본적인 질문을 던진다: 우리는 왜 공간자산 불평등 문제를 해결해야 하는가? 그리고 이를 해결하기 위해 개인과 사회는 어떤 역할을 해야 하는가? 이러한 질문들은 단순히 문제를 이해하는 것을 넘어, 행동으로 옮길 수 있도록 유도한다.

『ESG 공간자산 경제학』 불평등 해소는 단순히 학문적 논의로 끝나는 것이 아니라 우리의 삶과 사회에 직접적인 영향을 미치는 실질적인 가치를 제공한다. 이제 우리는 더 나은 공간의 미래를 만들기 위해 무엇을 해야 하는지 알고 있다. 중요한 것은 우리가 이 지식을 행동으로 옮기는 것이다. 더 나은 미래는 저절로 오지 않는다. 그것은 우리가 지금 여기서 시작하는 작은 행동과 선택들로부터 만들어진다.

이제 독자는 이 책에서 얻은 통찰력을 바탕으로 자신의 삶과 지역사회에서 어떤 변화를 만들 수 있을지 고민해 보아야 한다. 우리는 함께 더 나은 공간의 미래를 만들기 위해 노력해야 하며, 이를 통해 모든 계층과 지역이 공정하게 자원의 혜택을 누릴 수 있는 포용적이고 지속가능한 사회를 구축할 수 있을 것이다. 질문해 보자: 당신은 이 여정에서 어떤 역할을 할 준비가 되었는가? 그리고 우리가 함께 만들어 갈 미래는 어떤 모습이어야 하는가?

참고문헌

학위논문

"Supporting Social Equity Through Informal Spaces on an Urban Campus," CUNY Academic Works, September 2024.

논문

박운선·권창희 (2024), ESG 기반 지속 가능한 문화자산 도플러 효과 연구: 서울 성수동 수제화 거리 중심으로,「한국행정사학지」, 제62호, pp. 87-114.

박운선·권창희 (2025), "성수동 수제화 산업의 ESG 실천과 공간문화자산 불평등 해소에 관한 연구",「한국행정사학지」제63호, pp. 29-54.

권창희 외 (2024),「화성시 탄소중립 도로다이어트 연구」, 화성시의회 대중교통연구회 최종보고서.

김상현·이한나 (2016),「성수동 지역의 젠트리피케이션 과정 및 특성 연구」, 문화콘텐츠연구, Vol. 0 No. 7, pp. 81-105

김세용 (2023),「공간불평등과 도시설계」, 한국도시설계학회지(Journal of The Urban Design Insitute of Korea). Vol. 24 No. 6 [2023], pp. 8-9

김지연 외 (2018),「성수동 수제화 산업 활성화 정책의 효과 평가」, 한국의상디자인학회지, 20(4): pp. 147-162.

남기범 외 (2016),「성수동 수제화산업의 지역산업생태계의 구조와 발전방향-지역산업생태계의 구성요소와 특성-」,「국토지리학회지」50(2): pp. 197-210.

박운선 (2022), "우리나라 부동산 정책의 變化相(변화상) 연구: IMF를 기점으로 전후간 정책을 비교하여",「한국행정사학지」55 : 99-127.

변종범 (2021),「도심산업 집적지의 도시재생 및 산업지원 측면의 통합적 평가항목 및 가중치 분석에 관한 연구 - 서울시 성수동 도시재생사업을 중심으로」, 한국공공디자인학회. 공공디자인연구, Vol. 1 No. pp. 24-32

심소희, 구자훈 (2019),「도심산업 집적지의 도시재생 및 산업지원 측면의 통합적 평가항목 및 가중치 분석에 관한 연구 - 서울시 성수동 도시재생사업을 중심으로」, 도시설계(한국도시설계학회지). Vol. 20 No. 4 [2019] pp. 89-100.

우태식 (2018), "도시재생 발전에 따른 행정법제 변천에 관한 연구",「한국행정사학지」44 : 1-22.

이치문 (2009) 『주역실의』, 원앤드원북스

정재철·박명자·어미경·최혜민 (2017),「성수동 수제화 특화 거리 조성 사업의 현황조사 및 개선 방안 연구」, 한국의상디자인학회지, vol. 19, no. 3, pp. 193-206.

최영진 (2014),「지리정치경제학적 관점에서 본 창원공단 설립 전사(前史)」, 대한지리학회지, v. 49 no. 2 (2) pp. 178~199.

탐라문화예술봉사단 (2023), 2050 탄소중립 도로다이어트 세계선언문 낭독.

한국국제교류재난 (1999), 우리 나라 문화산업의 실상과 발전전략. www.kf.or.kr.

한국제화산업협회 (2023), 성수동 수제화 거리의 변화. http://ibshoes.com.

가키우치 아키 (垣内 暁). (2016). 日本の創造都市政策と文化資産の活用 [일본의 창조도시 정책과 문화자산의 활용]. 地域政策研究, 18(2), 167-185.

Dean, Kevin, Claudia Trillo, and Angela Lee. "Sustainable Urban Regeneration: Insights and Evaluation from a UK Housing Association." Housing Studies, 2024.

MacKinnon, Danny, and Derickson Bonds. "Social Equity in Urban Resilience Planning." Taylor & Francis Online, 2019.

"Assessing Social and Spatial Equity of Neighborhood Retail and Service Establishments in Seoul, Korea." MDPI Sustainability, October 2020.

"ESG and Urban Sustainable Development." ResearchGate, 2024.

"Addressing Social Sustainability in Urban Regeneration Processes: An Application of the Social Multi-Criteria Evaluation." ResearchGate, 2020.

Chua, B.H. (2011), "Singapore as Model: Planning Innovations, Knowledge Experts",「Worlding Cities: Asian Experiments and the Art of Being Global」, 29-54.

Hee, L. & Boontharm, D. (2014), "Future Asian Space: Projecting the Urban Space of New East Asia",「NUS Press」, 78-92.

Leipprand, A., Flachsland, C., & Pahle, M. (2017), "Advocates or cartographers? Scientific advisors and the narratives of German energy transition",「Energy Policy」101: 16-25.

Schlomann, B. & Eichhammer, W. (2014), "Interaction between Climate, Emissions Trading and Energy Efficiency Targets",「Energy & Environment」25(3-4): 709-731.

Gunnarsson-östling, U. & Höjer, M. (2011), "Scenario planning for sustainability in Stockholm, Sweden: Environmental justice considerations",「International Journal of Urban and Regional Research」35(5): 1048-1067.

Pandis Iveroth, S. & Brandt, N. (2011), "The development of a sustainable urban district in Hammarby Sjöstad, Stockholm, Sweden?", 「Environment, Development and Sustainability」 13(6): 1043-1064.

Gil-Garcia, J.R., Pardo, T.A., & Nam, T. (2015), "What makes a city smart? Identifying core components and proposing an integrative and comprehensive conceptualization", 「Information Polity」 20(1): 61-87.

Hospers, G.J. (2004), "Restructuring Europe's Rustbelt: The Case of the German Ruhrgebiet", 「Intereconomics」 39(3): 147-156.

Percy, S. (2003), "The Ruhr: From Dereliction to Recovery", 「Urban Regeneration in Europe」, Blackwell Publishing: 79-92.

Soyez, D. & Schulz, C. (2008), "Facets of an emerging Environmental Economic Geography (EEG)", 「Geoforum」 39(1): 17-19.

Boschma, R. & Lambooy, J. (1999), "The prospects of an adjustment policy based on collective learning in old industrial regions", 「GeoJournal」 49(4): 391-399.

Trippl, M. & Otto, A. (2009), "How to turn the fate of old industrial areas: a comparison of cluster-based renewal processes in Styria and the Saarland", 「Environment and Planning A」 41(5): 1217-1233.

Heidenreich, M. (2015), "The New Museum Folkwang in Essen. A Contribution to the Cultural and Economic Regeneration of the Ruhr Area?", 「European Planning Studies」 23(8): 1529-1547.

저서

Farr, Douglas. Sustainable Urbanism: Urban Design with Nature. Wiley, 2008.

Roberts, Peter, Hugh Sykes, and Rachel Granger. Urban Regeneration. SAGE Publications, 2016.

Chapple, Karen. Planning Sustainable Cities and Regions: Towards More Equitable Development. Routledge, 2015.

기타 자료

"Urban Regeneration as a Tool for Inclusive and Sustainable Recovery." UN-Habitat Report, May 2022.

"How ESG is Shaping Coastal City Urban Planning." ESG-BI.org Articles, 2024.

링크

Sustainable Urban Regeneration: Insights and Evaluation from a UK Housing Association

Social Equity in Urban Resilience Planning

Assessing Social and Spatial Equity of Neighborhood Retail and Service Establishments in Seoul

ESG and Urban Sustainable Development

Addressing Social Sustainability in Urban Regeneration Processes

Supporting Social Equity Through Informal Spaces on an Urban Campus

Sustainable Urbanism by Douglas Farr

Urban Regeneration by Peter Roberts et al.

Planning Sustainable Cities and Regions by Karen Chapple

Urban Regeneration as a Tool for Inclusive and Sustainable Recovery

https://ncrc.org/gentrification/

https://g.co/gemini/share/3b53aba6bcff

https://www.ggc.go.kr/site/main/home

https://hub.meplex.co.kr/

인용(Citations)

https://ppl-ai-file-upload.s3.amazonaws.com/web/direct-files/37665478/9406ac46-7dce-49fd-b24e-f15587cd93b5/ESG-dopeulreo-nonmun.pdf

https://pplx-res.cloudinary.com/image/upload/v1742268447/user_uploads/olCdVaZeEvRbIek/image.jpg

https://repositorio.cepal.org/bitstream/handle/11362/35954/S2013350_en.pdf

https://eig.org/tackling-spatial-inequality/

https://www.scielo.org.mx/scielo.php?script=sci_arttext&pid=S0186-10422023000100260&lng=es&nrm=iso&tlng=en

https://essay.utwente.nl/68863/1/Bruggema-Timon.pdf

https://hsrc.ac.za/uploads/pageNews/473/Todes%20and%20Turok%202018%20Spatial%20inequalities%20in%20SA%20place-based%20or%20people-oriented.pdf

https://pure.uva.nl/ws/files/180265598/Neoliberalization_and_urban_redevelopment_the_impact_of_public_policy_on_multiple_dimensions_of_spatial_inequality.pdf

https://www.tandfonline.com/doi/pdf/10.1080/00343404.2021.1910228

http://nordregio.org/wp-content/uploads/2021/05/Linneas-article.pdf

https://www.parliament.gov.za/storage/app/media/Pages/2017/october/High_Level_Panel/Commissioned_reports_for_triple_challenges_of_poverty_unemployment_and_inequality/Diagnostic_Report_on_Spatial_Inequality.pdf

https://www.academia.edu/1367352/PUBLIC_PRIVATE_PARTNERSHIPS_APPROACH_A_PANACEA_TO_URBAN_HOUSING_INEQUALITIES_IN_DEVELOPING_COUNTRIES_A_CASE_STUDY_OF_

https://www.nature.com/articles/s41599-024-03733-8

외국어 용어 정의(알파벳 순서)

ABP(Algemene Pensioen Groep): 네덜란드 공적연금, ESG 투자 원칙을 따르는 글로벌 연금 펀드.

AI(Artificial Intelligence): 인공지능, 데이터를 학습하여 의사결정을 지원하는 기술.

AIIB(Asian Infrastructure Investment Bank): 아시아인프라투자은행, 지속 가능한 개발 프로젝트에 자금을 지원하는 국제 금융기관.

ASHRAE(American Society of Heating, Refrigerating and Air-Conditioning Engineers): 난방, 냉방 및 공조 설계를 위한 미국 전문 협회.

AUM(Assets Under Management): 운용 자산 규모, 금융 기관이 관리하는 총 자산 가치.

Benchmarking: 건물의 에너지 소비량과 같은 유틸리티 사용을 측정하고 유사 건물과 비교하는 관행.

Biofuel: 유기물이나 폐기물에서 생산된 대체 연료로 화석연료를 대체함.

BOMA(Building Owners and Managers Association): 미국과 캐나다의 상업용 부동산 전문가를 위한 조직.

Carbon footprint: 개인, 조직 또는 제품이 생성하는 총 온실가스 배출량을 측정한 값.

Carbon offset: 다른 곳에서 발생한 탄소 배출을 상쇄하기 위해 탄소 배출량을 줄이는 활동.

CDP(Carbon Disclosure Project): 기업과 도시가 환경 영향을 공개하도록 지원하는 국제 기구.

Circular economy: 자원 소비를 줄이고 재사용 및 재활용을 통해 폐기물을 최소화하는 경제 모델.

Climate resilience: 기후 변화와 관련된 충격에 대비하고 회복할 수 있는 능력.

CRREM(Carbon Risk Real Estate Monitor): 부동산 부문의 탈탄소화 경로를 정의하는 연구 및 혁신 프로젝트.

CSR(Corporate Social Responsibility): 기업이 사회적 목표를 달성하기 위해 자발적으로 실행하는 윤리적 경영 관행.

Divestment: ESG 가치에 맞지 않는 자산을 매각하거나 책임 있는 투자 관행을 보여주는 행위.

EMS(Environmental Management System): 환경 성과를 모니터링하고 보고하여 규제 준수를 개선하는 도구.

ENERGY STAR: 에너지 효율성을 촉진하기 위해 미국 환경보호청(EPA)과 에너지부(DOE)가 운영하는 프로그램.

ESG(Environmental, Social, and Governance): 투자와 기업 활동의 지속가능성과 사회적 영향을 평가하기 위한 세 가지 주요 기준.

Fitwel: 건강한 건물 설계를 위한 인증 프로그램으로 55개 이상의 전략을 통해 평가됨.

GRI(Global Reporting Initiative): 지속가능성 보고를 위한 국제 표준을 개발하는 독립 기구.

LEED(Leadership in Energy and Environmental Design): 전 세계적으로 적용되는 친환경 건축물 인증 프로그램.

Materiality assessment: 특정 ESG 이슈가 기업 성과와 시장 경쟁력에 미치는 영향을 평가하는 공식적인 방법론.

Net zero emissions: 탄소 배출량이 제거량과 균형을 이루어 순배출량이 0이 되는 상태.

Paris Agreement: 지구 온난화를 1.5°C 이내로 제한하기 위해 2015년 채택된 국제 기후 변화 협약.

PRI(Principles for Responsible Investment): ESG 요소를 투자 결정 과정에 통합하기 위한 UN 지원 네트워크.

Renewable energy certificates(RECs): 재생 가능 에너지원에서 생성된 전력을 인증하는 비물질적 에너지 상품.

Resilience city network: 도시가 만성적 스트레스와 급성 충격에 대응할 수 있는 능력을 강화하기 위한 네트워크.

SASB(Sustainability Accounting Standards Board): 지속가능성 보고를 위한 부문별 표준 제공 비영리 조직.

Scope 1 emissions: 기업의 직접적인 온실가스 배출(예: 화석연료 연소).

Scope 2 emissions: 기업이 사용하는 전력, 열 또는 증기의 간접 배출량.

Scope 3 emissions: 공급망 활동 등 기업이 통제할 수 없는 간접 온실가스 배출량.

Socially responsible investing(SRI): 사회적 영향을 고려한 투자 접근 방식으로 ESG 요소를 포함함.

Sustainable development goals(SDGs): 빈곤 퇴치, 기후 변화 대응 등 2030년까지 달성해야 할 UN의 17개 글로벌 목표.

한국어 전문용어 정의(가나다순)

가치사슬: 제품이나 서비스가 소비자에게 전달되기까지의 모든 과정을 포함하는 비즈니스 활동의 연속.

개발이익 환수제: 부동산 개발로 인해 발생한 이익을 공공재로 환원하여 사회적 형평성을 증진하는 제도.

공공임대주택: 정부나 공공기관이 저소득층과 취약계층을 위해 제공하는 주택.

공간자산: 토지, 건물, 인프라 등 물리적 공간과 관련된 자산.

공유경제: 자원의 소유보다 공유를 통해 효율성을 극대화하는 경제 모델.

기후 회복력: 기후 변화로 인한 충격에 대비하고 이를 극복할 수 있는 능력.

녹색 채권: 친환경 프로젝트에 자금을 조달하기 위해 발행되는 채권.

녹지 공간: 도시 내 공원, 숲 등 자연환경이 조성된 공간으로 환경적·사회적 혜택을 제공함.

디지털 격차: 사회 계층 간 디지털 기술 접근성과 활용 능력의 차이.

디지털 전환: 디지털 기술을 활용하여 기존의 비즈니스 모델이나 사회 시스템을 혁신하는 과정.

레질리언스(Resilience): 외부 충격에 대한 대응 및 회복 능력.

사회적 가치 투자(Socially Responsible Investment, SRI): 사회적 가치를 고려하여 투자 결정을 내리는 방식.

사회적 형평성: 모든 계층과 집단이 공정하게 자원과 기회를 누릴 수 있도록 보장하는 상태.

생계복원 프로그램: 경제적 위기에 처한 개인과 가구가 안정된 생활을 회복할 수 있도록 지원하는 프로그램.

순배출 제로(Net Zero): 온실가스 배출량과 제거량이 균형을 이루는 상태.

스마트 도시(Smart City): 디지털 기술과 데이터를 활용하여 도시 문제를 해결하고 삶의 질을 향상시키는 도시 모델.

에너지 전환(Energy Transition): 화석연료에서 재생 가능 에너지로 전환하는 과정.

온실가스 배출권 거래제(GHG Emissions Trading Scheme): 기업 간 온실가스 배출 허용량을 사고파는 시장 기반 제도.

자산불평등: 특정 계층이나 지역에 자산이 집중되고 다른 계층은 배제되는 불평등 상태.

재생 가능 에너지(Renewable Energy): 태양광, 풍력 등 자연에서 지속적으로 얻을 수 있는 에너지.

젠트리피케이션(Gentrification): 낙후된 지역이 개발되면서 기존 주민들이 높은 임대료 등을 감당하지 못해 떠나는 현상.

지속가능발전목표(SDGs): 유엔이 제시한 빈곤 퇴치, 기후 변화 대응 등 2030년까지 달성해야 할 17개의 글로벌 목표.

지속가능성 보고서(Sustainability Report): 기업이나 기관이 환경, 사회, 지배구조(ESG) 성과를 공개하는 보고서.

탄소 배출권(Carbon Credit): 온실가스 배출량을 줄이기 위해 기업 간 거래 가능한 탄소 배출 허용량.

탄소세(Carbon Tax): 탄소 배출량에 따라 부과되는 세금으로 환경 보호를 목적으로 함.

탄소중립(Carbon Neutrality): 발생한 탄소를 상쇄하여 순배출량을 0으로 만드는 상태.

포괄적 계획(Comprehensive Planning): 경제, 사회, 환경 등 다양한 분야를 통합적으로 고려하여 설계된 계획.

개발제한구역(그린벨트): 도시의 무질서한 확산을 방지하고 자연환경을 보존하기 위해 개발이 제한된 구역.

공공재: 모든 사람이 자유롭게 이용할 수 있는 자원이나 서비스로, 비경합성과 비배제성을 특징으로 함.

기후 적응(Climate Adaptation): 기후 변화로 인한 영향을 완화하고 이에 적응하기 위한 전략과 조치.

녹색경제(Green Economy): 환경적 지속가능성을 고려하면서 경제 성장을 도모하는 경제 모델.

녹색성장(Green Growth): 환경 보호와 경제 성장을 동시에 추구하는 발전 전략.

도시재생(Urban Regeneration): 낙후된 도시 지역을 경제적, 사회적, 환경적으로 재활성화하는 과정.

도시열섬현상(Urban Heat Island Effect): 도시 지역이 주변 지역보다 온도가 높아지는 현상.

디지털 리터러시(Digital Literacy): 디지털 기술을 이해하고 활용할 수 있는 능력.

리빙랩(Living Lab): 시민, 기업, 공공기관이 협력하여 실제 생활 환경에서 혁신적인 솔루션을 실험하는 공간.

미래형 도시(Future City): 지속가능성과 스마트 기술을 기반으로 설계된 미래 지향적인 도시 모델.

사회적 약자 보호 정책: 저소득층, 장애인, 노인 등 사회적 약자를 위한 공공정책 및 지원 제도.

사회적 지속가능성(Social Sustainability): 사회적 형평성과 통합을 유지하며 장기적으로 안정적인 사회를 구축하는 상태.

생태계 서비스(Ecosystem Services): 인간이 자연으로부터 얻는 혜택으로, 식량, 물, 공기 정화 등이 포함됨.

순환경제(Circular Economy): 자원의 재사용과 재활용을 통해 폐기물을 최소화하고 지속가능성을 도모하는 경제 모델.

스마트 그리드(Smart Grid): 디지털 기술을 활용하여 전력 공급과 소비를 효율적으로 관리하는 전력망 시스템.

스마트 모빌리티(Smart Mobility): 디지털 기술을 활용한 효율적이고 지속가능한 교통 시스템.

에너지 빈곤(Energy Poverty): 가구가 기본적인 에너지 서비스를 이용할 경제적 여력이 부족한 상태.

에너지 효율(Energy Efficiency): 에너지를 절약하면서 동일한 성과를 달성하는 능력.

온실가스 감축 목표(NDCs, Nationally Determined Contributions): 각국이 파리협정에 따라 설정한 온실가스 감축 목표.

위성 도시(Satellite City): 대도시의 기능을 분담하기 위해 주변에 조성된 계획 도시.

재난 회복력(Disaster Resilience): 자연재해나 인위적 재난에 대응하고 복구할 수 있는 능력.

저탄소 사회(Low Carbon Society): 탄소 배출량을 최소화하여 환경적 영향을 줄이는 사회 모델.

지속가능 교통(Sustainable Transport): 환경에 미치는 영향을 최소화하면서 효율적인 이동성을 제공하는 교통 시스템.

친환경 건축(Green Building): 에너지 효율성과 환경 보호를 고려하여 설계된 건축물.

탄소 중립 도시(Net Zero City): 도시 내 탄소 배출량과 흡수량이 균형을 이루는 상태를 목표로 하는 도시 모델.

탄소 포집 및 저장(CCS, Carbon Capture and Storage): 대기 중 탄소를 포집하여 저장하거나 활용하는 기술.

포용 도시(Inclusive City): 모든 계층과 집단이 공정하게 자원의 혜택을 누릴 수 있도록 설계된 도시 모델.

참고 링크

Glossary of Sustainability Terms - Green Project Management

ESG Glossary - Persefoni

Sustainability and ESG glossary - TechTarget

ESG 공간자산 경제학

ⓒ 박운선, 2025

초판 1쇄 발행 2025년 6월 2일

지은이	박운선
펴낸이	이기봉
편집	좋은땅 편집팀
펴낸곳	도서출판 좋은땅
주소	서울특별시 마포구 양화로12길 26 지월드빌딩 (서교동 395-7)
전화	02)374-8616~7
팩스	02)374-8614
이메일	gworldbook@naver.com
홈페이지	www.g-world.co.kr

ISBN 979-11-388-4359-1 (03320)

- 가격은 뒤표지에 있습니다.
- 이 책은 저작권법에 의하여 보호를 받는 저작물이므로 무단 전재와 복제를 금합니다.
- 파본은 구입하신 서점에서 교환해 드립니다.